TOEIC® L&Rテスト
文法・語彙・語法
あがる1000問

花田徹也／Produced by ヒロ前田

TOEIC is a registered trademark of ETS.
This publication is not endorsed or approved by ETS.
L&R means Listening and Reading.

はじめに

　私は20年以上にわたりTOEIC®L&Rテストを受験し続けてきました。実際の試験で出題される問題を分析し、そこから得た知見を塾や大学での指導、および教材作成に活かしています。試験全般を熟知しているつもりですが、とりわけPart 5（文法・語彙）のクオリティーには揺るぎない自信を持っております。

　ある日、本書のプロデューサーであるヒロさんと話しながら壮大な構想が浮かびました。
　「花田塾が作った問題を数千人に解いてもらって、正答率ランキングを作ろう」
　そこから始動した本プロジェクトは、斬新なアイデアを取り入れながら進化を遂げ、他に類を見ないPart 5対策書が完成しました！ 本書にしかない特徴を紹介させてください。

5000人超のモニターから得たデータを解析

　本書に収載した1000問は、2023年8月～12月に行われたオンラインモニターテスト「TOEIC®L&Rテスト Part 5 スコアアップマラソン」で出題した、1200問から選りすぐった問題です。同イベントには、初級者から上級者までの5173人もの学習者が参加し、正答率・各選択肢の選択率、平均解答時間などの貴重なデータを提供してくださいました。そのデータや参加者のコメントを分析し、実際にどこで迷うのか、どのような知識が正解と不正解を分けるのかを解明しました。その分析が至るところに生きています。

ランキング形式で段階的に実力アップ

　基礎から応用までレベルに合った問題に挑戦しながら、無理なく着実に上を目指していただけます。果たして上位にはどんな難敵がランクインしているのか!? ぜひ、楽しみながら解き進めてみてください。

不正解の選択肢も徹底解説

　正解だけでなく不正解選択肢も詳説しています。特に語彙と語法がポイントになる問題については、「STEP UP」というコーナーを設け、不正解の論拠や正しく使うための用例を示しました。そこから得た包括的な知識が今後のテストでも役立つことをお約束します。

1000問の解説動画

　追加情報も含め、紙面だけでは伝えきれない部分を動画でご視聴いただけます。ヒロさんと花田のダブル講師による解説で記憶に残ること間違いなしです！

　本書によって、皆さんがさらなる高みに到達されることを心より願っております。

著者　花田徹也

本書が他の問題集と違う点を問われたら、私なら次のように答える。

「この本は60時間を超える講義に参加するためのチケットです」

そう。この本はチケットだ。オンデマンド講義を視聴するためのチケットである。月額課金制ではなく、1本ごとにお金を払うPPV（ペイ・パー・ビュー）でもない。買い切り制なので、お金を払うのは1回だけ。それで1000問分の講義が見放題となる。

映画鑑賞やスポーツ観戦と違い、語学の講義には「資料」がつきものだ。講師の話を「聞く」だけでは、情報が右から左に抜けていくだろう。その「資料」はどこに？

大丈夫。あなたが手にしたこのチケットが「資料」を兼ねている。練習問題・訳・解説・お役立ちコラムに加え、語彙力アップ用に別冊の単語リストまで用意されている。これらの資料と講義の内容を吸収すれば、あなたのスコアが大幅にあがることを約束する。

「資料に解説が入っているなら、講義は不要じゃない？」

確かに、資料と同じことを話しているなら講義はいらないが、実際は違う。あなたが視聴できる動画では、不正解の選択肢が不正解である理由を徹底的に説明しているからだ。「不正解に対する解説が少ない」という、全問題集に共通する欠点は本書にはない。

チケット代は1問あたり約3円。価格以上の価値を保証する。

「あがる1000問」プロデューサー
ヒロ前田

CONTENTS
目次

はじめに ……………………………… 2
本書の構成と使い方 ………………… 5
動画・アプリについて ……………… 9
問題タイプについて ………………… 10

本 編

Level 1 **1000位〜801位** 入門の200問 ……… 23

Level 2 **800位〜601位** 挑戦の200問 ……… 133

Level 3 **600位〜401位** 深化の200問 ……… 247

Level 4 **400位〜201位** 飛躍の200問 ……… 371

Level 5 **200位〜1位** 頂点の200問 ……… 495

コラム ヒロ前田の *Quick Insight*

① 出題数ランキング／レベル別出題数 ……………… 132
② 瞬殺トップ10／じっくりトップ10 ……………… 246
③ 正答率ランキング／解答時間ランキング ………… 370
④ 弱点克服のヒント …………………………………… 494

あとがき ……………………………… 622
プロフィール ………………………… 623

別冊 あがる Vocabulary List

解説の表記について
S：主語　V：動詞　O：目的語　C：補語　≒：類義語　⇔：対義語
do、*doing*：特定の動詞ではなく、任意の動詞がその形で入ることを示す
〜：語句が入ることを示す　...：省略を示す
節：主語と動詞を含む語のまとまり　句：主語と動詞を含まない語のまとまり
※2語以上の語のまとまり（群前置詞、群接続詞、名詞句、副詞句など）を、その機能により、
　「〜詞」と説明している場合があります。

4

本書の構成と使い方

本書はどんな本か？

『TOEIC® L&Rテスト 文法・語彙・語法 あがる1000問』は、TOEIC Part 5（文法・語彙問題）対策に特化した問題集です。本書の最大の特徴は、5173人 * のモニターの解答データ分析を基に、難易度順にランク付けされた1000問を掲載している点です。問題は、正答率が高い（易しい）ものから低い（難しい）ものへと並べられており、学習者が段階的に無理なくステップアップできる構成になっています。

さらに、問題ごとに、テストポイントを示す問題タイプ、正答を含む全選択肢の選択率、平均解答時間が掲載されているので、自分の解答、解答時間と照らし合わせ、弱点を把握しながら効率的に学習を進めることができます。

* モニターイベントに参加し、全1200問のうち1問でも解いた人数を示します。1問の平均解答者数は1656人です（最小1106人、最大3449人）。

本書の構成

本書では1000問を以下の5つのレベルに分けて構成しています。それぞれのレベルには200問ずつ収録されています。

Level 1：入門の200問（1000位〜801位）
TOEIC初心者や基礎固めをしたい方に最適な問題。

Level 2：挑戦の200問（800位〜601位）
基礎を身につけた方が次のステップへ進むための問題。

Level 3：深化の200問（600位〜401位）
応用力を養い、理解を深めるための問題。

Level 4：飛躍の200問（400位〜201位）
実践的なスキルを磨き、高得点を目指すための問題。

Level 5：頂点の200問（200位〜1位）
難関レベル。TOEIC満点を目指す方への挑戦問題。

誌面の構成

問題番号（順位）

正答率データに基づいた難易度ランキングを示します。1000から1の順に並んでおり、だんだん難しくなっていきます。

チェックボックス

解いた回数を記録する、間違えた問題に印を付けるなど、進捗管理や復習計画にご利用ください。

解説・訳

正解選択肢と、選択率の高かった不正解選択肢を中心に解説。≒は類義語、⇔は対義語を意味します。

2次元コード

動画講義サイトへのリンクです（P.9参照）。
動画リンクはレベルごとに用意されています。

---

940. The drive from Eagleton to San Andreas takes ------- three hours if the traffic conditions are favorable.

(A) approximate
(B) approximation
(C) approximately
(D) approximates

939. Golenko Moving Services' insurance only covers glassware and other ------- items for damage if they are packed by our moving professionals.

(A) dense
(B) attentive
(C) fragile
(D) vague

938. Real estate experts predict that property ------- in Roseboro will increase significantly during the next few years.

(A) values
(B) results
(C) dates
(D) looks

60

問題タイプタグ
各問題がどんな知識を問うものかを示すタグです（PP.10～22参照）。

平均解答時間
モニターがその問題を解くのにかかった平均時間です。

`1000～801`

Level 1

940位 `品詞` (A) 7.85% (B) 3.93% **(C) 86.84%** (D) 1.39% ⏱**14秒**

空所がなくても文の要素がそろっていることから、空所には直後の数詞 three を修飾する副詞 の (C) approximately「おおよそ、約（≒ roughly ／ around ／ about）」が入る。(A) approximate は形容詞「おおよその」または動詞「～に近づく」の原形、(D) approximates は動詞の現在形、(B) approximation「概算」は名詞。

訳 Eagleton から San Andreas まで車で移動するのにかかる時間は、交通状況が良好であれば約3時間だ。

approximate はどうしてダメなのかな。形容詞＋形容詞＋名詞も可能だよね？
a perfect sunny day「完璧な.晴れた日」とか。

でも、perfect も sunny も名詞の day を修飾しているよね。この問題では、空所に入る語は直後の形容詞 three を修飾するものだから、副詞しか入らないんだ。

一言コラム
モニターコメントで多く寄せられた疑問に答えています。

939位 `語彙` (A) 2.73% (B) 7.05% **(C) 86.83%** (D) 3.40% ⏱**25秒**

「glassware（ガラス製品）やその他の --- items（もの、品物）は損害保険の対象となる」とあるので、items は glassware と同様の性質を持つと考えられる。よって、空所には (C) fragile「壊れやすい、もろい（⇔ sturdy ／ durable ／ tough）」が入るのが妥当。

訳 Golenko Moving Services では、ガラス製品やその他の壊れやすいものは、当社専属の引越しのプロが梱包した場合に限り損害保険の対象となります。

(A) dense: 濃密な 例 dense population「人口密集」
(B) attentive: 意識の高い、傾聴している
　　例 an attentive listener「傾聴している聞き手」
(D) vague: 曖昧な（≒ ambiguous） 例 a vague memory「曖昧な記憶」

各選択肢の選択率
モニターの各選択肢の選択率を％で示しています。正解の選択肢は色字で強調しています。

※小数点3位以下四捨五入のため、合計が100％にならない場合があります。

STEP UP
語彙・語法問題について、不正解の単語や表現を正しく使うための用例を示しています。

938位 `語彙` **(A) 86.78%** (B) 7.69% (C) 2.77% (D) 2.77% ⏱**24秒**

「不動産の専門家たちは Roseboro の土地建物の --- が上昇すると予測している」という文脈から、空所には (A) の values「価値」がふさわしいと判断する。(B) results「結果」、(C) dates「日付」、(D) looks「見た目」はいずれも上昇する性質のものではない。

訳 不動産の専門家たちは、Roseboro の土地建物の価値は向こう数年間で大幅に上昇すると予測している。

`正解` 940. (C) ／ 939. (C) ／ 938. (A)　　　　61

正解記号一覧
左ページの掲載問題の正解記号一覧です。すぐに答え合わせができます。

7

学習の進め方

❶ Level 1からスタート

　最初はスコアレベルを問わず、「Level 1（入門）」から1000問全てを解いていくことをお勧めします。右下の正解記号一覧と照合し、正誤を確認しましょう。2周目以降は、チェックボックスを活用し、間違えた問題のみ復習するなどしてください。

❷ 解説を読む

　Part 5が苦手な方は特に、正解・不正解にかかわらず、必ず解説を読みましょう。不正解選択肢を自信を持って除外することができるように、「なぜ間違えたのか」を理解することが重要です。

❸ 単語を調べる・語彙を増強する

　本書の解説には語注が付いていません。問題文に不明な単語がある場合は別冊「あがるVocabulary List」で確認してください。また、「STEP UP」の用例は必ずチェックし、不正解選択肢の語句の正しい用法をマスターしましょう。

❹ 動画講義を視聴

　著者・花田徹也とプロデューサー・ヒロ前田が全1000問を動画で解説しています。書籍で触れていないポイントや、語句・語法を覚えるためのヒントが満載なので、正解不正解に関わらず、スマートフォンやパソコンで視聴してください。

❺ スマホアプリで繰り返し復習

　本書購入者限定の特典クーポンを利用することで、本書掲載の1000問を、1年間、スマートフォンアプリ「Santa アルク」で無料で解くことができます（右ページ参照）。ぜひ活用して、すき間時間に復習を進めましょう。

※特典クーポンにより無料で本書の問題が解ける期間は、クーポン取得から1年間（365日）です。その期間を超えた場合、Santa アルク内で本書のコンテンツを新たにご購入いただくことで、引き続き問題を解くことができます。

動画・アプリについて

本書は、動画講義とアプリ「Santa アルク」によって、より快適に学習・復習できます。

動画講義

1. PC もしくはスマートフォンでアルクの動画センターにアクセス。
   https://vc.alc-book.jp

2. 書籍『TOEIC® L&R テスト 文法・語彙・語法 あがる1000問』の画面で、講義が見たい問題（順位）を含むレベルをタップ（クリック）。スマートフォンで見る場合は、下の2次元コードから各レベルに直接アクセスすることもできます。

Level 1　Level 2　Level 3　Level 4　Level 5

3. パスワードを入力してログイン。
   パスワード：P. 206、666位 選択肢 (B) の英単語1語を半角・小文字で

4. 見たい問題の番号をタップすると動画が再生されます。

アプリ「Santa アルク」

1. スマートフォンで下の2次元コードから Santa アルクにアクセス。

2. ① Santa アルクをインストール済の方
   ログインもしくは会員登録（無料）をした後、クーポン受取画面に推移します。

   ② Santa アルクをインストールしていない方
   Google Play ストアまたは App Store から Santa アルクをインストールし、会員登録をしてください。登録完了後、クーポン受取画面に推移します。

   ※会員登録時には3分程度の診断テストがあります。スキップも可能ですが、診断していただくと、予測スコア表示やスキル分析などの便利な機能が利用できます。その他の機能についても会員登録後に一部無料体験ができるので、ぜひお試しください。

3. クーポン受取画面にてクーポンを取得。

4. クーポン取得後、学習が可能になります。選択学習＞書籍メニューよりご利用ください。

   ※インターネット環境が必要です。
   ※2次元コードの読み取り方法は、スマートフォンの機種によって異なるので、製造元・販売店にお問い合わせください。
   ※クーポン取得方法、ログイン方法は随時変更される可能性があります。

サービスは予告なく変更・終了する場合があります。あらかじめご了承ください。

問題タイプについて

本書では、求められる知識や解法によって、問題を17のタイプに分類し、目印のタグを付けています。2つ以上のタイプに当てはまる問題もあります。ここでは、それぞれのタイプの定義と、基本の解法を解説します。

語彙　語彙問題

全て名詞、全て動詞、全て形容詞のように、同じ品詞で統一されている選択肢の語句から、文脈に合うものを選ぶ問題。選択肢の語句の意味を押さえた上で、前後の文脈を捉えることで答えが定まる。

出題頻度：30問中8〜10問

・・

例 題

The company's new ------- policy^S aims^V to reduce paper waste in the office.

(A) printing　(B) vacation　(C) salary　(D) promotion

・・

正解：(A) printing

選択肢は全て名詞。空所を含む主語は「会社の新しい --- に関する方針」で、動詞以降に「その狙いは紙の無駄を減らすことである」とあることから、(A) printing「印刷」が空所に入るのが適切。他の選択肢は、紙の無駄と直接関連しない。

訳 会社の新しい印刷方針は、オフィスでの紙の無駄を減らすことを目的としている。

　(A) 名 印刷　(B) 名 休暇　(C) 名 給与　(D) 名 昇進

> 普段からビジネス文書に触れて語彙を増やしましょう。

語法　語法問題

単語の個々の意味だけでなく、語法の観点から空所に入るべき語句を判断する問題。言葉の使い方について正確な知識が必要だが、空所周辺の情報がヒントになることが多い。

出題頻度：30問中4〜5問

> 例題

The marketing team[S] is[V] ------- of creating innovative campaigns[C] that attract new customers.

(A) responsible　(B) positive　(C) capable　(D) reluctant

正解：(C) capable

選択肢は全て形容詞。空所の後のofと組み合わさって、be capable of ～「～する能力がある」という表現になる(C) capableが正解。(A) responsibleと(B) positiveはそれぞれbe responsible for ～「～に責任がある」、be positive about ～/that SV「～について肯定的である」という形で使われる。(D) reluctantは be reluctant about ～/to do「～に気が進まない」という形が通常で、ofは続かない。このように、空所後の1語（ここでは前置詞）で判断する問題も多い。

訳　マーケティングチームは、新規顧客を引き付ける革新的なキャンペーンを作る能力がある。
　　(A) 形 責任がある　(B) 形 肯定的な　(C) 形 能力がある　(D) 形 気が進まない

 単語は文・フレーズ単位で学び、語法ごと吸収しましょう。

品詞　品詞問題

名詞、動詞、形容詞、副詞、動名詞、分詞、不定詞など、同じ単語から派生した、品詞や活用形が異なる選択肢から、構文上適切なものを選ぶ問題。主語・動詞を中心に文構造を確認し、キーワードを探すことで正解が見えてくる。

出題頻度：30問中8〜10問

> 例題

The manager[S] requested[V] a detailed -------[O] of the project's progress.

(A) explain　(B) explanation　(C) explanatory　(D) explainable

正解：(B) explanation

選択肢には同じ語幹を持つ品詞違いの語が並んでいる。空所の前に冠詞aと形容詞

11

detailed があり、空所の後は前置詞 of 以降に補足説明があるが、動詞 requested の目的語となる名詞がない。よって空所には (B) explanation が入る。(A) は動詞、(C) と (D) は形容詞で、文法的に不適切。

🈫 マネジャーはプロジェクトの進捗について詳細な説明を求めた。

(A) 動 〜を説明する　(B) 名 説明　(C) 形 説明の、解説的な　(D) 形 説明可能な

> 😎 空所前後から必要な品詞を判断できれば、全文を読まなくても短時間で解ける!

態 > 態問題

選択肢にある動詞の特性や、主語との関係、空所前後の要素などから、能動態と受動態のどちらが適切かを選ぶ問題。正解を絞り込む上で、後述の「主述の一致」や「時制」の観点も必要になることが多い。

出題頻度：30問中1〜2問

例題

The used furniture^S ------^V to a secondhand shop in Crail next week.

(A) was sent　(B) is sending　(C) will send　(D) will be sent

正解：(D) will be sent

選択肢には異なる態と時制が混在している。send「〜を送る」は目的語を必要とする動詞だが、空所の後に目的語がない。そのため、主語 The used furniture「中古家具」が「送られる側」であり、受動態が空所に入ると判断できる。選択肢の中で受動態は (A) と (D) だが、文末の next week「来週」から過去形の (A) は不可。(D) が正解となる。

🈫 中古家具は来週 Crail にあるリサイクルショップに送られる。

(A) was sent　動 送られた［過去形・受動態］

(B) is sending　動 送っている［現在進行形・能動態］

(C) will send　動 送るだろう［未来形・能動態］

(D) will be sent　動 送られるだろう［未来形・受動態］

> 😎 急いで解くと痛い目に遭うので、慎重に主語との関係や時制にも注意を払おう!

主述の一致 主述の一致問題

主語に合う適切な動詞の形を選ぶ問題。修飾語句や挿入句はいったん無視し、文の主役である主語と動詞に目を向けることで、素早く解くことができる。特に主語の数（単数・複数）や人称に注目すること。前述の「態」、後述の「時制」の観点が必要になることも多い。

出題頻度：30問中1〜2問

例題

The CEO^s [, along with his top executives,] ------- currently finalizing^v plans^o to announce a new product line next week.

(A) are　(B) was　(C) have　(D) is

正解：(D) is

主語のThe CEOは単数。続くalong with his top executivesは付加的な情報で、主語の数に影響を与えない。また、空所後のcurrently「現在」から、空所にはfinalizingと共に現在進行形を作る語が入るのが妥当なので、(D) isを選ぶ。複数形の主語を受ける(A) are、過去進行形を作る(B) was、複数形の主語を受け現在完了形を作る(C) haveはいずれも不適切。

訳　CEOは幹部陣と共に、現在、来週の新製品ライン発表計画の最終調整を行っている。

 大黒柱となる主語と動詞を見定めましょう。空所直前の単語に惑わされないように！

時制 時制問題

時やタイミングを示す表現を見つけ、それをヒントに動詞の適切な時制を選ぶ問題。キーワードが示す時点を正確に把握し、文脈と合わせて考えることで解ける。

出題頻度：30問中0〜1問

例題

This café ------- until 8 P.M. last summer to meet tourist demand.

(A) opened　(B) will open　(C) has opened　(D) opens

正解：(A) opened

文中の last summer「昨年の夏」は、この活動が過去の出来事であることを示す。よって、過去形の (A) opened が空所に入る。未来の予定を表す (B) will open、過去のある時点から現在までの経験や状態の継続を示す (C) has opened、習慣や定期的な行動、普遍的な事実を表す (D) opens はこの文脈には合わない。

訳 このカフェは昨夏、観光客の需要に応えて、午後8時まで営業した。
(A) 動 営業した [過去形]　(B) 動 営業するだろう [未来形]
(C) 動 営業してきた [現在完了形]　(D) 動 営業する [現在形]

 それぞれの時制が持つ意味合いを押さえておきましょう。

前置詞　前置詞問題

前置詞だけが並ぶ選択肢から文脈に合うものを選ぶ問題。文脈をつかむだけでなく、句動詞（動詞＋副詞／前置詞の組み合わせで1つの動詞として機能する語）や、コロケーション（頻繁に一緒に使われる単語の組み合わせ）など、語法の知識を動員することで正解に近づける。

出題頻度：30問中1〜2問

例題

Employees^S must comply^V ------- all safety regulations while on the job site.

(A) to　(B) for　(C) with　(D) on

正解：(C) with

動詞 comply「従う」とのコロケーションがカギ。comply with ~ で「~に従う」という意味の定型表現で、前置詞 with「~と共に」が、all safety regulations「全ての安全規則」に行動を「合わせる」というイメージをもたらす。他の前置詞は comply と組み合わせて使われることはない。

訳 従業員は、作業現場にいる間、全ての安全規則に従わなければならない。
(A) 前 ~へ [方向、到達]　(B) 前 ~のために [目的、対象]
(C) 前 ~と共に [共存、付随]　(D) 前 ~の上に [接触、依存]

文脈とコロケーションの2つの観点からアプローチします。

接続詞　接続詞問題

接続詞だけが並ぶ選択肢の中から文脈に合うものを選ぶ問題。空所が結び付ける2つの節の関係性（順接、逆接、原因・結果、条件、譲歩など）を把握し、語法も勘案することで、それらを適切につなぐ語句を選べる。

出題頻度：30問中0〜1問

例題

------- the economy is unstable, our company continues to grow steadily.

(A) Because　(B) So that　(C) Even though　(D) Unless

正解：(C) Even though

1つ目の節で述べられている「経済が不安定である」という状況と、2つ目の節で述べられている「会社が着実に成長している」という結果は、通常予想される関係とは逆の展開を示している。これらの節を適切につなげるのは逆接を表す接続詞である (C) Even though「〜にもかかわらず」。

訳 経済は不安定であるにもかかわらず、わが社は着実に成長を続けている。
(A) 接 〜なので [原因・理由]　(B) 接 〜するために [目的]
(C) 接 〜にもかかわらず [逆接]　(D) 接 〜でない限り [条件]

 節と節の論理関係を考える必要があります。大急ぎで解く必要はないので慎重に!

修飾　修飾問題

every、each、some、all、few、many、much などの形容詞（数量詞）・副詞が混在する選択肢から、空所にふさわしい語句を選ぶ問題。空所に入る語が修飾する対象（語句・節・文全体）を正確に見極め、数や語順に注意することで正解を導き出せる。

出題頻度：30問中1〜2問

例 題

The employee manual provides ------- detailed instructions on how to handle customer complaints.

(A) little　　(B) very　　(C) every　　(D) much

正解：(B) very

空所に入る語と、後続の detailed instructions「詳細な指示」との修飾関係を考える。空所に適切なのは、直後の形容詞 detailed を修飾し「非常に詳細な指示」という表現を作ることができる (B) very のみ。空所の語が detailed instructions を修飾するとした場合、不可算名詞を修飾する (A) little と (D) much は不適切。(C) every「全ての、～ごと」も、every ten days「10日ごとに」のように用いる場合を除いて、単数形の可算名詞を修飾するので不適切。

訳 従業員マニュアルは、顧客の苦情を処理する方法について ------- 詳細な指示を提供している。

　　(A) 形 副 ほとんどない　　(B) 形 副 非常に　　(C) 形 全ての　　(D) 形 副 たくさん（の）

> 形容詞や副詞など、さまざまな修飾語の使い方を整理しておきましょう。

[前置詞 vs. 接続詞 vs. 修飾語] [前置詞 vs. 接続詞]　　**前置詞 vs. 接続詞 vs.**
[前置詞 vs. 修飾語] [接続詞 vs. 修飾語]　　**修飾語問題**

前置詞、接続詞、修飾語（副詞、形容詞など）が混在する選択肢から、文中の2つの情報（句や節）をつなぐのに適切なものを選ぶ問題。空所が名詞句をつないでいれば前置詞、節をつないでいれば接続詞、何もつないでおらず、語・節・文に飾りを添えているだけならば修飾語が入る。文構造を正確にチェックしよう。

出題頻度：30問中3～4問

例 題

We will proceed with the project ------- we receive approval from management.

(A) during　　(B) for　　(C) when　　(D) soon

16

正解：(C) when

空所の前後には We will proceed ... と we receive ... という節が並んでいるので、空所には節をつなぐ接続詞の (C) when が入る。ここで when は「私たちが経営陣から承認を受けた」時に「私たちはプロジェクトを進める」という、2つの出来事の時間的な関係を示す。他の選択肢はこの意味で2つの節をつなぐ機能を持たない。

訳 経営陣から承認を受けた時に、私たちはそのプロジェクトを進める。

(A) 前 ～の間　(B) 前 ～のために／接 というのも～
(C) 接 ～するとき／副 いつ　(D) 副 すぐに

> 「前置詞は名詞をつなぐ、接続詞は節をつなぐ」が基本です。

慣用表現　慣用表現問題

文脈に適した慣用的な表現（句動詞、コロケーション、イディオムなど）を成立させる語句を選ぶ問題。keep in touch「連絡を取り合う」や in the long run「長期的に見て」など、個々の単語の意味を組み合わせただけでは意味が把握しづらい定型表現が問われる。空所の直前・直後の語句がヒント。

出題頻度：30問中1～2問

例 題

TechForward aims to take ------- of its AI technology to improve data analysis for its clients.

(A) benefit　(B) advantage　(C) profit　(D) interest

正解：(B) advantage

take advantage of ～で「～を利用する、～を活用する」という定型表現。AI 技術を「利用する」ことで、データ分析を改善する、という文脈にも合う。(A) は for the benefit of ～「～の利益のために」、(C) は make a profit from ～「～から利益を得る」、(D) は express/show interest in ～「～に興味を示す」などの形で頻出だが、空所前後の語句や文脈に合わない。

訳 TechForward は顧客のデータ分析を改善するために、自社の AI 技術を利用することを目指している。

17

(A) 名 利益、恩恵　(B) 名 有利な点、利点　(C) 名 利益、収益　(D) 名 関心、利子

 どれだけ英文に触れてきたかが問われます。この本からも学んでくださいね。

構文　構文問題

either A or B「AかB」のような相関接続詞や、Should you ～「～する場合は」のような倒置を見抜いて構文を完成させる問題。文構造を見極め、パートナーとなる語句を探したり、語順に着目したりすることで正解が見えてくる。

出題頻度：30問中0～1問

例題

The project deadline^s is^v ------- tight^c to allow for any delays in the production process.

(A) very　(B) too　(C) such　(D) quite

正解：(B) too

空所には、「～すぎる」という意味を持ち、後ろに to 不定詞を伴って「～するには…すぎる」という構文を作る (B) too が入る。「締め切りが厳しすぎて遅延が許されない」という文脈。(C) such は such ～ that SV「～すぎて SV」のように that 節を伴う。

訳　プロジェクトの締め切りは生産過程におけるいかなる遅延も許容できないほど厳しい。
　　(A) 副 とても　(B) 副 ～すぎる　(C) 形 そのような　(D) 副 かなり

 構文のキーワードを見抜けば瞬殺できるタイプ。スピード勝負でいきましょう。

関係詞　関係詞問題

関係代名詞、関係副詞、複合関係代名詞、複合関係副詞から適切なものを選ぶ問題。先行詞の有無や種類（人・物・時・場所など）と、後続する節の構造（主語の有無など）を確認することで正解を導き出せる。

出題頻度：30問中1～2問

例 題

The new office building^S, ------- the company^S will do^V business^O next year, is^V still under construction^C.

(A) when　(B) where　(C) which　(D) what

正解：(B) where

先行詞 the new office building は会社が営業活動を行う「場所」で、2つのカンマに挟まれた部分に主語・動詞・目的語がそろっている。よって、空所には関係副詞の (B) where が入る。(A) when は時を表す関係副詞で意味的に合わない。空所の後ろに主語と目的語があり、欠けている名詞はない。そのため、関係代名詞の (C) which と (D) what はいずれも使用できない。

訳　その新しいオフィスビルは、会社が来年営業を行う予定の場所だが、まだ建設中だ。
　　(A) 副 〜する〔時〕　(B) 関副 〜する（場所）
　　(C) 関代 〜する（もの・こと）　(D) 関代 〜するもの、すること

> 空所の前にある先行詞が人か物か確認した後、空所の後ろに注目。主語か目的語が欠けていたら、「接続詞＋代名詞」の機能を持つ関係代名詞。欠けていなければ、飾りを加える関係副詞が入ります。

指示語　指示語問題

me / you / her / him / it / us / them、または both / neither / each / other といった代名詞や形容詞などの指示語の中から、文脈に合う語句を選択する問題。空所に入る語が指す対象（人・物・数・性別）を的確に把握することで正解が見えてくる。

出題頻度：30問中0〜1問

例 題

According to the memo, the company will reward employees who reach ------- individual sales targets.

(A) our　(B) its　(C) their　(D) your

19

正解：(C) their

空所に入る代名詞の指示対象は3人称複数のemployees「従業員たち」。さらに空所直後のindividual sales targets「個人（それぞれ）の販売目標」という表現から、「従業員たちの」を表せる(C) theirが入る。(A)や(D)は人称が異なり、(B)は人以外の単数形の名詞を指すため不適切。

> 訳　社内メモによると、会社は個人の販売目標を達成した従業員に報酬を与える予定です。
> (A) 代 私たちの［所有格・1人称単数］
> (B) 代 その［所有格・3人称単数］
> (C) 代 彼ら／彼女らの［所有格・3人称複数］
> (D) 代 あなたの／あなたたちの［所有格・2人称単数／複数］

> 落ち着いて、空所に入る指示語が誰or何に言及しているかを探りましょう。

格　格問題

さまざまな格（主格・所有格・目的格）の代名詞や、mine、yoursなどの所有代名詞、myself、yourselfなどの再帰代名詞の中から、適切なものを選ぶ問題。文中で不足している要素（主語、目的語、所有表現など）を見極めることで、正しい格を選択できる。

出題頻度：30問中1～2問

例題

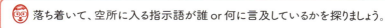

(A) he　(B) him　(C) his　(D) himself

正解：(B) him

全従業員が「中間目標」を提出する相手が空所に入る。空所は前置詞toに続いているため、目的格の(B) himが正解となる。submitの主語all employeesと、提出先のdirectorは異なる人物であるため、再帰代名詞の(D) himselfは不適切。The HR director nominated himself for the board.「人事部長は取締役の役職に自らを推薦した」のように主語と目的語が同一人物ならば再帰代名詞を使える。

訳 人事部長は全従業員に対し、自分宛に5月21日までに中間目標を提出するよう求めた。
(A) 代 彼は [主格]　(B) 代 彼に [目的格]
(C) 代 彼の [所有格]　(D) 代 彼自身を／で [再帰代名詞]

> 再帰代名詞と所有代名詞は手強いので、重点的に用法を整理しておきましょう。

比較 **比較問題**

形容詞または副詞の原級、比較級、最上級の中から、適切な形を選ぶ問題。than、ever、as、among、of など比較の表現で使われる語句を瞬時に見つけ、比較の対象や範囲を見極めることができれば即答できる。修飾する対象が動詞か名詞かにも注意。

出題頻度：30問中0〜1問

例題

Toyoda's newest XP300 laser printer is selling ------- than any other model in their catalog.

(A) good　(B) better　(C) best　(D) well

正解：(B) better

空所には動詞 is selling を修飾する副詞が入る。空所後に than any other model「他のどのモデルよりも」という比較を示す語句があるので、副詞 well の比較級として使える (B) better が正解。

訳 Toyoda の最新の XP300 レーザープリンターは同社のカタログにあるどのモデルよりもよく売れている。
(A) 形 よい [原級]　(B) 形 副 よりよい、よりよく [比較級]
(C) 形 副 最もよい、最もよく [最上級]　(D) 副 よく [原級]

> 「比較」と「品詞」に関する知識は両方同時に求められることが多いです。

| パラレリズム | **パラレリズム問題** |

and や or などの等位接続詞がつなぐ要素（語、句、節）が、文法上対等に並ぶように語句を選ぶ問題。接続詞前後の要素とキーワードを確認し、対になる形を考えれば、正解を導き出せる。

出題頻度：30問中0〜1問

・・

例 題

This program offers comprehensive and ------- training to different skill levels.

(A) practice　　(B) practical　　(C) practically　　(D) practicing

・・

正解：(B) practical

空所には、and の前の形容詞 comprehensive「包括的な」と対になり、名詞 training「研修」を前から修飾する形容詞が入る。よって、(B) practical「実践的な」が正解。これを等位接続詞 and に続けることで、comprehensive and practical「包括的で実践的な」という、文法的に対等な要素が並置された表現となる。

訳 このプログラムは、さまざまなスキルレベルに対して包括的で実践的な研修を提供する。
　　(A) 名 実践・練習　動 （〜を）実践する・練習する　　(B) 形 実践的な
　　(C) 副 実質的に　　(D) 動 実践している [現在分詞]

> 等位接続詞を見つけたら、その前後の要素が対等になるように空所に入れる語句を選びましょう。

22

Level 1
入門の200問

1000位～801位

正答率

92.94％～82.02％

千里の道も一歩から。
まずはここからスタート。
Part 5 対策の最初のステップとして
基本的な問題を通じて
文法・語彙の土台を築きましょう

Level 1の動画講義はこちらから ➡ （ログイン方法はP.9参照）

1000. A deposit in the ------- of $2,000 must be transferred to the designated bank account no later than July 31.

(A) weight
(B) method
(C) effect
(D) amount

999. The customer service department has been ------- with addressing a high volume of customer inquiries.

(A) occupied
(B) occupation
(C) occupies
(D) occupationally

998. The amount of money that Beymer Corp. sales representatives earn depends on ------- performance.

(A) them
(B) their
(C) themselves
(D) they

997. ------- the store's current policy, customers will receive refunds only if the product is returned in its original packaging.

(A) Under
(B) Into
(C) Between
(D) Until

1000~801 800~601 600~401 400~201 200~1

Level 1

1000位 語彙 (A) 2.35% (B) 1.69% (C) 3.02% **(D) 92.94%** ⏱**19**秒

「2000ドルという --- の保証金が銀行口座に振り込まれなければならない」という文脈から、(D) の amount「金額」が空所にふさわしい。

訳 遅くとも7月31日までに2000ドルという金額の保証金が指定された銀行口座に振り込まれなければならない。

UP! (A) **weight:** 重さ 例 body weight「体重」
(B) **method:** 方法 例 payment method「支払い方法」
(C) **effect:** 効果、影響 例 a long-term effect「長期的な影響」

999位 品詞 **(A) 92.82%** (B) 2.67% (C) 2.62% (D) 1.9% ⏱**21**秒

空所前に主語 The customer service department と be 動詞の has been があり、後ろに前置詞 with と補足情報が続いているので、空所には形容詞の (A) occupied「（場所や時間が）占有されている」→「ふさがっている、手一杯だ」が入る。(B) occupation「職業」は名詞、(C) occupies「〜を占有する」は動詞の現在形、(D) occupationally「職業的に」は副詞。

訳 顧客サービス部は、顧客からの大量の問い合わせに対応することで手一杯だ。

998位 格 (A) 2.22% **(B) 92.27%** (C) 3.83% (D) 1.68% ⏱**20**秒

空所前の前置詞 on が、空所後の名詞 performance をつないでいるので、空所には誰の performance であるかを明確にする所有格の (B) their「彼ら/彼女らの」が入る。(A) them「彼ら/彼女らに、彼ら/彼女らを」は目的格、(D) they「彼ら/彼女ら」は主格。(C) themselves「彼ら/彼女ら自身、それら自体」は再帰代名詞で、動詞の目的語や副詞となる。

訳 Beymer Corp. の営業担当者たちが稼ぐ金額は、当人たちの成績によって決まる。

997位 前置詞 **(A) 92.05%** (B) 3.57% (C) 2.24% (D) 2.14% ⏱**17**秒

前置詞を選ぶ問題。空所を含む文頭に the store's current policy「店の現在の規定」とあり、カンマ後の主節には店が返金に応じる条件が書かれていることから、空所には「論拠」を示すことのできる (A) の Under「〜の下に」が入る。

訳 店の現在の規定では、商品が元のパッケージのまま返品された場合に限り、顧客は返金を受けることができる。

UP! (B) **Into:** 〜の中に 例 come into the store「入店する」
(C) **Between:** 〜（2者）の間に
例 between you and me「あなたと私の間で、オフレコで」
(D) **Until:** 〜（終点）まで 例 until this Friday「今週の金曜まで」

正解 1000. (D)／999. (A)／998. (B)／997. (A)

25

996. Some experts say that mid-summer is the best ------- to open new branches.

(A) time
(B) times
(C) timer
(D) timed

995. Drivers are urged to take care tomorrow as heavy rains may cause ------- conditions on the roadways.

(A) immediate
(B) hazardous
(C) absolute
(D) superior

994. Dr. Albert Stein, who is ------- known for his pioneering work in the field of neuroscience, received another prestigious award.

(A) capably
(B) widely
(C) dutifully
(D) sharply

993. Ms. Logan was offered a job by a leading accounting firm ------- after graduating from university.

(A) immediacies
(B) immediate
(C) immediately
(D) immediacy

996位 品詞 (A) 91.97% (B) 4.21% (C) 1.64% (D) 2.18% ⏱15秒

空所の前に mid-summer is the best とあり、後ろに to open という不定詞が続いている。空所には、be 動詞の is を挟んで、主語の名詞 mid-summer と補語の the best --- がイコールの関係になるよう、名詞の (A) time「時期」を入れる。同じ名詞でも複数形の (B) times は「回数」という意味になり、mid-summer とイコールの関係にならない。(C) timer「タイマー」も意味的に不適切。(D) timed は動詞の過去形・過去分詞。

訳 一部の専門家は、新しい支店を開設するには夏の半ばが最適な時期であると述べる。

995位 語彙 (A) 3.64% (B) 91.45% (C) 3.23% (D) 1.69% ⏱25秒

「大雨により道路が --- な conditions (状況) になる可能性がある」という文脈から、空所には、大雨によって引き起こされ得る状況を形容する (B) hazardous「危険な (≒ dangerous)」が入る。

訳 大雨で道路が危険な状態となる可能性があるため、明日、車の運転をする人は注意が必要だ。

(A) **immediate:** 迅速な (≒ prompt、swift) 例 immediate reaction「迅速な対応」
(C) **absolute:** 絶対的な (≒ definite) 例 absolute silence「完全な静寂」
(D) **superior:** (より) 優れた (≒ better) 例 superior quality「優れた品質」

994位 語彙 (A) 3.25% (B) 91.27% (C) 3.48% (D) 2.01% ⏱15秒

空所には直後の形容詞 known「知られている」を修飾する副詞として、その範囲について語ることのできる (B) widely「広く」がふさわしい。

訳 神経科学の分野における先駆的な研究によって広く知られる Dr. Albert Stein は、また1つ名誉ある賞を受けた。

(A) **capably:** 上手に 例 capably do the job「うまく仕事をこなす」
(C) **dutifully:** 律儀に、義務感から従順に
　　　例 Johnny Depp dutifully signs autographs without any complaint.「Johnny Depp は文句も言わず律儀にサインをする」
(D) **sharply:** 急に 例 sharply increased「急増した」

993位 品詞 (A) 1.65% (B) 4.58% (C) 91.26% (D) 2.5% ⏱22秒

空所の語がなくても文が成立するので、空所には直後の前置詞 after を強調する修飾語として副詞の (C) immediately「すぐに (≒ promptly、right)」を入れるのが妥当。immediately after doing で「~してすぐに」という意味になる。(B) immediate「即時の」は形容詞で、名詞を修飾する。(D) immediacy「即時性、緊急性」は名詞の単数形、(A) immediacies は名詞の複数形。

訳 Ms. Logan は大学を卒業後すぐに一流の会計事務所から仕事のオファーを受けた。

正解 996. (A) / 995. (B) / 994. (B) / 993. (C)

992. -------, the town of Avalon has enjoyed a surge in tourism resulting from the opening of its new international airport.

(A) Lately
(B) Latest
(C) Lateness
(D) Late

991. Make sure that you fill out the application form correctly by reading the ------- on the back.

(A) instructive
(B) instructs
(C) instructively
(D) instructions

990. Each year, Kellerman Construction ------- to several local organizations to support the community.

(A) donor
(B) donates
(C) donations
(D) donating

989. The new monorail will shorten the travel time ------- the airport and downtown San Quinta to fifteen minutes.

(A) like
(B) about
(C) outside
(D) between

28

1000～801　800～601　600～401　400～201　200～1

992位　品詞 **(A) 91.19%** (B) 5.13% (C) 2.31% (D) 1.37%　⏱20秒

カンマの後ろに主節があるので、文頭に位置する空所には、文全体に飾りを添える副詞の (A) Lately「最近」が入る。(D) Late は「遅い」という形容詞だけでなく「遅く」という意味の副詞でもあるが、work late「遅くまで働く」のように動詞を修飾する語であり、文全体を修飾することはできない。(B) Latest は形容詞または副詞の最上級、(C) Lateness は名詞の「遅れること」という意味の名詞。

訳 新しい国際空港ができたことにより、最近、Avalon の町は観光客の急増を享受している。

991位　品詞 (A) 3.63% (B) 3.27% (C) 2.12% **(D) 90.99%**　⏱18秒

空所の前に動名詞 reading と冠詞 the があり、後ろは前置詞 on によって補足情報がつながれていることから、空所には動名詞 reading の目的語となる、名詞の (D) instructions「指示」が入る。(A) instructive「ためになる」は形容詞、(B) instructs「指示する」は動詞の現在形、(C) instructively「教育的に」は副詞。

訳 裏面の説明をお読みの上、申込フォームに正しく記入されていることをご確認ください。

990位　品詞 (A) 2.84% **(B) 90.69%** (C) 4.33% (D) 2.14%　⏱21秒

文の中に動詞がないことから、空所には動詞の (B) donates「寄付する、～を寄贈する」が入る。(A) donor「寄贈者」と (C) donations「寄付」は名詞、(D) donating は動名詞または現在分詞。

訳 毎年、Kellerman Construction は地域社会を支援するため、いくつかの地元組織へ寄付を行っている。

989位　前置詞 (A) 2.81% (B) 3.27% (C) 3.27% **(D) 90.65%**　⏱21秒

空所の前に the travel time「移動時間」があり、空所の後に the airport and downtown San Quinta という2つの場所が示されていることから、空所には (D) between「～の間の」が入る。(A) like「～のように」は類似を示す際に、(B) about「～について、～のあたりに」は関連性や周辺であることを示す際に使う。(C) outside は「～の外に」という意味。

訳 新しいモノレールにより、空港と San Quinta の中心街の間の移動時間は15分に短縮される。

正解　992. (A) ／991. (D) ／990. (B) ／989. (D)　　29

Level 1

988. This year's Festival of Fire had one of the ------- fireworks shows ever held in Derry.

(A) good
(B) well
(C) best
(D) better

987. Unexpectedly, the cost of building supplies has risen ------- over the last six months.

(A) sharpen
(B) sharpness
(C) sharply
(D) sharp

986. Construction of the new museum is ------- complete, so it is expected to open on schedule early next year.

(A) near
(B) nearing
(C) nearly
(D) nearer

985. Before transferring to Las Palmas, Ms. Chen improved her ------- of Spanish by taking an intensive language class.

(A) cooperation
(B) discovery
(C) request
(D) knowledge

1000～801 800～601 600～401 400～201 200～1

Level 1

988位 [比較] (A) 3.51% (B) 1.67% **(C) 90.6%** (D) 4.22% ⏱**16**秒

文末の ever held「今まで開催された中で」という表現から、これまでの全てを振り返っていることがうかがえるので、「その中でも一番」であることを示す (C) の best を選ぶ。空所の前に定冠詞 the があることもヒントになる。(A) の good「良い」は形容詞の原級、(B) の well「上手に」は副詞の原級、(D) の better は形容詞 good および副詞 well の比較級。

訳 今年度の Festival of Fire では、今まで Derry で開催された中で最も素晴らしい花火ショーの1つが行われた。

987位 [品詞] (A) 2.71% (B) 3.38% **(C) 90.19%** (D) 3.72% ⏱**15**秒

空所の前に主語 cost と自動詞 has risen があり、後ろには前置詞 over によって補足情報がつながれていることから、空所には動詞を修飾する機能を持つ副詞の (C) sharply「急激に」が入る。(A) の sharpen「鋭くさせる」は動詞の原形、(B) の sharpness「鋭さ、激しさ」は名詞、(D) の sharp「鋭い、急な」は形容詞。

訳 ここ6カ月の間、建築資材費が予想外に急騰している。

986位 [品詞] (A) 2.96% (B) 4.41% **(C) 90.06%** (D) 2.58% ⏱**14**秒

空所の前に Construction という主語と be 動詞の is、後ろに形容詞 complete があることから、空所には形容詞を修飾する機能を持つ副詞の (C) nearly「ほぼ (≒ almost)」が入る。(A) の near は「～の近くに」という意味の前置詞、「近い」という意味の形容詞、「近くに」という意味の副詞、または「近づく」という意味を持つ動詞の原形。(B) の nearing は動名詞または現在分詞。(D) の nearer は形容詞と副詞の比較級。

訳 新しい美術館の建設工事は、ほぼ完了しているので、予定どおり来年早々にオープンする見込みだ。

985位 [語彙] (A) 3.6% (B) 2.1% (C) 4.24% **(D) 90.06%** ⏱**25**秒

「Ms. Chen は短期集中の語学クラスを受講することにより、スペイン語の --- を向上させた」という文脈から、空所には (D) の knowledge「知識」がふさわしい。(A) の cooperation は「協力」、(B) の discovery は「発見」、(C) の request は「要望」という意味で、文脈と合わない。

訳 Las Palmas へ転勤する前に、Ms. Chen は短期集中の語学クラスを受講することにより、スペイン語の知識を向上させた。

UP! (A) **cooperation: 協力** 例 promote cooperation「協力を促す」
(B) **discovery: 発見** 例 make a discovery「発見する」
(C) **request: 要望** 例 make a request「要望を伝える、要請する」

正解 988. (C) ／987. (C) ／986. (C) ／985. (D)

31

984. Having studied architecture at university, Mr. Citterio designed the house ------- and helped oversee its construction.

(A) him
(B) his
(C) himself
(D) he

983. While remaining in her current position, Ms. Saito intends ------- a graduate degree in communications in her free time.

(A) pursued
(B) pursuit
(C) to pursue
(D) pursues

982. At Ms. Yoshida's retirement -------, many of her colleagues gave heartfelt speeches thanking her for all her efforts.

(A) celebration
(B) celebrates
(C) celebratory
(D) celebrate

981. The Third Street entrance to the subway will not be accessible while the station is ------- construction.

(A) into
(B) between
(C) through
(D) under

984位 格 (A) 4.46% (B) 3.79% **(C) 90.04%** (D) 1.71% ⏱ 26秒

空所の前で、Mr. Citterio designed the house という文が完成しているので、空所にはこの文を強調する副詞的な働きをする語が入る。選択肢の中でこの機能を持つのは再帰代名詞の(C) himself「彼自身で」(≒ for himself)。(A)の him は代名詞の目的格、(B)の his は所有格「彼の」または所有代名詞「彼のもの」、(D)の he は主格。

訳 大学で建築を学んだ後、Mr. Citterio はその家を自ら設計し、建築工事の監督も手伝った。

983位 品詞 語法
(A) 3.67% (B) 4.27% **(C) 90.02%** (D) 2.04% ⏱ 22秒

空所前の intends は動詞で、後ろに to 不定詞(to +動詞の原形)または動名詞を伴い、「～するつもりである」という意味になる。よって to 不定詞の(C)が正解。(A) pursued は動詞「追い求める」の過去形・過去分詞、(B) pursuit「追求」は名詞、(D) pursues は動詞の現在形。

訳 Ms. Saito は、現在の職にとどまりながら、空き時間にコミュニケーション学の分野における大学院学位の取得を目指すつもりだ。

982位 品詞 **(A) 89.95%** (B) 3.27% (C) 4.02% (D) 2.76% ⏱ 16秒

冒頭の At は前置詞で、名詞の前に置かれるので、空所には直前の retirement「退職」と一緒に名詞句(複合名詞)を形成する、名詞の(A) celebration「祝賀」が入る。(B)の celebrates「祝福する」は動詞の現在形、(C)の celebratory「祝賀の」は形容詞、(D)の celebrate「祝福する」は動詞の原形。

訳 Ms. Yoshida の退職パーティーでは、同僚の多くが彼女の尽力に感謝し、心のこもったスピーチを行った。

981位 前置詞 慣用表現
(A) 2.73% (B) 2.8% (C) 4.53% **(D) 89.94%** ⏱ 15秒

文の前半に「出口は使用できなくなる」とあり、while「～している間」を挟んで、the station is --- construction と続いている。空所に(D)の under を入れて under construction「工事中」とすれば、「使用できなくなる」理由の説明となり、文脈に合う。(A)の into「～の中へ」は go into the station「駅の中に入る」のように動きを表す動詞と一緒に使う。(B)の between は「～(2つ)の間」、(C)の through は「～を通じて」。

訳 その地下鉄への3番通り出口は、駅で工事が行われている間は使用できない。

正解 984. (C)／983. (C)／982. (A)／981. (D)

980. ------- to a new report by the Global Urban Research Institute, Zurich is the most livable city in the world.

(A) Based
(B) Judging
(C) Depending
(D) According

979. Armsdale Hospital has strict policies concerning confidentiality because the security of patient ------- is a top priority.

(A) informative
(B) information
(C) informed
(D) informs

978. To ensure future profitability, the airline must ------- a new agreement with the company supplying its inflight meals.

(A) negotiable
(B) negotiation
(C) negotiate
(D) negotiator

977. You may register for the workshop ------- by mail or by completing the online form.

(A) while
(B) either
(C) rather than
(D) even if

| 1000〜801 | 800〜601 | 600〜401 | 400〜201 | 200〜1 |

Level 1

980位 語法 (A) 3.45% (B) 2.95% (C) 3.70% **(D) 89.89%** ⏱16秒

空所直後に to a new report が続いていることから、空所には前置詞 to と一緒に前置詞句を作り、a new report という情報源をつなぐことができる、(D) According が入るべきだと判断する。According to a new report「新たな報告書によると」というかたまりで覚えておこう。

🔲 Global Urban Research Institute の新たな報告書によると、Zurich は世界で最も住みやすい都市である。

UP!
(A) **Based**: 基づいた 例 based on the report「報告書に基づいて」
(B) **Judging**: 判断して 例 judging from the report「報告書から判断するに」
(C) **Depending**: 依拠して 例 depending on the situation「状況に応じて」

979位 品詞 (A) 3.47% **(B) 89.67%** (C) 3.95% (D) 2.91% ⏱23秒

空所前に前置詞 of と名詞 patient、直後に be 動詞 is があるので、空所には patient と一緒に名詞句（複合名詞）を作る名詞の (B) information が入る。patient information「患者（に関する）情報」という表現ごとマスターしておこう。(A) informative「情報満載で有益な（≒ helpful、useful）」は形容詞、(C) informed は動詞「〜に知らせる」の過去形・過去分詞、(D) informs は動詞の現在形。

🔲 患者情報の保護が最優先なので、Armsdale Hospital は守秘義務に関する厳しい規定を設けている。

978位 品詞 (A) 3.94% (B) 3.71% **(C) 89.62%** (D) 2.73% ⏱19秒

空所の前に主語 airline と助動詞 must があり、後ろに名詞 agreement が続いていることから、空所には agreement を目的語にとる動詞の原形 (C) negotiate「（交渉して）〜を取り決める」が入る。(A) の negotiable「交渉の余地がある」は形容詞、(B) の negotiation「交渉」、(D) の negotiator「交渉人」は名詞。

🔲 今後の採算性を確保するために、その航空会社は機内食を納めている会社と、新たな契約の交渉をしなければならない。

977位 構文 (A) 3.47% **(B) 89.58%** (C) 4.49% (D) 2.46% ⏱19秒

空所の後ろに by mail or by completing the online form とあることから、空所には or と呼応する (B) の either「〜のどちらか」を選ぶ。(C) の rather than「〜よりもむしろ、〜ではなく」は、by mail rather than by completing the online form「オンラインフォームに記入するのではなく郵送で」のように使う。(A) の while は「〜の間」、(D) の even if は「たとえ〜でも」。

🔲 郵送もしくはオンラインのフォームに記入することで、そのワークショップにご登録いただけます。

正解 980. (D) ／ 979. (B) ／ 978. (C) ／ 977. (B)

976. The training session on the new accounting software will provide the participants with ------- hints and tips.
(A) helpfully
(B) helped
(C) helpful
(D) helper

975. While *Moonsong* received many negative reviews, film critics praised actress Shara Kapoor for her ------- performance.
(A) admire
(B) admirable
(C) admiration
(D) admirably

974. In his acceptance speech, Mr. Prez thanked those ------- provided him with support when he first decided to start his own business.
(A) when
(B) there
(C) who
(D) themselves

973. The college's internship program offers students the ------- to work with professionals in real business situations.
(A) duration
(B) estimate
(C) opportunity
(D) share

1000〜801

976位 品詞 (A) 4.48% (B) 2.93% **(C) 89.57%** (D) 3.02% ⏱**17秒**

空所の前に置詞 with、後ろに名詞 hints and tips が続いていることから、空所には名詞を修飾できる形容詞の (C) helpful「役に立つ」が入る。(A) helpfully「役立つように」は副詞、(B) helped は動詞の過去形・過去分詞、(D) helper「助手、お手伝いさん」は名詞。

訳 新しい会計ソフトに関する研修は、役立つヒントやアドバイスを参加者たちに提供する。

975位 品詞 (A) 3.03% **(B) 89.51%** (C) 3.21% (D) 4.26% ⏱**24秒**

空所の前に前置詞 for と所有格 her があること、直後に performance という名詞がすでに存在していることから、空所には名詞 performance を修飾する形容詞の (B) admirable「称賛に値する、素晴らしい」が入る。(A) admire「〜を称賛する」は動詞の原形、(C) admiration「称賛」は名詞、(D) admirably「見事に」は副詞。

訳 『Moonsong』は多くの否定的な評価を受けたが、映画評論家たちは女優 Shara Kapoor の称賛に値する演技については褒めたたえた。

974位 語法 (A) 3.13% (B) 4.12% **(C) 89.41%** (D) 3.34% ⏱**21秒**

空所前で Mr. Prez^S thanked^V those^O と文が完成していることから、空所には直前の代名詞 those（〜な人たち）を説明しながら直後の動詞 provided の主語になる、主格の関係代名詞の (C) who が入る。(A) の when は接続詞または関係副詞、(B) の there は副詞、(D) の themselves は再帰代名詞で、いずれも主語にはなれない。

訳 Mr. Prez は受賞スピーチで、最初に起業を決めた時に支援してくれた人たちに感謝した。

973位 語彙 (A) 4.35% (B) 4.04% **(C) 89.36%** (D) 2.25% ⏱**20秒**

「そのプログラムは専門家と一緒に働く--- を学生に提供する」という文脈から、(C) opportunity「機会（≒ chance）」が空所に入ると判断する。

訳 その大学のインターンシッププログラムは、学生たちに実際のビジネスの現場で専門家と一緒に働く機会を提供する。

🔺**UP!** (A) **duration:** （活動や作業の継続・持続）時間

例 Internship duration spans three months, offering students valuable hands-on experience.「インターンシップの期間は3カ月にわたり、学生たちに貴重な実地体験を提供する」

(B) **estimate:** 見積もり（≒ quotation、quote）例 budget estimate「予算見積もり」

(D) **share:** 共有、分け前、市場占有率 例 profit share「利益配分」

正解 976. (C)／975. (B)／974. (C)／973. (C)　　37

972. MarioNET has ------- been ranked as the area's top Internet provider by consumers in Redford.

(A) to repeat
(B) repeatedly
(C) repeated
(D) repeats

971. As the snowstorm is approaching the coast of Patrick Island, the motor show has been ------- to March 26.

(A) passed
(B) progressed
(C) postponed
(D) permitted

970. The head office is working ------- with the Hanoi branch to develop the advertising campaign for the Vietnamese market.

(A) closeness
(B) closely
(C) closure
(D) closes

969. The Munro Climbing Center offers several classes, all geared to participants' level of -------.

(A) purchase
(B) ability
(C) recipe
(D) method

972位 品詞 (A) 2.67% **(B) 89.23%** (C) 6.09% (D) 2.01%　⏱17秒

問題文にはSVOがそろっているので、空所には直後の動詞を修飾できる副詞の(B) repeatedly「繰り返し」が入る。副詞はbe動詞の後ろに置くことが多いが、書き手の判断で、この文のように手前に置くことも可能。(A) to repeatは不定詞、(C) repeatedは動詞の過去形・過去分詞、(D) repeatsは動詞の現在形または名詞の複数形。

訳 MarioNETはRedfordの消費者により、地域で一番のインターネットプロバイダーに繰り返し選ばれている。

971位 語彙 語法
(A) 3.7%　(B) 4.47%　**(C) 89.22%**　(D) 2.62%　⏱19秒

空所を含む文は受動態。これを能動態にすると、[主語] has --- the motor show to March 26になることから、空所にはthe motor showというイベントを目的語にとることができ、前置詞toで到達先を表す語法を持つ(C) postponed「延期された（≒ put off、pushed back)」が入る。

訳 Patrick Islandの沿岸に吹雪が接近しているため、モーターショーは3月26日に延期された。

UP! (A) **passed**: 可決した、通り過ぎた、渡した
　　例 The bill has been passed.（その法案は可決された）

(B) **progressed**: 前進した（≒ moved forward)、発展した
　　例 The work has progressed slowly.「その作業はゆっくりと進んでいる」、The event should not progress to a war.「その出来事は戦争に発展すべきではない」　※いずれも自動詞の例

(D) **permitted**: 許可した（≒ allowed)　例 Access to the venue has not been permitted.「その会場への立ち入りは許可されていない」

970位 品詞 (A) 3.41% **(B) 88.96%** (C) 3.81% (D) 3.81%　⏱18秒

The head office is working --- with ～とあることから、空所には自動詞workingを修飾する副詞が求められていると判断し、(B)のclosely「緊密に」を選ぶ。(A) closeness「近さ」、(C) closure「閉鎖」は名詞、(D) closes「閉まる」は動詞の現在形で、いずれも不適切。

訳 本社はHanoi支店と緊密に連携し、ベトナム市場向けに広告キャンペーンを策定中だ。

969位 語彙 (A) 2.66% **(B) 88.93%** (C) 2.43% (D) 5.98%　⏱32秒

「Munro Climbing Centerは、参加者たちの ---レベルに合わせたいくつかのクラスを提供している」という文脈から、空所には(B)のability「能力」がふさわしい。(A) purchase「購入（品)」、(C) recipe「レシピ」、(D) method「方法」はいずれも文脈に合わない。

訳 Munro Climbing Centerは、参加者たちの能力レベルに合わせた、いくつかのクラスを提供している。

正解　972. (B) ／971. (C) ／970. (B) ／969. (B)

968. To be considered for the position, candidates must ------- a completed application form to the personnel department by June 30.

(A) reply
(B) approve
(C) submit
(D) enter

967. Fast food chain Qwik Bite has unveiled a new menu with a wider ------- of vegetarian-friendly options.

(A) factor
(B) interest
(C) event
(D) range

966. The Pinelli Primo line of ready-made pasta dishes is the result of a ------- between chef Gino Pinelli and Broughton Foods.

(A) brightness
(B) profitability
(C) maintenance
(D) collaboration

968位 語彙 (A) 3.93% (B) 4.79% (C) 88.91% (D) 2.37% 21秒

空所の後ろに a completed application form「記入された応募フォーム」とあるので、空所にはこれを目的語にとる動詞として(C)の submit「〜を提出する(≒ turn in)」がふさわしい。

訳 この職に応募するには、6月30日までに人事部に記入済みの応募フォームを提出しなければならない。

- (A) **reply**: 返信する、〜だと応答する
   - 例 Candidates hope the employer will reply promptly to their job applications.「応募者たちは、雇用主が迅速に自分の求職応募に返信することを期待している」
- (B) **approve**: 〜を承認する(≒ authorize)
   - 例 The board will review and approve the budget plan soon.「役員会はまもなく予算案を確認し承認する」
- (D) **enter**: 〜を入力する
   - 例 Candidates must enter the necessary data.「応募者は必要なデータを入力しなければならない」

967位 語彙 語法   (A) 3.72% (B) 5.06% (C) 2.31% (D) 88.91%   20秒

「より広い --- のベジタリアン向けオプションを含む新メニュー」という文脈と、空所前後の a wider --- of という語句から、空所には(D)の range「範囲、幅」が入る。a wide range/variety/selection of 〜「幅広い〜」という表現ごとマスターしておこう。(A)の factor は「要素」、(B)の interest は「興味、金利、利害(関係)」、(C)の event は「イベント、行事、出来事」という意味。

訳 ファストフードチェーンのQwik Biteは、幅広いベジタリアン向け料理を含む新メニューを発表した。

966位 語彙 語法   (A) 3.00% (B) 4.97% (C) 3.18% (D) 88.86%   27秒

「The Pinelli Primo line of ready-made pasta dishes は --- の result(成果)だ」とあり、resultをもたらしたものの説明として、空所の後ろに between chef Gino Pinelli and Broughton Foodsとあることから、空所には(D)の collaboration「共同製作(品)、コラボレーション」が入る。(A)の brightness は「明るさ」、(B)の profitability は「収益性」、(C)の maintenance は「維持」という意味。

訳 Pinelli Primoの調理済みパスタ料理シリーズは、シェフのGino PinelliとBroughton Foodsの共同作業の成果だ。

正解 968. (C) ／ 967. (D) ／ 966. (D)

965. The workshop will begin ------- at 10 o'clock, so attendees should ensure they arrive in time.

(A) prompts
(B) promptly
(C) promptness
(D) prompt

964. It rained ------- throughout the day, and the fireworks scheduled for the evening had to be canceled.

(A) continual
(B) continuity
(C) continuously
(D) continuous

963. The board members will vote to decide whether the company will accept ------- reject the purchase offer.

(A) but
(B) or
(C) and
(D) yet

965位 品詞 (A) 2.41% **(B) 88.81%** (C) 3.85% (D) 4.94% ⏱**14**秒

空所を含むカンマの手前の部分で、The workshop^S will begin^V --- at 10 o'clock（修飾語）という文が完成しているため、空所にはこの間に入って修飾できる語として、副詞の (B) promptly「すぐに（≒ immediately)」を入れるのが適切。(D) prompt は動詞の原形「〜を駆り立てる」、形容詞「迅速な」、名詞の単数形「プロンプト（コンピューターの入力促進記号）」。(A) prompts は動詞の現在形または名詞の複数形。(C) promptness「迅速さ」は名詞。

訳 ワークショップは10時になったらすぐに（10時ぴったりに）始まるので、参加者は確実に間に合うように来る必要がある。

> 😀 promptly at 10 o'clock や immediately at 10 o'clock という言い方に慣れておきましょう。同様の言い回しで at 10 o'clock sharp「10時ぴったりに」という表現も、たまに出題されます。

964位 品詞 (A) 3.29% (B) 4.55% **(C) 88.74%** (D) 3.41% ⏱**16**秒

空所前後の It rained --- throughout the day から、空所には自動詞 rained を修飾できる副詞の (C) continuously「絶え間なく」がふさわしいと判断する。(A) の continual「断続的な」と (D) の continuous「絶え間なく続く」は形容詞、(B) の continuity「連続、継続性」は名詞。

訳 その日は絶え間なく雨が降っていたので、夜に予定されていた花火は中止せざるを得なかった。

963位 構文 (A) 3.55% **(B) 88.74%** (C) 4.89% (D) 2.82% ⏱**19**秒

空所前後の will accept --- reject the purchase offer から、空所には accept「承諾する」と reject「断る」という2つの相対する選択肢を列挙することができる接続詞 (B) or「または」が入る。(A) の but と (D) の yet は逆接、(C) の and は追加を表す接続詞。

訳 取締役たちは会社が買収提案を受け入れるか断るかを投票で決める。

📈UP! (A) but: しかし
　　例 The sales increased, but the profits declined.「売り上げは増加したが、利益は減少した」

(C) and: そして、かつ
　　例 They met the deadline, and the project was successful.「彼ら／彼女らは締め切りに間に合い、そしてプロジェクトは成功した」

(D) yet: しかし、それにもかかわらず
　　例 The company invested heavily, yet the returns were minimal.「会社は多額の投資を行ったにもかかわらず、収益は最小限だった」

正解 965. (B) ／ 964. (C) ／ 963. (B)

962. Yesterday's article in *The Mansfield Times* ------- reported that Susan Kay had written three books instead of four.

(A) inaccurately
(B) inaccuracies
(C) inaccurate
(D) inaccuracy

961. Due to the ------- of Duende Bistro in Chicago, Jose Campo is planning to open a second location in Seattle.

(A) popular
(B) popularize
(C) popularity
(D) popularly

960. Compared to the ------- manager, Ms. Ogata is very open to feedback, which is appreciated by her staff.

(A) concise
(B) underway
(C) previous
(D) urgent

959. Ms. Chermock holds a meeting in her office with her team members ------- week.

(A) last
(B) every
(C) only
(D) few

44

1000〜801 ~~800〜601~~ ~~600〜401~~ ~~400〜201~~ ~~200〜1~~

Level 1

962位 品詞 **(A) 88.56%** (B) 3.19% (C) 4.44% (D) 3.81% ⏱22秒

空所前に主語 Yesterday's article（in *The Mansfield Times*）、後ろに動詞 reported があることから、空所には後ろの動詞 reported を修飾できる副詞の (A) inaccurately「不正確に（≒ imprecisely ／ incorrectly)」が入る。(B) の inaccuracies と (D) の inaccuracy は名詞「誤り」、(C) の inaccurate は形容詞「不正確な」。

訳 『The Mansfield Times』に掲載された昨日の記事は、Susan Kay が本を4冊ではなく3冊書いたと誤って報じた。

961位 品詞 (A) 5.12% (B) 4.27% **(C) 88.3%** (D) 2.31% ⏱16秒

空所の前に冠詞 the、後ろに前置詞 of があることから、空所には名詞の (C) popularity「人気」が入る。(A) の popular「人気のある」は形容詞、(B) の popularize「〜を大衆化する、〜を普及させる」は動詞の原形、(D) の popularly「一般に」は副詞。

訳 Chicago の Duende Bistro が人気なので、Jose Campo は Seattle に2号店をオープンする計画だ。

960位 語彙 (A) 3.59% (B) 3.71% **(C) 88.27%** (D) 4.44% ⏱17秒

Compared to the --- manager「--- の部長と比較すると」の後に、比較対象として Ms. Ogata という人物が引き合いに出され、その人物が「部下に評価されている」と続いているので、空所には (C) previous「前の（≒ former)」を入れて the previous manager「前任の部長」とする。

訳 前任の部長と比べると、Ms. Ogata は意見をよく取り入れるので、部下に評価されている。

📈UP! (A) **concise:** 簡潔な 例 a concise summary「簡潔な要約」
(B) **underway:** 進行中の 例 Construction is underway.「建設は進行中だ」
(D) **urgent:** 緊急の 例 an urgent task「急ぎの仕事」

959位 修飾 (A) 5.96% **(B) 88.16%** (C) 2.47% (D) 3.41% ⏱19秒

文中には動詞の現在形 holds が使われていることに注目。現在形は「繰り返し続くこと、習慣」を表す時制なので、空所には (B) の every を入れて every week「毎週」とし、その頻度を表すのが適切。(A) を用いて last week「先週」とするなら動詞は過去形 held としなければならない。(C) の only は only a week「わずか1週間」、(D) の few は few weeks「数週間」のように使う。

訳 Ms. Chermock は彼女のオフィスでチームメンバーたちとの会議を毎週行っている。

正解 962. (A)／961. (C)／960. (C)／959. (B)

45

958. The ------- large number of orders from commercial kitchens around the country has led to shipping delays.

(A) unexpectedly
(B) energetically
(C) previously
(D) directly

957. The cost of renovating the building was ------- high that it was more cost-effective for the owners to rebuild.

(A) such
(B) as
(C) how
(D) so

956. The new Denton City commuter rail line, ------- scheduled to begin operation in July, will now open in September.

(A) originates
(B) originally
(C) original
(D) origin

1000〜801 800〜601 600〜401 400〜201 200〜1

Level 1

958位 語彙 (A) 88.06% (B) 4.66% (C) 3.64% (D) 3.64% ⏱22秒

「--- 多くの注文が出荷の遅延につながっている」という文脈から、空所には後ろの形容詞 large を修飾し、出荷遅延の原因の説明となり得る (A) unexpectedly「予想外に、思いのほか」が入る。

訳 全国の商業用施設の厨房からの注文が予想外に多かったため、出荷の遅延が起きている。

UP! (B) energetically: 精力的に、エネルギーの面で
例 work energetically「精力的に働く」、energetically expensive「エネルギーの面で費用がかさむ」

(C) previously: 前に（≒ formerly ／ before)
例 previously remote areas「以前は辺ぴだった地域」

(D) directly: 直接、真っすぐに 例 directly opposite「真逆の、真向かいの」

957位 構文 (A) 5.68% (B) 2.72% (C) 3.56% (D) 88.04% ⏱25秒

空所直後に high という形容詞と that 節が続いていることから、空所に副詞の (D) so を入れて、so high that SV「とても高額なので SV」という構文を完成させるのが適切。so that SV は因果関係を表す。(A) の such も that SV を伴って因果関係を表すことはできるが、such a high cost「あれほどの高額」のように形容詞 high ではなく名詞 cost を修飾する際に用いられる。(B) の as は、as high as 〜「〜と同じぐらい高額だった」のように as を呼応させながら使う。(C) の how は、how high it was「それがいかに高額だったか」のように用いられる。

訳 ビルのリフォーム費用が非常に高額だったので、オーナーにとっては建て替える方が費用対効果が高かった。

956位 品詞 (A) 3.06% (B) 87.91% (C) 6.33% (D) 2.7% ⏱22秒

主語は rail line、動詞は will open で、空所を含む --- scheduled ... in July は主語の補足情報だ。空所には直後の分詞 scheduled を修飾できる副詞の (B) originally「当初」が適切。(A) originates「起こる、始まる」は動詞の現在形。(C) original は形容詞「最初の」、または名詞「原本、原形」。(D) origin「起源」は名詞。

訳 新しい Denton City 通勤鉄道路線は、当初7月に運行開始予定であったが、現状では9月に開通する見込みである。

正解 958. (A) ／ 957. (D) ／ 956. (B)

47

955. Orley Chemical Co. will be moving into its new ------- in Belmont as early as March 23.

(A) research
(B) facility
(C) discovery
(D) service

954. Ms. Lang is particularly ------- at organizing and leading various groups.

(A) first
(B) good
(C) real
(D) clean

953. The production schedule was very -------, but the factory met the deadline by creating additional shifts.

(A) late
(B) tight
(C) fast
(D) high

952. Employees must strictly obey the data security regulations, as files may ------- confidential client information.

(A) cause
(B) advise
(C) contain
(D) assist

955位 語彙 (A) 3.33% **(B) 87.78%** (C) 3.19% (D) 5.69% ⏱21秒

moving into its new --- 「新しい --- に移転する」とあることから、空所には移転先となり得る場所を表す(B)のfacility「施設(≒ place ／ site)」が入る。(A)のresearchは「研究(≒ study)」、(C)のdiscoveryは「発見(≒ finding)」、(D)のserviceは「サービス」という意味で、いずれも移転先とみなすことはできず、不適切となる。

訳　Orley Chemical Co.は、早ければ3月23日にBelmontの新しい施設へ移転する。

954位 慣用表現 語法
(A) 5.05% **(B) 87.74%** (C) 3.54% (D) 3.66% ⏱19秒

空所以降に --- at organizing and leading various groups「さまざまなグループを組織し、統率することが ---」とあるので、空所には(B)のgoodを入れ、S is good at ~ 「Sは~が得意である」という慣用表現を成立させる。(A) first「最初の」、(C) real「本物の」、(D) clean「きれいな」は、いずれも文脈および語法の観点から不適切。

訳　Ms. Langは、さまざまなグループを組織し統率することが特に得意だ。

953位 語彙 (A) 6.68% **(B) 87.73%** (C) 4.07% (D) 1.52% ⏱17秒

空所には、主語のproduction schedule「生産スケジュール」がどんなものであったかを説明し、カンマ後の「しかし(追加のシフトを設けて)期日に間に合わせた」という文脈にも合う(B) tight「厳しい、(時間的な)余裕がない」が入る。(A) late「遅れた、遅い」、(C) fast「速い」、(D) high「高い」は文脈的に不適切。

訳　生産スケジュールは非常に厳しかったが、工場は追加のシフトを設けることで期日に間に合わせた。

952位 語彙 (A) 5.31% (B) 2.98% **(C) 87.69%** (D) 4.01% ⏱27秒

空所の前後の「ファイルは顧客の機密情報を --- 可能性がある」という文脈から、空所には(C)のcontain「~を含む(≒ include ／ have)」がふさわしい。

訳　ファイルには顧客の機密情報が含まれている可能性があるので、従業員はデータセキュリティー規定を厳密に守らなければならない。

(A) **cause:** ~を引き起こす　例 cause problems「問題を引き起こす」
(B) **advise:** ~に助言する
　　　例 advise customers effectively「顧客に効果的に助言する」
(D) **assist:** ~を手助けする(≒ support ／ help)
　　　例 assist customers「顧客をサポートする」

正解　955. (B) ／ 954. (B) ／ 953. (B) ／ 952. (C)

951. After seeing the weather forecast, the organizers decided to move the wedding party ------- the garden to the banquet hall.

(A) over
(B) from
(C) after
(D) out

950. The products that are currently out of ------- will be shipped separately once they become available again.

(A) guide
(B) corner
(C) stock
(D) damage

949. Survey results show that employees consider the new work environment more convenient for ------- jobs.

(A) its
(B) your
(C) this
(D) their

948. The acquisition deal between Transamericorp and Vaster Industries will ------- their operations to improve efficiency and grow their market share.

(A) merger
(B) merge
(C) merged
(D) merges

1000〜801 800〜601 600〜401 400〜201 200〜1

Level 1

951位 前置詞 語法
(A) 5.8% **(B) 87.62%** (C) 3.55% (D) 3.03% ⏱21秒

空所の前に move the wedding party「結婚披露宴を移動する」があり、空所の後ろに to the banquet hall「宴会場に」があることから、空所には from を入れて、move 〜 from X to Y「〜を X から Y に動かす」という語法になるようにするのが妥当。

訳 天気予報を見た後、主催者は結婚披露宴を庭から宴会場へ移動することにした。

950位 慣用表現
(A) 3.40% (B) 4.51% **(C) 87.57%** (D) 4.51% ⏱18秒

「ただいま --- がない商品は、再び入手可能になったら別送される」という文脈から、空所には (C) の stock「在庫」を入れ、out of stock「在庫切れ」という慣用表現を成立させる。(A) の guide は「手引書、案内人」、(B) の corner は「角、隅」、(D) の damage は「損傷、被害」という意味で、out of と一緒に慣用表現を作ることはない。

訳 ただいま在庫がない商品は、再び入手可能になりましたら別送いたします。

949位 指示語
(A) 5.26% (B) 5.49% (C) 1.72% **(D) 87.54%** ⏱24秒

「調査によれば、employees（従業員たち）は新しい職場環境が --- の仕事にとって、より便利だと考えている」という文脈から、空所には employees の代名詞になり得る (D) の their「彼ら／彼女らの、自分たちの」がふさわしい。(A) its「その」は指すものが不明、(B) your「あなた（たち）の」も読み手や不特定多数の人々を指すので不適切。(C) this「この」は複数形の名詞には使えない。

訳 調査によれば、従業員たちは新しい職場環境が自分たちの仕事にとってより便利だと考えている。

948位 品詞
(A) 7.06% **(B) 87.47%** (C) 3.33% (D) 2.14% ⏱25秒

空所の前に acquisition deal「買収交渉」という主語と、助動詞 will が存在すること、および後ろに目的語 their operations があることから、空所には動詞の原形の (B) merge「〜を統合する、合併する」を選ぶ。(A) merger「合併」は名詞、(C) merged は動詞の過去形・過去分詞、(D) merges は動詞の現在形。

訳 Transamericorp と Vaster Industries の間の買収交渉により、両者の業務は統合され、効率を高めて、市場占有率が拡大することになる。

正解 951. (B)／950. (C)／949. (D)／948. (B)

51

947. Due to its growing popularity, this year's conference will take place at the Addick Hotel ------- Concord Plaza.

(A) in favor of
(B) instead of
(C) in the event of
(D) in spite of

946. Los Perros is the ------- restaurant opened by renowned Spanish chef Juan Prez, who now has locations in five major cities.

(A) later
(B) late
(C) lately
(D) latest

945. The new president's focus ------- efficiency has enabled the company to improve productivity this year.

(A) on
(B) at
(C) to
(D) up

944. Since ------- the shows on Dave Friedman's upcoming concert tour sold out quickly, some additional dates were added.

(A) each
(B) all
(C) most
(D) much

1000〜801

947位 〔慣用表現〕 (A) 4.04% **(B) 87.37%** (C) 4.93% (D) 3.66% ⏱20秒

Due to its growing popularity「人気が高まったため(≒参加希望者が多くなったため)」の後に「今年度の会議はConcord Plaza --- Addick Hotelで開催される」と続いていることから、空所には(B)のinstead of「〜の代わりに(≒rather than)」が入ると判断できる。

訳 会議の人気が高まったため、今年の会議はConcord PlazaではなくAddick Hotelで開催される。

(A) **in favor of:** 〜を支持して **例** The board voted in favor of the merger.「取締役会は合併を支持する決定をした」

(C) **in the event of:** 〜の場合(≒in case of)
例 Contact HR in the event of emergency during conference.「会議中、緊急の場合には人事部に連絡してください」

(D) **in spite of:** 〜にもかかわらず(≒despite)
例 The conference was successful in spite of delays.「会議は遅れにもかかわらず成功を収めた」

946位 〔品詞〕〔比較〕
(A) 3.32% (B) 3.59% (C) 5.96% **(D) 87.13%** ⏱19秒

空所前に定冠詞the、後ろに名詞restaurantがあることから、形容詞の最上級である(D)のlatest「最新の(≒newest／most recent)」が入る。(A) later「後の」は比較級、(B) late「遅い」は原級なので不適切。(C) lately「近頃(≒recently)」は副詞。

訳 Los Perrosは、いまや5つの大都市に店を持つ著名なスペイン人シェフJuan Prezが開店した最も新しいレストランだ。

945位 〔前置詞〕 **(A) 87.12%** (B) 4.59% (C) 5.95% (D) 2.33% ⏱17秒

空所の前にあるfocusと直後のefficiency「効率」をつなぐ前置詞としてふさわしいのは、対象物に対して「接触」するイメージを持つ(A)のon。(B)のatは「点」、(C)のtoは「到達」、(D)のupは「上方」を表す前置詞。

訳 新社長が効率を重視したので、今年度、同社は生産性を向上させることができている。

944位 〔修飾〕 (A) 4.60% **(B) 87.12%** (C) 6.20% (D) 2.09% ⏱27秒

空所直後の「冠詞+複数形の名詞」(the shows)を修飾できる形容詞は、(B) all「全ての」のみ。他の選択肢を形容詞として用いる場合は、each show「それぞれの公演」、most shows「大半の公演」、much information「多くの情報」のように使う。

訳 Dave Friedmanの来るコンサートツアーの全公演がすぐに完売したため、追加の日程が設けられた。

正解 947. (B)／946. (D)／945. (A)／944. (B)　　53

943. The Cotswold Hotel offers a wide range of services and amenities to ensure guests ------- enjoy every stay.

(A) fully
(B) overly
(C) recently
(D) doubtfully

942. The singer's latest tour ------- with a sold-out show in New York last week.

(A) concluded
(B) concluding
(C) conclusive
(D) conclusion

941. Software users are ------- to attend free online skill-building courses offered by the developers.

(A) encourage
(B) encouragement
(C) encourages
(D) encouraged

943位 語彙 (A) 87.00% (B) 3.64% (C) 4.59% (D) 4.78% 22秒

「Cotswold Hotel は宿泊客たちが毎回ホテルの滞在を --- 楽しめるよう、多様なサービスと設備を提供している」という文脈から、空所には直後の動詞 enjoy を修飾する、ポジティブな意味を持つ副詞の (A) fully「フルに、十分に（≒ completely）」が入る。

訳 Cotswold Hotel は、宿泊客たちが毎回ホテルの滞在を十分に楽しめるよう、多様なサービスと設備を提供している。

(B) **overly:** 過度に（≒ too much） 例 overly expensive「高価過ぎる」
(C) **recently:** 最近（≒ lately）
　　例 The guests have recently stayed in the hotel.「宿泊客たちは最近そのホテルに泊まった」
(D) **doubtfully:** 疑わしげに
　　例 The guests were looking at the bill doubtfully.「宿泊客たちは疑わしげにその請求書を見ていた」

942位 品詞 (A) 86.99% (B) 5.64% (C) 2.17% (D) 5.20% 23秒

空所前後に latest tour という主語と、前置詞 with がつなぐ補足情報はあるものの、動詞が存在しないことから、空所には過去形の動詞の (A) concluded「終わった」が入ると判断する。(B) の concluding は現在分詞または動名詞、(C) の conclusive「決定的な、疑う余地のない」は形容詞、(D) の conclusion「結論」は名詞。

訳 その歌手の最近のツアーは先週完売した New York の公演で幕を閉じた。

941位 品詞 (A) 6.17% (B) 3.38% (C) 3.55% **(D) 86.91%** 14秒

空所前に主語の users と be 動詞の are があり、後ろには不定詞によって補足情報がつながれていることから、空所には users の状況・状態を説明する（users とイコールの関係になる）形容詞または動詞の過去分詞の (D) encouraged「奨励されている」が入る。名詞である (B) の encouragement「励まし」は users とイコールの関係にならないため不適切。(A) encourage「～を奨励する」は動詞の原形、(C) encourages は動詞の現在形。

訳 ソフトウエアのユーザーは、開発者が提供する無料のオンライン・スキルアップ講座に参加することが奨励されている。

正解　943. (A) ／ 942. (A) ／ 941. (D)

940. The drive from Eagleton to San Andreas takes ------- three hours if the traffic conditions are favorable.

(A) approximate
(B) approximation
(C) approximately
(D) approximates

939. Golenko Moving Services' insurance only covers glassware and other ------- items for damage if they are packed by our moving professionals.

(A) dense
(B) attentive
(C) fragile
(D) vague

938. Real estate experts predict that property ------- in Roseboro will increase significantly during the next few years.

(A) values
(B) results
(C) dates
(D) looks

940位 　品詞　 (A) 7.85%　(B) 3.93%　**(C) 86.84%**　(D) 1.39%　⏱**16**秒

空所がなくても文の要素がそろっていることから、空所には直後の数詞 three を修飾する副詞の (C) approximately「おおよそ、約（≒ roughly ／ around ／ about）」が入る。(A) approximate は形容詞「おおよその」または動詞「〜に近づく」の原形、(D) approximates は動詞の現在形、(B) approximation「概算」は名詞。

訳 Eagleton から San Andreas まで車で移動するのにかかる時間は、交通状況が良好であれば約3時間だ。

> 🤓 approximate はどうしてダメなのかな。形容詞＋形容詞＋名詞も可能だよね？ a perfect sunny day「完璧な、晴れた日」とか。
>
> 🧑 でも、perfect も sunny も名詞の day を修飾しているよね。この問題では、空所に入る語は直後の形容詞 three を修飾するものだから、副詞しか入らないんだ。

939位 　語彙　 (A) 2.73%　(B) 7.05%　**(C) 86.83%**　(D) 3.40%　⏱**25**秒

「glassware（ガラス製品）やその他の --- items（もの、品物）は損害保険の対象となる」とあるので、items は glassware と同様の性質を持つと考えられる。よって、空所には (C) fragile「壊れやすい、もろい（⇔ sturdy ／ durable ／ tough）」が入るのが妥当。

訳 Golenko Moving Services では、ガラス製品やその他の壊れやすいものは、当社専属の引越しのプロが梱包した場合に限り損害保険の対象となります。

UP! (A) **dense:** 濃密な **例** dense population「人口密集」

(B) **attentive:** 意識の高い、傾聴している

例 an attentive listener「傾聴している聞き手」

(D) **vague:** 曖昧な（≒ ambiguous） **例** a vague memory「曖昧な記憶」

938位 　語彙　 **(A) 86.78%**　(B) 7.69%　(C) 2.77%　(D) 2.77%　⏱**24**秒

「不動産の専門家たちは Roseboro の土地建物の --- が上昇すると予測している」という文脈から、空所には (A) の values「価値」がふさわしいと判断する。(B) results「結果」、(C) dates「日付」、(D) looks「見た目」はいずれも上昇する性質のものではない。

訳 不動産の専門家たちは、Roseboro の土地建物の価値は向こう数年間で大幅に上昇すると予測している。

正解 940. (C) ／ 939. (C) ／ 938. (A)

937. Most members of the city council voted ------- the proposal to increase property taxes next year.

(A) beyond
(B) around
(C) between
(D) against

936. Ignacio Rey's artworks will be presented in a thematic ------- opening next month at Pradova Museum.

(A) exhibitor
(B) exhibited
(C) exhibition
(D) exhibits

935. ------- the favorable market research results, Pao Foods has decided to expand its operations into the European market.

(A) On top of
(B) Apart from
(C) Based on
(D) In spite of

937位 前置詞 (A) 6.18% (B) 4.67% (C) 2.39% **(D) 86.76%** 25秒

空所の前にMost members of the city council voted「市議会議員の大半が投票した」、後ろにthe proposal「その提案」と続いていることから、空所には「反対」のイメージを表す(D)のagainstがふさわしいと判断する。(A)のbeyondは「超越」、(B)のaroundは「周辺」、(C)のbetweenは「2者の間」を表す前置詞。

訳 市議会議員の大半が、来年の固定資産税を引き上げる提案に反対票を投じた。

936位 品詞 (A) 3.27% (B) 6.71% **(C) 86.70%** (D) 3.33% 29秒

空所の前に冠詞aと形容詞thematic「テーマに沿った」があり、後ろの分詞opening以降は補足情報であることから、空所には名詞の単数形がふさわしいと判断して、(C)のexhibition「展示(会)」を選ぶ。(A)のexhibitor「出展者」や(D)のexhibits「展示品、展示会」も名詞だが、複数形なので不適切(exhibitsは「〜を展示する」という意味の動詞としても使われる)。(B)のexhibitedは動詞の過去形・過去分詞。

訳 Pradova Museumで来月開かれるテーマ展で、Ignacio Reyの作品が公開される。

> 空所後のopeningは名詞ととらえることもできる。その場合は「テーマ展の開会式で展示される」という訳になるね。

935位 慣用表現 (A) 3.80% (B) 4.28% **(C) 86.69%** (D) 5.23% 23秒

「好意的な市場調査の結果 ---Pao Foodsはヨーロッパ市場への事業拡大を決定した」という文脈に合うのは(C)のBased on「〜に基づいて」。(A) On top of「〜の上に」、(B) Apart from「〜とは別に、〜を除いて」は別の情報や状況を示す際に、(D) In spite of「〜にもかかわらず」は予想に反する事柄を述べる際に使われる。

訳 市場調査の好意的な結果に基づき、Pao Foodsはヨーロッパ市場への事業拡大を決定した。

(A) **On top of: 〜の上に**
　例 On top of market changes, there are new regulations impacting businesses.「市場の変化に加えて、企業に影響を及ぼす新しい規制もある」

(B) **Apart from: 〜とは別に、〜を除いて**
　例 Apart from this error, the report is fine.「このミスを除けば報告書は上出来だ」

(D) **In spite of: 〜にもかかわらず**
　例 In spite of losses, the company expanded.「損失にもかかわらず会社は拡大した」

正解 937. (D) ／ 936. (C) ／ 935. (C)

934. Please make sure you enclose a check for the amount of the processing fee when returning your ------- form.

(A) applicant
(B) application
(C) applied
(D) apply

933. Debbie's Bistro gives ------- to staff who excel at their work through its Employee of the Month award.

(A) recognizably
(B) recognizing
(C) recognition
(D) recognizes

932. Travelers to New Zealand will find amazing views ------- they go.

(A) throughout
(B) everywhere
(C) furthermore
(D) around

931. The generator's warranty ------- specific parts and labor for a period of six years.

(A) covers
(B) proceeds
(C) projects
(D) conducts

934位 品詞 (A) 5.78% **(B) 86.60%** (C) 4.90% (D) 2.72% ⏱19秒

空所の前後に所有格 your と名詞 form「フォーム、書類」があることから、空所には form と関連深い (B) の application「申し込み」を入れて、application form「申込書」という名詞のかたまりを完成させるのが適切。(A) の applicant「申込者」も名詞だが、form とは意味的に合わない。(C) の applied は動詞の過去形・過去分詞、(D) の apply「申し込む」は動詞の原形。

訳 申込書を返送する際は、必ず手数料の金額分の小切手を同封するようにしてください。

933位 品詞 (A) 6.01% (B) 3.83% **(C) 86.59%** (D) 3.57% ⏱22秒

空所前後の gives --- to staff から、空所には他動詞 give の目的語となる名詞の (C) recognition「認知、評価」が入る。give recognition to staff「スタッフ（の働きぶり）を認める、スタッフに感謝の意を示す」という表現ごと覚えよう。(A) recognizably「認識できるほどに」は副詞、(B) recognizing は動名詞または現在分詞、(D) recognizes「認識する」は動詞の現在形。

訳 Debbie's Bistro は、月間優秀社員賞によって、卓越した働きぶりのスタッフを評価している。

932位 前置詞 vs. 接続詞 vs. 修飾語 (A) 6.25% **(B) 86.57%** (C) 3.27% (D) 3.92% ⏱17秒

空所の前で文の要素はそろっていることから、空所には後ろの they go という節をつなぐ接続詞的な働きができる副詞の (B) everywhere「どこへ～しても」が入る。(C) の furthermore「さらに」も接続詞的に使える副詞だが、文脈に合わない。(A) の throughout「～の至る所で、～の間ずっと」と (D) の around「～の周りに」は前置詞で、後ろに名詞をつなぐ。

訳 ニュージーランドを訪れる人々は、どこへ行こうとも、驚くほど見事な景色を目にするだろう。

931位 語彙 語法 **(A) 86.55%** (B) 3.40% (C) 3.66% (D) 6.38% ⏱21秒

「発電機の保証は、特定の部品と作業（工賃）を6年間 ---」という文脈から、空所には (A) の covers「～をカバーする、（保証の範囲が）～に及ぶ」が入る。

訳 発電機の保証は、特定の部品と工賃を6年間カバーする。

(B) **proceeds:** 進む（≒ goes）
　　例 proceed to the gate「そのゲートまで進む」
(C) **projects:** ～を予測する（≒ calculates ／ estimates ／ forecasts）
　　例 project a rise in labor costs「人件費が上がることを見込む」
(D) **conducts:** ～を行う（≒ carries out）
　　例 conduct interviews「面接を行う」

正解 934. (B) ／ 933. (C) ／ 932. (B) ／ 931. (A)

930. The Encanta Hotel is ------- located in central San Diego, providing easy access to the city's major tourist attractions.

(A) conveniences
(B) convenient
(C) convenience
(D) conveniently

929. Sue Minto has written an ------- novel that has received excellent reviews in the press.

(A) engages
(B) engage
(C) engaging
(D) to engage

928. Upon registration, conference ------- will be provided with a detailed map of the convention center.

(A) qualities
(B) recipients
(C) series
(D) attendees

927. At the board meeting, Ms. Gibbs presented several ------- arguments for investing in new manufacturing technologies.

(A) persuade
(B) persuasively
(C) persuasive
(D) persuasion

926. Materials ------- "For reference use only" cannot be taken out of the library.

(A) labeled
(B) labels
(C) to label
(D) label

1000〜801 | 800〜601 | 600〜401 | 400〜201 | 200〜1

Level 1

930位 [品詞] (A) 2.15% (B) 5.92% (C) 5.50% **(D) 86.43%** ⏱13秒

空所を含む The Encanta Hotel is --- located は受動態の文として完成しているので、空所には動詞 is located を修飾する副詞の (D) conveniently「便利に」が入る。(A) conveniences「便利なもの」は名詞の複数形、(B) convenient「便利な」は形容詞、(C) convenience「利便性」は名詞の単数形。

訳 Encanta Hotel は San Diego 中心の便利な場所にあり、市の主要な観光地へ簡単に行ける。

929位 [品詞] (A) 3.88% (B) 7.33% **(C) 86.38%** (D) 2.41% ⏱18秒

空所の前に冠詞 an、後ろに名詞 novel があることから、空所には名詞を修飾する形容詞の (C) engaging「人を引き付けるような、魅力的な」が入る。(A) の engages「従事する、〜を引き付ける」は動詞の現在形、(B) の engage は動詞の原形、(D) の to engage は不定詞。

訳 Sue Minto は、メディアで素晴らしい評価を得ている、魅力的な小説を書いた。

928位 [語彙] (A) 2.73% (B) 7.35% (C) 3.57% **(D) 86.35%** ⏱25秒

空所前後に「会議の --- には詳しい地図が渡される」とあることから、空所には会議に来る人々を表す (D) の attendees「出席者、参加者(≒ participants)」が入る。(B) の recipients も人を表すが、「受益者、(レターなどの)受取人」という意味なので conference「会議」と一緒に使うのは不自然。(A) の qualities「質」や (C) の series「連続」は人ではなく物なので不適切。

訳 登録時に、会議の参加者にはコンベンションセンターの詳しい地図が渡される。

927位 [品詞] (A) 2.90% (B) 6.83% **(C) 86.35%** (D) 3.93% ⏱21秒

空所前後に several --- arguments とあることから、空所には直後の名詞 arguments「意見」を修飾する形容詞の (C) persuasive「説得力のある」が入る。(A) persuade「〜を説得する」は動詞、(B) persuasively「説得力をもって」は副詞、(D) persuasion「説得」は名詞。

訳 役員会で、Ms. Gibbs は新たな製造技術への投資に対し、説得力のある複数の意見を述べた。

926位 [品詞] **(A) 86.34%** (B) 4.13% (C) 3.59% (D) 5.93% ⏱20秒

「図書館外への持ち出しは『参照目的の使用に限る』という --- 資料」とあることから、空所には主語の名詞 Materials「資料」を後ろから修飾する、分詞の (A) labeled「ラベルが貼られている」がふさわしい。(B) の labels「ラベル」は名詞の複数形または動詞の現在形、(C) の to label は不定詞、(D) の label は名詞の単数形または動詞の原形。

訳 「参照目的の使用に限る」というラベルが貼られている資料は、図書館外に持ち出しできない。

正解 930. (D) ／ 929. (C) ／ 928. (D) ／ 927. (C) ／ 926. (A)　63

925. Worn engine parts cannot be replaced free of charge because the warranty ------- at the end of last year.

(A) canceled
(B) refused
(C) expired
(D) revised

924. To maximize their chances of success, Agra Organic Foods only opens branches in areas that have no ------- stores.

(A) exact
(B) some
(C) similar
(D) repeat

923. Now that the new highway has been completed, employees ------- in far less time.

(A) commuting
(B) commuted
(C) to commute
(D) can commute

922. The training workshops had an immediate impact on the sales ------- of the branches that took part.

(A) imagination
(B) formality
(C) attachment
(D) performance

925位 語彙 語法

(A) 3.65%　(B) 5.50%　**(C) 86.33%**　(D) 4.52%　22秒

空所の前に主語のthe warranty「保証（期間）」、直後に前置詞atがつなぐ補足情報はあるが目的語はないので、空所には自動詞の(C) expired「期限が切れた（≒ lapsed ／ ran out）」が入る。(A) canceled「～を中止した（≒ called off）」、(B) refused「～を拒んだ（≒ turned down）」、(D) revised「～を修正した（≒ changed）」はいずれも目的語を伴う他動詞。

訳 昨年末で保証期間が切れたので、摩耗したエンジン部品は無料で交換できない。

924位 語彙 語法

(A) 6.72%　(B) 4.76%　**(C) 86.32%**　(D) 2.19%　26秒

「成功の可能性を最大限に高めるため、Agra Organic Foodsは --- 店舗がないエリアでのみ支店を開く」という文脈。空所には、noに続くことができ、直後の名詞storesを修飾する形容詞の(C) similar「類似した」が入る。(A) exactは「正確な」、(B) someは「いくつかの」なので文脈に合わない。(D)のrepeatは「繰り返す」という意味の動詞、または「繰り返し」という意味を持つ名詞。

訳 成功の可能性を最大限に高めるため、Agra Organic Foodsは類似の店舗がないエリアでのみ支店を開設している。

923位 品詞 時制

(A) 3.80%　(B) 6.91%　(C) 3.11%　**(D) 86.18%**　22秒

文頭のNow that「いまや～なので」に続いて現状が述べられており、空所の前後に主語のemployeesと前置詞in＋補足情報があることから、空所には(D)のcan commute「通勤できる」が入る。(B) commuted「通勤できた」は、過去の一時点の出来事を意味する過去形なので不適切。(A)は動名詞または現在分詞、(C)は不定詞なのでメインの動詞にはなれない。

訳 新たな幹線道路が完成したので、従業員たちははるかに短時間で通勤できるようになっている。

922位 語彙

(A) 3.82%　(B) 3.82%　(C) 6.21%　**(D) 86.15%**　28秒

空所前後で「その研修会は、支店の販売 --- にすぐに影響をもたらした」と述べられていることから、空所には(D)のperformance「働きぶり、実績」がふさわしいと判断する。sales performance「販売実績」という表現ごとマスターしておこう。(A)のimaginationは「想像」、(B)のformalityは「形式的であること」、(C)のattachmentは「付属（品）、添付ファイル」という意味。

訳 その研修会は、参加した支店の販売実績にすぐに影響をもたらした。

正解　925. (C) ／ 924. (C) ／ 923. (D) ／ 922. (D)

921. Egret Airways is ------- to providing passengers with the best customer service and on-board experience in the airline industry.

(A) commits
(B) commit
(C) commitment
(D) committed

920. Mr. Radcliffe's flight has been delayed for several hours, so he will not be back ------- the workshop.

(A) in place of
(B) coupled with
(C) apart from
(D) in time for

919. Ms. Funaki gave Mr. Hansen an ------- of the deadline for the manuscript of his new book.

(A) extension
(B) insurance
(C) admission
(D) originality

918. Business owners are opposed to the suggested tax system changes as they would ------- be subjected to higher taxes.

(A) unquestionably
(B) questioning
(C) questionable
(D) question

| | 1000〜801 | 800〜601 | 600〜401 | 400〜201 | 200〜1 |

Level 1

921位 品詞 態
(A) 2.83% (B) 5.55% (C) 5.49% **(D) 86.13%** ⏱**21**秒

空所の前に主語Egret Airwaysとbe動詞のisがあり、後ろには目的語ではなく前置詞toがつなぐ補足情報があることから、空所にはisと合わさって受動態になる、過去分詞の (D) committedを入れる。S be committed/dedicated/devoted to *doing*「Sは〜することに専心している」という語法は頻出なので表現ごとマスターしておこう。(B) の commit「専心する」は動詞の原形、(A) の commits は動詞の現在形、(C) の commitment「献身、約束」は名詞。

訳 Egret Airways は、航空業界で最も優れた顧客サービスと機内での体験を乗客へ提供することに専心している。

920位 慣用表現 (A) 7.61% (B) 1.84% (C) 4.45% **(D) 86.10%** ⏱**25**秒

空所前後の「彼はワークショップ --- 戻ってこないだろう」という文脈から、空所には (D) の in timefor「〜に間に合うように」がふさわしいと判断する。(A) in place of「〜の代わりに（≒ insteadof)」、(B) coupled with「〜と相まって（≒ combined with)」、(C) apart from「〜は別として（≒ except for)」は文脈に合わない。

訳 Mr. Radcliffe のフライトが数時間遅れているので、彼はワークショップに間に合うように（ワークショップの時間ぎでに）戻ってこないだろう。

919位 語彙 **(A) 86.09%** (B) 4.69% (C) 6.01% (D) 3.21% ⏱**24**秒

「新刊の原稿の deadline（締め切り）に --- を与えた」という文脈から、空所には (A) の extension「延長」が入る。(C) admission には「入場許可」の他に、「（事実の）承認」という意味もあるが、deadline はすでに設定されており、承認するものではないため、文脈に合わない。(B)insurance は「保険」、(D) originality は「独自性」。

訳 Ms. Funaki は Mr. Hansen の新刊の原稿の締め切りを延長した。

918位 品詞 **(A) 86.08%** (B) 3.07% (C) 6.76% (D) 4.10% ⏱**31**秒

空所前後に would --- be subjectedとあることから、空所にはbe動詞と過去分詞subjectedを修飾する、副詞の (A) unquestionably「疑う余地なく（≒ undoubtedly)」がふさわしい。(B) questioning は動名詞または現在分詞、(C) questionable「疑わしい」は形容詞、(D)question は名詞「質問」の単数形または動詞「質問する」の原形。

訳 より高い税金を課せられるのは疑う余地がないので、経営者たちは提案されている税制改革に反対している。

正解 921. (D) ／920. (D) ／919. (A) ／918. (A)　　67

917. For travelers on a budget, the Bayview Motel is an ------- option conveniently located near the downtown area.

(A) economically
(B) economize
(C) economy
(D) economical

916. Once the upgraded facilities are operational, ------- at the plant is expected to rise by 20 percent.

(A) schedule
(B) productivity
(C) direction
(D) field

915. With various bugs being discovered during testing, Altor Inc. has decided ------- the launch of its new software.

(A) delays
(B) on delay
(C) delaying
(D) to delay

914. The painting, which ------- by the artist's descendants for over 200 years, will be donated to a museum next year.

(A) will be owned
(B) has been owned
(C) is being owned
(D) to be owned

913. The distributor spoke to Ms. Wang about the replacement parts and confirmed that he would deliver ------- on Monday.

(A) their
(B) themselves
(C) them
(D) they

1000〜801 | 800〜601 | 600〜401 | 400〜201 | 200〜1

917位 品詞 (A) 4.48% (B) 3.47% (C) 5.99% **(D) 86.07%** ⏱23秒

空所前後に an --- option とあることから、空所には名詞 option を修飾する形容詞の (D) economical「節約になる、安価な」が入る。(A) の economically「経済的に、節約して」は副詞、(B) の economize「節約する」は動詞、(C) の economy「経済、節約」は名詞。

訳 限られた予算で旅行する人々にとって、Bayview Motel はダウンタウン近くの便利な場所にある、安価な選択肢だ。

916位 語彙 (A) 4.51% **(B) 86.04%** (C) 4.09% (D) 5.36% ⏱27秒

空所を含む部分に「工場における --- が20パーセント上がると見込まれている」とあることから、工場と関連深い意味の名詞で、上がる性質を持つ (B) の productivity「生産性」が空所に入るのが妥当。(A) の schedule は「予定（≒ plan ／ agenda）」、(C) の direction は「指示（≒ instruction）、道順（≒ way）」、(D) の field は「分野（≒ area）」という意味。

訳 改良された施設が稼働すれば、工場の生産性は20パーセント向上すると見込まれている。

915位 品詞 (A) 3.00% (B) 5.22% (C) 5.76% **(D) 86.03%** ⏱20秒

空所前後に decided --- the launch とあることから、空所には他動詞 decided の目的語となり、直後の名詞 the launch を目的語にとる、不定詞の (D) to delay「〜を遅らせること」が入る。(A) の delays は名詞「遅れ」の複数形ととらえれば decided の目的語になれるが、後ろの the launch とつながらない。

訳 テスト中にさまざまなバグ（不具合）が見つかったので、Altor Inc. は新しいソフトウエアの発売を遅らせることを決めた。

914位 時制 (A) 4.49% **(B) 86.03%** (C) 6.83% (D) 2.65% ⏱26秒

空所の後ろに for over 200 years「200年余りにわたり」とあることから、空所には現在に至るまでの継続的な状況を表す、現在完了形の (B) has been owned が入る。(A) の will be owned は未来、(C) の is being owned は現在進行形、(D) の to be owned は不定詞。

訳 その絵画は画家の子孫によって200年余り所有されてきたが、来年、美術館へ寄贈される。

913位 格 (A) 3.34% (B) 7.87% **(C) 85.99%** (D) 2.79% ⏱26秒

空所前後に he would deliver --- on Monday とあることから、空所には他動詞 deliver の目的語になる、目的格の (C) them がふさわしい。再帰代名詞である (B) の themselves も目的語になり得るが、they would deliver themselves のように主語と目的語が同一人物でなければいけない。所有格である (A) の their は名詞を飾る。主格である (D) の they は主語として働く。

訳 販売代理店は Ms. Wang と交換部品について話し、月曜日にそれらを配達すると確約した。

正解 917. (D)／916. (B)／915. (D)／914. (B)／913. (C)

69

Level 1

912. Your products will be shipped ------- three business days of receiving your order.

(A) onto
(B) during
(C) within
(D) until

911. Frederick Mayhew's new novel should appeal to ------- who enjoyed his previous books.

(A) much
(B) such
(C) those
(D) each

910. Mona Lauper attracted national ------- after her third album reached number one on the charts.

(A) attentively
(B) attends
(C) attentive
(D) attention

909. Stinson Engineering is currently recruiting for ------- positions, including sales, accounting, and logistics.

(A) overdue
(B) drained
(C) plentiful
(D) multiple

1000~801 | 800~601 | 600~401 | 400~201 | 200~1

Level 1

912位 （前置詞） (A) 2.99% (B) 5.66% **(C) 85.94%** (D) 5.40% ⏱**14**秒

空所前後に Your products will be shipped --- three business days「商品は3営業日 --- 発送されます」とあることから、空所に範囲を限定する (C) の within を入れて、within three business days「3営業日以内に」という表現を完成させるのが妥当。

訳 お客さまの商品は、ご注文を受けてから3営業日以内に発送されます。

UP! (A) **onto:** ～の上に 例 jump onto a train「電車に飛び乗る」
(B) **during:** ～の間 例 during the summer/vacation「夏の間に／休暇中に」
(D) **until:** ～まで 例 Your purchased items will be kept until March 14.「お買い上げの品物は3月14日まで保管されます」

911位 （語法） (A) 5.54% (B) 3.67% **(C) 85.84%** (D) 4.95% ⏱**19**秒

空所の前後に前置詞 to と主格の関係代名詞 who があることから、空所には人を表す代名詞の (C) those「不特定多数の人々（≒ people）」を入れて、those who ～「～な人々」という表現を完成させるのが適切。

訳 Frederick Mayhew の新しい小説は、彼の既刊を楽しんだ人々の興味を引くはずだ。

910位 （品詞） (A) 4.04% (B) 6.97% (C) 3.16% **(D) 85.83%** ⏱**24**秒

空所には動詞 attracted の目的語となり、形容詞 national によって修飾される、名詞の (D) attention「注意、注目」が入る。attract attention「注目を集める」という表現ごとマスターしておこう。(A) の attentively「注意深く」は副詞、(B) の attends「～に出席する、～のケアをする」は動詞の現在形、(C) の attentive「注意深い」は形容詞。

訳 Mona Lauper は3枚目のアルバムがチャート1位を獲得し、全国的な注目を集めた。

909位 （語彙） (A) 3.05% (B) 3.47% (C) 7.79% **(D) 85.69%** ⏱**20**秒

「営業、経理、物流を含む --- 職種」という文脈から、空所には (D) の multiple「複数の異なる」がふさわしいと判断する。(A) の overdue は「予定の日時を過ぎた」、(B) の drained は「とても疲れた、排水された」、(C) の plentiful は「豊富な」で、文脈に合わない。

訳 Stinson Engineering では現在、営業、経理、物流を含む複数の職種の人材を募集している。

UP! (A) **overdue:** 予定の日時を過ぎた 例 overdue payments「支払延滞分」
(B) **drained:** とても疲れた、排水された
例 completely drained「精魂尽き果てている、完全に排水されている」
(C) **plentiful:** 豊富な 例 plentiful resources「豊富な資源」

正解 912. (C)／911. (C)／910. (D)／909. (D)

908. This message comes from a send-only e-mail account, so please do not ------- to this e-mail address.

(A) remove
(B) recall
(C) reply
(D) reclaim

907. Due to the inclement weather, the manager told ------- to work from home until Thursday without exception.

(A) one another
(B) anyone
(C) each other
(D) everyone

906. During the renovations, the library will be ------- only via the rear entrance.

(A) connected
(B) occasional
(C) accessible
(D) borrowed

| 1000～801 | 800～601 | 600～401 | 400～201 | 200～1 |

Level 1

908位 語彙 語法

(A) 6.53%　(B) 3.96%　**(C) 85.55%**　(D) 3.96%　⏱**19**秒

「本メールアドレスへ --- しないように」という文脈と、空所の直後に前置詞 to が続いていることから、空所には自動詞の機能も持つ (C) の reply を入れて、reply to ～「～に返信する」という表現を完成させるのが適切。

訳 このメッセージは送信専用メールアカウントからのものですので、本メールアドレスへは返信しないでください。

UP! (A) **remove:** ～を撤去する、～を取り除く（≒ get rid of）

　　例 remove stains「しみを除去する」

(B) **recall:** ～を思い出す（≒ remember）

　　例 recall the scene「その時の情景を思い出す」

(D) **reclaim:** ～を取り戻す（≒ get back）

　　例 reclaim some tax「税金の返還を求める」

907位 指示語　(A) 3.89%　(B) 6.31%　(C) 4.24%　**(D) 85.55%**　⏱**24**秒

「マネジャーは在宅勤務をするよう --- に伝えた」という文脈から、空所には (D) の everyone「皆、（部署の）全員」が入る。(A) の one another と (C) の each other は「お互い」という特定の2者、(B) の anyone は「誰か、誰でも」という不特定の人物を表すため、文脈に合わない。

訳 悪天候のため、マネジャーは例外なしで木曜日まで在宅勤務をするよう皆に伝えた。

906位 語彙　(A) 8.01%　(B) 2.31%　**(C) 85.50%**　(D) 4.18%　⏱**20**秒

the library will be --- とあることから、空所には the library の未来の状態を表す形容詞が入る。文を読み進めると、via the rear entrance「後方の入り口から」と経路が示されていることから、空所には (C) の accessible「到達できる、入りやすい（≒ easy to reach / get into / obtain / use）」がふさわしいと判断する。

訳 改装中、その図書館は後方の入り口からしか入れなくなる。

UP! (A) **connected:** 接続した、つながっている

　　例 connected to the Internet「インターネットに接続している」、connected with the foundation「その財団とつながりがある」

(B) **occasional:** 時々の　**例** occasional rain「時々降る雨」

(D) **borrowed:** 借りられる　**例** The book was borrowed.「その本は借りられた」

正解　908. (C) ／ 907. (D) ／ 906. (C)　　73

905. Due to an increase in the number of workplace accidents last year, BYM Steel has ------- its safety procedures.

(A) joined
(B) revised
(C) toured
(D) achieved

904. Lafferty Bridge will remain closed to traffic ------- the repair work has been completed.

(A) soon
(B) until
(C) even
(D) by

903. We have already received dozens of applications for the job -------, even though it was advertised just this morning.

(A) opens
(B) has opened
(C) open
(D) opening

902. Gaming fans around the world are ------- awaiting the next installment of Pow Digital Media's popular Otherworld series.

(A) closely
(B) distantly
(C) eagerly
(D) sharply

905位 語彙 (A) 5.02% **(B) 85.46%** (C) 3.15% (D) 6.36%　23秒

「BYM Steel は安全手順を --- した」という文脈から、空所には (B) の revised「〜を見直した（≒ changed)」がふさわしい。(A) の joined は「〜に加わった」、(C) の toured は「〜を見て回った、見学した」、(D) の achieved は「〜を達成した」という意味なので、文脈に合わない。

訳　昨年、職場での事故の件数が増えたため、BYM Steel は安全手順を見直した。

904位 前置詞 vs. 接続詞 vs. 修飾語
(A) 2.51% **(B) 85.45%** (C) 6.34% (D) 5.71%　25秒

空所の前と後ろに節があることから、空所には節と節をつなぐ接続詞がふさわしいと判断する。選択肢の中で接続詞は (B) の until「〜まで」のみ。(D) の by「〜までに」は前置詞なので、名詞を他の表現とつなぐ際に用いられる。(A) の soon「間もなく（≒ shortly)」と (C) の even「さえ」は副詞で、前後をつなぐのではなく、既に完成している文に飾りを添える。

訳　改修工事が完了するまで、Lafferty Bridge は通行止めとなる。

903位 品詞 (A) 3.27% (B) 5.23% (C) 6.08% **(D) 85.42%**　21秒

空所の前に for the job とあり、後ろはカンマで切れていることから、空所には job と関連深い (D) の opening「空き」を入れて、job opening「就職口（≒ vacant position)」という名詞のかたまりを完成させるのが適切。(C) の open は「開いている」という意味の形容詞または「開く、〜を開ける」という意味の動詞の原形（まれに名詞「野外、空き地」としても使う)。(A) の opens は動詞の現在形、(B) の has opened は現在完了形。

訳　求人広告は今朝掲載されたばかりなのに、その職にすでに数十件の応募がすでに来ている。

902位 語彙 (A) 5.99% (B) 3.54% **(C) 85.40%** (D) 5.07%　20秒

「世界中のゲームファンが次回作を待っている」という文脈から、空所には (C) の eagerly「熱心に（≒ anxiously)」がふさわしいと判断する。(A) の closely は「接近して、密接に」、(B) の distantly は「離れて」、(D) の sharply は「鋭く、急激に」という意味なので、文脈に合わない。

訳　世界中のゲームファンが、Pow Digital Media の人気シリーズ Otherworld の次回作を熱望している。

正解　905. (B) ／ 904. (B) ／ 903. (D) ／ 902. (C)

901. When he finished speaking, the keynote speaker received a standing ovation from the ------- audience.

(A) appreciation
(B) appreciative
(C) appreciate
(D) appreciatively

900. For instructions on using the Eagle Eye X9 Camera, ------- to the enclosed product manual.

(A) reply
(B) compare
(C) contribute
(D) refer

899. Members of the Tool Library can borrow ------- they need from its supply of professional-grade equipment.

(A) whose
(B) themselves
(C) whatever
(D) him

901位 品詞 (A) 4.15% **(B) 85.27%** (C) 7.34% (D) 3.25%　24秒

空所の前に the、後ろに audience があることから、空所には直後の名詞 audience を修飾する形容詞の (B) appreciative「称賛している、感謝している」がふさわしい。(A) の appreciation「評価、感謝」は名詞、(C) の appreciate「〜を評価する、感謝する」は動詞の原形、(D) の appreciatively「感謝して」は副詞。

訳　スピーチを終えると、基調講演者は、称賛する聴衆から総立ちの拍手喝采を受けた。

900位 語彙 (A) 4.35% (B) 5.09% (C) 5.39% **(D) 85.17%**　21秒

「使用方法は、同封された製品マニュアルを --- ください」という文脈から、空所には (D) の refer「参照する」がふさわしいと判断する。refer to 〜「〜を参照する (≒ consult)」という語法ごとマスターしておこう。残りの選択肢も to と一緒に使うことはできるが、文脈に合わない。

訳　Eagle Eye X9 カメラの使用方法は、同封されている製品マニュアルをご参照ください。

(A) **reply:** 返答する
　　例　reply to the questions「質問に返答する」
(B) **compare:** 比較する
　　例　compare favorably to the previous model「前のモデルより良いと(比較して)評価される」
(D) **contribute:** 貢献する、寄与する
　　例　contribute to our sales increase「売上増に寄与する」

899位 関係詞 語法
(A) 5.68% (B) 7.54% **(C) 85.15%** (D) 1.63%　28秒

空所前後に動詞 borrow の目的語がないので、目的語になる関係代名詞の (C) whatever「〜するものは何でも (≒ anything that)」が空所にふさわしいと判断する。(A) の whose も関係代名詞だが、所有格なので不適切。所有格は後ろの名詞を修飾するが、ここでは名詞がないので不適切。代名詞の目的格である (D) の him「彼を、彼に」と、再帰代名詞である (B) の themselves「彼/彼女ら自身」は、文脈に合わない。

訳　Tool Library の会員は、必要なものは何でも、プロ仕様の機器の在庫から借りることができる。

898. Crowley Enterprises offers a subsidy to employees who ------- to the office by public transportation.

(A) commute
(B) direct
(C) promote
(D) nominate

897. Due to scheduling difficulties, the Dolby Poetry Society will meet only ------- a week from June 2.

(A) every
(B) once
(C) each
(D) one

896. Coupons are ------- only for select merchandise and cannot be combined with other offers.

(A) validity
(B) valid
(C) validating
(D) validation

898位 【語彙】【語法】

(A) 85.11% (B) 6.95% (C) 4.95% (D) 2.99%　24秒

空所前後に「公共交通機関でオフィスに --- 従業員たち」という文脈と、空所の直後に前置詞 to が続いていることから、空所には自動詞である (A) commute「通勤する」がふさわしい。(C) promote、(D) nominate は他動詞で、目的語と共に用いられる。(B) direct は自動詞でもあるが、文脈に合わない。

訳 Crowley Enterprises は、公共交通機関で通勤する従業員に補助金を支給している。

(B) **direct:**（～を）案内する
　例 direct passengers to the other gate「乗客をもう一方の搭乗口に案内する」

(C) **promote:** ～を促進する、～を昇進させる
　例 promote employees to managerial positions「従業員を管理職に昇進させる」

(D) **nominate:** ～をノミネートする、～を指名する
　例 nominate employees for the awards「従業員を賞にノミネートする」

897位 【語法】 (A) 5.12% (B) 85.08% (C) 3.53% (D) 6.27%　21秒

空所の前に副詞 only があり、後ろに a week と続いていることから、空所には (B) の once「1回」を入れて、only once a week「週に1回のみ」という表現を完成させるのが適切。(A) と (C) は、every week／each week「毎週」のように使う。(D) の one を用いて「週に1回」と述べたい場合は、one time a week のように time という単語が必要。

訳 スケジュールの都合がつかないため、6月2日から Dolby Poetry Society は週に1回のみ会合を開く。

896位 【品詞】 (A) 4.21% (B) 85.07% (C) 6.27% (D) 4.46%　17秒

空所の前に主語 Coupons と be 動詞の are があり、後ろに only for ～と補足情報が続くことから、空所には Coupons を描写しつつ Coupons とイコールの関係になる形容詞の (B) valid「有効な」が入る。名詞の (A) validity「有効性」と (D) validation「検証」は単数形なので Coupons とイコールにならない。(C) の validating は他動詞 validate「～を有効にする、～を立証する」の動名詞または現在分詞なので、後ろに目的語となる名詞が必要。

訳 クーポンは特定の商品に対してのみ有効であり、他の特典との併用はできません。

正解　898. (A)／897. (B)／896. (B)

895. Please ------- that an inspector from the City Health Department will be visiting the restaurant this week.

(A) to note
(B) noted
(C) note
(D) noting

894. Egbert Industries actively supports the community by ------- a large donation to a local charity each year.

(A) visiting
(B) telling
(C) entering
(D) making

893. The building's top floor has several upscale eateries, while the basement food court offers more ------- lunch options.

(A) likely
(B) punctual
(C) temporary
(D) affordable

892. Ms. Erwin suggested holding the meeting on either May 30 ------- June 1.

(A) to
(B) and
(C) until
(D) or

1000〜801　800〜601　600〜401　400〜201　200〜1

Level 1

895位　品詞　(A) 2.74%　(B) 7.42%　**(C) 84.98%**　(D) 4.86%　⏱**13**秒

空所の前に副詞的な機能を持つ間投詞の Please があり、後ろに接続詞 that がつなぐ節が続いているので、空所には動詞の原形である (C) note「〜に留意する」が入る。(A) の to note は不定詞、(B) の noted は動詞の過去形・過去分詞、(D) の noting は動名詞または現在分詞。

訳　今週、市の保健局の検査官がそのレストランを訪問することにご留意ください。

894位　語彙　(A) 3.85%　(B) 3.52%　(C) 7.70%　**(D) 84.93%**　⏱**25**秒

「多額の寄付を --- ことにより」という文脈から、空所には (D) making を入れて、make a donation「寄付をする」という表現を完成させるのが適切。(A) visiting は「〜を訪問すること」、(B) telling は「〜に話すこと」、(C) entering は「〜に入ること」。

訳　Egbert Industries は、毎年地元の慈善団体に多額の寄付をすることにより、地域を積極的に支援している。

893位　語彙　(A) 4.92%　(B) 5.05%　(C) 5.11%　**(D) 84.92%**　⏱**28**秒

カンマの後ろに while「一方で」という対比の接続詞が用いられていることから、空所にはカンマの前の upscale「高級な」と対照的な意味の (D) affordable「手頃な金額の（≒ reasonable ／ inexpensive ／ cheap）」が入る。

訳　ビルの最上階にはいくつかの高級飲食店がある一方で、地下のフードコートではもっと手頃なランチが提供されている。

UP!　(A) likely: ありそうな　例 a more likely result「よりありそうな結果」
　　　(B) punctual: 時間に正確な　例 a punctual delivery「時間どおりの配達」
　　　(C) temporary: 一時的な　例 a temporary closure「一時的な閉鎖」

892位　構文　語法　(A) 6.50%　(B) 5.18%　(C) 3.46%　**(D) 84.87%**　⏱**14**秒

空所前後に on either May 30 --- June 1 とあることから、空所には (D) の or を入れて either May 30 or June 1「5月30日もしくは6月1日」のように呼応させるのが適切。either A or B で「A もしくは B」を表す。(A) は from May 30 to June 1「5月30日から6月1日まで」、(B) は both May 30 and June 1「5月30日と6月1日の両日とも」、(C) は from May 30 until June 1「5月30日から6月1日まで」のように使う。

訳　Ms. Erwin は5月30日もしくは6月1日に会議を開くことを提案した。

正解　895. (C) ／894. (D) ／893. (D) ／892. (D)

891. The newly-built bus terminal is within walking ------- of our headquarters.

(A) position
(B) distance
(C) measure
(D) place

890. Summerhill University will host its ------- job fair on April 23, featuring hundreds of companies from various industries.

(A) previous
(B) annual
(C) recent
(D) broad

889. Financial experts believe that increased consumer spending in the past quarter is an ------- of continued economic recovery.

(A) indicatively
(B) indicate
(C) indicative
(D) indication

888. A high-speed rail project, connecting Veradale and Mongomery, is expected to be in ------- by the end of the year.

(A) tour
(B) system
(C) entrance
(D) operation

1000～801

891位 慣用表現 (A) 3.47% **(B) 84.76%** (C) 4.49% (D) 7.28% ⏱**16**秒

空所前後に within walking --- of our headquarters「うちの本社から歩ける --- の範囲内に」とあることから、空所に (B) の distance「距離」を入れて、within walking distance「歩いて行ける距離に、徒歩圏内に」という表現を完成させるのが妥当。(A) の position「位置、職」、(C) の measure「方策、寸法」、(D) の place「場所」は文脈に合わない。

訳 新しく建てられたバスターミナルは、うちの本社から徒歩圏内にある。

890位 修飾 (A) 5.48% **(B) 84.74%** (C) 4.79% (D) 4.99% ⏱**21**秒

選択肢にタイミングを表す修飾語が並んでいるので、時制に注目すると、will host という未来を表す表現が用いられていることから、(B) の annual「年に1度の／毎年恒例の (≒ yearly)」を選択する。(A) の previous「以前の (≒ former)」、(C) の recent「最近の」はいずれも既に行われたことを述べるもので、過去形や現在完了形などと一緒に用いられる。(D) の broad は「幅広い」という意味。

訳 Summerhill University はさまざまな業界から数百もの企業を呼んで、4月23日に年に1度の就職フェアを開催する。

889位 品詞 (A) 2.60% (B) 4.85% (C) 7.85% **(D) 84.71%** ⏱**27**秒

空所前後に冠詞 an と前置詞 of があることから、空所には名詞の (D) indication「兆候」が入る。(C) の形容詞 indicative は、is indicative of ～「～の兆しがある」のように使える他、「直説法」という意味の名詞にもなるが、それは文法用語なので、名詞 indicative が TOEIC で正解になることはないと考えていい。(A) の indicatively「暗示するように、直説法で」は副詞、(B) の indicate「～を示す」は動詞の原形。

訳 金融の専門家たちは、前四半期における消費者支出の増加は、継続的な景気回復の兆候であると考えている。

888位 慣用表現 (A) 3.68% (B) 6.79% (C) 4.84% **(D) 84.69%** ⏱**24**秒

空所の前に in があることから、空所に (D) の operation「運転」を入れて、in operation「稼働して、運転して」という慣用表現を完成させると、「年末までに運行を開始する予定である」となり、文脈にも合う。(A) の tour は「ツアー、旅行」、(B) の system は「システム」、(C) の entrance は「入り口」という意味で、いずれも前置詞 in と共に用いられる慣用表現はない。

訳 Veradale と Mongomery を結ぶ高速鉄道事業は、年末までに運行を開始する予定である。

正解 891. (B) ／890. (B) ／889. (D) ／888. (D)　　83

887. Passwords must be at least eight characters long and contain ------- letters and numbers.

(A) each
(B) none
(C) another
(D) both

886. Unfortunately, the reasons for the rising production costs are ------- and may not be fully understood for some time.

(A) complicate
(B) complicated
(C) complication
(D) complicates

885. If you wish to store your belongings, there are lockers available to rent for a small -------.

(A) cash
(B) way
(C) timeline
(D) fee

884. ------- the office manager for Deller Solutions, Ms. Funa is closely involved in the day-to-day running of the business.

(A) Somehow
(B) Because
(C) As
(D) So that

| 1000〜801 | 800〜601 | 600〜401 | 400〜201 | 200〜1 |

Level 1

887位 [構文] [語法]
(A) 5.61% (B) 3.82% (C) 5.91% **(D) 84.66%** ⏱**17**秒

空所前後にcontain --- letters and numbersとあることから、空所には (D) のboth を入れてboth letters and numbers「文字と数字の両方」のように呼応させるのが適切。both A and Bで「AとBの両方」を表す。(A) はeach password「それぞれのパスワード」、(C) はanother password「もう1つ別のパスワード」、(B) はnone of the passwords「パスワードのうちいずれもない」のように使う。

訳 パスワードは少なくとも8文字の長さで、文字と数字の両方を含んでいなければならない。

886位 [品詞] (A) 7.59% **(B) 84.64%** (C) 5.09% (D) 2.67% ⏱**24**秒

空所の前に主語reasonsとbe動詞areがあり、後ろは接続詞andによって新たな情報がつながれているので、空所にはreasonsを描写しつつイコールの関係になる形容詞の (B) complicated「複雑な」が入る。文法的には名詞も入り得るが、(C) complication「複雑にさせる要素」は名詞の単数形なので主語reasonsの数と合わない。(A) complicate「〜を複雑にする」はスペルから形容詞と誤解しがちだが、動詞の原形なので注意。(D) complicatesは動詞の現在形。

訳 残念ながら、生産コスト上昇の理由は複雑で、当面、完全には分からないかもしれない。

885位 [語彙] (A) 9.56% (B) 2.64% (C) 3.19% **(D) 84.61%** ⏱**21**秒

「荷物を預けたい場合は、少しの --- で借りられるロッカーがあります」という文脈から、空所には (D) のfee「費用」入れて、a small fee「少しの費用」とするのが妥当。(A) cash「現金」は、a small amount of cash「少額の現金」のように使う。(B) のwayは「方法、道」、(C) のtimelineは「時系列の流れ（≒ schedule）」という意味。

訳 お荷物をお預けになりたい場合は、少額の費用でご利用いただけるロッカーがございます。

884位 [前置詞 vs.接続詞 vs.修飾語]
(A) 8.06% (B) 3.44% **(C) 84.61%** (D) 3.90% ⏱**29**秒

カンマの後ろに続く主節に対して、名詞句のthe office manager (for Deller Solutions)をつなぐことができるのは、前置詞の (C) As「〜として」。(A) Somehow「どうにかして、どういうわけか」は副詞で、前後をつなぐのではなく、飾りを加える際に用いられる。(B) Because「〜なので」と (D) So that「〜できるようにするために（≒ In order that）」は接続詞で、節と節をつなぐ。

訳 Deller Solutions の支店長として、Ms. Funa は日々の経営に深く関わっている。

正解 887. (D) ／886. (B) ／885. (D) ／884. (C)

85

883. It is strictly ------- to enter the property without proper authorization.

(A) opposed
(B) indicated
(C) prohibited
(D) combined

882. Entry to the laboratory area is restricted to employees of Faraday Research and ------- visitors with a valid ID badge.

(A) precise
(B) authorized
(C) partial
(D) complex

881. Kickson Footwear ------- their warehouse from the city to the suburbs to save on running costs.

(A) established
(B) originated
(C) relocated
(D) launched

| 1000〜801 | 800〜601 | 600〜401 | 400〜201 | 200〜1 |

Level 1

883位 　語彙　語法

(A) 5.77%　(B) 5.77%　**(C) 84.59%**　(D) 3.87%　　⏱**19**秒

仮主語 It は、不定詞によって導かれる to enter ... authorization「正式な許可なくその敷地に入ること」の部分を指している。空所直前に strictly「厳重に」という副詞があることから、(C) の prohibited「禁止されている（≒ banned）」を入れると、「固く禁じられている」となり文意が通る。(A) opposed「異議を唱えた」は We are strongly opposed to entering the property without proper authorization.「私たちは正式な許可なくその敷地に立ち入ることに強く反対した」のように使う。(D) combined は combined with 〜「〜と組み合わせて」、(B) indicated は It is clearly indicated that SV「SV が明確に示されている」のように用いる。

訳 正式な許可なくその敷地に立ち入ることは固く禁じられている。

882位 　語彙　(A) 4.35%　**(B) 84.59%**　(C) 8.76%　(D) 2.31%　　⏱**28**秒

「研究所エリアへの立ち入りは従業員と --- 訪問客に限定されている」という文脈から、空所には直後の名詞 visitors を修飾するのに意味的にふさわしい (B) の authorized「許可を受けている（≒ approved）」が入る。(A) の precise は「正確な」、(C) の partial は「部分的な」、(D) の complex は「複雑な」という意味。

訳 研究所エリアへの立ち入りは、Faraday Research の従業員および有効な ID バッジを持つ許可された訪問者に制限されている。

881位 　語彙　語法

(A) 7.71%　(B) 2.88%　**(C) 84.53%**　(D) 4.88%　　⏱**22**秒

空所直後に目的語 their warehouse があり、その後ろに始点を示す from と到達点を表す to を用いて、倉庫を移転させる様子が述べられていることから、空所には (C) の relocated「〜を移転させた（≒ moved）」が入る。relocate 〜 from X to Y「〜を X から Y へ移す」という語法ごとマスターしておこう。残りの選択肢の動詞には、後ろに from X to Y が来る語法はない。

訳 Kickson Footwear は、管理コストを抑えるために、倉庫を市内から郊外へ移した

📈**UP!** (A) **established:** 〜を設立した（≒ founded）
　　例 They established the company in 1891.「その会社を1891年に設立した」

(B) **originated:** 〜を発案した（≒ invented）、**起源となった**（≒ began ／ started）
　　例 The brand originated in Spain.「そのブランドはスペイン発祥だ」

(D) **launched:** 〜を立ち上げた（≒ started up）、〜を発売した（≒ started selling）
　　例 They launched the new line.「新シリーズを発表した」

正解　883. (C) ／ 882. (B) ／ 881. (C)

880. The restaurant will be ------- in the beginning of January in order to renovate the dining room and the patio.

(A) closer
(B) close
(C) closure
(D) closed

879. At Meridian Airlines, we take all precautions necessary to ensure the utmost ------- of our passengers.

(A) safe
(B) safety
(C) safely
(D) safer

878. As a result of its commitment to quality and customer service, Fingal Systems has earned a ------- for excellence.

(A) reputation
(B) submission
(C) protection
(D) confusion

877. Ms. McGregor is retiring ------- having worked at Bernard & Rollin Corporation for 31 years.

(A) overall
(B) after
(C) during
(D) because

| 1000〜801 | 800〜601 | 600〜401 | 400〜201 | 200〜1 |

Level 1

880位 品詞 (A) 2.57% (B) 10.90% (C) 2.04% **(D) 84.49%** ⏱15秒

空所の前に主語 restaurant と be 動詞（will be）があり、後ろは前置詞 in によって補足情報がつながれていることから、空所には restaurant を説明し、イコールの関係が成り立つ、形容詞の (D) closed「休業の」が入る。(B) の close は「閉まる」という意味の動詞の原形。形容詞としては「閉まっている」ではなく「近い」という意味なので、この文脈には合わない。(A) の closer「より近い」は形容詞の比較級、(C) の closure「閉鎖」は名詞。

訳 ダイニングルームと中庭のリフォームをするため、レストランは1月初めに休業となる。

879位 品詞 (A) 9.28% **(B) 84.46%** (C) 4.73% (D) 1.54% ⏱26秒

空所は冠詞 the ＋形容詞 utmost と、前置詞 of の間にあるので、名詞の (B) safety「安全」が入る。(A) の safe「安全な」は形容詞の原級、(C) の safely「安全に」は副詞、(D) の safer「より安全な」は形容詞の比較級。

訳 Meridian Airlines では、お客様の最大限の安全を確保するために、必要なあらゆる予防策を講じております。

878位 語彙 **(A) 84.42%** (B) 6.81% (C) 5.43% (D) 3.34% ⏱23秒

「優れているという --- を得ている」という文脈から、空所には (A) の reputation「評判」が入る。earn a reputation で「名声を得る」という表現ごとマスターしておこう。(B) の submission は「提出、服従」、(C) の protection は「保護」、(D) の confusion は「混乱、混同」という意味なので、文脈に合わない。

訳 品質や顧客サービスにこだわった結果、Fingal Systems は優れているという名声を得ている。

877位 前置詞 vs.接続詞 vs.修飾語 語法
(A) 7.44% **(B) 84.38%** (C) 4.79% (D) 3.39% ⏱20秒

空所前で文の要素がそろっており、空所後に動名詞 having worked があることから、空所には名詞に相当する語句をつなげる前置詞が必要だと判断して、(B) の after「〜してから、〜を経て」を選択する。(C) during「〜の間」も前置詞だが動名詞の前には来ない。(A) overall は副詞「全体で」または形容詞「全体の」で、the overall length of her service「勤続年数の総計、通算勤務時間」のように使う。(D) の because「〜なので」は接続詞で、節をつなぐ。

訳 Ms. McGregor は、Bernard & Rollin Corporation で31年間勤め上げ、定年退職することになっている。

正解 880. (D) ／ 879. (B) ／ 878. (A) ／ 877. (B)

876. The flight to Amsterdam has been ------- as a result of unusually heavy rain and strong winds.

(A) delay
(B) delays
(C) delayed
(D) delaying

875. Construction on the Madison Bridge is underway, so motorists are ------- to take alternate routes into the city.

(A) advised
(B) advisory
(C) advising
(D) advice

874. Only ------- to the online news site are allowed to post comments about featured articles.

(A) restrictions
(B) subscribers
(C) qualifications
(D) reservations

873. Mr. Gregor was offered the regional supervisor position ------- his lack of managerial experience.

(A) while
(B) even
(C) among
(D) despite

876位 品詞 態

(A) 4.19%　(B) 3.02%　**(C) 84.25%**　(D) 8.54%　**16秒**

空所の前には主語とbe動詞 (has been) があり、前置詞 as a result of によって補足情報がつながれているが、目的語に当たる名詞がない。従って、空所にはbe動詞と一緒に受動態を形成する過去分詞の (C) delayed が入る。(A) の delay と (B) の delays は動詞「〜を遅延させる」または名詞「遅延」、(D) の delaying は動名詞または現在分詞。

訳　異常な大雨と強風のため、Amsterdam行きのフライトは遅延している。

875位 品詞 態

(A) 84.23%　(B) 3.81%　(C) 8.50%　(D) 3.47%　**20秒**

空所の前に主語とbe動詞があり、後ろに目的語がなく、to不定詞で補足情報がつながれていることから、空所にはbe動詞と共に受動態を作る過去分詞の (A) advised「勧められている」が入る。現在分詞の (C) advising を入れて are advising にすると能動態になり、目的語が必要。(B) advisory「助言を与える目的の」は形容詞で、advisory committee「諮問委員会」のように使う。(D) advice「助言」は名詞。

訳　Madison Bridge で建設工事が行われているため、ドライバーには市内に入る別のルートを利用することが推奨されている。

874位 語彙 語法

(A) 4.96%　**(B) 84.15%**　(C) 7.58%　(D) 3.31%　**25秒**

「オンラインニュースサイトの --- のみコメントを投稿できる」という文脈、および空所の直後に前置詞 to が続いていることから、空所には (B) の subscribers「購読者、契約者」が入る。(A) の restrictions は「制約」、(C) の qualifications は「資格」、(D) の reservations は「予約」という意味で、文脈に合わない。

訳　オンラインニュースサイトの定期購読会員のみ、特集記事にコメントを投稿できる。

873位 前置詞 vs.接続詞 vs.修飾語

(A) 4.76%　(B) 6.42%　(C) 4.69%　**(D) 84.14%**　**25秒**

空所の前で文の要素がそろっている。後ろには名詞の his lack of managerial experience とあるので、空所にはこれを前とつなぐ前置詞が入ると考え、(D) despite「〜にもかかわらず (≒ in spite of)」を選択する。(C) among も前置詞だが、among the candidates「候補者たちの中で」のように「3者以上の間」を示す際に用いられる。(A) while は接続詞、(B) even は副詞。even though he lacks managerial experience なら OK。

訳　Mr. Gregor は管理の経験が不足しているにもかかわらず、地域担当マネジャーの職を提示された。

正解　876. (C) ／875. (A) ／874. (B) ／873. (D)

872. DeGarmo Electronics asked for ------- on its new tablet eSlim 5.0 via a short survey on its Web site.

(A) feedback
(B) interest
(C) attitude
(D) notice

871. ------- over the new contract are taking longer than expected, but both parties believe an agreement will be reached soon.

(A) Rates
(B) Indicators
(C) Negotiations
(D) Variations

870. Ms. Koyama has a good working ------- with everyone in the sales department.

(A) relative
(B) relations
(C) relationship
(D) related

869. If you would like to schedule an appointment, Ms. Terwilliger is ------- on either Monday or Tuesday next week.

(A) familiar
(B) possible
(C) limited
(D) available

872位 語彙 語法

(A) 83.97% (B) 5.37% (C) 4.23% (D) 6.44%   23秒

空所前後にasked for --- on its new tablet「新型タブレットについての --- を求めた」とあることから、(A) のfeedback「意見、感想(≒comments／advice)」を選択する。(B) のinterest「興味、関心」を用いる場合、前置詞は「分野」を表すinを使う。

訳 DeGarmo Electronicsはウェブサイトでの簡単なアンケートで、新型タブレットeSlim 5.0に関する意見を求めた。

(B) **interest:** 興味　例 interest in its new tablet「新型タブレットへの興味」
(C) **attitude:** 態度　例 attitude toward(s) work「仕事に対する姿勢」
(D) **notice:** 告知　例 notice on the upcoming event「来るイベントに関する告知」

871位 語彙 (A) 4.03% (B) 6.61% (C) 83.95% (D) 5.41%　29秒

「新契約を巡る --- には予想より時間がかかっている」という文脈から、空所には(C) Negotiations「交渉」が入る。(A) Ratesは「料金」、(B) Indicatorsは「表示器、指標」、(D) Variationsは「バリエーション、変形体」という意味なので、文脈に合わない。

訳 新契約を巡る交渉は予想より時間を要しているが、双方が間もなく合意に達すると考えている。

870位 品詞 (A) 2.74% (B) 7.35% (C) 83.89% (D) 6.02%　18秒

空所前には主語Ms. Koyamaと動詞hasがあり、空所後には前置詞withによって補足情報がつながれていることから、空所にはgood workingに修飾されて目的語になり得る名詞の(C) relationship「関係、関係性」が入る。(B) relations「関係」は名詞の複数形なので冠詞aの後ろには置けない。(A) relativeは形容詞「関連のある」の他に名詞「親戚」にもなるが、意味が合わない。(D) related「関連のある」「関連した」は形容詞または動詞の過去形・過去分詞。

訳 Ms. Koyamaは営業部の全員と仕事上の良好な関係を築いている。

869位 語彙 (A) 1.90% (B) 8.54% (C) 5.69% (D) 83.87%　21秒

「Ms. Terwilligerは来週の月曜もしくは火曜のいずれかに ---」という文脈から、空所には(D) available「都合がつく」が入る。(B) possible「可能である」は人を主語にすることができない。

訳 アポの設定をしたいなら、Ms. Terwilligerは来週の月曜日か火曜日に都合がつきます。

(A) **familiar:** よく知られた、精通している
　　例 She is familiar with the subject.「彼女はそのテーマに精通している」
(B) **possible:** 可能性がある
　　例 possible dates for the meeting「ミーティングの候補日」
(C) **limited:** 限定的な
　　例 The number of seats is limited.「席数は限られている」

正解　872. (A)／871. (C)／870. (C)／869. (D)

868. Be sure to separate recyclable items carefully when ------- of trash in the office.

(A) emptying
(B) thinking
(C) disposing
(D) bringing

867. ------- current members of the Heatley Chamber of Commerce can vote to choose the new president.

(A) Only
(B) Among
(C) Though
(D) Since

866. Clayburn Motors has decided to ------- its contract with Murata Corporation for another three years.

(A) guide
(B) relate
(C) draw
(D) extend

865. Almost all of DRT Advertising Agency's clients report that their marketing campaigns have ------- their revenue.

(A) improved
(B) to improve
(C) improvement
(D) improves

94

1000～801 | 800～601 | 600～401 | 400～201 | 200～1

Level 1

868位　語彙　語法

(A) 5.78%　(B) 4.54%　**(C) 83.83%**　(D) 5.86%　⏱**22**秒

「オフィスでごみを --- 時は」という文脈、および空所の直後に前置詞 of が続いていることから、空所には (C) の disposing を入れて、dispose of ～「～を処分する」という表現を完成させるのが適切。(A) emptying は「空にする」、(B) thinking は「考える」、(D) bringing は「持ってくる」。

訳 オフィスでごみを処分する際は、リサイクル可能なものをきちんと分別するようにしてください。

867位　前置詞 vs.接続詞 vs.修飾語

(A) 83.78%　(B) 10.30%　(C) 3.02%　(D) 2.90%　⏱**23**秒

空所の後ろには文に必要な要素がそろっていることから、空所には副詞の (A) Only「～のみ、～だけ」が文法的にふさわしいと判断する。(B) の Among「～の間の」は前置詞、(C) の Though「～にもかかわらず（≒ Although ／ Even though）」は接続詞、(D) の Since は前置詞「～以来」、または接続詞「～して以来、～なので（≒ As）」。

訳 Heatley Chamber of Commerce（Heatley 商工会議所）の現会員のみが、新会長を選出する選挙を行うことができる。

866位　語彙　(A) 3.00%　(B) 6.93%　(C) 6.30%　**(D) 83.77%**　⏱**22**秒

空所に入る語は its contract「契約」を目的語にとる動詞。文末に for another three years「さらに3年間」とあることから、(D) の extend「～を延長する」が意味的に当てはまる。

訳 Clayburn Motors は Murata Corporation との契約をさらに3年間延長することにした。

UP! (A) guide: ～を案内する、～を指導する

　例 Let me guide you through our facility.「当施設の中をご案内しましょう」

(B) relate: ～を関連付ける

　例 relate the rise in sales to the increase in productivity「売上増を生産性の向上と結び付ける」

(C) draw: ～を引く　**例** draw public attention「世間の注意を引く」

865位　品詞　**(A) 83.77%**　(B) 9.64%　(C) 3.99%　(D) 2.60%　⏱**30**秒

空所の前に campaigns have とあり、後ろに目的語 revenue が続いていることから、空所には過去分詞の (A) improved を入れて、have improved「～を向上させた」という現在完了形にするのが適切。不定詞の (B) to improve を空所に入れて have to improve とすると、「向上させる必要がある」となり、文脈的に不自然。(C) の improvement「向上」は名詞、(D) の improves は動詞の現在形。

訳 DRT Advertising Agency の顧客のほぼ全てが、同社のマーケティング・キャンペーンにより自分たちの収益が上向いたと報告している。

正解 868. (C) ／867. (A) ／866. (D) ／865. (A)　　95

864. If there are any problems, please contact our customer service team at the phone number ------- below.

(A) listings
(B) listed
(C) lists
(D) lister

863. Jim Tanner's new novel sold out rapidly, so bookstores ordered larger ------- to meet the strong demand.

(A) shipments
(B) populations
(C) difficulties
(D) locations

862. If a customer wishes to cancel a contract, notification must ------- in writing.

(A) receive
(B) be receiving
(C) have received
(D) be received

861. The traffic detour is only ------- and will be removed once the construction work on the stadium is finished.

(A) intended
(B) complete
(C) immediate
(D) temporary

1000～801 | 800～601 | 600～401 | 400～201 | 200～1

864位 品詞 (A) 4.48% **(B) 83.75%** (C) 9.17% (D) 2.60% ⏱**17**秒

空所の前に at the phone number とあり、後ろに副詞 below が続いていることから、空所には名詞 phone number を飾る形容詞的な機能を果たす、分詞の (B) listed「記載された」が入る。(A) の listings「記載項目、一覧」は名詞の複数形、(C) の lists は名詞「一覧表」の複数形または動詞「〜をリストに掲載する」の現在形、(D) の lister「リストの作成者」は名詞の単数形。

訳 何か問題がありましたら、以下に記載されている電話番号の弊社カスタマーサービスチームまでご連絡ください。

863位 語彙 **(A) 83.71%** (B) 6.70% (C) 3.62% (D) 5.97% ⏱**25**秒

カンマの後ろの「書店はさらに大口の --- を依頼した」という文脈から、空所には (A) の shipments「出荷」が入る。(B) の populations は「人口」、(C) の difficulties は「難題」、(D) の locations は「場所」という意味で、文脈に合わない。

訳 Jim Tanner の新しい小説があっという間に売り切れたので、書店は強い需要に応えるために、さらに大口の出荷を依頼した。

862位 態 (A) 5.50% (B) 4.81% (C) 5.99% **(D) 83.70%** ⏱**27**秒

空所前後に must --- in writing とあり、選択肢で用いられている動詞 receive の目的語となる名詞が存在しないことから、空所には受動態の (D) be received が入る。(A) receive、(B) be receiving、(C) have received は、must の後ろに続くことはできるものの、いずれも能動態なので、後ろに目的語となる名詞が必要。

訳 顧客が契約のキャンセルを望む場合、書面で通知が受領されなければならない。

861位 語彙 (A) 6.45% (B) 5.67% (C) 4.20% **(D) 83.68%** ⏱**27**秒

空所の後ろにある and will be removed「そして解除される」、および once the construction work on the stadium is finished「スタジアムの建設工事が終わり次第」という文脈から、(D) の temporary「一時的な」が入る。他の選択肢は文脈に合わない。

訳 迂回は一時的なものにすぎず、スタジアムの建設工事が終われば解除される。

📈UP! (A) **intended: 対象となる** 例 intended audience「対象となる聴衆」
(B) **complete: 完全な** 例 complete works「全集」
(C) **immediate: 即座の、すぐの** 例 immediate action「迅速な行動」

正解 864. (B) ／863. (A) ／862. (D) ／861. (D)

860. Dr. Trilby is an expert on food and dieting, who has published articles on ------- in many leading health magazines.

(A) nutrition
(B) nutritionist
(C) nutritionally
(D) nutritional

859. Professionally trained public speakers know how to ------- their tone of voice and the tempo of their speech.

(A) variably
(B) varies
(C) vary
(D) variable

858. The ------- relationship between Roland Engines and Sleeman Aircraft has proven beneficial to both companies.

(A) cooperatively
(B) cooperated
(C) cooperation
(D) cooperative

857. Tour participants had some time to ------- and shop on their own on the last night of their trip.

(A) dine
(B) dining
(C) diner
(D) dines

1000〜801

860位 品詞 **(A) 83.68%** (B) 8.05% (C) 3.85% (D) 4.42% ⏱**29**秒

空所の直前に on、直後に in とあることから、空所には前置詞 on によりつながれる名詞で、冠詞を伴わない不可算名詞がふさわしいと判断し、(A) の nutrition「栄養（を摂取すること）、栄養学」を選択する。(B) の nutritionist「栄養士、栄養学者」は可算名詞で、冠詞 a や the、-s を付けた形で用いられる。(C) の nutritionally「栄養学的に」は副詞、(D) の nutritional「栄養上の」は形容詞。

訳 Dr. Trilby は食品や食事療法の専門家であり、多くの主要な健康雑誌に栄養に関する記事を発表してきた。

859位 品詞 (A) 4.12% (B) 4.55% **(C) 83.68%** (D) 7.65% ⏱**21**秒

空所前に how to とあり、後ろに tone が続いていることから、空所には動詞の原形である (C) の vary を入れて、how to vary 〜「〜を変える方法」という不定詞を用いた表現を完成させるのが適切。(A) の variably「可変的に」は副詞、(B) の varies「変わる、〜を変える」は動詞の現在形、(D) の variable は形容詞「変わりやすい、可変の」、または名詞「変化する（不確定）要素」。

訳 専門的な訓練を受けた講演者は、声のトーンや話すテンポの変え方を心得ている。

858位 品詞 (A) 3.54% (B) 8.71% (C) 4.12% **(D) 83.63%** ⏱**18**秒

空所の前に The という冠詞、直後に relationship という名詞があることから、空所には名詞を修飾する形容詞の (D) cooperative「協力的な、共同運営の」が入る。(B) の cooperated「協力した」は自動詞の過去形・過去分詞で、名詞を修飾することはない。(A) の cooperatively「協力して」は副詞、(C) の cooperation「協力」は名詞。

訳 Roland Engines と Sleeman Aircraft の協力関係は、両社にとって有益だと分かった。

857位 品詞 パラレリズム
(A) 83.63% (B) 5.43% (C) 8.41% (D) 2.54% ⏱**19**秒

空所の前に time to とあり、後ろには等位接続詞 and によって動詞の原形 shop がつながれていることから、空所にも動詞の原形である (A) の dine を入れて、time to dine and shop「食事や買い物をする時間」と文法的に対等な要素を並列させるのが適切。(B) の dining「食事（をすること）」は名詞または動名詞・現在分詞、(C) の diner「食事客」は名詞、(D) の dines は動詞の現在形。

訳 ツアー参加者たちは、旅の最終日の夜に各自で食事や買い物をする時間を楽しんだ。

正解 860. (A) ／859. (C) ／858. (D) ／857. (A)

99

856. Encouraging businesses to offer remote working options may help to ------- the city's traffic congestion.

(A) relieve
(B) signify
(C) hire
(D) shuttle

855. Next month, Ms. Chang will ------- from the Taipei branch to the Hanoi branch, where she will take over as sales director.

(A) prevent
(B) transfer
(C) request
(D) promote

854. The accounting manager will check the figures ------- to ensure that there are no further billing errors.

(A) evenly
(B) outwardly
(C) positively
(D) thoroughly

856位 語彙 (A) 83.62% (B) 6.91% (C) 3.80% (D) 5.67% ⏱ 25秒

「市内の交通渋滞を --- ことにつながるかもしれない」という文脈から、空所には(A)のrelieve「〜を緩和する(≒ease)」が入る。(B)のsignifyは「〜を表す、〜を意味する」、(C)のhireは「〜を雇う」、(D)のshuttleは「〜を往復便で輸送する、往復する」で、いずれも文脈に合わない。

訳 企業にリモートワークという選択肢を提供するよう奨励すれば、市内の交通渋滞を緩和することにつながるかもしれない。

- (B) **signify:** 〜を表す、〜を意味する
  - 例 signify a comfortable feeling「快適感を示す」
- (C) **hire:** 〜を雇う 例 hire more staff「より多くのスタッフを雇う」
- (D) **shuttle:** 〜を往復便で輸送する、往復する
  - 例 shuttle passengers back and forth「乗客をピストン輸送する」

855位 語法 (A) 5.29% (B) 83.60% (C) 3.93% (D) 7.18% ⏱ 20秒

空所の直後に from the Taipei branch to the Hanoi branch と続いていることから、空所には自動詞としても機能する(B)のtransfer「異動する」が入る。(A)はprevent O from 〜「Oを〜から防ぐ」、(C)はrequest O「Oを求める」、(D)はpromote O「Oを昇進させる、Oの販売を促す」のように用いられる他動詞なので、語法の観点から消去する。

訳 来月、Ms. ChangはTaipei支店からHanoi支店へ異動し、そこで営業部長の職を引き継ぐ。

- (A) **prevent:** 〜を防ぐ 例 prevent children from falling「子どもの転落を防ぐ」
- (C) **request:** 〜を求める 例 request information「情報を求める」
- (D) **promote:** 〜を昇進させる、促進する
  - 例 promote her to sales director「彼女を営業部長に昇進させる」

854位 語彙 (A) 5.15% (B) 4.88% (C) 6.39% (D) 83.58% ⏱ 23秒

「経理部長が数値を --- 確認する」という文脈から、空所には(D)のthoroughly「徹底的に(≒meticulously／carefully)」が入る。

訳 さらなる請求ミスが起きないようにするべく、経理部長が数値を徹底的に確認する。

- (A) **evenly:** 均等に、平等に(≒equally)
  - 例 split the bill evenly「請求金額を均等に割る」
- (B) **outwardly:** 外見上は
  - 例 The manager was outwardly calm, but actually very tense.「部長は落ち着いている表情に見えたが、実際はピリピリしていた」
- (C) **positively:** 確かに、前向きに 例 respond positively「好意的な反応を示す」

正解 856. (A)／855. (B)／854. (D)

853. The solar panels installed on the roof ------- power for the office building and help reduce its energy costs.

(A) prevent
(B) establish
(C) remain
(D) generate

852. Ms. O'Hara is widely respected within the industry as an ------- businessperson running a highly successful company.

(A) honorable
(B) honoring
(C) honorably
(D) honor

851. Unexpected technical problems have led to a delay in the ------- of Readitek's new tablet computer.

(A) retention
(B) vent
(C) object
(D) release

850. This ------- should be taken up to four times a day by dissolving the pill in a glass of water and drinking it.

(A) medicate
(B) medication
(C) medications
(D) medical

1000〜801

853位 語彙 語法
(A) 4.96%　(B) 5.77%　(C) 5.77%　**(D) 83.50%**　⏱**24秒**

「屋根に設置されているソーラーパネルが電力を---」という文脈から、空所には (D) の generate 「〜を生み出す (≒ produce)」が入る。(C) の remain「とどまる」は自動詞なので後ろに目的語を伴わない (STEP UP 参照)。

訳 屋根に設置されたソーラーパネルは、そのオフィスビルの電力を生み出し、光熱費を削減するのに役立つ。

(A) **prevent:** 〜を防ぐ、〜を阻む　例 prevent accidents「事故を未然に防ぐ」
(B) **establish:** 〜を設立する (≒ found)
　　例 establish a new company「新会社を設立する」
(C) **remain:** 〜のままである、とどまる (≒ stay)
　　例 The solar panels remain expensive.「ソーラーパネルは依然として高額だ」

852位 品詞
(A) 83.45%　(B) 3.86%　(C) 4.23%　(D) 8.46%　⏱**24秒**

空所の前後に冠詞 an と名詞 businessperson があることから、空所には名詞 businessperson を修飾する形容詞の (A) honorable「立派な」が入る。(B) の honoring「〜をたたえる」は現在分詞で名詞を修飾することはできるが、文脈に合わない。(C) の honorably「立派に」は副詞、(D) の honor は名詞「栄誉、敬意」または動詞「〜に栄誉を授ける」。

訳 Ms. O'Hara は、大いなる成功を収めている会社を経営する立派なビジネスパーソンとして、業界内で広く尊敬されている。

851位 語彙
(A) 5.84%　(B) 5.77%　(C) 4.98%　**(D) 83.42%**　⏱**24秒**

「新しいタブレットコンピューターの --- は延期になった」という文脈から (D) の release「発売 (≒ launch)」が入る。(A) の retention は「保持力、記憶力」、(B) の vent は「(気体・液体などの通る) 穴 (≒ hole)」、(C) の object は「物体 (≒ thing)」という意味なので、文脈に合わない。

訳 予想外の技術的な問題により、Readitek の新型タブレットコンピューターの発売は延期になった。

850位 品詞 語法
(A) 3.36%　**(B) 83.40%**　(C) 9.68%　(D) 3.56%　⏱**24秒**

空所前後に This --- should とあることから、空所には形容詞 This によって修飾される単数形の名詞、(B) medication「薬剤」がふさわしい。(C) の medications も同じ意味を持つ名詞だが、複数形なので These medications のように用いられる。(A) の medicate「〜に薬を投与する」は動詞の原形、(D) の medical「医療の」は形容詞。

訳 この薬剤はコップ1杯の水に溶かして飲み、1日4回まで服用してください。

正解　853. (D) ／ 852. (A) ／ 851. (D) ／ 850. (B)

849. In cases where a product is out of stock, our sales associates can usually find a ------- item.

(A) comparable
(B) compared
(C) comparing
(D) compare

848. Prust Technologies manufactures instruments and equipment for use in the medical -------.

(A) value
(B) item
(C) state
(D) field

847. Because of its growing popularity, the trade show will be held at a larger -------, with more parking, next year.

(A) display
(B) audience
(C) venue
(D) condition

846. As Carter Bridge is too ------- to handle the increased traffic volume, a new one will be constructed.

(A) regular
(B) narrow
(C) obvious
(D) worried

1000〜801 800〜601 600〜401 400〜201 200〜1

Level 1

849位 品詞 (A) 83.34% (B) 8.64% (C) 5.97% (D) 2.05% ⏱24秒

空所前後にa --- itemとあることから、空所には形容詞が入ることは分かるが、選択肢に形容詞的に機能するものが複数あるので、文脈と合わせて考える。前半に「商品の在庫が切れている場合」と前置きがあることから、(A) の comparable「比較できるほどの、同様の (≒ similar)」がふさわしい。(B) の compared「比較された」と (C) の comparing「比較する」は分詞なので名詞を修飾することはできるが、文脈に合わない。(D) の compare「〜を比較する」は動詞の原形。

訳 商品の在庫が切れている場合、通常、当店の店員が同様の品物をお探しすることができます。

848位 語彙 (A) 2.88% (B) 10.14% (C) 3.66% (D) 83.31% ⏱23秒

「医療の --- で使用される器具や機器」という文脈から、空所には (D) の field「分野」が入る。in the medical field「医療分野において (≒ in the medical industry)」というフレーズごとマスターしておこう。(A) の value は「価値」、(B) の item は「もの、品物」、(C) の state は「状態 (≒ condition)、州」という意味なので、文脈に合わない。

訳 Prust Technologies は、医療分野で使用される器具や機器を製造している。

847位 語彙 (A) 5.07% (B) 7.63% (C) 83.30% (D) 4.00% ⏱23秒

「見本市はより大きな --- で開かれる」という文脈から、空所には (C) の venue「会場 (≒ site)」が入る。(A) の display は「表示、陳列」、(B) の audience は「聴衆」、(D) の condition は「状態、条件」という意味で、文脈に合わない。

訳 人気が高まっているため、見本市は来年、より広い会場で、駐車場も増やして開かれる。

846位 語彙 (A) 2.95% (B) 83.30% (C) 4.91% (D) 8.84% ⏱24秒

空所前後に「Carter Bridge はあまりにも --- で、交通量の増加に対応できない」とある。空所には bridge を説明するネガティブな意味の形容詞がふさわしいことから、(B) の narrow「狭い (⇔ wide ／ broad)」を選ぶ。(A) の regular は「いつもの、定期的な」、(C) の obvious「明白な (≒ clear)」、(D) の worried は「心配した」という意味なので、文脈に合わない。

訳 Carter Bridge はあまりにも狭く、交通量の増加に対応できないので、新しい橋が建設される。

正解 849. (A) ／848. (D) ／847. (C) ／846. (B)

845. The ------- of using social media to generate publicity is proving highly successful.

(A) strategies
(B) strategic
(C) strategy
(D) strategically

844. Users of our XP40 digital camera should make sure to follow the safety ------- described in the product manual.

(A) intersections
(B) procedures
(C) garments
(D) occasions

843. Employees who are expecting visitors should inform the receptionist ------- to ensure a shorter waiting time.

(A) further
(B) otherwise
(C) in advance
(D) seldom

842. Due to the superior performance of its cars, Redburn Motors is widely recognized ------- a leader in the automotive industry.

(A) into
(B) as
(C) on
(D) with

106

1000〜801 | 800〜601 | 600〜401 | 400〜201 | 200〜1

Level 1

845位 品詞 主述の一致

(A) 10.32% (B) 5.51% **(C) 83.30%** (D) 0.87% ⏱**20**秒

空所の後ろに続くof 〜 publicity の部分は補足情報に過ぎず、空所が主語で、is が動詞だと考えられるので、空所には単数形の名詞である (C) の strategy「戦略」が入る。(A) の strategies も名詞だが、複数形なので主述が一致しない。(B) の strategic「戦略的な」は形容詞、(D) の strategically「戦略的に」は副詞。

訳 宣伝のためにソーシャルメディアを利用する戦略が大いなる成功を収めている。

844位 語彙 (A) 8.15% **(B) 83.28%** (C) 4.35% (D) 4.22% ⏱**24**秒

空所の前の users (of our XP40 digital camera) should make sure to follow the safety --- 「ユーザーは安全 --- に従うべきである」という文脈から、空所には (B) の procedures「手順 (≒ process)」が入る。(A) の intersections は「交差点」、(C) の garments は「衣類 (≒ pieces of clothing)」、(D) の occasions は「時、場合」という意味で、文脈に合わない。

訳 XP40デジタルカメラのユーザーは、製品マニュアルに記載されている安全手順に必ず従うようにしてください。

843位 語彙 (A) 6.22% (B) 5.50% **(C) 83.27%** (D) 5.01% ⏱**36**秒

「来客の予定がある従業員は受付係へ --- 知らせるべきだ」という文脈から、空所には (C) の in advance「事前に (≒ beforehand)」が入る。

訳 来客の予定がある従業員は、待ち時間を短縮するため、受付係へ事前に知らせること。

🔺UP! (A) **further:** さらに 例 explain further「より詳細に説明する」

(B) **otherwise:** さもなければ、違う方法で、それ以外の点では
例 think otherwise「異なる考え方をする」

(D) **seldom:** めったに〜ない
例 They seldom see each other in the office.「社内ではめったに顔を合わせない」

842位 前置詞 (A) 5.25% **(B) 83.24%** (C) 4.16% (D) 7.36% ⏱**20**秒

「Redburn Motors は自動車業界のリーダー --- 広く認知されている」という文脈から、空所にはステータスを表す (B) の as「〜として」が入る。(D) の with は、Redburn Motors was recognized with the Car of the Year award.「Redburn Motors には年間最優秀自動車賞に輝いた」のように何が授与されたのかを示す際に使う。(A) の into は入り込むイメージ、(C) の on は接触のイメージなのでいずれも不適切。

訳 Redburn Motors の車の性能が優れているため、同社は自動車業界のリーダーとして広く認知されている。

正解 845. (C)／844. (B)／843. (C)／842. (B)

107

841. The town of Craigheath is the setting for a series of popular books by ------- novelist Callum McMurray.

(A) celebrate
(B) celebration
(C) celebrated
(D) celebrates

840. If you have ------- the survey form, please place it in the box at the reception desk.

(A) completed
(B) completion
(C) completely
(D) complete

839. The owners of Lewisdale's popular pizza restaurant Mangia credit their ------- to hard work and patience.

(A) successful
(B) succeed
(C) success
(D) successfully

838. After requesting an estimate by e-mail, customers can expect a ------- from one of our representatives within two days.

(A) response
(B) command
(C) dialogue
(D) reflection

| 1000〜801 | 800〜601 | 600〜401 | 400〜201 | 200〜1 |

841位 品詞 (A) 7.70% (B) 7.01% **(C) 83.24%** (D) 2.05% ⏱30秒

空所の前後に by --- novelistとあることから、空所には名詞 novelistを修飾する表現がふさわしいと判断して、形容詞である(C)の celebrated「著名な(≒ acclaimed ／ acknowledged ／ renowned ／ well-known ／ famous)」を選ぶ。(A)の celebrate「〜を祝う」は動詞の原形、(B)の celebration「祝賀」は名詞、(D)の celebrates は動詞の現在形。

訳 Craigheath の町は、著名な小説家 Callum McMurray の人気シリーズの舞台だ。

840位 品詞 **(A) 83.21%** (B) 3.98% (C) 5.09% (D) 7.72% ⏱18秒

空所の前に you haveとあり、後ろに目的語 form が続いていることから、空所には過去分詞の(A) completedを入れて、have completed「〜の記入が済んでいる状態」を表す現在完了形にするのが適切。(B)の completion「完成」は名詞、(C)の completely「完全に」は副詞、(D)の complete は形容詞「完全な」または動詞「〜を仕上げる、〜の全ての項目に記入する」の原形。

訳 アンケート用紙へのご記入がお済みになりましたら、そちらを受付デスクの箱に入れてください。

839位 品詞 (A) 6.99% (B) 7.33% **(C) 83.20%** (D) 2.49% ⏱28秒

The owners (of ... Mangia)^S credit^V their ---^{O} (to ...)という文構造から、空所には動詞 credit「〜を(…の)おかげだとする」の目的語になる名詞がふさわしいと判断し、(C)の success「成功」を選ぶ。(B)の succeed「成功する」は名詞ではなく動詞の原形なので注意しよう。(A)の successful「成功を収めている」は形容詞、(D)の successfully「成功裏に」は副詞。

訳 Lewisdale にある人気のピザレストラン Mangia のオーナーたちは、自分たちの店の成功は大変な努力と根気によるものだと考えている。

838位 語彙 **(A) 83.09%** (B) 4.80% (C) 4.72% (D) 7.39% ⏱28秒

「見積もりを依頼したら、顧客は担当者から --- が来ると思ってよい」という文脈から、空所には(A)の response「返信(≒ reply)」が入る。(B)の command は「指令(≒ order)」、(C)の dialogue は「会話(≒ conversation)」、(D)の reflection は「反射、熟考、内省」という意味なので、文脈に合わない。

訳 メールで見積もりをご依頼いただくと、2日以内に弊社の担当者からお客さまに返信を差し上げます。

正解 841. (C)／840. (A)／839. (C)／838. (A)

837. ------- opening his own restaurant, Chef Gupta worked in the kitchen of several leading Manhattan restaurants.

(A) Prior to
(B) Instead
(C) Even so
(D) Because

836. Oceantree Organics states that all ------- used in its accessories are made from sustainable materials.

(A) components
(B) methods
(C) announcements
(D) seasons

835. According to the article, the Gilroy Street Fair will ------- until November 30.

(A) last
(B) move
(C) spend
(D) pass

834. Despite searching for a new marketing manager for two months, the company has not yet filled the -------.

(A) vacancy
(B) relationship
(C) opportunity
(D) situation

110

| 1000～801 | 800～601 | 600～401 | 400～201 | 200～1 |

Level 1

837位　前置詞 vs. 接続詞 vs. 修飾語
(A) 83.08%　(B) 5.26%　(C) 7.33%　(D) 4.32%　⏱**23**秒

空所には直後の動名詞 opening とカンマの後ろをつなぐ表現が求められているので、選択肢の中で唯一の前置詞である (A) Prior to「～よりも前に (≒ Before)」が入る。(B) Instead「代わりに、むしろ (≒ Rather)」と (C) Even so「たとえそうでも」は副詞なので、カンマの前後をつなぐことはできない。(D) Because「～なので」は接続詞で、節同士をつなぐ。

訳　Gupta シェフは自身のレストランをオープンする前に、Manhattan にあるいくつかの一流レストランの調理場で働いた。

836位　語彙　**(A) 83.07%**　(B) 6.03%　(C) 4.81%　(D) 6.10%　⏱**26**秒

「アクセサリーに使用されている全ての --- は持続可能な原材料から作られている」という文脈から、空所には (A) の components「部品、部材 (≒ parts)」が入る。(B) の methods は「方法」、(C) の announcements は「告知」、(D) の seasons は「季節」という意味なので、文脈に合わない。

訳　Oceantree Organics によると、同社のアクセサリーに使用されている部材は全て、持続可能な（環境に優しい）原材料から作られている。

835位　語彙　**(A) 83.05%**　(B) 6.12%　(C) 6.64%　(D) 4.19%　⏱**18**秒

カンマの後ろに「Gilroy Street Fair は11月30日まで ---」とあり、前置詞 until によりイベントの終わりが示されていることと、空所の後ろに目的語がないことから、自動詞の (A) last「続く」を選ぶ。(B) の move は「動く」、(D) の pass は「過ぎる」という自動詞の機能もあるが、文脈に合わない。(C) の spend「～を費やす」は他動詞で、spend time、spend money のように時間やお金などを目的語にとる。

訳　記事によると、Gilroy Street Fair は11月30日まで開催される。

834位　語彙　**(A) 82.98%**　(B) 4.34%　(C) 7.77%　(D) 4.91%　⏱**25**秒

「新しいマーケティング部長を探しているが、その --- はまだ埋まっていない」という文脈から、空所には (A) の vacancy「空位、空いている職、欠員 (≒ open position)」が入る。(B) の relationship は「関係」、(C) の opportunity は「機会 (≒ chance)」、(D) の situation は「状況」という意味なので、文脈と合わない。

訳　その会社は2カ月間、新しいマーケティング部長を探しているが、空位はまだ埋まっていない。

正解　837. (A) ／ 836. (A) ／ 835. (A) ／ 834. (A)

833. TED Institute has made customer satisfaction its number-one priority ------- it was founded 45 years ago.

(A) through
(B) afterwards
(C) ever since
(D) at first

832. Since August, Ryu Kogure has been hosting a podcast covering a variety of -------, such as music, sports, and culture.

(A) subjected
(B) subject
(C) subjective
(D) subjects

831. Organizers regret that the venue for next year's conference has ------- to be determined.

(A) rather
(B) yet
(C) ever
(D) quite

112

833位 前置詞 vs. 接続詞 vs. 修飾語
(A) 6.84%　(B) 5.21%　**(C) 82.98%**　(D) 4.97%　　**28秒**

空所の前で文の要素がそろっていることから、空所には it was founded という節をつなぐ接続詞がふさわしいと判断して、(C) の ever since「〜以来ずっと」を選択する。(A) の through「〜の間ずっと」は前置詞なので、節ではなく名詞をつなぐ。(B) の afterwards「その後（≒ subsequently／later）」と (D) の at first「最初に（⇔ at last）」は副詞。

訳 TED Institute に、45年前に設立されて以来ずっと、顧客満足を最優先してきた。

832位 品詞
(A) 2.29%　(B) 10.94%　(C) 3.80%　**(D) 82.97%**　　**21秒**

空所の前に a variety of とあり、後ろはカンマで区切られていることから、空所には名詞の複数形の (D) subjects を入れて、a variety of subjects「さまざまなテーマ」という表現を完成させる。(B) の subject は単数形なので「さまざまな」の部分と数が合わない。(A) の subjected は、動詞 subject「〜に受けさせる」の過去形・過去分詞。(C) の subjective「主観的な」は形容詞。

訳 8月から、Ryu Kogure は、音楽、スポーツ、文化といったさまざまなテーマを扱うポッドキャストの司会をしている。

831位 修飾 語法
(A) 5.81%　**(B) 82.92%**　(C) 5.55%　(D) 5.72%　　**23秒**

適切な副詞を選ぶ問題。空所前後が has --- to be determined となっているので、(B) の yet「まだ」を入れて、has yet to be determined「まだ決定される必要がある→まだ決まっていない」という表現を完成させるのが適切。has/have yet to do「まだ〜していない」という語法ごとマスターしておこう。

訳 主催者側は、来年の会議の開催地がまだ決まっていないことを申し訳なく感じている。

(A) **rather:** やや、むしろ
　　例 He'd rather not talk about it now.「彼はむしろ今はその話をしたくないと考えている」
(C) **ever:** これまでに
　　例 the largest venue I've ever been「今まで行った中で最も広い会場」
(D) **quite:** 結構　**例** quite far from the station「駅から結構な距離がある」

正解　833. (C)／832. (D)／831. (B)

830. The training seminar will have to be canceled unless more people ------- for it in the next few days.

(A) introduce
(B) pursue
(C) attempt
(D) register

829. You may review the ------- of your deposits by logging onto your account using the Nakatomi Bank app on your phone.

(A) status
(B) rank
(C) position
(D) improvement

828. Please use the lockers to keep your personal belongings ------- while using the gym's facilities.

(A) secure
(B) reserved
(C) confident
(D) detached

830位 語彙 語法

(A) 3.03%　(B) 5.87%　(C) 8.21%　**(D) 82.89%**　　25秒

「より多くの人々がそのセミナーに --- しなければ」という文脈、および空所の直後に前置詞 for が続いていることから、空所には (D) の register を入れて、register for ~「~に登録する (≒ sign up for ~)」という表現を完成させるのが適切。

訳　この数日でより多くの人々が登録しなければ、その研修セミナーは中止せざるを得なくなる。

(A) **introduce:** ~を紹介する
　　例　introduce more people「より多くの人々を紹介する」
(B) **pursue:** ~を追い求める、~に従事する
　　例　pursue a career in teaching「教師の道を歩む」
(C) **attempt:** ~を試みる
　　例　attempt to gather more people「より多くの人々を集めるよう試みる」

829位 語彙 **(A) 82.89%**　(B) 6.86%　(C) 5.35%　(D) 4.90%　　27秒

「口座にログインすることで預金の --- を確認できる」という文脈から、空所には (A) の status「状況、状態」が入る。(B) の rank は「地位、階級」、(C) の position は「位置、立場」、(D) の improvement は「改善、改良、向上」という意味なので、文脈に合わない。

訳　お電話の Nakatomi Bank アプリから口座にログインすると、預金の状況をご確認いただけます。

828位 語彙 **(A) 82.88%**　(B) 7.85%　(C) 4.72%　(D) 4.56%　　15秒

「私物を --- 状態で保管するためには、ロッカーをご利用ください」という文脈から、空所には (A) の secure「安全な (≒ safe)」が入る。

訳　ジムの施設をご利用中、私物を安全に保管していただくためには、ロッカーをご利用ください。

(B) **reserved:** 予約されている (≒ booked)
　　例　Your seats are reserved.「お座席は確保されております」
(C) **confident:** 自信のある
　　例　We are confident about that.「そのことを確信しております」
(D) **detached:** 取り外された (⇔ attached)
　　例　The hood can be detached from your jacket.「フードはジャケットから取り外し可能だ」

正解　830. (D) ／ 829. (A) ／ 828. (A)

827. All the ------- tools are included, together with instructions for the removal and installation of the radiator.

(A) similar
(B) automated
(C) necessary
(D) average

826. Jacques Mayotte, an accomplished underwater -------, has published a book entitled *Le Grand Bleu*.

(A) photography
(B) photographic
(C) photographer
(D) photograph

825. Thanks to its recent renovations and technological upgrades, the Stadler Museum now offers visitors a ------- different experience.

(A) completing
(B) completion
(C) completely
(D) to complete

824. Mr. Witherby will be interim director until a ------- director is hired.

(A) routine
(B) usual
(C) permanent
(D) spacious

| 1000~801 | 800~601 | 600~401 | 400~201 | 200~1 |

827位 語彙 (A) 5.82% (B) 8.21% **(C) 82.87%** (D) 3.11% ⏱**24**秒

「全ての --- 工具は含まれている」という文脈から、空所には (C) の necessary「必要な」が入る。

訳 必要な工具は全て含まれており、ラジエーターの取り外しと取り付けに関する説明書も付いています。

UP! (A) **similar:** 似ている
例 These tools are similar in shape.「これらの工具は形が似ている」

(B) **automated:** 自動化された 例 the automated factory「自動化された工場」

(D) **average:** 平均的な 例 the average weight「平均重量」

826位 品詞 (A) 5.91% (B) 4.59% **(C) 82.84%** (D) 6.67% ⏱**21**秒

空所を含む an accomplished underwater --- の前に同格を示すカンマがあることから、空所には、カンマの前の Jacques Mayotte とイコールの関係になり、かつ直後の has published「～を出版した」という動作ができる、人を表す名詞の (C) photographer「写真家」が入る。(A) の photography「写真 (撮影)」や (D) の photograph「写真」も名詞だが、モノを表すので不適切。(B) の photographic「写真 (用) の」は形容詞。

訳 熟達した水中カメラマンである Jacques Mayotte は、『Le Grand Bleu』というタイトルの本を出版した。

825位 品詞 (A) 9.91% (B) 5.30% **(C) 82.82%** (D) 1.96% ⏱**24**秒

空所前後に a --- different experience とあることから、空所には直後の形容詞 different を修飾する、副詞の (C) completely「まったく (≒ totally ／ entirely)」が入る。(A) の completing は complete「～を完了する」の動名詞または現在分詞、(B) の completion「完成」は名詞、(D) の to complete は不定詞。

訳 最近の改装工事と技術面の向上のおかげで、現在、Stadler Museum は来館者にまったく異なる体験を提供している。

824位 語彙 (A) 2.99% (B) 7.08% **(C) 82.79%** (D) 7.14% ⏱**26**秒

「--- ディレクターが採用されるまで、Mr. Witherby が暫定的なディレクターとなる」という文脈から、空所には interim「暫定的な」の反対の意味を持つ形容詞の (C) permanent「恒久的な、常任の」が入る。

訳 常任のディレクターが採用されるまで、Mr. Witherby が暫定的にディレクターを務める。

UP! (A) **routine:** 日常的な、定例の 例 a routine meeting「定例会議」

(B) **usual:** 普段の 例 a usual workload「通常の業務量」

(D) **spacious:** 広々とした 例 a spacious office「広々としたオフィス」

正解 827. (C)／826. (C)／825. (C)／824. (C)

823. As part of its commitment to eco-friendly business practices, Green Bean Coffee does not serve drinks in ------- cups.

(A) dispose
(B) disposed
(C) disposable
(D) disposing

822. Please log in to the meeting a few minutes early ------- the conference call can begin promptly at 10:30 A.M.

(A) just
(B) if only
(C) therefore
(D) so that

821. Please ------- "Not Applicable" if there are any items on the survey that are not relevant to your household.

(A) tell
(B) mark
(C) clear
(D) raise

823位 【品詞】 (A) 2.32% (B) 9.89% **(C) 82.78%** (D) 5.01% 22秒

空所には名詞cupsを修飾する形容詞が入る。選択肢に形容詞として機能するものが複数あるが、「環境に優しいビジネスの実践」「--- なコップで飲み物を提供しない」という文脈から、(C)のdisposable「使い捨て可能な」を選ぶ。(A)のdisposeは動詞の原形で、dispose of ~「~を処分する」のようにofと一緒に使う。(B)のdisposed「処分された(捨てられた)」を分詞で用いる場合もofが必要な上、文脈にも合わない。(D)のdisposing「処分している」も名詞を修飾できるが、意味が合わない。

訳 環境に優しいビジネスを実践する企業努力の一環として、Green Bean Coffeeは使い捨てカップで飲み物を提供していない。

822位 【接続詞 vs. 修飾語】 (A) 4.54% (B) 5.53% (C) 7.18% **(D) 82.76%** 27秒

空所の前で文の要素がそろっており、空所の語句は助動詞canを含む節をつなごうとしているので、接続詞の(D) sc that を入れて、so that S can V「SがVできるように」と目的を示すようにするのが適切。(B)のif only「~でさえあればよいが」も接続詞だが文脈に合わない。(A)のjust「ちょうど、単に」と(C)のtherefore「それゆえに」は副詞。

訳 電話会議が午前10時30分ぴったりに開始できるよう、会議へ数分前にログインしてください。

(A) **just:** ちょうど(≒ exactly)、単に(≒ only)
　　例 It's just 10:30 A.M.「今ちょうど／まだ午前10時半だ」
(B) **if only:** ~でさえあればよいが、~でありさえすれば
　　例 If only this rain stopped promptly! ／ If only it would stop raining promptly!「この雨さえすぐにやめば!」
(C) **therefore:** それゆえに(≒ thus ／ hence)
　　例 Everyone logged in early. Therefore, the conference began on time.「全員が早めにログインした。ゆえに、会議は定刻どおりに始まった」

821位 【語彙】 (A) 9.92% **(B) 82.72%** (C) 4.13% (D) 3.23% 27秒

「あなたの世帯に関係のない項目がアンケートにある場合は、『該当なし』に --- してください」という文脈から、空所には(B)のmark「~に印を付ける」が入る。

訳 あなたの世帯に関係のない項目がアンケートにある場合は、『該当なし』に印を付けてください。

(A) **tell:** ~に…を告げる
　　例 Please tell us the reason.「私どもに理由をお知らせください」
(C) **clear:** ~を片付ける　例 clear a table「テーブルを片付ける」
(D) **raise:** ~を上げる、~を挙げる、~を集める
　　例 raise your hand「手を挙げる」、raise money「資金を集める」

正解 823. (C) ／ 822. (D) ／ 821. (B)

820. Since it ------- snows in Barksville, the city was not adequately equipped to deal with the blizzard.

(A) formerly
(B) seldom
(C) evenly
(D) there

819. Policy revisions must be reviewed by the legal department and, ------- some cases, approved by the board of directors.

(A) about
(B) to
(C) in
(D) from

818. While he ------- in Europe on business next month, Mr. Rouhani hopes to do some sightseeing on the weekends.

(A) had traveled
(B) is traveling
(C) traveled
(D) has been traveling

817. With the opening of an ------- manufacturing plant in Harrison, the company anticipates hiring around 100 new employees.

(A) adding
(B) additionally
(C) additional
(D) addition

1000～801 800～601 600～401 400～201 200～1

Level 1

820位 修飾 (A) 7.44% **(B) 82.51%** (C) 6.96% (D) 3.10% ⏱**21**秒

空所直後に snows という動詞の現在形が用いられていることから、空所には日常的な発生頻度を述べる副詞の (B) seldom「めったに～ない (≒ rarely)」が入る。(A) の formerly「以前 (≒ previously ／ before)」は、過去形や完了形と一緒に用いられる。(C) の evenly は「均等に、むらなく」という意味を付け加える。(D) の there「そこで、そこに」は場所を表す。

訳 Barksville ではめったに雪が降らないので、猛吹雪に対処する設備が十分に整っていなかった。

819位 前置詞 慣用表現

(A) 9.34% (B) 4.68% **(C) 82.48%** (D) 3.00% ⏱**26**秒

空所の後ろに some cases「いくつかの場合」というフレーズが続いていることから、空所には範囲を限定しながら場面や時を明示する (C) の in が入る。ぜひ、in some cases「場合によっては」という慣用表現を丸ごと覚えておこう。(A) の about は周辺や関連トピック、(B) の to は到達、(D) の from は始点や出身を表す前置詞。

訳 方針の改定は法務部によって見直される必要があり、場合によっては、取締役会の承認を受けなくてはならない。

818位 時制 (A) 3.09% **(B) 82.47%** (C) 3.48% (D) 10.97% ⏱**28**秒

選択肢から時制の問題であると分かるので、時を表す語句を探す。While「～している間」という同時進行で何かが行われることを示す接続詞、および next month という未来を表す語句が用いられていることから、空所には現在進行形である (B) の is traveling が入る。過去完了である (A) の had traveled、過去形である (C) の traveled、現在完了の進行形である (D) の has been traveling は、いずれも next month の部分と合わないので不適切。

訳 来月、出張でヨーロッパを回る間、Mr. Rouhani は週末に観光をしたいと考えている。

817位 品詞 (A) 3.02% (B) 11.51% **(C) 82.45%** (D) 3.02% ⏱**19**秒

空所の後ろの manufacturing plant は、動名詞 manufacturing「製造（すること）」と名詞 plant「工場」でできた名詞句（名詞のかたまり）であることから、空所には形容詞の (C) additional「追加の」が入る。(A) の adding「追加する」も名詞を修飾できるが、文脈に合わない。副詞の (B) additionally「加えて」は名詞句を修飾できない。(D) の addition「追加」は名詞。

訳 Harrison にさらなる製造工場が開設されることに伴い、その会社は約100名の新しい職員を採用することを見込んでいる。

> 😎 manufacturing を形容詞だと誤認して、副詞の (B) を選んだ人もいたみたいだ。
>
> 🧒 manufacturing plant「製造工場」という名詞のかたまりで捉えておくといいね。

正解 820. (B) ／ 819. (C) ／ 818. (B) ／ 817. (C)

816. A new plan released yesterday ------- the city's policy regarding urban planning over the next 20 years.

(A) outlines
(B) misleads
(C) discovers
(D) performs

815. ------- by Gunter Pharmaceuticals, the conference will provide attendees several items of promotional merchandise.

(A) Sponsored
(B) Sponsorship
(C) Sponsoring
(D) Sponsors

814. The employees and management at Hakoginyu Hotel are looking forward to ------- you again soon.

(A) services
(B) server
(C) service
(D) serving

| 1000〜801 | 800〜601 | 600〜401 | 400〜201 | 200〜1 |

816位 語彙 (A) 82.42% (B) 3.94% (C) 6.15% (D) 7.48%　⏱33秒

空所の後ろにある the city's policy「市の政策」を目的語にとる動詞として、意味的にふさわしいのは (A) の outlines「〜の概要を説明する (≒ summarizes)」。

訳 昨日発表された新プランは、今後20年間にわたる市の都市計画政策の概要を説明している。

(B) misleads: 〜を誤った方向に導く
　例 The advertisement misleads consumers.「その広告は消費者を誤解させる」
(C) discovers: 〜を発見する (≒ find)
　例 The city discovers new industries.「市は新たな産業を発見する」
(D) performs: 〜を演じる
　例 The company performs classical music.「その楽団はクラシック音楽を演奏する」

815位 品詞 態
(A) 82.38% (B) 6.56% (C) 7.87% (D) 3.19%　⏱22秒

空所の後ろに by Gunter Pharmaceuticals とあり、カンマの後ろに主節があることから、空所には分詞を入れて分詞構文の形にする。conference は Sponsor につかれる立場にあることと、空所直後の by から、受動の関係を示す過去分詞の (A) Sponsored「出資されて」を選ぶ。(C) の Sponsoring「出資して」も分詞だが、能動の関係を表すので不適切。(B) の Sponsorship「後援、支援」は名詞の単数形、(D) の Sponsors「後援者」は名詞の複数形。

訳 その会議は Gunter Pharmaceuticals にスポンサー企業としてついてもらっており、出席者に販促用グッズをいくつか支給する。

> 分詞構文で現在分詞と過去分詞のどちらが入るかは、主節の主語と、分詞になる動詞の関係から考えます。この問題では、conference が sponsor するのではなく sponsor されるので、受動の関係を表す過去分詞が正解になるわけです。

814位 品詞 (A) 4.42% (B) 4.51% (C) 8.75% (D) 82.33%　⏱17秒

空所の前に looking forward to とあり、後ろに目的格 you が続いていることから、空所には前置詞 to がつなぐ動名詞の (D) serving「〜に奉仕すること」が入る。look forward to *doing*「〜することを心待ちにする」という表現ごとマスターしておこう。(C) の service「サービス、奉仕する」は名詞の単数形または動詞の原形、(A) の services は名詞の複数形または動詞の現在形、(B) の server「給仕係、サーバー」は名詞の単数形。

訳 Hakoginyu Hotel の従業員と経営陣は、また近いうちにお客さまにご奉仕できることを心待ちにしております。

正解　816. (A)／815. (A)／814. (D)

813. Preston Services ------- the maintenance and general repairs for Mayrand Department Store.

(A) composes
(B) handles
(C) alleges
(D) travels

812. Ms. Ito is a respected management consultant who has helped many companies run their operations -------.

(A) efficiency
(B) more efficiently
(C) most efficient
(D) efficiencies

811. The safety of our workers is of ------- importance to the management at Rutishauser Technology.

(A) entire
(B) primary
(C) eager
(D) favorite

810. Its highly visible location gave Belk Discount Store an ------- over other stores in the area.

(A) import
(B) economy
(C) increase
(D) advantage

1000〜801

813位 語彙 (A) 10.04% **(B) 82.32%** (C) 5.06% (D) 2.59% ⏱**25**秒

「Preston Services は Mayrand Department Store の保守や一般的な修理を---」という文脈から、空所には (B) の handles「〜を処理する、〜を手掛ける (≒ takes care of ／ deals with)」が入る。(A) composes は「〜を構成・形成する (≒ makes up)」、(C) alleges は「〜だと主張する (≒ claims ／ states)」、(D) travels は「旅をする、〜を移動する」。

訳 Preston Services は Mayrand Department Store の保守や一般的な修理を手掛けている。

812位 品詞 (A) 10.30% **(B) 82.30%** (C) 4.58% (D) 2.83% ⏱**30**秒

空所前に run their operations とあることから、空所には動詞 run を修飾する副詞が求められていると判断し、(B) の more efficiently「より効率良く」を選択する。(A) の efficiency と (D) の efficiencies は「効率、時間・金の削減」という意味の名詞、(C) の most efficient「最も効率が良い」は形容詞。

訳 Ms. Ito は、多くの企業がより効率良く経営できるよう支援してきた、評判の高い経営コンサルタントである。

811位 語彙 (A) 9.37% **(B) 82.28%** (C) 4.77% (D) 3.58% ⏱**26**秒

「当社従業員の安全は ---重要だ」という文脈から、空所には (B) の primary「第一の、主たる (≒ first ／ main)」が入る。残りの選択肢はいずれも文脈に合わない。

訳 従業員の安全は、Rutishauser Technology の経営陣にとって最優先事項です。

📈UP! (A) **entire:** 全体の (≒ whole)、完全な 例 the entire company「会社全体」

(C) **eager:** 切望している、熱心な (≒ enthusiastic)
例 eager fans「熱烈なファン」

(D) **favorite:** 一番好きな 例 one of my favorite songs「最も好きな曲の1つ」

810位 語彙 (A) 3.04% (B) 4.45% (C) 10.30% **(D) 82.21%** ⏱**33**秒

空所の前に「目につきやすい場所にあることが Belk Discount Store に ---を与えた」、後ろに「同地域の他店よりも」とあることから、空所には優位性を示す (D) の advantage「有利な立場、利点」が入る。(A) の import は「輸入 (品)」、(B) の economy は「経済」、(C) の increase は「増加、上昇」という意味なので文脈に合わない。

訳 目につきやすい場所にあることで、Belk Discount Store は同地域にある他店よりも有利だった。

正解 813. (B) ／ 812. (B) ／ 811. (B) ／ 810. (D)

125

809. During meetings with clients, it is polite to ------- your mobile phone to avoid distractions.

(A) call on
(B) get around
(C) put away
(D) make up

808. When the renovations to the clinic are complete, Dr. Amir will have the reception area ------- in soft, relaxing colors.

(A) paints
(B) painted
(C) painter
(D) painting

807. Building owners should perform regular property maintenance ------- prevent problems that could require expensive repairs.

(A) in time for
(B) in spite of
(C) in order to
(D) in case of

| 1000〜801 | 800〜601 | 600〜401 | 400〜201 | 200〜1 |

809位 慣用表現 (A) 7.66% (B) 4.15% **(C) 82.20%** (D) 5.99% ⏱**27**秒

「気が散らないように携帯電話を --- のが礼儀だ」という文脈から、空所には (C) の put away「〜を片付ける、〜をしまう」が入る。

🈂 顧客との会議中は、気が散らないように携帯電話をしまっておくのが礼儀だ。

(A) **call on:** 〜を訪ねる (≒ visit) 例 call on clients「顧客を訪ねる」

(B) **get around:** 〜を移動して回る (≒ travel)、〜を回避する (≒ avoid)
例 get around the city「市内のあちこちを回る」、get around the problem「問題を回避する」

(D) **make up:** 〜を作り上げる、〜を構成する (≒ form)
例 In Los Angeles, minority groups make up more than half the population.「Los Angeles では少数民族が人口の半分以上を構成している」

808位 品詞 (A) 4.68% **(B) 82.19%** (C) 2.14% (D) 10.99% ⏱**31**秒

「受付エリアを優しいくつろげる色に ---」という文脈と、空所を含む部分が have the reception area --- となっていることから、「have O 過去分詞」の形で「O を〜してもらう」という表現を作るのが適切なので、空所には (B) の painted「塗装される」を入れる。(A) の paints「〜にペンキを塗る」は動詞の現在形、(C) の painter「塗装作業員、画家」は名詞、(D) の painting は「絵画」という意味の名詞、または動名詞・現在分詞。

🈂 診療所のリフォームが完了したら、Dr. Amir は受付エリアを優しいくつろげる色に塗ってもらうつもりだ。

807位 語法 (A) 3.76% (B) 5.88% **(C) 82.17%** (D) 8.19% ⏱**27**秒

空所の前で文に必要な要素がそろっていて、空所の直後に prevent problems と続いていることから、空所には動詞の原形 prevent をつなぐ不定詞がふさわしい。よって、(C) の in order to「〜するために」を選ぶ。(A) の in time for「〜に間に合うように」、(B) の in spite of「〜にもかかわらず (≒ despite)」、(D) の in case of「〜の場合には (≒ in the event of)」はいずれも前置詞で、名詞をつなぐ役割を果たす。

🈂 ビルのオーナーは、高額な修繕が必要となるような問題を回避するために、定期的に建物のメンテナンスを行うべきである。

正解 809. (C) ／ 808. (B) ／ 807. (C)

Level 1

806. The new targeted social media ads are designed to attract customers in the Edinburgh area -------.

(A) utterly
(B) formerly
(C) personally
(D) specifically

805. In ------- of her years of excellent advice, many staff members thanked Ms. Popov personally during her retirement dinner.

(A) appreciates
(B) appreciating
(C) appreciation
(D) appreciative

804. Having been a newspaper reporter for many years, Mr. Treadwell is ------- to working under tight deadlines.

(A) usable
(B) used
(C) usage
(D) use

806位 語彙 (A) 6.15% (B) 5.46% (C) 6.24% **(D) 82.15%** ⏱25秒

「その広告は ---Edinburgh 地域の顧客を引き付けるように制作されている」という文脈から、空所には (D) の specifically「特に、とりわけ (≒ especially)」が入る。

訳 ターゲットを絞ったその新たなソーシャルメディア広告は、特に Edinburgh 地域の顧客を引き付けるように制作されている。

- (A) **utterly:** 全く (≒ totally / completely) 例 utterly different「全く異なる」
- (B) **formerly:** 以前 (≒ previously)
  - 例 The hotel was formerly a castle.「そのホテルはかつて城だったものだ」
- (C) **personally:** 個人的に、本人が自ら (≒ in person)
  - 例 She personally designed the ad.「彼女がその広告の制作を自ら手掛けた」

805位 品詞 (A) 4.90% (B) 8.00% **(C) 82.14%** (D) 4.97% ⏱19秒

空所前後に In --- of とあることから、空所には前置詞 In がつなぐ名詞が入ると判断し、(C) の appreciation「感謝」を選ぶ。in appreciation of ～「～に感謝して、～をたたえて (≒ in recognition of ～)」という表現ごとマスターしておこう。(A) の appreciates「～に感謝する」は動詞の現在形、(B) の appreciating は動名詞または現在分詞、(D) の appreciative「真価が分かる」は形容詞。

訳 Ms. Popov による長年の優れたアドバイスに感謝して、彼女の定年退職の祝賀ディナーの間、多くのスタッフが彼女に感謝の気持ちを直接伝えた。

804位 品詞 語法 (A) 10.39% **(B) 82.09%** (C) 3.73% (D) 3.79% ⏱25秒

空所前後に Mr. Treadwell is --- to working とあることから、空所には形容詞の (B) used が入る。be used to *doing*「～することに慣れている (≒ be accustomed to *doing*)」というフレーズごとマスターしておこう。(A) の usable「使用できる」も形容詞だが、後ろに to *doing* が続く語法はない。(C) の usage「使い方」は名詞。(D) の use は動詞「～を使う」または名詞「使用」。

訳 Mr. Treadwell は、何年も新聞記者をしているので、締め切りに追われて仕事をするのに慣れている。

> 「used to の後ろは動詞の原形じゃなかったっけ?」というコメントがあった。
>
> used to *do*「かつて～した」という表現は、be used to *doing*「～することに慣れている」と似ているように見えるから、混同しないように注意が必要だね。

正解 806. (D) ／805. (C) ／804. (B)

803. Schaeffer Insurance Company holds its employees to the highest ------- of professional behavior.

(A) distances
(B) standards
(C) volumes
(D) choices

802. Carter Furniture Emporium is located on the corner of Sycamore Avenue and Elm Road, ------- the city hall.

(A) opposite
(B) throughout
(C) except
(D) upon

801. The prices of ------- metals such as gold and silver are important economic indicators.

(A) unbiased
(B) occasional
(C) honorable
(D) precious

130

803位 語彙 (A) 3.83% **(B) 82.03%** (C) 8.15% (D) 5.99%　⏱29秒

「従業員に対して最高の --- のプロとしての立ち居振る舞いを求め続けている」という文脈から、空所には (B) standards「水準 (≒ levels)」が入る。(A) distances は「距離」、(C) volumes は「書籍、巻」、(D) choices は「選択 (肢)」という意味なので、文脈に合わない。

訳　Schaeffer Insurance Company では、従業員に対して最高水準のプロとしての立ち居振る舞いを求め続けている。

802位 前置詞 **(A) 82.03%** (B) 7.57% (C) 5.68% (D) 4.73%　⏱23秒

「Carter Furniture Emporium は市役所の --- にある」という文脈から、空所には反対の位置にあることを表す (A) の opposite「〜の逆側に、〜の向かいに (≒ across from)」が入る。(B) の throughout は通り抜けるイメージ、(C) の except は除外のイメージ、(D) の upon は接触のイメージを持つので不適切。

訳　Carter Furniture Emporium は、市役所の向かいの Sycamore Avenue と Elm Road の角にある。

(B) **throughout**: 〜を通じて、全体にわたって
　　例　throughout the year「年間を通じて」、throughout the city「市内全域で」
(C) **except**: 〜を除いて
　　例　All buildings were renovated, except the city hall.「市役所を除いて、全ての建物が改装された」
(D) **upon**: 〜するとすぐに、〜に基づいて
　　例　upon arrival「到着するとすぐに」、upon careful consideration「慎重な検討に基づいて」

801位 語彙 (A) 6.98% (B) 4.37% (C) 6.63% **(D) 82.02%**　⏱22秒

空所の後ろに such as gold and silver「金や銀のような」と具体例が挙げられていることから、空所には metals「金属」を修飾する形容詞として、(D) の precious「貴重な (≒ valuable)」が入る。precious metals「貴金属」という表現ごとマスターしておこう。

訳　金や銀といった貴金属の価格は、重要な経済指標である。

(A) **unbiased**: 公平な (≒ fair)　例　unbiased advice「公平なアドバイス」
(B) **occasional**: 時折の
　　例　make occasional visits to the customers「それらの客先を時折訪ねる」
(C) **honorable**: 名誉に値する、立派な　例　honorable position「名誉ある地位」

正解　803. (B) ／ 802. (A) ／ 801. (D)

ヒロ前田の Quick Insight ①

本書に収録された問題には、そのタイプに合わせて「タグ」が1～3つ付いている。ここではタグに基づいたデータ分析の結果を紹介する（タグの詳細はPP.10～22を参照）

表1：出題数ランキング

順位	タグ	数
1位	**語彙**	**351**
2位	品詞	278
3位	語法	225
4位	前接修	75
5位	前置詞	62

＊6位以下は省略

表2：レベル別出題数

易 ← → 難

	Lv1	Lv2	Lv3	Lv4	Lv5	数
1位 語彙	72	72	68	72	67	351
2位 品詞	74	49	49	54	52	278
3位 語法	30	36	44	54	61	225
4位 前接修	9	15	17	16	18	75
5位 前置詞	10	12	13	19	8	62

　まずは1000問中のタグ別出題数を見てみよう（表1）。試験本番で頻出する問題タイプは本書でも多めに扱っている。特に**トップ3である語彙・品詞・語法の出題数は非常に多く、これらの攻略が成功への近道**だ。

　次に、レベルごとの出題数を見てみよう（表2）。1位の「語彙」は全レベルにほぼ均等に分散している。語彙の知識はリスニングにも長文読解にも必要なため、初級から上級までの全受験者にとって重要度No.1の問題タイプだ。

　「品詞」問題は易しい傾向にあるため、Level 1に多い。もっとも、Level 4と5にも多く分類されていることを考えると、決して油断できない。一方で**「語法」の半分がLevel 4と5に集中**。Levelが上がるのに比例して語法問題の数が増えている。**上級を目指すには語法すなわち「言葉の使い方」をマスターすることが肝心**だ。

132

Level 2
挑戦の200問

800位～601位

正答率

82.00%～73.73%

基礎が身についたら
次は応用力を試す挑戦です。
少しずつ難易度が上がりますが
一つ一つ丁寧に解き進めることで
着実にスキルアップできます

Level 2の動画講義はこちらから ➡ （ログイン方法はP.9参照）

800. Eligibility for the contest, which will end on March 30, is restricted to individuals ------- are age 18 and over.

(A) they
(B) when
(C) those
(D) who

799. No matter the size of your project, Krugman Consulting will work ------- with you to ensure your needs are fully met.

(A) cooperative
(B) cooperates
(C) cooperation
(D) cooperatively

798. The software updates should take ------- five minutes to install on the server.

(A) in between
(B) just as many
(C) no more than
(D) far ahead

797. The Waterford Community Center provides ------- with a convenient local space for fitness classes and other activities.

(A) residing
(B) residential
(C) residents
(D) reside

800位 　関係詞　　(A) 5.06%　(B) 2.29%　(C) 10.66%　**(D) 82.00%**　⏱30秒

空所前で Eligibility^S ... is restricted^V to individuals^C と文に必要な要素がそろっているにもかかわらず、その後ろも --- are age 18 and over と続けようとしている。よって、空所には直後の動詞 are の主語となり、直前の individuals「人々」のことを指す、主格の関係代名詞の (D) who が入る。(C) の those は individuals と同様、「(不特定の) 人々」を表す代名詞で、those who are ～のように使う。(A) の they「彼ら/彼女ら」は代名詞、(B) の when「～の時」は接続詞。

訳　3月30日まで行われるコンテストに応募できるのは、18歳以上の人に限られる。

799位 　品詞　　(A) 7.77%　(B) 3.51%　(C) 6.73%　**(D) 81.98%**　⏱22秒

空所前で Krugman Consulting^S will work^V と文に必要な要素がそろっている上で、直後に前置詞 with があることから、空所には動詞 work を修飾する副詞が入ると判断し、(D) の cooperatively「協力して」を選択する。(A) の cooperative「協力的な」は形容詞、(B) の cooperates「協力する」は動詞の現在形、(C) の cooperation「協力」は名詞。

訳　プロジェクトの規模にかかわらず、Krugman Consulting は御社と協業しながら、必ずニーズが完全に満たされるようにいたします。

798位 　修飾　　(A) 5.19%　(B) 7.27%　**(C) 81.92%**　(D) 5.62%　⏱23秒

空所前に take があり、後ろに five minutes と続いていることから、その数字は超えていないことを示すべく、空所に (C) を入れて take no more than five minutes「5分もかからない」とする。(B) は just as long as であれば「ちょうど5分かかる」となるが、数量を比較する as many のみでは不可。

訳　ソフトウエアのアップデートをサーバーにインストールするには5分もかからないはずだ。

(A) **in between:** ～の間に　例 in between meetings「会議と会議の間に」
(B) **just as many:** ちょうど同じ数の
　　例 just as many engineers as before「以前とちょうど同じ数のエンジニア」
(D) **far ahead:** はるか先　例 think far ahead「はるか先のことを考える」

797位 　品詞　　(A) 7.26%　(B) 8.58%　**(C) 81.91%**　(D) 2.25%　⏱24秒

空所前に The Waterford Community Center^S provides^V とあり、後ろに with a convenient local space と補足情報が続いていることから、空所には動詞 provides の目的語になる名詞の (C) residents「住民たち」が入る。(A) の residing は動名詞で「居住」という意味になり、文脈に合わない。(B) の residential「居住の」は形容詞、(D) の reside「居住する」は動詞の原形。

訳　Waterford Community Center は、フィットネス教室やその他の活動に便利な地元のスペースを住民に提供している。

正解　800. (D) ／ 799. (D) ／ 798. (C) ／ 797. (C)

796. Ms. Pinczkowski has been ------- to senior vice president of international affairs.

(A) guaranteed
(B) informed
(C) promoted
(D) coordinated

795. Workers must put on protective clothing before ------- any maintenance work.

(A) calling on
(B) taking out
(C) showing off
(D) carrying out

794. The job requires no previous experience and is open to ------- with a university degree in a relevant field of study.

(A) them
(B) whole
(C) either
(D) anyone

796位 語彙 語法

(A) 3.47%　(B) 8.19%　**(C) 81.89%**　(D) 6.45%　⏱ **22秒**

「Ms. Pinczkowski は上級副社長に ---」という文脈、および空所の直後に前置詞 to が続いていることから、空所には (C) の promoted を入れて、has been promoted to ~「~に昇進した」という表現を完成させるのが適切。promote 人 to 役職「人を役職に昇進させる」という語法ごとマスターしておこう。

訳 Ms. Pinczkowski は、国際業務担当の上級副社長に昇進した。

(A) **guaranteed:** 保証された　例 She has been guaranteed a job for life.「彼女には終身雇用が約束されている」
(B) **informed:** 通知された
　例 She was informed of the transfer.「彼女は異動を告げられた」
(D) **coordinated:** 調整された
　例 Her visit is being coordinated.「彼女の訪問が調整されている」

795位 慣用表現

(A) 5.57%　(B) 8.31%　(C) 4.31%　**(D) 81.81%**　⏱ **20秒**

「メンテナンスを --- 前に、作業員は防護服を着用しなければならない」という文脈から、空所に (D) の carrying out「~を行う」を入れると、maintenance work が目的語になり、文意も通る。(A) calling on「~を訪ねる (≒ visiting)」、(B) taking out「~を取り出す、~を持ち出す、~を連れ出す」、(C) showing off「~を見せびらかす」は文脈に合わない。

訳 あらゆるメンテナンス作業を行う前に、作業員は防護服を着用しなければならない。

794位 指示語 語法

(A) 8.52%　(B) 5.50%　(C) 4.19%　**(D) 81.77%**　⏱ **26秒**

空所には前置詞 to によってつながれ、直後の with によって修飾されることができる代名詞が入る。「当該職は過去の経験が不問で、関連分野の学位を大学で取得していれば --- に門戸が開かれている」という文脈から、(D) anyone「誰でも (≒ anybody／everyone／everybody)」が正解。(A) them「彼らに／彼女らに」と (C) either「どちらか」も代名詞だが、これらが具体的に指す対象が文中に明示されていないので不可 (them ではなく those のような漠然とした代名詞なら OK)。(B) whole は形容詞「全体の (≒ entire)」、または名詞「全体」で、通例 the whole group のように定冠詞と一緒に用いられる。

訳 その仕事は過去の経験を必要とせず、関連する学問の分野の大学レベルの学位を有する者であれば誰にでも応募資格がある。

正解　796. (C)／795. (D)／794. (D)

793. This is a reminder that staff members should not open e-mail messages from ------- sources.

(A) conceivable
(B) unverified
(C) credible
(D) structural

792. Mr. Campbell hired a contractor to put a fence ------- the edge of the property.

(A) between
(B) around
(C) beneath
(D) apart

791. There are twelve people on the design team, and almost ------- have been with the company for more than five years.

(A) each
(B) all
(C) many
(D) every

793位 語彙 (A) 5.80% **(B) 81.73%** (C) 8.74% (D) 3.72% ⏱20秒

「スタッフは --- 発信元からのメールを開くべきではない」という文脈から、空所には(B)の unverified「検証されていない（不明な）」が入る。

訳 スタッフは検証されていない発信元からの（発信元が不明な）メールは開かないよう、くれぐれもお願いいたします。

(A) **conceivable:** 想像できる
   例 It is conceivable that our baseball team may suffer from jet lag.
   「われわれの野球チームが時差ボケに悩まされていると考えられる」
(C) **credible:** 信じられる 例 credible data「信頼できるデータ」
(D) **structural:** 構造の 例 structural damage「構造上の損傷」

792位 前置詞 (A) 4.71% **(B) 81.71%** (C) 7.40% (D) 6.18% ⏱27秒

空所の前に「Mr. Campbellは建設業者を雇ってフェンスを建てた」とあり、後ろに「所有地の端」と名詞が続いている。文脈から、空所には前置詞の(B) around「～の周りに」が入る。他の選択肢は文脈に合わない。また、(D) apartは副詞で文法的にも不適切。

訳 Mr. Campbellは業者を雇って、所有地の（端の）周囲にフェンスを建てた。

(A) **between:** ～（2者）の間に
   例 between the two houses「2軒の家の間に」
(C) **beneath:** ～の下に
   例 wind beneath my wings「翼の下にそよぐ風」
(D) **apart:** 離れて 例 apart from the edge「端から離れて」

791位 語法 (A) 6.76% **(B) 81.67%** (C) 7.62% (D) 3.95% ⏱22秒

空所には、直後の動詞have beenの主語として機能し、almost「ほぼ、たいてい」で修飾される代名詞の(B) all「皆、全員」が入る。(A)のeach「それぞれ（の）、一人ひとり」は個に視点があるため、almostで修飾できない。(C)のmany「多数（の）」は漠然とした多さを表すので、almostと相いれない。(D)のevery「あらゆる」は形容詞なので、主語にするにはalmost every member「ほぼ全てのメンバー」のように後ろに名詞が必要。

訳 デザインチームには12名が所属しており、ほぼ全員が会社に5年は在籍している。

正解 793. (B) ／ 792. (B) ／ 791. (B)

790. Eating cheese and mushrooms together provides much better nutrition than eating only one or the -------.

(A) other
(B) both
(C) itself
(D) some

789. Because Sander's Ice Cream runs its own dairy farms, it has a ------- advantage over its competitors.

(A) decisive
(B) decision
(C) decide
(D) decisively

788. Due to unusually cool temperatures and frequent rainfall, ------- tourists visited Dove Island this summer.

(A) low
(B) none
(C) least
(D) fewer

790位 指示語 語法

(A) 81.64%　(B) 9.76%　(C) 5.96%　(D) 2.65%　26秒

「片方だけ、もしくは --- だけを食べるよりはるかに多くの栄養を与える」という文脈、および空所の直前に定冠詞 the があることから、空所には (A) の other を入れて、only one or the other「どちらか一方だけ」という表現を完成させるのが適切。(B) の both は「両方」、(C) の itself「それ自体」、(D) の some は「一部の人や物」を指す代名詞で、いずれも前に定冠詞 the を直接使う語法はない。

訳　チーズとマッシュルームを一緒に食べると、どちらか一方だけを食べるよりも多くの栄養が取れる。

789位 品詞

(A) 81.61%　(B) 4.77%　(C) 3.36%　(D) 10.26%　23秒

空所の前に冠詞 a、後ろに名詞 advantage があることから、空所には名詞を修飾する形容詞の (A) decisive「決定的な、明白な」が入る。(B) の decision「決定、決断」は名詞、(C) の decide「〜を決める」は動詞の原形、(D) の decisively「決定的に」は副詞。

訳　Sander's Ice Cream は自社で酪農場を経営しているため、競合他社に対して明らかに優位性がある。

788位 語法 修飾

(A) 4.43%　(B) 7.72%　(C) 6.30%　(D) 81.54%　28秒

カンマの後ろに続く主節に、--- tourists visited Dove Island とあることから、空所には可算名詞 tourists を修飾する形容詞の (D) fewer「より少ない」が入る。(A) の low「少ない」は a low number of tourists「少ない観光客」のように使う。(B) の none は代名詞なので、none of the tourists「観光客のうちの誰も〜ない」のように使う。(C) の least は little の最上級で、the least damage「最も少ない損傷」のように不可算名詞を修飾する。

訳　異常に気温が低く頻繁に雨が降ったせいで、今年の夏に Dove Island を訪れた観光客は少なかった。

> (B) の none はなぜダメなのかという質問が複数あったね。
>
> 解説したとおり、none は代名詞だから名詞を修飾することはできないんだ。none of the tourists か、no tourists なら可能だけどね。

正解　790. (A) ／ 789. (A) ／ 788. (D)

787. ------- in the year, Carson Industries will start production of semiconductor ceramics.

(A) Below
(B) Toward
(C) Barely
(D) Later

786. To provide time for section managers to cut spending, the company will reduce departmental budgets ------- rather than suddenly.

(A) gradually
(B) basically
(C) mostly
(D) usually

785. Representatives of both companies will ------- the details of the joint venture in their upcoming negotiations.

(A) last
(B) remain
(C) finalize
(D) end

787位 前置詞 vs. 修飾語

(A) 3.99%　(B) 9.44%　(C) 5.10%　**(D) 81.47%**　20秒

カンマの後ろの主節に対し、文頭で --- in the yearという補足情報を付け加えている。空所の直後で前置詞inが名詞the yearをつないでいることから、空所にはこれを副詞的に飾る(D)のLater「後に」を入れ、Later in the year「年内に」とするのが適切。(A)と(C)も副詞だが文脈に合わない。(B)は前置詞なので文法的にも不適。

訳　年内に、Carson Industriesは半導体セラミックの生産を開始するであろう。

(A) **Below:** 〜を下回って、下に
　　例　below average「平均値を下回って」、far below「もっと下の方」
(B) **Toward:** 〜に向かって　例　toward the end of the year「年末に向かって」
(C) **Barely:** 辛うじて（≒ Only just）、ほとんど〜ない（≒ Hardly）
　　例　barely visible「辛うじて見える」、barely understand Italian「ほとんどイタリア語を理解できない」

786位　語彙

(A) 81.37%　(B) 8.41%　(C) 3.99%　(D) 6.24%　29秒

「予算を急に（suddenly）ではなく---削減する」という文脈から、空所にはsuddenlyと反対の意味を持つ(A)のgradually「徐々に（≒ steadily／slowly）」が入る。

訳　課長が支出を抑える時間をとるため、会社は部門別予算をすぐにではなく徐々に削減する。

(B) **basically:** 基本的に　例　We basically agree.「基本的に同意いたします」
(C) **mostly:** 大部分は（≒ mainly）、たいてい
　　例　They are mostly full-time workers.「彼らは大部分が常勤スタッフである」
(D) **usually:** 普段　例　They usually work until 9.「彼らは普段9時まで働いている」

785位　語彙　語法

(A) 5.83%　(B) 9.25%　**(C) 81.23%**　(D) 3.69%　26秒

空所直後の名詞the details「詳細」を目的語にとる他動詞として文脈に合うのは、(C)のfinalize「〜をまとめ上げる」。finalize the details「詳細を詰める」というフレーズごとマスターしておこう。(A) last「続く」と(B) remain「とどまる（≒ stay）」は自動詞なので、目的語を直接とらない。(D) endは「終わる」という意味の自動詞、および「〜を終わらせる（≒ conclude）」という意味の他動詞で、end the session「セッションを終わらせる」のように使う。

訳　2社の代表者は、次の交渉の場で合弁事業の詳細を詰める。

正解　787. (D)／786. (A)／785. (C)

784. The ------- among doctors about the drug's safety has ended, following a study proving its safety.

(A) debate
(B) interest
(C) memory
(D) result

783. With its ------- buildings, abundant greenery, and peaceful atmosphere, Balboa College is an ideal location for higher education.

(A) cautious
(B) spacious
(C) punctual
(D) generous

782. The garment should be washed in cold water and air-dried ------- shrinkage.

(A) prevents
(B) prevented
(C) prevention
(D) to prevent

781. This year's Huntsville Culture Festival attracted record crowds ------- the inclement weather on the weekend.

(A) in case of
(B) in spite of
(C) in place of
(D) instead of

1000〜801 **800〜601** **600〜401** **400〜201** **200〜1**

Level 2

784位 語彙 (A) 81.18% (B) 7.67% (C) 3.13% (D) 8.03% ⏱28秒

空所前後に The --- among doctors^S ... has ended^V「医師の間の --- が終わった」とあることから、空所には複数の人々が集まって行う動作で、かつ終了する性質のある (A) の debate「討議」が意味的にふさわしい。(B) の interest「関心、利害」は終了するようなものではなく、The interest among doctors in the drug has diminished.「医師たちの中でその薬への関心は薄れてきている」のように使う。(C) の memory は「思い出、記憶力、記憶容量」、(D) の result は「結果（≒ outcome ／ consequence ／ conclusion）」。

訳 研究で安全性が証明されて、その薬品の安全性に関する医師間の討議は終わった。

783位 語彙 (A) 3.46% (B) 81.17% (C) 5.32% (D) 10.04% ⏱26秒

主節の主語である Balboa College に対して、前から「--- 建物、豊かな緑、穏やかな雰囲気のある」という情報を加えようとしていることから、空所には (B) の spacious「広々とした」が入る。(A) の cautious は「注意深い（≒ careful）」、(C) の punctual は「時間に正確な（≒ on-time）」、(D) の generous は「寛大な（≒ kind）」という意味で、いずれも文脈に合わない。

訳 広々とした建物、豊かな緑、穏やかな雰囲気のある Balboa College は、高等教育のための理想的な場所である。

782位 品詞 (A) 3.81% (B) 8.32% (C) 6.73% (D) 81.15% ⏱24秒

空所の前に主語 The garment と動詞 should be washed ... and air-dried があり、受動態になっていることから、空所には後ろの名詞 shrinkage を目的語にとる不定詞の (D) to prevent「〜を防ぐため」が入る。(A) の prevents「〜を防ぐ」は動詞の現在形、(B) の prevented は動詞の過去形・過去分詞、(C) の prevention「防止、予防」は名詞。

訳 縮むのを防ぐため、衣類は冷水で洗い、自然乾燥させてください。

781位 慣用表現 (A) 8.85% (B) 81.09% (C) 4.01% (D) 6.05% ⏱27秒

空所の前が「記録的な人出となった」、後ろが「週末の悪天候」なので、「悪天候なのに人が集まった」という文脈になるよう、空所には (B) の in spite of「〜にもかかわらず（≒ despite）」を入れる。(A) の in case of は「〜の場合に備えて（≒ in the event of）」、(C) の in place of と (D) の instead of は「〜の代わりに」。

訳 今年の Huntsville Culture Festival は、週末の悪天候にもかかわらず、記録的な数の人が集まった。

正解 784. (A) ／ 783. (B) ／ 782. (D) ／ 781. (B)

780. After a discussion with the branch manager, the CEO went around the office to meet ------- members of the staff.

(A) the other
(B) one another
(C) everyone
(D) others

779. ------- the rising cost of jet fuel, airline industry experts forecast a substantial increase in ticket prices next year.

(A) In fact
(B) Because
(C) Subsequently
(D) Owing to

778. Bright Skies Eyewear will be ------- with several new stores in the next couple of months.

(A) expanding
(B) expansion
(C) expandability
(D) expands

780位 修飾 (A) 81.09% (B) 7.60% (C) 4.81% (D) 6.51% 30秒

空所には複数形の名詞membersを修飾する、形容詞的な機能を持つ(A)のthe other「その他の」が入る。(B)のone anotherは「お互い(≒each other)」という意味の名詞(句)で、help one anotherのように、目的語として機能する。(C)のeveryoneは「全ての人(≒everybody)」という意味の代名詞で、主語や目的語になる。(D)のothersは「(不特定多数の)他の人、他の物」を表す代名詞。other「他の」であれば、形容詞としてmembersを修飾することも可能。

訳 支店長との話し合いの後、社長はオフィス内を回って、その他の従業員と対面した。

779位 前置詞 vs. 接続詞 vs. 修飾語

(A) 5.64% (B) 8.27% (C) 5.05% **(D) 81.04%** 24秒

カンマの後ろに文の要素がそろった主節があることから、空所には名詞costを主節とつなぐ前置詞の(D) Owing to「～のために(≒Due to／Thanks to／On account of／Because of)」が入る。(B)のBecauseは接続詞で、節と節をつなぐ。(A)のIn factと(C)のSubsequentlyは副詞。

訳 ジェット燃料の高騰のため、航空業界の専門家たちは来年、チケット料金が大幅に値上げされると予想している。

(A) **In fact:** 実際は
　例 In fact, the cost of jet fuel is rising.「実際、ジェット燃料の価格は高騰している」

(B) **Because:** ～なので(≒Since／As)
　例 Because the cost of jet fuel is rising, ...「ジェット燃料の価格は高騰しているので、…」

(C) **Subsequently:** その後(≒Later)
　例 Ticket prices were subsequently increased.「チケット料金はその後引き上げられた」

778位 品詞 (A) 80.98% (B) 10.07% (C) 3.87% (D) 5.08% 27秒

空所の前に主語とbe動詞があり、後ろは前置詞withで補足情報がつながれていることから、空所には現在分詞の(A) expandingを入れて、will be expanding「拡大していく」という未来進行形にするのが適切。(B)のexpansion「拡大、拡張」と(C)のexpandability「拡張性」は名詞、(D)のexpands「拡大する、～を拡大させる」は動詞の現在形。

訳 Bright Skies Eyewearは、向こう数カ月で新たな店舗をいくつかオープンさせ、事業を拡大していく。

正解 780. (A)／779. (D)／778. (A)

777. The winner of the contest will attend a concert by The Butlers and enjoy a meal with the band members -------.

(A) themselves
(B) myself
(C) ourselves
(D) itself

776. If ------- would like to join the Freemont Reading Club, please send an e-mail to Ms. Nwokolo.

(A) other
(B) whoever
(C) anyone
(D) every

775. Mr. Wyatt called Ms. Koussevitsky to congratulate her ------- he heard about her promotion to vice president.

(A) until when
(B) even though
(C) as soon as
(D) in order that

774. After gaining experience at a large corporation, Mr. Coulson started ------- accounting firm.

(A) itself
(B) his own
(C) himself
(D) it

148

777位 指示語 **(A) 80.97%** (B) 2.58% (C) 3.21% (D) 13.24% ⏱**41**秒

空所は文末にあり、選択肢は全て再帰代名詞。選択肢に主語 The winner を指す herself もしくは himself がないため（(D) の itself は人を表せない）、空所直前の the band members を指す (A) の themselves が入る。これは目的語と再帰代名詞が同格の関係にある特殊な用法。残りの選択肢は、The winner や the band members のことを指すことができないため、不適切。

訳 コンテストの優勝者は、The Butlers のコンサートに参加し、バンドのメンバー本人たちと食事ができる。

776位 語法 (A) 2.51% (B) 14.81% **(C) 80.97%** (D) 1.71% ⏱**21**秒

空所が接続詞 If と助動詞 would の間にあることから、空所には単独で代名詞として機能する (C) の anyone「誰でも」が入る。(B) の whoever も同様の意味を持つが、If の後には続けられず、Whoever would like to join the Freemont Reading Club is encouraged to e-mail Ms. Nwokolo. のような形で使う。(A) の other「他の」と (D) の every「個々の」は形容詞なので、主語にならない。

訳 Freemont Reading Club への入会をご希望の方は、Ms. Nwokolo にメールしてください。

775位 接続詞 (A) 3.34% (B) 5.30% **(C) 80.94%** (D) 10.41% ⏱**29**秒

空所の前に「Mr. Wyatt は Ms. Koussevitsky に電話をして祝福した」、後ろには「彼が彼女の副社長への昇進を耳にした」とあることから、空所には (C) の as soon as「～してすぐに（≒ once）」が入る。(A) の until when は「～の時まで」、(B) の even though「～にもかかわらず（≒ although／though）」、(D) の in order that は「～の目的で（≒ so that）」という意味。

訳 Ms. Koussevitsky が副社長に昇進すると耳にしてすぐに、Mr. Wyatt は彼女に祝福の電話をした。

774位 格 (A) 3.20% **(B) 80.92%** (C) 12.90% (D) 2.99% ⏱**22**秒

空所の前後に主語と動詞、目的語がすでにあることから、空所には直後の名詞 accounting firm を形容詞的に修飾し所有者を明確にする、所有格がふさわしい。よって、(B) の his own「彼自身の」を選ぶ。(A) の itself「それ自身」と (C) の himself「彼自身」は再帰代名詞で、Mr. Coulson started an accounting firm himself. のように、主語と同一の人や物を指して目的語もしくは副詞的な飾りとして機能する。(D) の it「それ」は主格および目的格。

訳 大企業で経験を積んだ後、Mr. Coulson は彼自身の会計事務所を立ち上げた。

正解 777. (A)／776. (C)／775. (C)／774. (B)

773. Mr. Baley received a lifetime achievement award for his -------
contributions to the field of automotive engineering.

(A) delighted
(B) selective
(C) conclusive
(D) outstanding

772. Thanks to a 15 percent price -------, attending Oakland Tigers baseball games will be less expensive for fans.

(A) reduced
(B) reduction
(C) reducing
(D) reduce

771. The manufacturer produces a variety of weather-resistant ------- for outdoor use.

(A) invitations
(B) purchases
(C) materials
(D) conditions

770. Since the number of spots is limited, we recommend signing up for the seminar -------.

(A) throughout
(B) beforehand
(C) already
(D) moreover

| 1000〜801 | **800〜601** | 600〜401 | 400〜201 | 200〜1 |

Level 2

773位 【語彙】 (A) 9.62%　(B) 3.95%　(C) 5.80%　**(D) 80.63%** 🕛**22**秒

「Mr. Baley は彼の --- 貢献により、特別功労賞を受けた」という文脈から、空所には (D) の outstanding「突出して素晴らしい (≒ superior ／ excellent)」が入る。(A) の delighted は「喜んでいる (≒ pleased ／ happy ／ glad)」、(B) の selective は「えり抜きの、えり好みする (≒ choosy)」、(C) の conclusive は「疑う余地のない (≒ decisive)」という意味で、文脈に合わない。

訳 Mr. Baley は自動車工学分野への素晴らしい貢献により、特別功労賞を受けた。

772位 【品詞】 (A) 7.98%　**(B) 80.63%**　(C) 8.12%　(D) 3.27% 🕛**20**秒

空所前の前置詞 Thanks to でつながれ、15 percent で修飾される名詞としては、(B) の reduction「減少」がふさわしい。price reduction「値引き」というフレーズごとマスターしておこう。(A) の reduced を「下げられた」という意味の過去分詞として用いる場合は、reduced price のように使う。(C) の reducing も分詞と見なすことが可能だが、空所の後ろに目的語がないため不適切。(D) の reduce「〜を減少させる、減少する」は動詞の原形。

訳 15 パーセントの値下げのおかげで、ファンが Oakland Tigers の野球の試合を観戦するのは、より手頃になるだろう。

771位 【語彙】 (A) 2.79%　(B) 6.54%　**(C) 80.63%**　(D) 10.04% 🕛**26**秒

「そのメーカーは屋外用のさまざまな耐候性の --- を製造している」という文脈から、空所には (C) の materials「材料、素材」が入る。(A) の invitations は「招待状」、(B) の purchases は「購入品」、(D) の conditions は「状況 (≒ situations)、条件 (≒ terms)」という意味。

訳 そのメーカーは屋外用のさまざまな耐候性素材を製造している。

770位 【修飾】 【語法】

(A) 5.60%　**(B) 80.57%**　(C) 5.91%　(D) 7.92% 🕛**26**秒

空所の前で we recommend signing up for the seminar と、文に必要な要素がそろっていることから、その直後の空所には副詞である (B) の beforehand「事前に (≒ in advance)」を飾りとして添える。(C) の already「すでに」も副詞だが、we already recommended signing up for the seminar のように、動詞の前に置く。(A) の throughout は「至る所に、その間ずっと」、(D) の moreover は「その上、さらに」という意味なので、文脈に合わない。

訳 座席数には限りがありますので、あらかじめセミナーへの参加登録をお勧めいたします。

正解　773. (D) ／ 772. (B) ／ 771. (C) ／ 770. (B)　　151

769. The city bus M25 is scheduled to be ------- along Washington Avenue this weekend.

(A) surrounded
(B) rerouted
(C) detached
(D) competed

768. The market segments targeted by the hobby industry are ------- to be mostly influenced by personal recommendations.

(A) thoughts
(B) thinks
(C) to think
(D) thought

767. Joan Pinkerton, the ------- of Romo Designs, gave a talk in which she explained the secrets of her company's success.

(A) founder
(B) foundation
(C) founding
(D) founds

766. Sealy Motors has announced plans to ------- its line of compact cars with two new electric vehicles next year.

(A) pertain
(B) comply
(C) expand
(D) decide

| 1000〜801 | **800〜601** | 600〜401 | 400〜201 | 200〜1 |

Level 2

769位 語彙 　(A) 9.85%　**(B) 80.47%**　(C) 6.12%　(D) 3.57%　⏱**24**秒

「市営バスM25はWashington Avenueに沿って---される予定だ」という文脈から、空所には(B)のrerouted「ルートを変更されて」が入る。(A)のsurrounded「取り囲まれて」、(C)のdetached「取り外されて」、(D)のcompeted「競争して」は、いずれも文脈に合わない。

訳 今週末、市営バスM25はWashington Avenue沿いのルートに変更される予定だ。

768位 語法 　態

(A) 9.65%　(B) 4.21%　(C) 5.69%　**(D) 80.46%**　⏱**32**秒

The market segments^S ... are ---^V to be mostly influencedという構造で、空所の後ろに目的語となる名詞がない。よって、過去分詞の(D) thoughtを空所に入れ、S are thought to be 形容詞「Sは（形容詞）であると考えられる」という受動態の文にするのが適切。(A)のthoughts「考え」は名詞の複数形、(B)のthinks「（〜を）考える」は動詞の現在形、(C)のto thinkは不定詞。

訳 ホビー産業がターゲットとする市場（顧客）層は、個人の推薦に主に影響されると考えられる。

767位 品詞 　**(A) 80.44%**　(B) 14.11%　(C) 3.20%　(D) 2.26%　⏱**16**秒

空所を含むJoan Pinkerton, the --- of Romo Designsの部分に同格のカンマが用いられていることから、空所には冠詞theに続く名詞で、Joan Pinkertonという「人」を表す(A) founder「創設者」が入る。(B)のfoundation「基礎、創設」も名詞だが、Joan Pinkertonとイコールの関係が成り立たない。(C)のfoundingは動名詞または現在分詞、(D)のfoundsは動詞の現在形。

訳 Romo Designsの創設者であるJoan Pinkertonが講演を行い、その中で彼女の会社が成功した秘訣を説明した。

766位 語彙 　語法

(A) 5.80%　(B) 7.62%　**(C) 80.42%**　(D) 6.15%　⏱**30**秒

空所には直後のits line of compact cars「小型車のシリーズ」を目的語として直接とれる他動詞の(C) expand「〜を拡大する」が入る。(D)のdecide「〜を決める」も他動詞になるが、文脈に合わない。(A)のpertainと(B)のcomplyは自動詞で、後ろは前置詞＋名詞になる。

訳 Sealy Motorsは来年、新型電気自動車を2種加えて、小型車シリーズの拡充計画を発表した。

⤴UP!　(A) **pertain:** 関連する
　　　　　例 pertain to its line of compact cars「小型車の新シリーズに関連する」
　　　(B) **comply:** 従う　例 comply with the law「法令を順守する」
　　　(D) **decide:** 〜を決める
　　　　　例 decide your own future「自分自身の進む道を決める」
　　　　　　　decide to discontinue the product「製品の製造を中止することを決める」

正解　769. (B)／768. (D)／767. (A)／766. (C)　　153

765. The applicant had to submit ------- copy of her nursing license as the first was difficult to read.

(A) other
(B) one another
(C) each other
(D) another

764. Stinson Engineering is grateful ------- the opportunity to contribute to such an exciting project.

(A) for
(B) to
(C) in
(D) like

763. Of ------- the candidates running for mayor this year, Miles Crane is by far the most qualified.

(A) any
(B) course
(C) all
(D) interest

762. Based on budget limitations, the city council ------- a proposal to increase the frequency of some bus services.

(A) listened
(B) rejected
(C) decided
(D) disappointed

| 1000〜801 | **800〜601** | 600〜401 | 400〜201 | 200〜1 |

765位 語法 修飾
(A) 6.35% (B) 7.50% (C) 5.74% **(D) 80.41%**　⏱**27**秒

空所の前に動詞 submit があり、後ろに copy という単数形の名詞があることから、空所には形容詞として機能する (D) の another「もう1つ別の (≒ one more)」を入れる。(A) の other を「別の」という意味の形容詞として使う場合は、other copies ／ the other copy ／ the other copies のように用いる。(B) の one another と (C) の each other は「お互い」という意味の代名詞。

訳 最初に送付された看護師免許証のコピーが読みづらかったため、その応募者はもう一部別のコピーを提出しなければならなかった。

764位 前置詞 **(A) 80.39%** (B) 10.34% (C) 7.13% (D) 2.14% ⏱**21**秒

空所の前に Stinson Engineering is grateful、後ろに the opportunity to contribute to ... と続いていることから、空所には対象のイメージを持つ (A) の for が入る。S be grateful/thankful for 〜「〜に感謝している」という表現法をマスターしておこう。(B) の to は到達のイメージを持つので、Stinson Engineering is grateful to everyone「Stinson Engineering は皆さまに感謝しています」のように、後ろには相手が続く。(C) の in は範囲を限定する際に、(D) の like は例示する際に用いられる。

訳 Stinson Engineering は、このような素晴らしいプロジェクトに貢献できる機会をありがたく感じております。

763位 語法 (A) 5.90% (B) 10.05% **(C) 80.32%** (D) 3.74% ⏱**25**秒

カンマの後ろに続く主節に対して、文頭で補足情報を加えようとしていることに注目。その中に、Of --- the candidates (running for mayor this year) とあることから、空所には定冠詞 the の前から名詞を修飾する語法を持つ形容詞の (C) all「全ての」が入る。(A) の any「いくつかの」を用いる場合は、any candidates となる。名詞の (B) course「経路、コース」で、Of course「もちろん」という副詞表現を作ることはできるが、構文が破綻してしまう。(D) の interest「興味」も名詞。

訳 今年の市長選に立候補している全ての候補者の中で、Miles Crane は群を抜いて適任だ。

762位 語彙 語法
(A) 2.47% **(B) 80.26%** (C) 15.13% (D) 2.13%　⏱**29**秒

「予算の制限により、市議会はバスの本数を増やす法案を ---」という文脈から、空所には (B) の rejected「〜を否決した、〜を却下した (≒ turned down)」が入る。(A) の listened は、listened to the proposal「提案に耳を傾けた」のように使う自動詞なので、文法的に不適切。(C) の decided「〜を決定した」、(D) の disappointed「〜を落胆させた」は、文脈に合わない。

訳 予算の制限により、市議会はバスの本数を増やす法案を否決した。

正解 765. (D) ／ 764. (A) ／ 763. (C) ／ 762. (B)

761. Based on ------- he saw during the inspection, the public health officer was able to approve the restaurant's operating license.

(A) what
(B) ever
(C) as
(D) that

760. When ------- job candidates, human resources managers are influenced not only by spoken responses but also by body language.

(A) to interview
(B) interviewing
(C) interview
(D) interviewed

759. The mayor's office ------- an ambitious five-year plan for redeveloping the harbor area to stimulate economic growth in the area.

(A) proposing
(B) proposed
(C) proposals
(D) to propose

758. The company apologized for leaking confidential client information although it was not disclosed -------.

(A) deliberate
(B) deliberations
(C) deliberating
(D) deliberately

1000〜801 | **800〜601** | 600〜401 | 400〜201 | 200〜1

Level 2

761位 関係詞 (A) 80.21% (B) 3.38% (C) 4.20% (D) 12.20% ⏱22秒

空所の前に前置詞 Based on があり、後ろに he saw during the inspection と節が続いていることから、空所には先行詞を中に含む関係代名詞で、かつ他動詞 saw の目的語となる (A) の what「〜なこと（≒ the things that）」が入る。(D) の that を関係代名詞として機能させる場合は、Based on the records that he saw「彼が見たデータを基に」のように、先行詞が必要。

訳 査察中に見たことに基づき、公衆衛生検査官はレストランの営業許可を承認することができた。

760位 品詞 態
(A) 4.73% (B) 80.21% (C) 5.80% (D) 9.26% ⏱23秒

空所直前に接続詞 When があり、後ろには job candidates という名詞が続いていることから、主節の主語である human resources managers が能動的に job candidates を interview するという関係を示すべく、現在分詞の (B) interviewing を空所に入れる。(D) の interviewed は過去分詞の場合、通常は受動態で使用されるので、job candidates を目的語としてとることができない。

訳 求職者を面接する場合、人事部長は話の受け答えだけでなく、ボディーランゲージにも影響を受ける。

759位 品詞 (A) 6.71% (B) 80.19% (C) 10.84% (D) 2.26% ⏱34秒

空所の前後に動詞がないことから、動詞の過去形である (B) proposed「〜を提案した」を空所に入れる。(A) の proposing は動名詞または現在分詞で、これを用いる場合は、The mayor's office is proposing ambitious five-year plan のように、主語 office の後ろに be 動詞が必要。(C) の proposals「提案」は名詞の複数形、(D) の to propose は不定詞。

訳 港湾地区の経済成長を促すために、市長室は同地区の再開発のための意欲的な5カ年計画を提案した。

758位 品詞 (A) 3.77% (B) 12.46% (C) 3.60% (D) 80.17% ⏱23秒

空所の前に受動態の節があり、直後で文が終わっている。文に必要な要素はそろっているので、空所には動詞 was disclosed を修飾する、副詞の (D) deliberately「意図的に、故意に（≒ intentionally ／ on purpose）」が入る。(A) の deliberate は形容詞「故意の」または動詞「熟考する」、(B) の deliberations「討議」は名詞の複数形、(C) の deliberating は動名詞または現在分詞。

訳 その会社は、故意に公表したわけではなかったが、顧客の機密情報を漏洩したことを謝罪した。

正解 761. (A) ／ 760. (B) ／ 759. (B) ／ 758. (D)   157

757. Delhi Delights has been satisfying customers with ------- traditional cuisine featuring authentic spices from India.

(A) them
(B) its
(C) theirs
(D) hers

756. The auditors found ------- wrong with the company's financial statements and concluded that it was fully compliant.

(A) none
(B) neither
(C) no one
(D) nothing

755. Although Karvel City is a popular travel destination, it is ------- difficult to find affordable hotel rooms there.

(A) hesitantly
(B) surprisingly
(C) quickly
(D) willingly

754. The tower's observation deck offers magnificent views, ------- over the city and the surrounding countryside.

(A) looked
(B) looks
(C) looking
(D) look

| 1000〜801 | **800〜601** | 600〜401 | 400〜201 | 200〜1 |

757位 格 (A) 4.58% **(B) 80.07%** (C) 11.57% (D) 3.79% ⏱**27**秒

空所の前に前置詞 with、後ろに形容詞 traditional と名詞 cuisine があることから、空所には所有格である (B) の its「その」が入る。目的格である (A) の them「それらを、彼ら/彼女らに」は目的語の機能を果たす。(C) の theirs「それらのもの、彼ら/彼女らのもの」と (D) の hers「彼女のもの」は所有代名詞で、主語または目的語になる。

訳 Delhi Delights はインドの本物のスパイスを使用した伝統的な料理で客を満足させている。

756位 語法 (A) 5.36% (B) 6.16% (C) 8.46% **(D) 80.02%** ⏱**31**秒

空所の前に動詞 found、後ろに形容詞 wrong がある。空所には found の目的語となり、後ろから形容詞に修飾される (C) nothing「何も〜ない」が入る。something や anything にも同様の語法があることを覚えておこう。他の選択肢にはこの語法はないので、不適切。

訳 会計検査官たちは、その企業の決算書には何の問題も見つからず、法令を完全に順守していると結論づけた。

UP! (A) **none**: いずれも〜ない 例 The auditors found none of them was wrong.「会計検査官たちはその人たちのいずれも間違っていないと結論づけた」

(B) **neither**: どちらも〜ない 例 The auditors found neither of them was wrong「会計検査官たちは2者のどちらも間違っていないと結論づけた」

(C) **no one**: 誰も〜ない 例 The auditors found no one was wrong.「会計検査官たちは誰も間違っていないと結論づけた」

755位 語彙 (A) 7.73% **(B) 80.00%** (C) 5.50% (D) 6.77% ⏱**27**秒

空所直後にある形容詞 difficult を修飾する副詞としてふさわしいのは、度合いを表す (B) surprisingly「驚くほど」。(A) hesitantly は「ためらいがちに」、(C) quickly は「すぐに」、(D) willingly は「進んで」という意味。

訳 Karvel City は人気の観光地だが、そこで手頃な料金のホテルの部屋を見つけるのは驚くほど難しい。

754位 品詞 構文 (A) 7.87% (B) 7.20% **(C) 79.96%** (D) 4.96% ⏱**27**秒

カンマの前までで文に必要な要素がそろっていること、および空所の後ろに over the city と続いていることから、空所には現在分詞の (C) looking を入れて、分詞構文の形を作るのが適切。ここでは分詞構文で展望デッキからの眺めをより詳細に説明している。(A) looked は動詞の過去形・過去分詞、(B) looks は動詞の現在形または名詞の複数形、(D) look は動詞の原形または名詞の単数形。

訳 タワーの展望デッキからは市街地や周辺の田園地帯を見渡す壮大な眺めを望むことができる。

正解 757. (B) ／756. (D) ／755. (B) ／754. (C)

753. Financial analysts believe that private-sector investment will remain slow until interest rates become -------.

(A) favorably
(B) more favorable
(C) most favorably
(D) favor

752. The consulting firm has assured us that it ------- its review of the management framework by the end of this year.

(A) to have completed
(B) had been completed
(C) was completing
(D) will have completed

751. To help improve customer service, resort management is conducting a ------- of guests.

(A) practice
(B) survey
(C) hope
(D) kind

750. The Web development team is working ------- to ensure the company's new Web site is ready by the launch date.

(A) industry
(B) industriously
(C) industrial
(D) industrious

753位 品詞 (A) 9.44% **(B) 79.96%** (C) 4.53% (D) 6.07% ⏱**31**秒

空所前のbecomeは、be動詞と同様に前後の要素をイコールの関係にすることから、空所には主語interest rates「金利」がどのような状態になるのかを示す、形容詞の (B) more favorable「より有利な」が入る。(D) favorは動詞「〜に好意を示す」または名詞「好意」だが、名詞でもinterest ratesとイコールにはならない。(A) favorably「好意的に」と (C) most favorablyは副詞。

訳 金融アナリストたちは、金利がより好条件になるまで、民間セクターによる投資の動きは鈍いままだろうと考えている。

752位 時制 (A) 2.67% (B) 9.79% (C) 7.60% **(D) 79.93%** ⏱**36**秒

that節に「年末までに」とあることから、空所には未来の時点までに完了しているであろう行為を表す、未来完了形の (D) will have completed「終わらせているであろう」が入る。(B) had been completedは過去完了形で、過去の一時点までの経緯や、過去の一時点よりもさらに前の状態・動作・出来事について述べる(大過去)。(C) was completingは過去進行形で、過去の一時点で行っていたことを述べる。(A) to have completedは不定詞。

訳 コンサルティング会社は年末までにマネジメントの枠組みの見直しを終わらせると確約している。

751位 語彙 (A) 3.40% **(B) 79.92%** (C) 4.79% (D) 11.89% ⏱**23**秒

空所前後に「宿泊客の --- を行っている」とあることから、空所には (B) survey「調査(≒study／research)」が意味的にふさわしい。(A) practiceは「練習」、(C) hopeは「望み」、(D) kindは「種類」という意味なので、文脈に合わない。

訳 顧客サービスの改善に役立てるべく、リゾート施設の経営陣は宿泊客にアンケート調査を行っている。

750位 品詞 (A) 10.56% **(B) 79.91%** (C) 3.54% (D) 6.00% ⏱**26**秒

空所の前にThe Web development teamという主語とis workingという動詞(自動詞)があり、空所の後ろにto ensureと不定詞が続いていることから、空所には is workingを修飾する、副詞の (B) industriously「勤勉に、精力的に」が入る。(A) industry「産業」は名詞、(C) industrial「産業に関する」と (D) industrious「勤勉な、精力的な」は形容詞。

訳 Web開発チームは、会社の新しいウェブサイトを公開日までに間違いなく準備できるよう、精力的に作業している。

正解 753. (B)／752. (D)／751. (B)／750. (B)

749. The employment rate rose ------- last month, making seven consecutive months of jobs growth.

(A) simply
(B) rarely
(C) briefly
(D) slightly

748. To examine the risks the company -------, all executives are required to attend a five-hour meeting next week.

(A) faces
(B) converses
(C) persists
(D) applies

747. Nucleus Steel Corporation was offered a $3 million tax ------- to encourage the construction of a local factory.

(A) movement
(B) citation
(C) incentive
(D) activity

746. Our new interface design will make product information more ------- accessible to customers visiting the Web site.

(A) ready
(B) readier
(C) readily
(D) readiness

749位 語彙　(A) 4.11%　(B) 5.76%　(C) 10.25%　**(D) 79.89%** ⏱**28**秒

カンマの後ろに「それにより7カ月連続の雇用拡大となった」とあることから、空所直前にある動詞rose「上がった」を修飾する副詞としてふさわしいのは、(D) slightly「わずかに (≒ a little)」。(A) simplyは「簡単に」、(B) rarelyは「めったに〜ない」、(C) brieflyは「簡潔に (≒ concisely)、短く」という意味なので文脈に合わない。

訳 就業率が先月わずかに上昇したことで、7カ月連続の雇用拡大となった。

748位 語彙 語法

(A) 79.85%　(B) 6.86%　(C) 7.89%　(D) 5.40% ⏱**28**秒

空所の前ではthe risks (that) the company --- のように、関係代名詞の目的格が省略されていることを見抜くことができるかがポイント。空所にはthe risks「リスク」を目的語にとる他動詞の(A) faces「〜に直面している」が入る。

訳 会社が直面しているリスクを検証するために、経営幹部は全員、来週5時間の会議に出席するよう求められている。

UP! (B) **converses:** 話す 例 converses with the other executives「他の経営幹部と話す」

(C) **persists:** 固執する 例 persists with the current system「現在のシステムに固執する」

(D) **applies:** 応募する、〜を適用する 例 applies for a position「職に応募する」applies the rule「新たなルールを適用する」

747位 語彙　(A) 4.90%　(B) 10.77%　**(C) 79.80%**　(D) 4.54% ⏱**31**秒

「Nucleus Steel Corporationに300万ドルの税の --- が提示された」という文脈から、空所に(C) incentiveを入れて、tax incentive「税制上の優遇措置」という名詞句を完成させるのが適切。(A) movementは「動き」、(B) citationは「引用 (≒ quotation)、召喚状」、(D) activityは「活動」という意味で、文脈と合わない。

訳 周辺地域における工場建設を促進するべく、Nucleus Steel Corporationに300万ドルの税制上の優遇措置が提示された。

746位 品詞　(A) 7.48%　(B) 10.05%　**(C) 79.78%**　(D) 2.70% ⏱**24**秒

空所前後にmake product information more --- accessibleとあることから、空所には直後の形容詞accessibleを修飾する、副詞の(C) readily「すぐに、容易に (≒ easily)」が入る。(A) ready「準備ができて」は形容詞、(B) readierは「より楽な (≒ easier)」は形容詞の比較級、(D) readiness「準備ができていること、素早さ」は名詞。

訳 われわれの新しいインターフェース設計により、ウェブサイトを訪れた顧客はより簡単に製品情報にアクセスできるようになる。

正解　749. (D)／748. (A)／747. (C)／746. (C)

163

745. Mr. Holton spoke ------- his entire team when he told Ms. Ames how much she would be missed after she retired.

(A) in exchange for
(B) on behalf of
(C) in case of
(D) based on

744. Due to unexpected delays, Finney Architecture has changed its ------- for finishing the construction of the new bridge.

(A) completion
(B) deadline
(C) permission
(D) arrival

743. Simpson Pencil Company encourages its employees to take responsibility for ------- trash disposal.

(A) theirs
(B) themselves
(C) their own
(D) them

742. Thanks to the engine's unique design and construction, it can maintain ------- performance even in harsh environments.

(A) optimize
(B) optimal
(C) optimization
(D) optimally

164

| 1000〜801 | **800〜601** | 600〜401 | 400〜201 | 200〜1 |

745位 慣用表現 (A) 7.74% **(B) 79.77%** (C) 6.71% (D) 5.78% ⏱**32**秒

空所の前に「Mr. Holton は語った」とあり、後ろには「彼のチーム全体」と続いていることから、空所には (B) の on behalf of「〜（組織）を代表して、〜（個人）の代理で」がふさわしい。(A) の in exchange for は「〜と引き換えに」、(C) の in case of は「〜の場合に備えて（≒ in the event of）」、(D) の based on は「〜に基づいて」という意味なので、いずれも文脈に合わない。

訳 Mr. Holton は、チーム全員を代表して、Ms. Ames に彼女が退職したらいかに寂しくなるかを伝えた。

744位 語彙 (A) 10.65% **(B) 79.77%** (C) 5.32% (D) 4.26% ⏱**26**秒

「予想外の遅延により、新しい橋の建設を終了する --- を変更した」という文脈から、空所には (B) の deadline「期限、期日（≒ due date）」が入る。(A) の completion は「完了」、(C) の permission は「許可」、(D) の arrival は「到着」という意味なので、文脈に合わない。

訳 予想外の遅延が起きたせいで、Finney Architecture は新しい橋の建設工事を終了する期日を変更した。

743位 格 (A) 10.18% (B) 6.55% **(C) 79.73%** (D) 3.54% ⏱**24**秒

空所の前後に前置詞 for と名詞句 trash disposal「ごみの処理」があることから、空所には形容詞的に働き名詞を修飾する、(C) の their own「彼ら／彼女ら自身の」を選択する。(A) の theirs「彼ら／彼女らのもの」は所有代名詞で、主語または目的語の機能を果たす。再帰代名詞である (B) の themselves は、目的語もしくは副詞的に働く。(D) の them は目的格なので、目的語として機能する。

訳 Simpson Pencil Company は、従業員たちが自分たち自身のごみの処理に責任を持つよう奨励している。

742位 品詞 (A) 6.61% **(B) 79.65%** (C) 4.88% (D) 8.86% ⏱**23**秒

空所前に動詞 maintain「〜を維持する」、後ろに名詞 performance「性能」があることから、空所には名詞を修飾する形容詞の (B) optimal「最適な、最高の（≒ the best）」が入る。(A) optimize「〜を最適化する」は動詞、(C) optimization「最適化」は名詞、(D) optimally「最適に」は副詞。

訳 独自の設計や構造のおかげで、そのエンジンは厳しい環境でも最高の性能を維持できる。

正解 745. (B) ／744. (B) ／743. (C) ／742. (B)

741. The monthly shipment of tires to Donghai will be delayed ------- the current raw material shortage.

(A) provided that
(B) in any case
(C) as a result of
(D) now that

740. A key ------- of Escripta 4.0, the latest version of the popular e-book reader, is that it includes voice-activated functions.

(A) interest
(B) feature
(C) preference
(D) touch

739. The festivities concluded with a ------- fireworks display, which lit up the night sky for miles around.

(A) managerial
(B) spectacular
(C) delighted
(D) sincere

738. With excellent schools and a new train station, Oakwood has become one of Torville's fastest-growing ------- neighborhoods.

(A) resided
(B) residential
(C) residence
(D) residentially

741位 前置詞 vs. 接続詞 vs. 修飾語
(A) 9.69%　(B) 5.59%　**(C) 79.54%**　(D) 5.18%　　29秒

空所には the current raw material shortage という名詞句を前とつなぐことのできる前置詞が入ると判断し、(C) の as a result of「〜の結果」を選択する。(A) の provided that「〜ならば」と (D) の now that「今や〜なので」は接続詞なので、節と節をつなぐ。(B) の in any case は「いずれにせよ」という意味の副詞なので、表現をつなぐ機能はない。

訳 月に1度のDonghai向けのタイヤの出荷は、現在の原料不足のため遅延するであろう。

740位 語彙
(A) 5.02%　**(B) 79.53%**　(C) 8.88%　(D) 6.57%　　26秒

the latest ... reader は挿入句で、それを取り除くと、「Escripta 4.0の主な --- は、音声作動機能が付いていることだ」という文脈になることから、空所には (B) の feature「特徴、特性（≒ characteristic）」が入る。(A) の interest は「関心、金利」、(C) の preference は「好み」、(D) の touch は「接触」という意味なので、文脈に合わない。

訳 人気の電子書籍リーダーの最新版である、Escripta 4.0の主な特徴は、音声作動機能が付いていることだ。

739位 語彙
(A) 4.70%　**(B) 79.52%**　(C) 12.34%　(D) 3.44%　　25秒

空所の後ろにある名詞 fireworks display「花火大会」を修飾する形容詞として、意味的にふさわしいのは、(B) の spectacular「壮観な」。(A) の managerial は「管理の、経営の」という意味で、managerial work「管理業務」のように使う。(C) の delighted は「喜んで」という意味で、We were delighted to see the firework display.「私たちは花火を見て喜んだ」のように使う。(D) の sincere は「誠実な、正直な」という意味。

訳 その祭典は、周辺数マイルの夜空を照らす、壮観な花火大会で締めくくられた。

738位 品詞
(A) 4.69%　**(B) 79.51%**　(C) 9.74%　(D) 6.07%　　32秒

空所には直後の名詞 neighborhoods を修飾する、形容詞の (B) residential「住宅の、居住に関する」が入る。(A) の resided を分詞と考えた場合、reside「住む」は自動詞で受動態にならないため、名詞 neighborhoods を修飾することはできない。(C) residence「住居」は名詞、(D) residentially「住宅向けに」は副詞。

訳 素晴らしい学校と新しい電車の駅があることから、Oakwood は Torville で最も急成長している住宅地の一つとなっている。

正解　741. (C)／740. (B)／739. (B)／738. (B)

737. To protect the environment, it is ------- that businesses take responsibility for any damage they have caused.

(A) regretful
(B) crucial
(C) indecisive
(D) annoyed

736. The customer was ------- for the delayed delivery, even though it was due to problems beyond the company's control.

(A) compensated
(B) offered
(C) excluded
(D) evaluated

735. ------- a lengthy run on Broadway, the musical *Keeper of the Seven Keys* will begin a tour of Asia this winter.

(A) Along
(B) Inside of
(C) Following
(D) Above

168

737位 語彙 (A) 5.51% **(B) 79.44%** (C) 9.08% (D) 5.97% ⏱25秒

仮主語であるitが、that businesses ... caused「企業が自ら引き起こしたあらゆる損害に対して責任を負うこと」の部分を指していることから、空所には(B)のcrucial「極めて重要な(≒vital)」が入る。

訳 環境を保護するためには、企業が自ら引き起こしたあらゆる損害に責任を負うことが極めて重要である。

(A) **regretful**: 残念がっている (≒ disappointed / sorry)
  例 We are regretful that businesses are not willing to take responsibility.「企業が責任を負おうとしないことは遺憾である」
(C) **indecisive**: どっちつかずの、優柔不断な (⇔ decisive)
  例 Many businesses are indecisive about the issue.「多くの企業がその問題に関して決断できずにいる」
(D) **annoyed**: いらいらした (≒ irritated)
  例 We were annoyed by their indecisiveness.「彼ら/彼女らの優柔不断さにいら立ちを感じた」

736位 語彙 **(A) 79.36%** (B) 8.63% (C) 6.16% (D) 5.85% ⏱30秒

「配送の遅れは企業側にとって制御困難な問題によるものだったが、顧客は配送の遅延に対して---された」という文脈から、空所には(A)のcompensated「償われた」がふさわしい。(B)のofferedは「提供された(≒ provided / given)」、(C)のexcludedは「除外された(⇔ included)」、(D)のevaluatedは「評価された、査定を受けた(≒ assessed)」という意味で、文脈に合わない。

訳 配送の遅延は企業側にとって制御困難な問題によるものだったが、顧客は補償を受けた。

735位 前置詞 (A) 9.31% (B) 6.57% **(C) 79.32%** (D) 4.80% ⏱28秒

「Broadwayでの長期公演---、アジアツアーをこの冬にスタートさせる」という文脈から、空所には順序を表す(C)のFollowing「~に続いて(≒ After)」が入る。(A)のAlongはライン状のものに沿う、(B)のInside ofは内側、(D)のAboveは上の方のイメージを持つので不適切。

訳 Broadwayでの長期公演に続き、ミュージカル『Keeper of the Seven Keys』はアジアツアーをこの冬にスタートさせる。

正解 737. (B) / 736. (A) / 735. (C)

734. Empty chemical containers ------- of in a specially marked hazardous waste bin rather than the recycling bin.

(A) could dispose
(B) being disposed
(C) will dispose
(D) must be disposed

733. Starting next year, due to a lack of ------- venues in San Marco, the convention will be relocated to nearby Montoya.

(A) adequate
(B) consequential
(C) imaginary
(D) slight

732. The three foundations have ------- donated $75 million in grants to advance medical research.

(A) to collect
(B) collection
(C) collectively
(D) collected

734位 態 語法

(A) 8.61% (B) 5.85% (C) 6.38% **(D) 79.15%**   40秒

空所には動詞が入るが、後ろに目的語に当たる名詞がない。受動態の (D) must be disposed を入れると、「廃棄されなければならない」となり、正しい文が完成する。dispose of ~「~を廃棄する (≒ throw away / discard / waste)」というフレーズをマスターしておこう。(B) の being disposed も受動態だが、動名詞または現在分詞なので、メインの動詞にならない。(A) と (C) は能動態なので、後ろに目的語が必要。

訳 空になった化学物質の容器は、リサイクル用のごみ箱ではなく、特別にマークされた危険廃棄物用のごみ箱に廃棄されなければならない。

733位 語彙

(A) 79.14% (B) 10.72% (C) 4.61% (D) 5.53%   26秒

空所前後に「--- 会場の欠如」、カンマの後ろに「会議の場所が移される」とあることから、空所には (A) adequate「適切な (≒ suitable / appropriate)、十分な (≒ sufficient / enough)」が意味的にふさわしい。

UP! (B) **consequential**: 重大な、結果として生じる
  例 consequential impact「重大な影響」
(C) **imaginary**: 想像上の、架空の 例 imaginary creatures「架空の生物」
(D) **slight**: わずかな (≒ a little) 例 a slight difference「わずかな差」

訳 San Marco には適切な会場がないため、来年から会議はすぐ隣の Montoya に場所を移す。

732位 品詞

(A) 6.17% (B) 4.50% **(C) 79.08%** (D) 10.25%   26秒

空所の前後に foundations have --- donated という主語と動詞があることから、空所には動詞 have donated を修飾する、副詞の (C) collectively「合わせて」が入る。(A) の to collect「~を集めるため」は不定詞、(B) の collection「収集 (物)」は名詞、(D) の collected は動詞の過去形・過去分詞。

訳 その3つの財団は医療研究の発展のために、合わせて7500万ドルの補助金を提供した。

正解 734. (D) / 733. (A) / 732. (C)

731. The Lowton World Music Festival features a ------- of singers and bands from across the globe.

(A) varied
(B) various
(C) variety
(D) varying

730. Edgetek's portable media players are ------- of storing up to 64 gigabytes of data.

(A) necessary
(B) designed
(C) expected
(D) capable

729. The island enjoys tropical weather, with the temperature rarely dropping ------- 20 degrees Celsius even at night.

(A) out
(B) along
(C) during
(D) below

728. There are ------- plenty of hotel rooms available in Larksbridge except during the week of the annual Fern River Regatta.

(A) normality
(B) normalizes
(C) normally
(D) normal

731位 【品詞】 (A) 4.18% (B) 14.04% **(C) 79.08%** (D) 2.70%　⏱**18**秒

空所前後に冠詞aと前置詞ofがあることから、空所には名詞の(C) variety「多様さ」を入れて、a variety of ～「さまざまな～」というフレーズを作るのが適切。(B) の various「さまざまな」は形容詞で、various singers and bandsのように用いられる。(A) の varied「変化した、変化させた」は動詞の過去形・過去分詞、(D) の varying は動名詞または現在分詞。

📖 Lowton World Music Festivalには、世界中からさまざまな歌手やバンドが出演する。

730位 【語彙】【語法】 (A) 6.96% (B) 8.72% (C) 5.42% **(D) 78.91%**　⏱**24**秒

空所前後にportable media players are --- of storingとあることから、空所に(D) capable「能力がある」を入れると、be capable of ～「～の能力がある」という表現ができる。

📖 Edgetekのポータブルメディアプレーヤーは、64ギガバイトまでデータを保存することができる。

- (A) **necessary**: 必要な　【例】necessary parts「必要な部品」、It is necessary to amend the law.「その法律の改正が必要である」
- (B) **designed**: 考案された　【例】The players were designed by Ms. Ito.「そのプレーヤーはMs. Itoによって考案された」
- (C) **expected**: 見込まれる　【例】The players are expected to achieve record sales.「そのプレーヤーは記録的な売り上げを達成することが見込まれる」

729位 【前置詞】 (A) 12.69% (B) 3.73% (C) 4.71% **(D) 78.88%**　⏱**24**秒

空所前後にwith the temperature rarely dropping --- 20 degrees Celsius「気温がめったに20度 --- 落ちない」とあることから、空所には数値を下回っていることを示す(D) below「～より下（⇔ above）」が入る。(A) outは外のイメージ、(B) alongはライン状のものに沿うイメージを表す。(C) during「～の間中」は期間を表す際に用いられる。

📖 その島は熱帯気候で、夜でも気温が20度を下回ることはめったにない。

728位 【品詞】 (A) 3.70% (B) 3.70% **(C) 78.81%** (D) 13.79%　⏱**20**秒

空所の語がなくても文に必要な要素がそろっていることから、空所には文全体に飾りを加える副詞がふさわしいと判断して、(C) のnormally「通常は、普段（≒ usually ／ typically）」を選ぶ。(A) の normality「正常性」は名詞、(B) の normalizes「～を正常化する」は動詞の現在形、(D) の normal「普通の」は形容詞。

📖 年に1度のFern River Regattaがある週を除いて、通常Larksbridgeではホテルの空室がたくさんある。

正解　731. (C) ／ 730. (D) ／ 729. (D) ／ 728. (C)

727. Before returning ------- merchandise, please check the instructions to make sure that you are using it correctly.

(A) preventive
(B) defective
(C) attentive
(D) supportive

726. All repairs and maintenance to the printing machine must be carried out by a fully trained, certified -------.

(A) technician
(B) technology
(C) technically
(D) technical

725. The event organizers did not know the actual number of ------- would be so high.

(A) attends
(B) attendance
(C) attendees
(D) attending

724. Visitors must be ------- at all times by a member of the project management team.

(A) intended
(B) surrounded
(C) accompanied
(D) debated

174

800〜601

Level 2

727位 語彙 (A) 5.99% **(B) 78.69%** (C) 6.45% (D) 8.86%　⏱**26**秒

「--- 品を返送する前に、取扱説明書を参照し、正しく使用しているかをご確認ください」という文脈から、空所には (B) の defective「欠陥のある（≒ faulty ／ flawed）」が入る。(A) の preventive は「予防の」、(C) の attentive は「注意深い」、(D) の supportive は「支援する」で、いずれも文脈に合わない。

訳 欠陥品を返送する前に、取扱説明書を参照し、正しく使用しているかをご確認ください。

726位 品詞 **(A) 78.58%** (B) 8.55% (C) 9.48% (D) 3.39%　⏱**21**秒

空所の前に by a fully trained, certified とあり、直後で文が終わっていることから、空所には前置詞 by がつなぐ名詞の (A) technician「技術者」を入れ、by a fully trained, certified technician「十分な訓練を受けた認定技術者によって」という表現を完成させる。(B) の technology「技術」も名詞だが意味が合わない。(C) の technically「技術的に」は副詞、(D) の technical「技術的な」は形容詞。

訳 印刷機の修理やメンテナンスは全て、十分な訓練を受けた認定技術者によって行われなければならない。

725位 品詞 (A) 2.57% (B) 16.50% **(C) 78.57%** (D) 2.36%　⏱**23**秒

空所前後に number of --- would be so high とあることから、空所には前置詞 of がつなぐ名詞の (C) attendees「出席者、参加者」が入る。(B) の attendance も名詞だが、「出席率、出席者数」という意味の数字を示す表現で、空所直前の number「数」と意味が重複してしまうため不適切。(A) の attends「〜に出席する」は動詞の現在形、(D) の attending は動名詞または現在分詞。

訳 イベント主催者は、実際の参加者の数がそれほど多いことを知らなかった。

724位 語彙 (A) 6.60% (B) 9.14% **(C) 78.54%** (D) 5.73%　⏱**29**秒

「来訪者は管理チームのメンバーによって常に --- されなければならない」という文脈から、空所には (C) の accompanied「付き添われる」が入る。

訳 来訪者にはプロジェクト管理チームのメンバーが常に同行しなければならない。

UP! (A) **intended**: 意図される　例 This sign is intended for visitors.「この表示は来訪者のためのものだ」

(B) **surrounded**: 囲まれる　例 The visitors were surrounded by people who welcomed them.「来訪者たちは出迎えてくれた人々に取り囲まれた」

(D) **debated**: 議論される　例 The issue will be debated among the members.「その問題はメンバーの間で議論される」

正解 727. (B) ／726. (A) ／725. (C) ／724. (C)　　175

723. A very promising applicant ------- agreed to meet for an interview but later canceled the appointment.

(A) initially
(B) exactly
(C) equally
(D) deeply

722. In the world of global business, mergers and acquisitions of companies are ------- occurrences.

(A) wealthy
(B) entire
(C) frequent
(D) attached

721. The investment workshop will be led by Nora Bao, a ------- financial advisor with over twenty years of experience.

(A) skillfulness
(B) skill
(C) skilled
(D) skills

720. Rita Payton, CEO of Manutech, ------- announced that the company posted a record profit last year.

(A) markedly
(B) proudly
(C) shortly
(D) ordinarily

176

| 1000〜801 | **800〜601** | 600〜401 | 400〜201 | 200〜1 |

723位 語彙 **(A) 78.53%** (B) 8.84% (C) 5.04% (D) 7.60% ⏱**24**秒

「非常に有望な応募者が、--- 面接に来ることに同意していたが、後に約束をキャンセルした」という文脈から、空所には later と反対の意味を持つ (A) の initially「当初は（≒ at first ／ originally）」が入る。

訳 非常に有望な応募者が、最初は面接に同意していたものの、後に約束をキャンセルした。

UP! (B) **exactly**: 正確に、ちょうど 例 meet at exactly 2 P.M.「2時ぴったりに会う」
(C) **equally**: 均等に、平等に 例 divide the work equally「仕事を等分する」
(D) **deeply**: 深く、深刻に 例 think deeply「じっくりと考える」

722位 語彙 (A) 9.11% (B) 7.70% **(C) 78.51%** (D) 4.68% ⏱**25**秒

カンマの後ろの「企業の合併・買収（M&A）は --- 出来事だ」という文脈から、空所には (C) frequent「頻繁な」が入る。(A) wealthy は「裕福な、豊富な（≒ rich）」、(B) entire は「全体の（≒ whole）」、(D) attached は「添付された、取り付けられた」という意味。

訳 グローバルビジネスの世界では、企業の合併・買収が頻繁に行われる。

721位 品詞 (A) 14.94% (B) 4.89% **(C) 78.49%** (D) 1.68% ⏱**22**秒

空所の前に冠詞 a、後ろに financial advisor とあることから、空所には名詞 advisor を修飾する形容詞の (C) skilled「腕利きの、熟練した」が入る。(A) の skillfulness「器用さ」と (B) の skill「スキル、技能」は名詞の単数形、(D) の skills は名詞の複数形。

訳 その投資ワークショップは、20年余りの経験を持つ、熟練ファイナンシャルアドバイザーの Nora Bao が担当する。

720位 語彙 (A) 6.65% **(B) 78.36%** (C) 10.97% (D) 4.02% ⏱**21**秒

空所には直後の動詞 announced を修飾する副詞が入る。that 以下で記されている内容が「昨年、記録的な利益を計上した」と、ポジティブであることから、(B) の proudly「誇らしげに」を選択する。(A) の markedly「著しく（≒ significantly）、明らかに」は程度を表す。(C) の shortly「間もなく（≒ soon）」は will shortly announce のよう使う。(D) の ordinarily「普通は（≒ normally）、たいてい（≒ usually）」は、一般論や日常で繰り返し行われる事柄を述べる際に使う。

訳 Manutech 社の CEO（最高経営責任者）である Rita Payton は、昨年、同社が記録的な利益を計上したことを誇らしげに発表した。

UP! (A) **markedly**：著しく（≒ significantly） 例 markedly different「著しく異なる」
(C) **shortly**: 間もなく（≒ soon）例 shortly after the conference「会議後間もなく」
(D) **ordinarily**: 普通は（≒ normally）、たいてい（≒ usually）
例 Ordinarily she goes to work by train.「普段、彼女は電車で通勤する」

正解 723. (A) ／ 722. (C) ／ 721. (C) ／ 720. (B)

177

Level 2

719. West Regent Aviation is searching for a payroll manager who is capable and -------.

(A) rightful
(B) previous
(C) immediate
(D) trustworthy

718. The contractor estimated that the work would take two weeks but actually completed it in ------- ten days.

(A) already
(B) more
(C) still
(D) just

717. The sales manager was asked to supply a ------- of employees attending the seminar on negotiating techniques.

(A) list
(B) plan
(C) course
(D) permission

716. The company intends to offer workers extra shifts at the factory in order to meet its ------- production deadlines.

(A) approaches
(B) approaching
(C) approached
(D) approach

| 1000〜801 | **800〜601** | 600〜401 | 400〜201 | 200〜1 |

719位 語彙 (A) 12.63% (B) 3.80% (C) 5.24% **(D) 78.32%** ⏱**24**秒

「West Regent Aviation は capable（有能）かつ --- 給与管理者を探している」という文脈から、空所には capable と同じくポジティブな意味を持ち、人を評するときに使う (D) trustworthy「信頼のおける（≒ dependable ／ reliable）」が入る。

訳 West Regent Aviation では、有能かつ信頼のおける給与管理者を探している。

↗UP! (A) **rightful**: 法的に正当な権利を持つ（≒ lawful）
　　例 return the car to its rightful owner「車をその法的な権利者に返却する」
　(B) **previous**: 以前の（≒ former）　例 the previous job「前職」
　(C) **immediate**: 迅速な、即座の（≒ prompt ／ swift）
　　例 immediate action「迅速な行動」

718位 修飾 (A) 4.49% (B) 13.31% (C) 4.01% **(D) 78.19%** ⏱**27**秒

空所の前後に in --- ten days とあることから、空所には直後の数詞 ten を強調する (D) の just「わずか（≒ only）」が入る。(B) の more「さらに」は、ten more days もしくは more than ten days のように使う。(A) の already は「すでに」、(C) の still は「まだ」という意味で、いずれも前から ten days を修飾することはできない。

訳 その業者は作業に2週間かかると見積もっていたが、実際はわずか10日で完了した。

717位 語彙 語法

(A) 78.19% (B) 5.45% (C) 8.18% (D) 8.18% ⏱**26**秒

空所前後に a --- of employees attending the seminar「セミナーに出席する従業員の---」とあることから、空所には (A) の list「リスト、一覧表」が入る。「a list of 複数名詞」という語法も押さえておこう。(D) の permission「許可（≒ approval）」は不可算名詞なので、冠詞 a と一緒に用いることはできない。(B) の plan は「計画」、(C) の course は「進路、講座」という意味。

訳 営業部長は交渉術に関するセミナーに出席する従業員のリストを提示するよう求められた。

716位 品詞 態

(A) 3.68% **(B) 78.15%** (C) 14.55% (D) 3.62% ⏱**28**秒

空所には名詞を修飾する形容詞もしくは分詞の (B) approaching か (C) approached が入る。deadlines「期日」と approach「近づく」の関係を考えると、「期日が近づく」という能動の形が妥当なので、現在分詞の (B) approaching を選ぶ。(A) approaches は動詞の現在形または名詞の複数形、(D) approach は動詞の原形または名詞の単数形。

訳 会社は、近づいている生産期限に間に合わせるべく、作業員たちに工場で追加のシフトで働くよう提示するつもりだ。

正解 719. (D) ／718. (D) ／717. (A) ／716. (B)

715. Collina Group has appointed Meredith Baines as its new CEO ------- she lacks manufacturing industry experience.

(A) upon
(B) regardless
(C) although
(D) still

714. At the art exhibition, the abstract painting by Herman van Koch will be displayed ------- his famous self-portrait.

(A) during
(B) into
(C) toward
(D) beside

713. Everyone involved in the hiring process agreed that Ms. Watanabe was ------- the best candidate for the job.

(A) clearly
(B) cleared
(C) clearance
(D) clear

712. Starr Bank recently merged with ------- competitors to create Britain's third-largest financial institution.

(A) former
(B) last
(C) exact
(D) late

715位 前置詞 vs. 接続詞 vs. 修飾語
(A) 3.32%　(B) 15.61%　**(C) 78.06%**　(D) 3.01%　⏱**26**秒

空所の前で文に必要な要素がそろっていて、後ろに補足情報の節があることから、空所には接続詞の(C) although「〜にもかかわらず（≒ though／even though）」が入る。前置詞の(A) upon は名詞と他の表現をつなぐ。(B) の regardless「関係なく」と(D) の still「まだ」は副詞（修飾語）なので空所前後をつなぐことはできない。

訳 Meredith Baines には製造業界での就労経験が欠如しているにもかかわらず、Collina Group は彼女を新たな CEO に任命した。

714位 前置詞
(A) 4.92%　(B) 10.26%　(C) 6.79%　**(D) 78.03%**　⏱**28**秒

「抽象画が彼の有名な自画像 --- 展示される」という文脈から、空所には位置を表す(D) の beside「〜のそばに、〜の隣に（≒ next to）」が入る。(A) の during は期間のイメージ、(B) の into は入り込むイメージ、(C) の toward は方向のイメージを持つので不適切。

訳 その美術展では、Herman van Koch の抽象画が、彼の有名な自画像の隣に展示される。

713位 品詞
(A) 77.99%　(B) 12.45%　(C) 2.41%　(D) 7.16%　⏱**25**秒

接続詞 that が導く節の中には文に必要な要素がそろっていることから、空所に副詞である(A) clearly「明らかに」を入れて、節全体に飾りを加えるのが妥当。(D) の clear は「明らかな」という意味の形容詞または「〜を片付ける」という意味の動詞、(B) の cleared は動詞の過去形・過去分詞、(C) の clearance「片付け、在庫一掃、通関手続き」は名詞。

訳 採用プロセスに携わった全員が、Ms. Watanabe が明らかにその職に最もふさわしい候補者であると合意した。

712位 語彙 語法
(A) 77.98%　(B) 7.07%　(C) 11.16%　(D) 3.80%　⏱**26**秒

「Starr Bank は最近 --- 競合他社と合併し、イギリスで3番目に大きな金融機関になった」という文脈と、空所の前に冠詞がないことから、空所には(A) の former「かつての（≒ previous）」が入る。(B) の last「最後の」は文脈には合うが、the last のように前に冠詞が必要。(C) の exact は「正確な（≒ precise／accurate）」、(D) の late は「遅い」という意味で、文脈と合わない。

訳 Starr Bank は最近かつての競合他社と合併し、イギリスで3番目に大きな金融機関になった。

正解　715. (C)／714. (D)／713. (A)／712. (A)

711. While other companies charge more for an extended warranty, ------- include five years of coverage at no extra cost.

(A) ours
(B) us
(C) our
(D) ourselves

710. The seminar is intended not for beginners ------- for experienced salespeople who want to refine their skills.

(A) unless
(B) but
(C) or
(D) also

709. The job opening is in the sales department, and candidates must have at least three years of ------- experience.

(A) manages
(B) managers
(C) managed
(D) managerial

708. Clothing retailer Kool has announced the closure of its Seoul location ------- the branch's sales have continued to decline.

(A) despite
(B) so that
(C) because
(D) accordingly

| 1000〜801 | **800〜601** | 600〜401 | 400〜201 | 200〜1 |

Level 2

711位　格　**(A) 77.97%**　(B) 3.08%　(C) 8.93%　(D) 10.02%　⏱35秒

カンマ以降にある主節の中で、空所の後ろに動詞 include と目的語 five years が続いていることから、空所には主語が必要だと判断し、所有代名詞の (A) ours「われわれのもの」を選択する。(B) の us「われわれに、われわれを」は目的語となる。(C) の our「われわれの」は所有者を明確にする。(D) の ourselves「われわれ自身」は再帰代名詞で、目的語または副詞として機能する。

訳 他社では保証の延長に追加料金が必要ですが、当社の場合は追加料金なしで5年間の保証が付いております。

710位　構文　パラレリズム　(A) 6.19%　**(B) 77.96%**　(C) 7.09%　(D) 8.75%　⏱22秒

空所前に not があることに着目し、空所に (B) but を入れると、not X but Y「X ではなく Y である」となり、正しい構文が完成する。これは誤ったイメージを払拭する際に使う構文で、等位接続詞 but が for beginners および for experienced salespeople という文法的に対等な要素を並列させていること(パラレリズム)にも注目。(C) or も等位接続詞だが、not と一緒に構文を組まない。(A) unless は「もし〜でなければ(⇔ if)」という意味の接続詞、(D) also「また」は副詞。

訳 そのセミナーは初心者向けではなく、スキルを磨きたい経験豊富な販売員を対象としている。

709位　品詞　(A) 3.09%　(B) 9.13%　(C) 9.82%　**(D) 77.96%**　⏱22秒

空所の前に of、後ろに名詞 experience があることから、空所に形容詞の (D) managerial「管理者の」を入れて、managerial experience「管理職を務めたことのある経験」とするのが妥当。(C) managed は分詞の場合、名詞を修飾することは可能だが、「管理された」という意味なので文脈に合わない。(A) manages「〜を管理する」は動詞の現在形、(B) managers「管理者、部長」は名詞の複数形。

訳 現在、営業部で欠員があり、応募者には少なくとも3年の管理職を務めた経験が必要だ。

708位　前置詞 vs.接続詞 vs.修飾語　(A) 5.66%　(B) 12.36%　**(C) 77.86%**　(D) 4.12%　⏱31秒

空所の後ろが節なので、接続詞の (B) so that と (C) because を候補に残す。文脈から「売り上げが落ち込み続けている」ために「Seoul の店を閉める」となるのが適切なので、因果関係を示す (C) because「〜なので」を選ぶ。(B) so that「〜できるように」は、The branch needs to increase sales so that it can continue to exist.「その支店は存続できるよう売上を伸ばす必要がある」のように達成したい目標を掲げる際に用いられる。(A) despite「〜にもかかわらず(≒ in spite of)」は前置詞、(D) accordingly「従って」は副詞。

訳 衣料品小売業者の Kool は、Seoul 支店の売り上げの落ち込みが続いているため、当該店舗の閉鎖を発表した。

正解　711. (A)／710. (B)／709. (D)／708. (C)　　183

707. From its fulfillment center in Larkspur, the company ------- products to consumers throughout the southwest region.

(A) handles
(B) packages
(C) distributes
(D) shares

706. Research has shown that taking frequent short breaks throughout the day can ------- the health of workers.

(A) carry
(B) access
(C) relate
(D) enhance

705. Because of its durable design, the equipment will operate in even the worst ------- weather conditions.

(A) imaginable
(B) imagination
(C) to be imagined
(D) imagining

707位 語彙 語法

(A) 10.11%　(B) 6.27%　**(C) 77.85%**　(D) 5.77%　33秒

「その会社は消費者に製品を---」という文脈、および空所の後ろに「物（products）to 人（consumers）」が続いていることから、空所には (C) distributes「～を届ける」が入る。(A) handles「～を処理する、～に対処する（≒ deals with ／ takes care of）」は the company handles products for consumers のように使う。(D) shares「～を共有する」は、share 物 with 人「物を人と共有する」のように用いられる。(B) packages は「～を梱包する」。

訳　その会社は Larkspur にある自社の商品発送センターから、南西地区全域の消費者に製品を届けている。

706位 語彙 語法

(A) 6.87%　(B) 5.00%　(C) 10.29%　**(D) 77.84%**　28秒

「1日を通して頻繁に短い休憩を取ることが、労働者の健康を---する」という文脈から、空所には (D) の enhance「～を増進する、～を向上させる（≒ improve）」が入る。(C) の relate は「～を関連させる、(～と) 関わる」という意味で、Frequent breaks relate to the health of workers.「頻繁に休憩を挟むことが労働者の健康に関わる」のように使う。(A) の carry は「～を運ぶ」、(B) の access は「～にアクセスする」という意味なので、文脈に合わない。

訳　研究によると、1日を通して頻繁に短い休憩を取ることで、労働者の健康を向上させることができるとのことだ。

705位 品詞

(A) 77.84%　(B) 6.81%　(C) 5.85%　(D) 9.50%　29秒

空所には、直後にある名詞句 weather conditions を修飾する、形容詞の (A) imaginable「想像できる」が入る。worst imaginable で「考えられる最悪の」という意味の表現になる。分詞の (D) imagining を用いると、weather conditions are imagining「気象条件が想像する」となってしまうので、修飾語として不自然。受動態である (C) の to be imagined は不定詞で、受動態であるため、後ろの weather conditions を目的語にとることもできない。(B) の imagination「想像（力）」は名詞。

訳　丈夫なデザインのおかげで、その機材は考え得る限り最悪の気候条件でも作動する。

正解　707. (C) ／ 706. (D) ／ 705. (A)

704. To simplify budgeting for our clients, our product prices are ------- throughout the year.

(A) fixed
(B) repaired
(C) enclosed
(D) fastened

703. The hike along the trail from Coyote Falls to Bighorn Mesa takes ------- four hours to complete in good weather.

(A) briefly
(B) strictly
(C) promptly
(D) roughly

702. Ms. Kutty ------- to run her own boutique since she was a child, and her dream will be realized next month.

(A) has aspired
(B) is aspiring
(C) will be aspiring
(D) was aspiring

704位 語彙 (A) 77.82% (B) 4.48% (C) 7.45% (D) 10.25% 27秒

「予算を立てやすくするため、製品価格は年間を通して ---」という文脈から、空所には (A) fixed「固定された、一定の」が入る。(D) fastened はボタンやベルトなど物理的なモノが一時的に固定された状態にあることを表すので、空所には合わない。

訳 お客さまの予算策定を簡素化するため、当社の製品価格は年間を通して固定されております。

UP! (B) **repaired**: 修理された
　　例 Our products are repaired for free.「当社製品は無償で修理されます」
(C) **enclosed**: 同封された
　　例 A coupon is enclosed in this letter.「クーポン券がこの手紙に同封されております」
(D) **fastened**: 留められた
　　例 Make sure your seat belts are securely fastened.「シートベルトがしっかりと締められていることをご確認ください」

703位 語彙 修飾 (A) 7.63% (B) 5.35% (C) 9.22% (D) 77.80% 23秒

空所前後で The hike ... takes --- four hours「ハイキングは --- 4時間かかる」と述べられていることから、空所には直後の数詞 four を修飾する (D) roughly「おおよそ (≒ approximately / around / about)」が入る。他の選択肢は文脈に合わない。

訳 Coyote Falls から Bighorn Mesa までの遊歩道のハイキングは、天気が良ければ、おおよそ4時間かかる。

UP! (A) **briefly**: 簡潔に　例 briefly mentioned「簡潔に述べられた」
(B) **strictly**: 厳しく　例 strictly controlled「厳しく管理された」
(C) **promptly**: 迅速に、きっかり
　　例 leave the park promptly at four o'clock「4時きっかりに公園を出る」

702位 時制 (A) 77.73% (B) 8.54% (C) 6.77% (D) 6.96% 32秒

カンマの前に since she was a child「彼女が幼少の頃から」とあることから、空所には過去の時点から現在に至るまで続いている継続的な行為を示すべく、現在完了形である (A) の has aspired が入る。(B) の現在進行形 is aspiring は、過去の時点を示す since she was a child と一緒に用いることはできない。未来進行形の (C) will be aspiring は将来的に行っているであろうこと、過去進行形の (D) was aspiring は過去に行っていたことを述べる際に用いられる。

訳 Ms. Kutty は幼少の頃から自分のブティックを経営したいと熱望しており、彼女の夢は来月実現するだろう。

正解　704. (A) ／ 703. (D) ／ 702. (A)

701. Ms. Nair's performance as regional manager has been -------, and she is expected to become a company director in the future.

(A) exceptional
(B) exception
(C) except
(D) exceptionally

700. Yu-Kan Logistics has announced that it will spend $30 million to build a new ------- center in Harrisford.

(A) distribute
(B) distributes
(C) distributed
(D) distribution

699. To maximize security, you are advised to change your password once every three months, if not more -------.

(A) commonly
(B) frequently
(C) specifically
(D) heavily

698. The new heart medication requires government ------- before it can be marketed to consumers.

(A) approvingly
(B) approved
(C) approves
(D) approval

188

| 1000〜801 | **800〜601** | 600〜401 | 400〜201 | 200〜1 |

701位 品詞 (A) 77.70% (B) 7.57% (C) 8.32% (D) 6.41% ⏱25秒

カンマの前までに Ms. Nair's performance ... has been --- とあることから、空所には Ms. Nair の働きぶりを評する形容詞の (A) exceptional「非常に素晴らしい（≒ outstanding ／ excellent）」が入る。(B) exception「例外」は可算名詞なので、基本的には an exception や exceptions のように冠詞や複数形の -s を付けた形で用いられる。(C) except は前置詞の「〜を除いて」または動詞「〜を除外する」の原形。(D) の exceptionally「非常に」は副詞。

訳 地域担当部長としての Ms. Nair の働きぶりは非常に素晴らしく、将来、取締役になると予想されている。

700位 品詞 (A) 5.74% (B) 3.46% (C) 13.17% (D) 77.61% ⏱19秒

空所に (D) の distribution を入れると、distribution center「配送センター」という複合名詞ができ、動詞 build の目的語になる。(A) distribute「〜を配布する、〜を流通させる」は動詞の原形、(B) distributes は動詞の現在形、(C) distributed は動詞の過去形・過去分詞。

訳 Yu-Kan Logistics は、3000万ドルを投じて Harrisford に新たな配送センターを建設すると発表した。

699位 語彙 (A) 7.68% (B) 77.62% (C) 10.83% (D) 3.87% ⏱31秒

読み手に対して3カ月に1度のパスワードの変更が推奨されているものの、それは決して理想の頻度ではないことを示すべく、空所に (B) の frequently を入れて、if not more frequently「より頻繁でないならば→最低でも」という表現を完成させるのが適切。(A) commonly「一般に（≒ usually ／ generally）」、(C) specifically「具体的に、とりわけ（≒ particularly ／ especially）」、(D) heavily「ひどく（≒ excessively）」は、文脈に合わない。

訳 安全性を最大限に高めるために、少なくとも3カ月に1度はパスワードを変えることをお勧めします。

698位 品詞 (A) 9.33% (B) 6.84% (C) 6.22% (D) 77.61% ⏱23秒

空所前に動詞と名詞 requires government、後ろには接続詞がある。requires government「政府を必要とする」だけでは意味が通らないので、空所に (D) の名詞 approval「承認」を入れ、requires government approval「政府の承認を必要とする」とすると、文脈にも合う。(A) approvingly「賛成して」は副詞、(B) approved は動詞 approve「〜を承認する」の過去形・過去分詞、(C) approves は動詞の現在形。

訳 その心臓疾患用の新薬は、消費者向けに販売される前に政府の承認を必要とする。

正解 701. (A) ／ 700. (D) ／ 699. (B) ／ 698. (D)

697. The survey findings revealed that consumers' opinions of the brand varied ------- depending on their age and gender.

(A) diligently
(B) considerably
(C) solely
(D) gently

696. The hotel's yearly sales report shows that Miami is ------- its most popular location.

(A) without doubt
(B) for instance
(C) as though
(D) in case

695. The remaining winter inventory of Goldberg Shoe Store is ------- in the back of the stockroom.

(A) houses
(B) housing
(C) housed
(D) house

694. Restaurant ------- Carlos Rivera is publishing a book featuring his family's recipes for Venezuelan dishes.

(A) own
(B) ownership
(C) owned
(D) owner

| 1000〜801 | **800〜601** | 600〜401 | 400〜201 | 200〜1 |

697位 語彙 (A) 9.12% **(B) 77.59%** (C) 8.88% (D) 4.41% ⏱**37**秒

空所には動詞 varied を修飾する副詞が入る。「調査の結果、そのブランドに対する消費者の意見は、年齢や性別によって --- 異なる」という文脈から、(B) considerably「かなり（≒ substantially ／ significantly ／ remarkably ／ greatly）」を選択する。(A) diligently は「勤勉に（industriously）」、(C) solely は「単独で（≒ only）」、(D) gently は「優しく（≒ kindly）」という意味で、文脈に合わない。

訳 調査の結果、そのブランドに対する消費者の意見は、年齢や性別によって、かなり異なることが明らかになった。

696位 慣用表現 接続詞 vs. 修飾語
(A) 77.51% (B) 7.95% (C) 8.53% (D) 6.00% ⏱**26**秒

空所の語がなくても文が成立すること、また、「年間売上報告書によると、Miami 店は --- 最も人気のある施設である」という文脈から、空所には (A) without doubt「間違いなく、疑いなく」という副詞（句）が入る。(B) for instance は「例えば（≒ for example）」という意味の副詞、(D) in case は副詞「念のため」または接続詞「〜の場合には」だが、文脈に合わない。(C) as though は「まるで〜のように（≒ as if）」という意味の接続詞で、節と節をつなぐ。

訳 そのホテルの年間売上報告書によると、Miami 店が間違いなく最も人気がある施設だ。

695位 品詞 態
(A) 3.62% (B) 14.40% **(C) 77.50%** (D) 4.48% ⏱**25**秒

空所の前に主語 inventory と be 動詞があり、後ろには目的語がなく、前置詞 in で補足情報がつながれていることから、空所には (C) housed「収納された」を入れて、受動態を作るのが妥当。(B) housing を用いると能動態になり、後ろに目的語となる名詞が必要になる。(D) house は名詞「家」の単数形または動詞「〜を収納する」の原形。(A) houses は名詞の複数形または動詞の現在形。

訳 Goldberg Shoe Store の残っている冬物商品は、商品倉庫の奥に保管されている。

694位 品詞 (A) 2.14% (B) 5.48% (C) 15.00% **(D) 77.38%** ⏱**18**秒

空所前後に Restaurant と Carlos Rivera という名前があることから、空所に名詞の (D) owner「オーナー」を入れて、Restaurant owner = Carlos Rivera という図式を成り立たせる。(B) ownership「所有者であること、所有権」も名詞だが、Carlos Rivera とイコールの関係にならない。(A) own は動詞「〜を所有する」の原形または形容詞「自分の」、(C) owned は動詞の過去形・過去分詞。

訳 レストランのオーナーである Carlos Rivera は、彼の家族に代々伝わるベネズエラ料理のレシピを掲載した本を出版する。

正解 697. (B) ／696. (A) ／695. (C) ／694. (D)

693. Mr. Vardaman began revamping DPL Industries' management structure ------- he took over as president.

(A) consequently
(B) as soon as
(C) through
(D) prior to

692. Channel 8 will provide full ------- of the annual music awards show including interviews with the nominees.

(A) occurrence
(B) response
(C) coverage
(D) awareness

691. The conference room will be unavailable on Tuesday as it ------- for interviews for the sales manager position.

(A) reserved
(B) had reserved
(C) is reserved
(D) will reserve

690. In an ------- to reduce manufacturing costs, Aebig Motors is moving some of its automobile plants to Mexico.

(A) address
(B) origin
(C) advance
(D) effort

| 1000〜801 | **800〜601** | 600〜401 | 400〜201 | 200〜1 |

693位 　前置詞 vs. 接続詞 vs. 修飾語

(A) 7.83%　**(B) 77.31%**　(C) 8.43%　(D) 6.43%　⏱**32**秒

空所の前で文に必要な要素がそろっているが、後ろに補足情報があることから、空所には後ろの he took over as president という節を前の節とつなぐ接続詞が入ると判断し、(B) as soon as 「〜したらすぐに (≒ once)」を選択する。(C) through「〜を通って (≒ via)」と (D) prior to 「〜よりも先に (≒ before)」は前置詞、(A) consequently「その結果」は副詞。

訳　Mr. Vardaman は社長職を引き継ぎ次第、DPL Industries の経営体制の改革に着手した。

692位 　語彙　(A) 9.41%　(B) 5.14%　**(C) 77.26%**　(D) 8.19%　⏱**23**秒

「Channel 8では授賞式の完全な --- を提供する」という文脈から、空所には (C) coverage「放送、取材範囲」が入る。

訳　Channel 8では、毎年恒例の音楽賞の授賞式を、候補者のインタビューを含めて、完全放送する。

🚀UP!
(A) **occurrence**: 発生、出来事 (≒ happening ／ event)
　　例 frequent occurrence「頻繁な発生」
(B) **response**: 反応、応答 (≒ reply ／ answer)
　　例 quic< response「素早い反応」
(D) **awareness**: 意識　例 environmental awareness「環境意識」

691位 　態　(A) 5.35%　(B) 10.41%　**(C) 77.25%**　(D) 7.00%　⏱**30**秒

空所の前に接続詞 as と主格の it があり、空所の後ろには前置詞 for から始まる補足情報が続いているが、目的語はない。よって、空所には唯一の受動態である (C) is reserved が入る。残りの選択肢はいずれも能動態なので、後ろに目的語となる名詞が必要。

訳　会議室は、営業部長職の面接用に予約されているため、火曜日は利用できない。

690位 　慣用表現　(A) 11.05%　(B) 3.63%　(C) 8.10%　**(D) 77.21%**　⏱**21**秒

空所前に In an という前置詞と冠詞があり、後ろには不定詞 to reduce があることから、(D) effort「努力」を空所に入れて、In an effort to 〜「〜するために (≒ In an attempt to 〜 ／ In a bid to 〜 ／ In order to 〜)」という、目的を表す慣用表現を作るのが適切。(A) の address を名詞として用いると「宛先、住所、演説」のような意味になるので文脈に合わない。動詞としてであれば address a rise in cost「コスト増に対処する」のように使える。(B) の origin は「起源、発端」、(C) の advance は「前進、進歩」という意味。

訳　製造コストを抑えるために、Aebig Motors は自動車工場の一部をメキシコに移転している。

正解　693. (B)／692. (C)／691. (C)／690. (D)　　193

689. Unfortunately, there have been some delays in the factory that may affect the ------- shipping schedule.

(A) hesitated
(B) anticipated
(C) happened
(D) persuaded

688. ------- serving meals in our modern dining room, Bodega Restaurant can provide catering for office parties or home events.

(A) In addition to
(B) For instance
(C) On account of
(D) Furthermore

687. In the business world, the use of centralized computing ------- more popular over the past decade.

(A) to grow
(B) will grow
(C) is growing
(D) has grown

686. Ms. Nguyen's presentation was the ------- crafted of all the presentations at the conference.

(A) careful
(B) carefully
(C) more careful
(D) most carefully

194

689位 語彙 (A) 5.77% **(B) 77.20%** (C) 8.34% (D) 8.70%　⏱28秒

「--- 出荷スケジュールに影響を与えかねない遅延が生じている」という文脈から、空所には (B) anticipated「予想されていた (≒ expected)、予定の」が入る。

訳　あいにく、工場内で遅延が生じていて、予定の出荷スケジュールに影響を与えるかもしれない。

(A) **hesitated**: 躊躇した
　　例　They hesitated to accept additional orders.「彼ら / 彼女らは追加注文を受けることをためらった」
(C) **happened**: 起きた　例　Some accidents happened.「何件かの事故が起きた」
(D) **persuaded**: 〜を説得した、説得された
　　例　The factory manager was persuaded to hire more workers.「工場長は作業員を追加採用するよう説得された」

688位 前置詞 vs. 修飾語 **(A) 77.19%** (B) 6.79% (C) 9.17% (D) 6.85%　⏱29秒

カンマの前に「モダンなダイニングルームで食事を提供すること ---」、後ろに「パーティーにケータリングすることができる」とある。空所直後には動名詞 Serving があるので、前置詞の (A) In addition to「〜に加えて」を選ぶ。(C) On account of「〜のため」も前置詞だが、文脈に合わない。(B) For instance「例えば」と (D) Furthermore「さらに」は副詞。

訳　Bodega Restaurant は、モダンなダイニングルームで食事を提供することに加え、オフィスでのパーティーや家庭でのイベント向けにケータリングすることもできる。

687位 時制 (A) 2.77% (B) 8.56% (C) 11.58% **(D) 77.09%**　⏱32秒

空所の前に the use「使用」という主語があり、後ろに more popular over the past decade「ここ10年でより普及している」と続いていることから、空所には過去の一時点から現在に至るまでの継続的な状況を表す現在完了の (D) has grown が入る。(B) will grow は未来、(C) is growing は現在もしくは未来を表すので不適切。(A) to grow は不定詞で、動詞として機能しない。

訳　ビジネス界では、ここ10年間で集中型コンピューティングの使用がますます普及している。

686位 品詞　比較 (A) 4.66% (B) 14.05% (C) 4.22% **(D) 77.07%**　⏱26秒

空所の直前に定冠詞 the があり、後ろに of all 〜「全ての〜の中で」と続いていることから、空所には分詞 crafted を修飾する副詞で、かつ最上級の (D) most carefully「最も入念に」が入る。(B) carefully「入念に」も副詞だが、原級なので不適切。(A) careful「入念な」は形容詞の原級、(C) more careful は形容詞の比較級。

訳　Ms. Nguyen のプレゼンは、会議の全てのプレゼンの中で最も入念に練られていた。

正解　689. (B) ／ 688. (A) ／ 687. (D) ／ 686. (D)

685. Tricolor Technologies is increasing its advertising ------- to reach a broader range of consumers.

(A) income
(B) budget
(C) invoice
(D) salary

684. The report published this morning contains a ------- to quarterly earnings and market trends.

(A) total
(B) quality
(C) reference
(D) profession

683. The company's policy with regard to personal information ------- is outlined on its Web site.

(A) collection
(B) collects
(C) collect
(D) collective

682. Mirador Tech's new laptop computer is ------- more compact and lightweight than the company's previous models.

(A) such
(B) far
(C) like
(D) too

685位 語彙 (A) 16.29% **(B) 77.07%** (C) 4.35% (D) 2.29% ⏱**27秒**

「より幅広い消費者にリーチできるように広告の --- を増やしている」という文脈から、空所には (B) budget「予算」が入る。(A) income は「収入」、(C) invoice は「納品書、請求書」、(D) salary は「給料」という意味で、文脈と合わない。

訳 Tricolor Technologies は、より幅広い消費者にリーチできるように、広告予算を増やしている。

684位 語彙 語法

(A) 8.66% (B) 6.10% **(C) 77.03%** (D) 8.21% ⏱**31秒**

空所前に「今朝発表された報告書にある」、後ろに「四半期収益と市場動向」とあることから、空所には (C) reference「言及（した事柄）」が入る。動詞 refer は refer to ～「～に言及する」のように、到達のイメージを持つ前置詞 to と用いられるが、名詞も reference to ～「～への言及」の形で使う。この語法を知っておくと、空所前の to をヒントに問題を解くことができる。(A) total「合計」、(B) quality「品質」、(D) profession「職業（≒ occupation ／ job）」は文脈に合わない。

訳 今朝発表された報告書では、四半期収益と市場動向に言及している。

683位 品詞 **(A) 76.98%** (B) 6.70% (C) 6.45% (D) 9.87% ⏱**32秒**

The company's policy ... is outlined という受動態の文に、with regard to personal information --- が挿入されている。前置詞 with regard to の後には名詞が来るので、空所に名詞の (A) collection を入れると、information collection「情報収集」という表現ができて、適切。(D) collective は形容詞「集まった」の他に、名詞「集合体」の意味もあるが、文脈に合わない。(B) collects「～を集める」は動詞の現在形、(C) collect は動詞の原形。

訳 その企業の個人情報収集に関する方針は、同社のウェブサイトで説明されている。

> 空所に名詞が入りそうなのは分かるけど、ちょっと迷ったっていう声があったね。
>
> 複数の名詞を組み合わせた複合名詞は、声に出したりしながらマスターするのがお勧めだよ。

682位 修飾 (A) 13.04% **(B) 76.96%** (C) 5.00% (D) 5.00% ⏱**22秒**

空所の前後に new laptop computer is --- more compact and lightweight とあることから、空所には形容詞の比較級を強調する、副詞の (B) far「ずっと、はるかに」が入る。(C) like「みたい」、(D) too「～もまた、～過ぎる」も副詞だが、比較級を強調する機能はない。(A) such「そのような」は形容詞なので、文法的に不適切。

訳 Mirador Tech の新しいノートパソコンは、同社の以前のモデルに比べて、はるかにコンパクトかつ軽量である。

正解 685. (B) ／ 684. (C) ／ 683. (A) ／ 682. (B)

681. The Harville Transport Authority is responsible for ------- of the city's subway, bus, and ferry services.

(A) regular
(B) regularity
(C) regulation
(D) regularly

680. To be considered ------- to receive the early-bird discount, you must register for the conference no later than June 30.

(A) comfortable
(B) partial
(C) eligible
(D) automatic

679. Forfar Foods has announced plans to open a new office in Cairns and will also construct a processing plant -------.

(A) ever
(B) ahead
(C) nearby
(D) other

678. Since there is not a great deal ------- stability in its overseas markets, the company may not reach its sales targets this year.

(A) to
(B) by
(C) of
(D) as

| 1000～801 | **800～601** | 600～401 | 400～201 | 200～1 |

681位 品詞 (A) 2.30% (B) 17.70% **(C) 76.92%** (D) 3.08% ⏱**23**秒

空所前後に前置詞 for と of があることから、空所には名詞が入る。空所の後の「市の地下鉄・バス・フェリーの」の部分から、(C) regulation「規制（≒ law）、統制（≒ control）」が意味的にふさわしい。(B) regularity も名詞だが、「規則性」という意味で、regularity of the seasons「季節の移り変わりの規則性」のように使われる。(A) regular「通常の」は形容詞、(D) regularly「規則正しく、いつも」は副詞。

訳 Harville Transport Authority は、市の地下鉄・バス・フェリーの統制を担当している。

680位 語彙 語法 (A) 7.14% (B) 5.68% **(C) 76.89%** (D) 10.29% ⏱**32**秒

空所前後の「早期割引を受ける --- と認められるためには」という文脈と、空所の直後に to 不定詞が続いていることから、空所には (C) eligible「資格がある」が入る。(be) eligible to *do*「～する資格がある」という語法ごとマスターしておこう。(A) comfortable は「快適な」、(B) partial は「部分的な」、(D) automatic は「自動的な」という意味なので、文脈に合わない。

訳 早期割引を受ける資格があると認められるためには、6月30日までに会議への登録をしなければならない。

679位 修飾 (A) 4.70% (B) 14.77% **(C) 76.89%** (D) 3.64% ⏱**29**秒

空所の前に「加工工場も建てる」と述べられていることから、空所には場所を表す副詞の (C) nearby「近くに（≒ close by ／ not far away）」が入る。ちなみに nearby は「近くの」という意味の形容詞でもあり、a nearby plant「近くの工場」のように用いることもできる。(A) ever「これまでに」、(B) ahead「前方に」も副詞だが、文脈に合わない。(D) other「他の」は形容詞。

訳 Forfar Foods は Cairns に新しいオフィスを開設する計画を発表し、また近くに加工工場も建設する予定である。

678位 前置詞 慣用表現 (A) 10.14% (B) 5.32% **(C) 76.88%** (D) 7.65% ⏱**31**秒

空所の前に there is not a great deal「多くない」、後ろに stability「安定性」と続いていることから、a great deal の対象を限定・説明することができる (C) の of を入れる。a great deal of ～「かなりの～（≒ a lot of ～）」という表現ごとマスターしておこう。(A) の to は到達、(B) の by は行為者や方法、(D) の as は地位を表す。

訳 海外市場の安定性が乏しいため、その会社は今年の販売目標を達成できない可能性がある。

正解 681. (C) ／ 680. (C) ／ 679. (C) ／ 678. (C)
199

677. Last summer's heatwave led to a ------- in sales of fans and air conditioners.

(A) risen
(B) rose
(C) riser
(D) rise

676. Artist Deborah Mann is ------- appreciative of the National Arts Council for the financial support it has provided.

(A) greatness
(B) greater
(C) greatly
(D) great

675. Because today's meeting did not ------- details of the scheme, another session needs to be held next week.

(A) transport
(B) clarify
(C) isolate
(D) enclose

674. Contoso is a leading developer of artificial intelligence systems whose employees pride ------- on being part of an award-winning organization.

(A) they
(B) them
(C) their
(D) themselves

1000～801 | **800～601** | **600～401** | **400～201** | **200～1**

Level 2

677位 【品詞】 (A) 9.78% (B) 6.20% (C) 7.15% **(D) 76.87%** ⏱22秒

空所の前に led to a とあり、空所の後ろは前置詞 in が補足情報をつないでいることから、空所には前置詞 to に続く名詞の (D) rise「上昇、増加」が入る。(C) riser「起床する人、上り台」も名詞だが、文脈に合わない。(B) rose は動詞 rise「上がる」の過去形、(A) risen は過去分詞。

訳 昨夏の熱波は扇風機やエアコンの売上増につながった。

676位 【品詞】 (A) 2.67% (B) 3.75% **(C) 76.78%** (D) 16.80% ⏱28秒

空所の前後に Artist Deborah Mann is --- appreciative とあることから、空所には形容詞 appreciative「感謝している」を修飾する、副詞の (C) greatly「非常に」が入る。(A) greatness「素晴らしさ」は名詞、(B) greater「より素晴らしい」は形容詞の比較級、(D) great「素晴らしい」は形容詞の原級。

訳 アーティストの Deborah Mann は、National Arts Council の財政支援にとても感謝している。

675位 【語彙】 (A) 4.20% **(B) 76.75%** (C) 4.43% (D) 14.63% ⏱24秒

「本日の会議では、計画の詳細を --- しなかったため、来週別のセッションを行う必要がある」という文脈から、空所には (B) clarify「～を明確にする（≒ clearly explain）」が入る。(A) transport は「～を輸送する」、(C) isolate は「～を孤立させる」、(D) enclose は「～を同封する、～を囲む」という意味で、文脈に合わない。

訳 本日の会議では、計画の詳細が明らかにされなかったため、来週また別のセッションを行う必要がある。

674位 【格】 (A) 1.63% (B) 16.35% (C) 5.31% **(D) 76.72%** ⏱28秒

関係代名詞 whose がつなぐ節には主語と動詞 employees pride があり、空所の直後には前置詞 on で始まる補足情報が続いている。空所には、名詞の複数形 employees を指しつつ動詞 pride の目的語として機能する、再帰代名詞の (D) themselves がふさわしい。主語と目的語が同一の場合は再帰代名詞が使われるので、目的語の (B) them は不適切。(A) の they は主格、(C) の their は所有格。

訳 Contoso は主要な人工知能（AI）システム開発業者で、同社の従業員は受賞歴のある組織の一員であることに誇りを持っている。

正解 677. (D) ／ 676. (C) ／ 675. (B) ／ 674. (D)

673. The committee members selected Ms. Hsiu's proposal ------- her remodeling plan was more expensive than the others.

(A) together with
(B) even though
(C) as well as
(D) just as

672. Published almost forty years ago, Kai Weber's book *Future World* ------- predicted many recent trends.

(A) densely
(B) variously
(C) remotely
(D) accurately

673位 前置詞 vs. 接続詞

(A) 6.85%　**(B) 76.69%**　(C) 8.72%　(D) 7.74%　⏱ **31**秒

空所には、前の「委員会のメンバーは Ms. Hsiu の提案を選んだ」という主節と、後ろの「彼女のリフォーム案は他より高額であった」という節をつなぐ接続詞が必要。よって、文脈にも合う (B) even though「〜にもかかわらず (≒ though／although)」が入る。

訳 Ms. Hsiu のリフォーム案は他より高額であったにもかかわらず、委員会のメンバーは彼女の提案を選択した。

- (A) **together with**: 〜と一緒に (≒ along with) ※前置詞
  - 例 She submitted the quote together with her remodeling plan.
    「彼女はリフォーム案と一緒に見積もりを提示した」
- (C) **as well as**: 〜と同様に ※前置詞および接続詞
  - 例 She managed the project as well as proposed the remodeling.
    「彼女はリフォームを提案しただけでなく、そのプロジェクトの管理も行った」
- (D) **just as**: 〜のとおりに ※接続詞
  - 例 Her proposal was selected just as she had expected.
    「彼女が予想していたとおりに、彼女の案が選ばれた」

672位 語彙

(A) 6.82%　(B) 12.90%　(C) 3.62%　**(D) 76.66%**　⏱ **28**秒

空所には、直後にある動詞 predicted「予想した」を修飾する副詞が入る。意味的にふさわしいのは、(D) accurately「正確に (≒ precisely／correctly)」。

訳 40年近く前に出版された Kai Weber の著書『Future World』は、最近の世の中の動向の多くを正確に予想していた。

- (A) **densely**: 密集して　例 densely populated「人口が密集した」
- (B) **variously**: さまざまに、多様に　例 The book has been variously described as mysterious, funny, and beautiful.「その本はミステリアス、笑える、美しいといったさまざまな見方をされている」
- (C) **remotely**: 遠く離れて　例 remotely located「遠く離れた場所にある」

正解　673. (B)／672. (D)

671. The panel discussion will feature four marketing experts, who will share and discuss their ------- on the industry's future.

(A) labels
(B) receipts
(C) trends
(D) views

670. In order to build customer trust, the supermarket's product displays should be as ------- appealing as its advertising suggests.

(A) visually
(B) visualize
(C) visuals
(D) visual

669. The customer thanked Ms. Subramaniam for her ------- resolution of the problem with the computer network.

(A) promptly
(B) prompter
(C) promptness
(D) prompt

668. Several musicians have agreed to appear in a new campaign to increase public ------- of certain health issues.

(A) capability
(B) indication
(C) mentality
(D) awareness

| 1000～801 | **800～601** | 600～401 | 400～201 | 200～1 |

Level 2

671位 語彙 (A) 2.63% (B) 2.68% (C) 18.07% **(D) 76.62%** ⏱27秒

空所前後で「業界の将来についての --- を共有し、議論する」と述べられていることから、空所には
(D) views「意見、見解（≒ opinions ／ perspectives）」が意味的にふさわしい。(A) labels は
「ラベル」、(B) receipts は「領収書」、(C) trends は「動向」という意味で、文脈に合わない。

訳 パネルディスカッション（公開討論会）には4人のマーケティング専門家が登壇し、業界の将来
についての意見を共有し、議論する。

670位 品詞 **(A) 76.60%** (B) 6.41% (C) 2.43% (D) 14.56% ⏱27秒

空所の前後に displays should be as --- appealing as とあることから、空所には形容詞
appealing を修飾する、副詞の (A) visually「視覚的に」が入る。(B) visualize「〜を思い浮
かべる、〜を視覚化する」は動詞の原形、(C) visuals「視覚素材、映像」は名詞の複数形、(D)
visual は形容詞「視覚の」または名詞の単数形。

訳 顧客の信頼を築くために、スーパーマーケットの商品陳列は、広告が示すのと同じぐらい視覚に
訴えかける（見た目に魅力的な）ものであるべきだ。

669位 品詞 (A) 12.50% (B) 5.21% (C) 5.72% **(D) 76.57%** ⏱21秒

空所前後に for her --- resolution とあることから、空所には直後の名詞 resolution「解決」を
修飾する、形容詞の (D) prompt「迅速な、即座の（≒ immediate ／ swift ／ quick）」が入る。
(A) promptly「迅速に（≒ immediately ／ swiftly ／ quickly）」は副詞、(B) prompter「プ
ロンプター（スピーチ原稿を表示する装置）」と (C) promptness「迅速さ」は名詞。

訳 顧客は、Ms. Subramaniam がコンピューターネットワークの問題を迅速に解決してくれたこと
に感謝した。

668位 語彙 (A) 8.39% (B) 9.33% (C) 5.73% **(D) 76.55%** ⏱30秒

「ある健康問題に関する大衆の --- を高めるため」という文脈から、空所には (D) awareness「認
知度、意識」が入る。(A) capability は「能力」、(B) indication は「兆候（≒ sign）」、(C)
mentality は「メンタリティー、精神性」という意味なので、文脈に合わない。

訳 複数のミュージシャンが、ある健康問題に関する大衆の意識を高めるための新たなキャンペー
ンに登場することに同意している。

正解 671. (D) ／ 670. (A) ／ 669. (D) ／ 668. (D)

667. Analysis of the painting ------- that it was actually a replica of a famous 17th-century artwork.

(A) revealed
(B) conducted
(C) published
(D) studied

666. National bookstore chain Folio intends to start selling a larger selection of products to generate additional -------.

(A) help
(B) training
(C) admission
(D) revenue

665. ------- graduates of Elwood Journalism School go on to pursue successful careers in the media industry.

(A) For
(B) Entirely
(C) Among
(D) Most

664. From May 1 until July 3, the store will extend its opening hours ------- 9 P.M. every day.

(A) in
(B) of
(C) for
(D) to

667位 語法 (A) 76.53%　(B) 8.27%　(C) 8.74%　(D) 6.46%　⏱28秒

選択肢の中で、空所の後ろに続く that it was ... という節を目的語にとることができる動詞は (A) revealed「〜を明らかにした」。(B) (C) (D) は名詞または動名詞を目的語にとる。

🈁 絵画を分析したところ、実は17世紀の有名な作品の複製であることが明らかになった。

- (B) **conducted**: 〜を行った　例 conducted a survey「調査を行った」
- (C) **published**: 〜を出版した　例 published a book「本を出版した」
- (D) **studied**: 〜を学んだ　例 studied economics「経済学を学んだ」

666位 語彙 (A) 3.90%　(B) 6.15%　(C) 13.43%　(D) 76.52%　⏱34秒

「さらなる --- を生み出すために、書店はより幅広い製品の販売を始めるつもりだ」という文脈から、空所には (D) revenue「収入」がふさわしい。(A) help は「援助」、(B) training は「研修」。(C) admission は「入学、入場（料）」という意味で、The college intends to increase admissions. 「その大学は入学者数を増やすつもりだ」のように使う。

🈁 全国的な書店チェーンの Folio は、さらなる収入を得るために、より幅広い商品の販売を始めるつもりだ。

665位 修飾 語法
(A) 6.84%　(B) 8.30%　(C) 8.42%　(D) 76.44%　⏱28秒

空所の直後に複数形の名詞 graduates があることから、空所には名詞を修飾する形容詞が入ると判断して、(D) Most「ほとんどの、大半の」を選択する。(A) For「〜のために」と (C) Among「〜の間の」は前置詞で、空所に入れると、文の主語がなくなってしまう。(B) Entirely「全く、完全に」は副詞。

🈁 Elwood Journalism School の卒業生の大半が、メディア産業における仕事で成功を収めることを目指す。

664位 前置詞 (A) 10.80%　(B) 3.45%　(C) 9.32%　(D) 76.43%　⏱24秒

空所の前に「その店は営業時間を延ばすつもりだ」、後ろに 9 P.M.「午後9時」と書かれていることから、空所にはいつまで延ばすかを示すべく、到達のイメージを持つ (D) to を入れる。(A) in は範囲、(B) of は限定、(C) for は方向や目的を表す際に用いられる。

🈁 5月1日から7月3日まで、その店は営業時間を毎日午後9時まで延ばすつもりだ。

正解　667. (A) ／666. (D) ／665. (D) ／664. (D)

663. It is up to the local ------- to approve the publicly funded outdoor events held at Eugene Crouse Park.

(A) receptions
(B) series
(C) motions
(D) authorities

662. The microwave ovens we compared vary ------- size, price, and durability.

(A) in case of
(B) in spite of
(C) in terms of
(D) in honor of

661. This photograph may not be reproduced ------- written permission from the copyright holder.

(A) except
(B) unless
(C) without
(D) until

663位 語彙 (A) 13.91% (B) 4.56% (C) 5.13% **(D) 76.41%** 32秒

「公的資金による野外イベントを承認するかどうかは、地元の --- 次第だ」という文脈から、空所には (D) authorities「権力者たち（≒ people with power）、官庁、当局」が入る。(A) receptions は「パーティー」、(B) series は「シリーズ、連続」、(C) motions は「動き（≒ movements）」という意味。

訳 Eugene Crouse Park で開催される、公的資金による野外イベントを承認するかどうかは、地元の当局に委ねられている。

662位 慣用表現 (A) 11.11% (B) 5.71% **(C) 76.41%** (D) 6.77% 25秒

空所の前に「われわれが比較した電子レンジは異なる」とあり、後ろに「サイズ・価格・耐久性」といくつかの要素が並んでいるので、空所には (C) in terms of「〜の観点で、〜の面で」が入る。

訳 われわれが比較した電子レンジは、サイズ・価格・耐久性の面で異なる。

- (A) **in case of**: 〜の場合（≒ in the event of）
  - 例 in case of rain「雨天の場合は」
- (B) **in spite of**: 〜にもかかわらず（≒ despite）
  - 例 in spite of the technical advances「技術的な進歩はあるにせよ」
- (D) **in honor of**: 〜に敬意を表して、〜をたたえて
  - 例 in honor of the founder「創設者に敬意を表して」

661位 前置詞 vs. 接続詞 (A) 7.28% (B) 12.55% **(C) 76.39%** (D) 3.78% 27秒

空所の後ろにある written permission は名詞なので、空所には前置詞が入る。空所前後の「この写真を複製してはならない」「書面による許可」という文脈から、(C) without「〜なしで」が妥当。(A) except「〜以外」や (D) until「〜まで」も前置詞として機能するが、文脈に合わない。(B) unless「もし〜でなければ（≒ if not）」は接続詞なので、節同士をつなぐ際に用いられる。

訳 著作権者の書面による許可なく、この写真を複製してはならない。

- (A) **except**: 〜以外
  - 例 All the photographs except this one are copyright-free.「この1枚を除く全ての写真は著作権フリーだ」
- (B) **unless**: もし〜でなければ
  - 例 You can't use the photographs unless you obtain written permission.「書面による許可を得なければ写真は使用できない」
- (D) **until**: 〜まで
  - 例 Photographs are protected by copyright until the expiration of their term.「写真はその保護期間が満了するまで著作権によって保護される」

正解 663. (D)／662. (C)／661. (C)

660. The exhibition of Spanish modern art has been so popular ------- it will be extended for another month.

(A) since
(B) that
(C) then
(D) as

659. Average home prices rose slightly ------- September, putting an end to five months of decline.

(A) in
(B) to
(C) at
(D) on

658. Mr. Kim revised the sales presentation in ------- with Ms. Fay's suggestions to make the data easier to understand.

(A) accordingly
(B) accorded
(C) according
(D) accordance

660位 構文 (A) 7.28% **(B) 76.35%** (C) 11.04% (D) 5.33%　19秒

空所前後に so popular --- it will be extended とあることから、空所には接続詞である (B) that を入れて、so popular that it will be extended「とても好評なので延長される」とするのが適切。so ～ that ...「とても～なので…」は因果関係を表す構文として抑えておこう。

訳　スペイン現代アートの展覧会は大好評のため、もう1カ月、期間が延長される。

- (A) since: ～以来、～なので (≒ as)
  - 例 The exhibition has been very popular since its beginning.
    「その展覧会は当初からすごく人気だ」
- (C) then: その時、それから、その場合
  - 例 If the exhibition becomes really popular, then it will be extended.
    「その展覧会がすごく好評を得たら、その場合は延長されるだろう」
- (D) as: ～のように、～している時に、～なので (≒ since)
  - 例 The exhibition has been as popular as expected.
    「その展覧会は予想されていたとおり好評を博している」

659位 前置詞 **(A) 76.35%** (B) 3.89% (C) 5.15% (D) 14.61%　20秒

空所前に home prices rose slightly「住宅価格がわずかに上がった」、後ろに September「9月」とあることから、空所には期間の範囲を限定する、前置詞の (A) in が入る。この in は in summer「夏に」、in 2030「2030年に」のように、(C) at や (D) on よりも長い時間を表す。

訳　平均住宅価格は9月にやや上昇し、5カ月にわたる下落に歯止めがかかった。

- (B) to: (時間の終わりを表して) ～まで　例 from 9 to 5「9時から5時まで」
- (C) at: (時刻、時の一点を表して) ～に
  - 例 at 5 P.M.「午後5時に」、at noon「正午に」、at midnight「深夜0時に」
- (D) on: (曜日・日付を表して) ～に
  - 例 on Friday「金曜日に」、on March 14「3月14日に」

658位 品詞 慣用表現 (A) 5.37% (B) 4.28% (C) 14.07% **(D) 76.29%**　21秒

空所の前後に in と with があることから、空所に名詞の (D) accordance を入れて、in accordance with ～「～に従って (≒ according to ～／in compliance with ～／in keeping with ～)」という慣用表現を完成させるのが適切。(A) accordingly「しかるべく、従って」は副詞、(B) accorded は動詞 accord「～を与える、一致する」の過去形・過去分詞、(C) according は動名詞または現在分詞。according to Ms. Fay's suggestions「Ms. Fay の指示に従って」のように前置詞として使うことはできる。

訳　データをより理解しやすくするために、Ms. Fay の提案に従って、Mr. Kim は営業用のプレゼンテーションを修正した。

正解　660. (B)／659. (A)／658. (D)

657. Based on the inspection, it ------- that the machine was damaged by water leaking from an internal pipe.

(A) examines
(B) appears
(C) guides
(D) returns

656. The CEO stated that the ------- of the new advertising campaign would be on the car's safety features.

(A) emphatic
(B) emphasizes
(C) emphasis
(D) emphasizing

655. ------- for his skills as a mediator, Mr. Clemens has helped to settle many corporate disputes during his career.

(A) Limited
(B) Surprised
(C) Renowned
(D) Interested

654. The team-building workshop can help reduce the tensions that lie ------- the surface in any office environment.

(A) opposite
(B) underneath
(C) higher
(D) next

212

| 1000〜801 | **800〜601** | 600〜401 | 400〜201 | 200〜1 |

Level 2

657位 語彙 語法
(A) 15.79%　**(B) 76.16%**　(C) 4.82%　(D) 3.23%　⏱**27**秒

空所直後にある接続詞 that の後ろで検査結果が示されていることから、空所には (B) appears「〜のようだ（≒ seems）」が入る。(A) examines「〜を調べる（≒ inspects）」、(C) guides「〜を案内する（≒ leads）」、(D) returns「戻る（≒ comes ／ goes back）、〜を返却する」は文脈に合わない上に、that 節を目的語にとる語法がない。

訳 検査によると、どうやら内部のパイプからの水漏れで機械が損傷したようだ。

656位 品詞 (A) 5.91%　(B) 8.46%　**(C) 76.14%**　(D) 9.50%　⏱**26**秒

空所前後に冠詞 the と前置詞 of があることから、空所には名詞である (C) emphasis「強調（≒ focus）」が入る。「主語になるのは名詞相当語句」という鉄則を押さえておこう。この文では空所前の the から campaign までが that 節の主語に当たる。(A) emphatic「強く主張する」は形容詞、(B) emphasizes「〜を強調する」は動詞の現在形、(D) emphasizing は動名詞または現在分詞。

訳 CEO（最高経営責任者）は、新しい広告キャンペーンは車の安全性に重点を置くと語った。

655位 語彙 語法
(A) 8.30%　(B) 9.69%　**(C) 76.12%**　(D) 5.89%　⏱**33**秒

空所が文頭にあり、選択肢が全て -ed の形であることから、空所に分詞を入れて分詞構文を完成させる。選択肢には人を説明する表現が複数あるので、語法の観点に切り替えると、空所直後に for が続いていることから (C) Renowned「有名な（≒ Noted ／ Well-known ／ Famous）」を選ぶ。renowned for 〜で「〜で知られた」。(B) は Surprised at 〜「〜に驚いて」、(D) は Interested in 〜「〜に関心があって」のように用いられる。(A) Limited「制限された」も文脈および語法の観点から不適切。

訳 仲裁人としての腕前があることで知られている Mr. Clemens は、そのキャリアで多くの企業紛争の解決に一役買ってきた。

654位 語法 (A) 12.57%　**(B) 76.07%**　(C) 5.83%　(D) 5.53%　⏱**36**秒

空所前後に the tensions that lie --- the surface「表面の --- にある緊張」とあることから、空所には前置詞である (B) underneath を入れて、underneath the surface「表面の下、水面下」とするのが妥当。(A) opposite「〜の反対側に」も前置詞だが、The shop lies opposite the library.「その店は図書館の反対側にある」のように使う。(C) higher「より高い」は形容詞の比較級、(D) next は形容詞「次の」または副詞「次に」で、文法的に不適切。

訳 チームビルディング研修は、どんなオフィス環境でも水面下にある、緊張を緩和するのに役立ちます。

正解　657. (B) ／ 656. (C) ／ 655. (C) ／ 654. (B)

653. ------- traffic will be disrupted as little as possible, the highway repairs will be conducted from midnight.

(A) So that
(B) As a result
(C) Even for
(D) In case of

652. The Winchester Metro's newly ------- subway cars are more spacious and comfortable than the old ones.

(A) introductory
(B) introduced
(C) introduction
(D) introducing

651. ------- firmly established procedure, all employees must complete safety training before starting their work.

(A) According to
(B) In advance of
(C) Beside
(D) Against

650. The instructions on the packet state rosemary seeds should be planted 15 centimeters -------.

(A) largely
(B) always
(C) nearly
(D) apart

1000～801 | **800～601** | **600～401** | **400～201** | **200～1**

Level 2

653位 [前置詞 vs.接続詞 vs.修飾語]
(A) 76.06% (B) 6.15% (C) 6.94% (D) 10.85% ⏱**33**秒

空所直後には traffic will be ... という節があり、カンマの後ろに別の節が続いている。空所には2つの節をつなぐ接続詞が入ると判断し、(A) So that「～になるように（≒ In order that）」を選ぶ。(C) Even for「～でさえ」と (D) In case of「～の場合（≒ In the event of）」は前置詞で、後ろには名詞が来る。(B) As a result「結果として」は副詞で、表現をつなぐ機能はない。

🗾 交通の混乱をできるだけ少なくするために、幹線道路の補修工事は午前0時から行われる。

652位 [品詞] (A) 7.25% **(B) 76.04%** (C) 4.99% (D) 11.72% ⏱**23**秒

空所前後に newly --- subway cars とあるので、空所には後ろの名詞 subway cars を修飾する過去分詞の (B) introduced を入れて、「新たに導入された車両」とするのが適切。(D) introducing も現在分詞として名詞を修飾するが、「導入する車両」となるので不自然。形容詞の (A) introductory「導入の、入門の、紹介の」も文脈に合わない。(C) introduction「導入、紹介」は名詞。

🗾 Winchester Metro の新たに導入された地下鉄車両は、従来のものよりゆったりしていて快適である。

651位 [前置詞] **(A) 75.94%** (B) 13.27% (C) 8.24% (D) 2.54% ⏱**32**秒

「厳格に定められた手順 ---、全従業員は安全訓練を修了しなければならない」という文脈から、空所には (A) According to「～に従って（≒ Based on）」が入る。(B) In advance of は「～の前に、～より先に（≒ Prior to ／ Before）」、(C) Beside は「～の脇に（≒ Next to）」、(D) Against は「～に反対して、～とぶつかって」という意味なので、いずれも文脈に合わない。

🗾 厳格に定められた手順に従い、全従業員は仕事を始める前に、安全訓練を修了しなければならない。

650位 [修飾] (A) 9.16% (B) 4.08% (C) 10.82% **(D) 75.94%** ⏱**27**秒

rosemary seeds should be planted 15 centimeters ---「ローズマリーの種は15センチ --- で植えられるべき」とあることから、空所には間隔を空けることを示す (D) apart「離れて」が入る。apart は後ろではなく前の表現を修飾することも押さえておこう。

🗾 小袋の説明に、ローズマリーの種は15センチ間隔で植えるようにと書かれている。

📈**UP!** (A) **largely**: 大部分（≒ mostly）、主に（≒ mainly）
    例 largely due to the weather「主に天候が理由で」

(B) **always**: いつも
    例 I always water the plants in the morning.「植木にはいつも朝に水をやる」

(C) **nearly**: ほぼ（≒ almost）例 nearly 15 centimeters「15センチ近く」

正解 653. (A)／652. (B)／651. (A)／650. (D)　　215

649. The new book by sales expert Robert Maddox is highly recommended by ------- due to its practical, effective advice.

(A) critical
(B) critics
(C) criticizing
(D) criticizes

648. TGR Fleet allows firms to lease its vehicles for ------- 10 years, after which they must be returned.

(A) much
(B) until
(C) during
(D) up to

647. The express bus is the most practical ------- for travelers who do not wish to pay for a taxi from the airport.

(A) signature
(B) destination
(C) alternative
(D) presence

646. ------- renovations to the hotel's interior, some landscaping of the grounds will also be carried out.

(A) Outside
(B) Depending on
(C) Instead of
(D) Along with

216

800〜601

649位 品詞 (A) 8.56% **(B) 75.83%** (C) 9.21% (D) 6.40% ⏱**24**秒

空所前に〜 is highly recommended by ---「〜は --- に強く勧められている」とあることから、空所には名詞の (B) critics「評論家たち」が入る。(A) critical「批判的な」は形容詞、(C) criticizing は動詞 criticize「〜を批判する」の動名詞または現在分詞、(D) criticizes は動詞の現在形。

訳 セールスの専門家である Robert Maddox の新刊は、その実用的かつ効果的なアドバイスで、評論家から強く勧められている。

648位 前置詞 vs.接続詞 vs.修飾語 語法
(A) 6.02% (B) 7.08% (C) 11.12% **(D) 75.78%** ⏱**28**秒

空所前後で for 10 years という表現がすでに完成していることから、空所には直後の数詞10を修飾する副詞の (D) up to「最長で」が入る。(A) much も副詞として機能するが、much longer「はるかに長く」のように用いる。(B) until「〜まで」は前置詞または接続詞、(C) during「〜の間」は前置詞で、during the lease period「そのリース期間中に」のように具体的な期間を示す語句と一緒に使う。

訳 TGR Fleet は車両を企業に最長で10年間リースすることを認めているが、その期間が過ぎればそれらの車両は返却されなければならない。

647位 語彙 (A) 4.80% (B) 9.48% **(C) 75.72%** (D) 10.01% ⏱**28**秒

空所前に「高速バスが最も実用的な --- である」とあり、後ろに「空港からのタクシー代を支払いたくない旅行者にとって」と続いているので、空所には (C) alternative「代替手段（≒ another option）」が入る。(A) signature は「署名」、(B) destination は「目的地」、(D) presence は「存在」という意味で、文脈に合わない。

訳 空港からのタクシー代を支払いたくない旅行者にとって、高速バスが最も実用的な代替手段である。

646位 前置詞 (A) 4.15% (B) 9.59% (C) 10.54% **(D) 75.71%** ⏱**29**秒

「ホテル内部の改装 ---、敷地の造園作業も行われる」という文脈から、空所には同時並行で進行することを表す (D) Along with「〜と一緒に、〜と併せて」が入る。

訳 ホテル内部の改装と並行して、敷地の造園作業も行われる。

UP! (A) **Outside:** 〜の外で **例** wait outside the hotel「ホテルの外で待つ」

(B) **Depending on:** 〜によって、〜に応じて
例 depending on the weather「天候次第で」

(C) **Instead of:** 〜の代わりに、〜ではなく
例 instead of renovating the interior「内部の改装をするのではなく」

正解 649. (B) ／648. (D) ／647. (C) ／646. (D)

217

645. The research shows that the average office worker ------- a kilogram of waste just from paper products each day.

(A) generates
(B) increases
(C) provokes
(D) gives

644. Optimum weather conditions over the past several months have resulted in an ------- crop of tomatoes in the Izmir region.

(A) overt
(B) abundant
(C) elated
(D) imagined

643. MaxHealth food products are made with all-natural ingredients and ------- preservatives.

(A) zero
(B) ripe
(C) equal
(D) eager

645位 語彙 (A) 75.69% (B) 11.21% (C) 6.47% (D) 6.64% ⏱31秒

「平均的なオフィスワーカーは日々、紙製品だけで1キロのゴミを --- 」という文脈から、空所には(A) generates「～を発生させる」が入る。

訳 調査によると、平均的な会社員は日々、紙製品だけで1キロのゴミを出してしまっている。

- (B) **increases**: 増える、～を増やす
  - 例 increase staff「人員を増やす」、increase sales「売り上げを伸ばす」
- (C) **provokes**: ～を引き起こす、～を怒らせる
  - 例 provoke debate「議論を巻き起こす」、provoke criticism「批判を招く」
- (D) **gives**: ～を与える、～に与える
  - 例 give job opportunities「就労の機会を提供する」

644位 語彙 (A) 9.59% (B) 75.63% (C) 10.13% (D) 4.66% ⏱31秒

「ここ数カ月の最適な気候条件が --- 収穫量につながった」という文脈から、空所には(B) abundant「豊富な (≒ plentiful)」が入る。

訳 ここ数カ月の最適な気候条件により、Izmir地方のトマトは豊作となった。

- (A) **overt**: 隠しだてのない、公然の (≒ open／public)
  - 例 an overt action「明白な (あからさまな) 行動」
- (C) **elated**: 大喜びの (≒ extremely happy)
  - 例 an elated look「とてもうれしそうな表情」
- (D) **imagined**: 思い描かれた 例 some imagined scenery「心象風景」

643位 語彙 (A) 75.51% (B) 8.46% (C) 8.96% (D) 7.07% ⏱26秒

「MaxHealthの食品は天然素材のみで保存料が --- 状態で作られている」という文脈から、空所には(A) zero「ゼロの、ない (≒ no)」が入る。

訳 MaxHealthの食品は、天然素材のみで作られており、保存料も一切含まれていない。

- (B) **ripe**: 熟した 例 ripe peaches「熟れた桃」
- (C) **equal**: 等しい 例 equal amount「同量」
- (D) **eager**: 熱心な 例 eager fans「熱心なファンたち」

正解 645. (A)／644. (B)／643. (A)

642. Perabo's new line of business suits are sleek but casual, which is ------- of the company's classic designs.

(A) vivid
(B) elegant
(C) advantageous
(D) characteristic

641. Many residents in the area have filed complaints ------- the noise and dust generated by the construction work.

(A) undergoing
(B) deciding
(C) concerning
(D) belonging

640. The week-long renovations made to the Royal Hotel California were confined ------- to the lobby.

(A) mainly
(B) orderly
(C) strongly
(D) highly

| 1000〜801 | **800〜601** | 600〜401 | 400〜201 | 200〜1 |

642位 語彙 語法
(A) 4.59% (B) 8.62% (C) 11.33% **(D) 75.47%** ⏱**31**秒

空所にはカンマ前までの内容「ビジネススーツの新シリーズはしゃれているがカジュアル」を描写する形容詞が入る。直後に of the company's classic designs「同社の定番デザインの」とあることから、(D) characteristic「特徴的な」が妥当。S is characteristic of 〜「S は〜の特徴を表している」という語法ごとマスターしておこう。(C) advantageous は「有利な、好都合である」で、which is advantageous over other traditional designs「それが他の伝統的なデザインに比べて優れた点である」のように使う。(A) vivid は「鮮明な」、(B) elegant は「上品な、見事な」。

訳 Perabo のビジネススーツの新シリーズは、しゃれているがカジュアルで、それが同社の定番デザインの特徴でもある。

Level 2

641位 語彙 (A) 15.77% (B) 2.95% **(C) 75.46%** (D) 5.81% ⏱**30**秒

空所前に「その地域の多くの住民が苦情を申し立てている」、後ろに「建設工事により発生する騒音や粉じん」とあるので、空所には関連性を表す (C) concerning「〜に関して (≒ regarding ／ about)」が入る。(A) undergoing は「〜を被っている (≒ experiencing)」という意味で、buildings undergoing repairs「補修工事中のビル」、employees undergoing some training「研修中の従業員」のように使う。(B) deciding は「〜を決定している」、(D) belonging は「属している」。

訳 その地域の多くの住民が、建設工事により発生する騒音や粉じんについて、苦情を申し立てている。

640位 語彙 **(A) 75.39%** (B) 10.37% (C) 7.83% (D) 6.41% ⏱**34**秒

「ホテルの改装工事は --- ロビーに限られた」という文脈から、空所には (A) mainly「主に (≒ primarily)」が入る。

訳 Royal Hotel California に施された1週間にわたる改装工事は、主にロビーの部分にとどめられた。

UP! (B) **orderly:** 秩序立った、きちんとした
例 in an orderly manner「整然と、規則正しく」

(C) **strongly:** 強く、堅調に
例 strongly recommend the hotel「そのホテルを強く推奨する」

(D) **highly:** 非常に、高く
例 highly experienced staff「非常に経験豊かなスタッフ」

正解 642. (D) ／641. (C) ／640. (A)

639. ------- the results of the customer survey, B&B Home Store's business hours may be extended.

(A) Only if
(B) Reporting
(C) Depending on
(D) However

638. A major production company is engaged in ------- with McCrimmon Literary Agency for film rights to the *Shadow World* novels.

(A) controls
(B) negotiations
(C) instructions
(D) shifts

637. Users were confused by our Web site and ------- purchased skin care products from other online stores.

(A) subsequently
(B) first of all
(C) on the contrary
(D) despite

639位 　前置詞 vs. 接続詞 vs. 修飾語

(A) 4.57%　(B) 16.95%　**(C) 75.39%**　(D) 3.10%　**25**秒

カンマの後ろに文の要素がそろっているので、空所には名詞 results をその文とつなぐ機能を果たす前置詞が入ると判断し、(C) Depending on「〜に応じて」を選択する。

訳 顧客アンケートの結果次第で、B&B Home Store の営業時間は延長されるかもしれない。

(A) **Only if:** 〜の場合に限り　※接続詞

　　例 Only if the results are positive, the store's business hours may be extended.「結果が好意的であった場合に限り、店の営業時間は延ばされるかもしれない」

(B) **Reporting:** 〜を報告しながら　※現在分詞　例 Reporting the results, the manager recommended extending the store's business hours.「結果を報告する際に、マネジャーは店の営業時間の延長を提案した」

(D) **However:** しかしながら　※副詞　例 The results are unknown. However, the store's business hours may be extended.「結果は不明だ。しかしながら、店の営業時間は延ばされるかもしれない」

638位 　慣用表現

(A) 10.37%　**(B) 75.38%**　(C) 9.64%　(D) 4.61%　**37**秒

空所前後の「大手制作会社が McCrimmon Literary Agency との --- に入っている」という文脈から、空所には (B) negotiations「交渉」がふさわしいと判断する。in negotiations with 〜「〜と交渉中で」という表現ごとマスターしておこう。(A) controls は「制御」、(C) instructions は「指示」、(D) shifts は「勤務時間、シフト」。

訳 「Shadow World」シリーズ小説の映画化権を求めて、大手制作会社が McCrimmon Literary Agency との交渉に入っている。

637位 　前置詞 vs. 修飾語

(A) 75.36%　(B) 6.21%　(C) 13.24%　(D) 5.18%　**37**秒

空所の語がなくても文が成立することと、「ユーザーたちはわが社のウェブサイトに当惑し --- スキンケア製品を他のオンラインストアから購入した」という文脈から、空所には流れを明確にする副詞の (A) subsequently「後に、結果として」が入る。(B) first of all「まずは」、(C) on the contrary「それどころか、それに比べて」も副詞(句)だが文脈と合わない。(D) despite「〜にもかかわらず (≒ in spite of)」は前置詞なので後ろには名詞が続く。

訳 ユーザーたちはわが社のウェブサイトに当惑し、結果としてスキンケア製品を他のオンラインストアから購入した。

正解　639. (C) ／638. (B) ／637. (A)

636. The figures in the preliminary sales report are estimates and will be ------- once we have the latest data.

(A) excited
(B) started
(C) involved
(D) finalized

635. While studying for his master's degree in the evenings, Mr. Dorham will ------- working full-time.

(A) intend
(B) continue
(C) request
(D) hope

634. Asami Manufacturing has ------- its quality control standards to reduce the number of faulty devices leaving the factory.

(A) modified
(B) dismissed
(C) entrusted
(D) persuaded

636位 語彙 (A) 4.25% (B) 8.44% (C) 12.01% **(D) 75.31%** 38秒

空所には文の主語 The figures in the preliminary sales report「暫定の営業報告書の数字」を目的語にとる動詞が入るので、意味的に (D) finalized「決定される、最終的に確定される」がふさわしい。

訳 暫定の営業報告書の数値は概算であり、最新のデータが手に入り次第、確定される

- (A) **excited**: 興奮している 例 The sales team was excited by the preliminary report figures.「営業チームは暫定報告書の数字に歓喜した」
- (B) **started**: 開始される 例 The preliminary sales analysis was started last week.「暫定的な売上分析は先週開始された」
- (C) **involved**: 巻き込まれる 例 There will be a lot of cooperations involved in the sales campaign.「販売キャンペーンには多くの協力が必要となる」

635位 語法 (A) 4.73% **(B) 75.30%** (C) 10.97% (D) 9.00% 31秒

空所の直後に working という動名詞が続いていることから、動名詞を目的語にとる語法を持つ (B) continue を選ぶ。ちなみに continue は continue to work のように不定詞を目的語にとることも可能で、いずれも「働き続ける」という意味になる。(A) は intend to work「働くつもりである」、(C) は request that he (should) work「働くことを希望する」、(D) は hope to work「働くことを望む」のように用いられる。

訳 修士号の取得に向けて夜間に勉強しながら、Mr. Dorham はフルタイムで働き続ける。

634位 語彙 **(A) 75.19%** (B) 4.47% (C) 11.80% (D) 8.54% 32秒

空所の後ろに続く its quality control standards「自社の品質管理基準」を目的語にとり、文脈に合う動詞は、(A) modified「~に修正を加えた (≒ made small changes to ~)」。

訳 Asami Manufacturing は、工場から出る欠陥機器の数を減らすために、自社の品質管理基準を変更した。

- (B) **dismissed**: ~を棄却した (≒ refused)、~を解雇した (≒ fired)
   例 Asami Manufacturing dismissed proposals to cut production costs.「Asami Manufacturing は製造コスト削減の提案を棄却した」
- (C) **entrusted**: ~を委託した
   例 Asami Manufacturing has entrusted its quality control to a new team.「Asami Manufacturing は品質管理を新たなチームに委託した」
- (D) **persuaded**: ~を説得した (≒ convinced)
   例 Asami Manufacturing persuaded its suppliers to adopt stricter quality control standards.「Asami Manufacturing はより厳格な品質管理基準を採用するよう供給業者を説得した」

正解 636. (D) ／ 635. (B) ／ 634. (A)

633. On Friday, while workers repair a damaged line and perform other ------- work, the electricity will be temporarily disconnected.

(A) maintained
(B) maintenance
(C) maintainability
(D) maintain

632. The observation deck on the 55th floor of Skyreach Tower offers ------- views of the city and the coastline.

(A) skeptical
(B) industrious
(C) breathtaking
(D) affirmative

631. To prevent the clothing from -------, you should always have it dry cleaned.

(A) shrink
(B) shrinks
(C) shrinkable
(D) shrinking

| 1000~801 | **800~601** | 600~401 | 400~201 | 200~1 |

633位 品詞 (A) 15.77% **(B) 75.17%** (C) 5.10% (D) 3.96% ⏱**24**秒

perform other --- work「他の --- 作業を行う」とあることから、空所には (B) を入れ、直後の名詞 work とセットで maintenance work「保守作業」という名詞句にするのが妥当。(C) maintainability「保全性」も名詞だが、maintainability problem「保全性に関する問題」のように用いられる。(A) maintained「維持した／維持されている」は動詞の過去形・過去分詞で、perform other maintained work「他の維持された作業を行う」では意味的に不自然。(D) maintain「維持する」は動詞の原形。

訳 金曜日に、作業員が損傷した電線を修復し他の保守作業を行う間、電力が一時的に止められる。

> 🤓 この maintenance は形容詞なのかという質問があったけれど、名詞だよね。
>
> 👹 これも「名詞＋名詞」で複合名詞になるパターンだね。

632位 語彙 (A) 14.70% (B) 4.37% **(C) 75.09%** (D) 5.83% ⏱**21**秒

The observation deck ... offers --- views「その展望台は --- 景色を提供している」という文脈から、空所には眺望の良さを表す形容詞の (C) breathtaking「息をのむほど素晴らしい」が入る。

訳 Skyreach Tower の 55 階にある展望台からは、息をのむほど素晴らしい市街や海岸線の眺望が楽しめる。

⬆UP! (A) **skeptical**: 懐疑的な (≒ doubtful)
　　例 I'm skeptical about that.「それについては懐疑心を抱いている」
(B) **industrious**: 一生懸命に働く、勤勉な
　　例 industrious employees「一生懸命働く従業員たち」
(D) **affirmative**: 肯定的な (≒ positive)
　　例 an affirmative answer「肯定的な返事」

631位 品詞 (A) 10.12% (B) 10.83% (C) 4.03% **(D) 75.02%** ⏱**21**秒

空所の前に前置詞 from があることから、空所には動名詞の (D) shrinking「縮むこと」が入る。shrink には「S が縮む」という自動詞と「O を収縮させる」という他動詞があるが、空所に入るのは自動詞 shrink の動名詞。(A) shrink は動詞の原形・現在形（俗語で「精神科医」という意味の名詞でもある）、(B) shrinks は動詞の現在形、(C) shrinkable は形容詞。

訳 衣類が縮むのを防ぐためには、いつもドライクリーニングに出してください。

正解 633. (B) ／ 632. (C) ／ 631. (D)　　227

630. When Ms. Hoang is absent, Mr. Ngyuen is the primary ------- for the Hanoi project.

(A) contact
(B) idea
(C) return
(D) shape

629. The technician indicated that clogging of the machine's filter was the ------- cause of the overheating.

(A) probabilities
(B) probably
(C) probability
(D) probable

628. The ------- of pastries on display at Prestolite Bakery is always surprising to first-time visitors.

(A) assortment
(B) dimension
(C) remedy
(D) passage

627. Recent college ------- have been hired to fill positions vacated by far more experienced people.

(A) graduate
(B) graduating
(C) graduation
(D) graduates

| 1000～801 | **800～601** | 600～401 | 400～201 | 200～1 |

Level 2

630位 語彙 (A) 74.99% (B) 7.23% (C) 4.32% (D) 13.46% ⏱25秒

「Ms. Hoang の不在時には、Mr. Ngyuen が Hanoi プロジェクトの主たる --- となる」という文脈から、空所には (A) contact「連絡先、連絡窓口」が入ると判断する。(B) idea は「考え」、(C) return は「戻り、返品」、(D) shape は「形」。

訳 Ms. Hoang の不在時には、Mr. Ngyuen が Hanoi プロジェクトの主たる連絡窓口となる。

629位 品詞 (A) 2.94% (B) 12.79% (C) 9.31% (D) 74.96% ⏱28秒

the --- cause とあるので、空所には名詞 cause を修飾する形容詞の (D) probable「まず確実な、ありそうな（≒ possible）」を選択する。(B) probably「おそらく」は副詞で、clogging of the filter was probably the cause「フィルターの詰まりがおそらく原因だ」のように使う。(C) probability「可能性」は名詞の単数形、(A) probabilities は名詞の複数形。

訳 技術者は機械のフィルターの詰まりがオーバーヒートの原因である可能性が高いと述べた。

628位 語彙 (A) 74.92% (B) 11.75% (C) 4.77% (D) 8.56% ⏱27秒

「Prestolite Bakery で陳列されているペストリー（パイ・タルト・菓子パン）の --- は、初めて店を訪れた客にとっていつも驚きだ」という文脈から、空所には (A) assortment「品ぞろえ、詰め合わせ（≒ collection）」がふさわしい。(B) dimension は「寸法（≒ measurement）、次元」、(C) remedy は「治療（≒ cure ／ treatment）、解決策（≒ solution）」、(D) passage は「通路、文章の一節、経過」。

訳 Prestolite Bakery で陳列されているペストリーの品ぞろえは初来店の客を常に驚かせる。

627位 品詞 主述の一致

(A) 4.42% (B) 5.12% (C) 15.58% (D) 74.88% ⏱21秒

空所の前に形容詞 Recent と名詞 college、後ろに動詞 have been hired があることから、空欄には college と一緒に主語となり、かつ have been と主述が一致する複数形の名詞の (D) graduates「卒業生たち」が入る。(A) graduate「卒業生」、(B) graduating「卒業すること」、(C) graduation「卒業」も主語になり得るが、いずれも単数扱いなので後ろの動詞の形は has been となる。

訳 最近大学を卒業した人たちが、はるかに経験豊富な人々が抜けた職位に採用されている。

正解 630. (A) ／ 629. (D) ／ 628. (A) ／ 627. (D)

626. If you want a copy of the instruction manual, simply download ------- from the manufacturer's Web site.

(A) yourself
(B) some
(C) it
(D) other

625. Muraoka Photo Studio gets many of its new clients through ------- from satisfied customers.

(A) similarities
(B) provisions
(C) referrals
(D) upgrades

624. The CEO agreed ------- the marketing director that the company should increase its advertising budget next year.

(A) to
(B) under
(C) with
(D) by

623. The upcoming training sessions will be slightly shorter than the previous ------- were.

(A) some
(B) those
(C) ones
(D) such

626位 指示語 (A) 18.40% (B) 4.05% **(C) 74.85%** (D) 2.70% ⏱**21**秒

「a copy of the instruction manualを入手したい場合、ウェブサイトから --- をダウンロードしてください」という文脈から、空所にはa copyを指す (C) it「それ」が入る。(A) yourselfは「あなた自身」、(B) someは「いくつか」、(D) otherは「別の人や物」を表すため、文脈や数が合わない。

訳 取扱説明書を（一部）入手したい場合は、メーカーのウェブサイトからそのままそれをダウンロードしてください。

> (A)を選んだ人が多いのが意外だったね。
>
> download it yourself のように使うことはできるけどね。

625位 語彙 (A) 6.77% (B) 11.09% **(C) 74.85%** (D) 7.28% ⏱**30**秒

「新規顧客の多くを満足した顧客の --- から獲得している」という文脈から、空所には (C) referrals「紹介、照会」が入る。(A) similaritiesは「類似点」、(B) provisionsは「条項、食糧の蓄え」、(D) upgradesは「アップグレード」という意味なので、文脈に合わない。

訳 Muraoka Photo Studio の新規顧客の多くは、満足した顧客からの紹介である。

624位 前置詞 (A) 19.34% (B) 3.40% **(C) 74.77%** (D) 2.49% ⏱**19**秒

空所前にagreed「同意した」、後ろにthe marketing director「マーケティング部長」という人を表す語があることから、空所にはパートナーのイメージを持つ前置詞の (C) withがふさわしい。(A) の to は agreed to do「〜することに同意する」のように不定詞を作るか、前置詞として agree to the proposal「提案に同意する」のように用いる。

訳 会社は来年、広告費を増やすべきだというという点で、CEOはマーケティング部長に同意した。

623位 指示語 (A) 4.86% (B) 18.16% **(C) 74.68%** (D) 2.30% ⏱**21**秒

「これから行われる研修会は、前に行われていた --- よりも少し短めになる」という文脈から、空所には前述の名詞 training sessions の重複を避けるための代名詞が求められていると判断し、(C) の ones「（複数の）もの」を選ぶ。(A) someは「いくつか」、(B) thoseは「人々、あれらの物」、(D) such「そのような人や物」という意味で、前に行われた具体的な training sessions を表すことはできない。(B) those を使うなら、than those previously held のようになる。

訳 これから行われる研修会は、これまでのものより少し短めになる。

正解 626. (C)／625. (C)／624. (C)／623. (C)　　231

622. Until this month, Zoltar Technologies' shares had steadily increased in value for more ------- three years.

(A) over
(B) than
(C) such
(D) even

621. The renovation work will be performed mostly at night so as not to affect businesses ------- the mall.

(A) during
(B) onto
(C) between
(D) inside

620. People eager to take advantage of the yearly sale formed a queue ------- stretched around the block.

(A) those
(B) what
(C) whose
(D) that

622位 語法 比較

(A) 19.39%　**(B) 74.60%**　(C) 2.76%　(D) 3.24%　23秒

空所の直前に比較を示す more があり、直後に three years という比較対象が続いていることから、空所には (B) than「〜よりも」を入れるべきだと判断する。(A) over はそれ自体が more than と同様の機能を果たすので、for over three years「3年以上」という形なら良いが、more の後に置くと重複してしまう。(C) such「そのように、あんなに」は、for such a long time「あれだけ長い間」のように用いられる。(D) even「〜でさえ、はるかに」は for even three years「3年間さえも」、もしくは even more valuable「はるかに価値が高い」のように使う。

訳　今月まで、Zoltar Technologies の株価は3年余りにわたって堅調に上昇していた。

621位 前置詞

(A) 6.91%　(B) 16.28%　(C) 2.22%　**(D) 74.59%**　31秒

空所の前に businesses「企業、店」、後ろに the mall「（ショッピング）モール」という名詞があることから、空所には場所の範囲を限定する前置詞の (D) inside「〜内の（⇔ outside）」がふさわしい。inside of という形で使うことも可能。(A) during は期間、(B) onto は接触と到達のイメージ、(C) between は2者の間を示す際に用いられる。

訳　モール内の店舗に影響を与えないように、改修工事は主に夜間に行われる。

620位 関係詞 語法

(A) 9.79%　(B) 8.59%　(C) 7.03%　**(D) 74.59%**　38秒

空所の前で People^S < (who are) eager to take advantage of the yearly sale > formed^V a queue^O という文が完成しており、空所の後に stretched around the block と続けようとしていることから、空所に入るのは、直前の a queue を説明しつつ、動詞 stretched の主語として機能する、主格の関係代名詞の (D) that が入る。(B) what も主格として機能するが、それ自体が「〜なもの」という意味で前に先行詞をとらない。(C) whose は所有格で、後ろの名詞を修飾する機能を果たす。(A) those は代名詞なので空所の前後をつなぐことができない。

訳　年に1度のセールを利用したい人々が、ブロックの周囲にまで行列を作った。

正解　622. (B) ／ 621. (D) ／ 620. (D)

619. Our sales numbers have grown ------- this year due to the recent rise in demand.

(A) rationally
(B) steadily
(C) overly
(D) precisely

618. Palmer Steel has radically ------- its operations by adopting various new processing techniques.

(A) signaled
(B) overseen
(C) withdrawn
(D) transformed

617. Laboratory personnel must wear protective clothing and use ------- caution whenever handling hazardous chemicals.

(A) outdoor
(B) movable
(C) extreme
(D) round

619位 語彙 (A) 10.43% **(B) 74.53%** (C) 8.92% (D) 6.12% ⏱ 23秒

「今年度のわが社の販売数は --- 伸びている」という文脈から、空所には成長の度合いを示す副詞の (B) steadily「堅調に、着実に (≒ continually／gradually)」が入る。

訳 このところの需要の高まりにより、今年度のわが社の販売数は順調に伸びている。

- (A) **rationally:** 合理的に、理性的に (≒ sensibly／reasonably)
  - 例 think rationally「合理的に考える」
- (C) **overly:** 過度に (≒ too much) 例 overly expensive「あまりにも高過ぎる」
- (D) **precisely:** 正確に (≒ accurately／exactly／correctly)
  - 例 precisely measure the length「長さを正確に計測する」

618位 語彙 (A) 5.55% (B) 11.47% (C) 8.47% **(D) 74.51%** ⏱ 31秒

「さまざまな新しい加工技術を採用することで事業を抜本的に ---」という文脈から、空所には (D) transformed「〜を変革させた (≒ overhauled／changed)」が入る。

訳 Palmer Steel は、さまざまな新しい加工技術を採用することで事業を根本から変革させている。

- (A) **signaled:** 〜を示唆した、合図した 例 The event signaled massive changes in the industry.「その出来事が業界における大変革の前兆となった」
- (B) **overseen:** 〜を統括した (≒ supervised) 例 The factory manager has closely overseen its operations.「工場長が稼働状況を細部まで管理している」
- (C) **withdrawn:** 撤退した、〜を引き出した 例 withdraw from the market「市場から撤退する」、withdraw money from their account「口座から預金を引き出す」

617位 語彙 (A) 5.16% (B) 16.02% **(C) 74.37%** (D) 4.45% ⏱ 33秒

use --- caution「--- 注意を払う」という文脈から、空所には (C) extreme「極度の (≒ utmost)、細心の」が入る。

訳 研究所の職員は、有害化学物質を取り扱う際はいつも防護服を着用し、細心の注意を払わなければならない。

- (A) **outdoor:** 屋外の 例 an outdoor swimming pool「屋外プール」
- (B) **movable:** 動かせる 例 movable walls「可動式の間仕切り」
- (D) **round:** 丸い 例 a round table「円卓」

正解 619. (B)／618. (D)／617. (C)

616. To ensure optimal performance, it is recommended that you ------- clean the device using soap and water.

(A) lately
(B) abruptly
(C) remarkably
(D) periodically

615. Jump Coffee plans to enter the U.K. market, where it will face stiff ------- from established chains.

(A) diversity
(B) competition
(C) length
(D) history

614. Having expanded rapidly over the past few years, Singapore's Noodle King now has branches in ------- every country in Asia.

(A) highly
(B) recently
(C) slowly
(D) nearly

613. Just a few minutes' walk from the city center, the property occupies an ------- waterfront location overlooking the beach.

(A) enviable
(B) envy
(C) enviously
(D) enviably

| 1000～801 | **800～601** | 600～401 | 400～201 | 200～1 |

Level 2

616位 語彙 (A) 3.87% (B) 8.15% (C) 13.63% **(D) 74.35%** ⏱**30**秒

device「機器」の使用上の注意の中で、空所直後の動詞 clean「きれいにする」を修飾する副詞として意味的にふさわしいのは、(D) periodically「定期的に(≒ regularly)」。(A) lately は「最近(≒ recently)」、(B) abruptly は「突然(≒ suddenly)」、(C) remarkably は「驚くべき(≒ outstandingly)」という意味で、文脈に合わない。

訳 最適な性能を保つため、洗剤と水を使って機器を定期的に洗浄することをお勧めいたします。

615位 語彙 (A) 13.12% **(B) 74.32%** (C) 4.20% (D) 8.36% ⏱**34**秒

「名声が確立されたチェーン店との厳しい --- に直面するだろう」という文脈から、空所には (B) competition「競争」がふさわしいと判断する。(A) diversity は「多様性」という意味で、rich diversity「豊かな多様性」のように使う。(C) length は「長さ」、(D) history は「歴史」という意味。

訳 Jump Coffee に英国市場への参入を計画しているが、そこでは名声が確立された複数のチェーン店との厳しい競争に直面するであろう。

614位 修飾 (A) 11.54% (B) 11.84% (C) 2.32% **(D) 74.31%** ⏱**30**秒

in --- every country とあることから、空所には直後の形容詞 every「全ての」を修飾し、より厳密に情報を提示する (D) nearly「ほぼ(≒ almost)」が入る。(A) highly「高く」、(B) recently「最近(≒ lately)」、(C) slowly「ゆっくりと」は、いずれも every を直接修飾することができない。

訳 シンガポールの Noodle King はここ数年で急速に事業を拡大しており、今やアジアのほぼ全ての国に支店がある。

613位 品詞 **(A) 74.30%** (B) 6.10% (C) 13.44% (D) 6.16% ⏱**35**秒

空所には直後の名詞の waterfront location「水辺の場所」を修飾する形容詞の (A) enviable「人がうらやむような」が入る。(B) envy は動詞「～をうらやむ」または名詞「羨望、嫉妬」、(C) enviously「うらやましそうに」と (D) enviably「うらやましそうに、うらやましいほどに」は副詞。

訳 市の中心部から徒歩でわずか数分の距離にあるその物件は、人がうらやむような、ビーチを見渡す海沿いの場所にある。

正解 616. (D) ／615. (B) ／614. (D) ／613. (A)　　　237

612. Since the new quality management system was introduced, there have been ------- fewer product defects.

(A) significant
(B) signifying
(C) significantly
(D) significance

611. Plant regulations ------- all employees to wear protective clothing when operating machinery.

(A) require
(B) state
(C) demand
(D) try

610. Ms. Viera is overseeing the creation of an employee handbook, and anyone finding errors should report ------- to her.

(A) their
(B) them
(C) they
(D) themselves

609. Conference attendees need to ------- their registration information before the event.

(A) verify
(B) contact
(C) justify
(D) support

612位 品詞 (A) 15.06% (B) 8.12% **(C) 74.18%** (D) 2.65% ⏱**25**秒

空所には、直後にある形容詞の比較級 fewer を修飾する語として、副詞の (C) significantly「はるかに」が入る。(A) significant「かなりの」は形容詞、(B) signifying は動詞 signify「意味する」から派生した動名詞または現在分詞、(D) significance「重要性」は名詞。

訳 新たな品質管理システムが導入されて以来、その工場では製品の欠陥が激減している。

611位 語彙 語法

(A) 74.16% (B) 7.63% (C) 14.90% (D) 3.31% ⏱**23**秒

選択肢の動詞の多くが文脈に合うので、空所の後ろに着目すると、all employees（全従業員）を目的語にとった上で to wear という不定詞が続いていることから、空所には (A) require「〜に求める」がふさわしい。require O to do「O に〜することを求める」という語法ごとマスターしておこう。(B) は state that SV「SV と述べる」、(C) は demand that SV「SV を要請する」もしくは demand to do「〜することを求める」、(D) は try to do「〜しようと試みる」のように使う。

訳 工場の規則により、機械を操作する際、防護服の着用が全従業員に求められる。

610位 格 (A) 3.24% **(B) 74.11%** (C) 1.85% (D) 20.81% ⏱**33**秒

anyone (finding errors) should report --- to her という文構造から、空所には errors を指す代名詞で、動詞 report の目的語になる語が入ると判断し、目的格の (B) them を選ぶ。再帰代名詞である (D) themselves も目的語になり得るが、主語の anyone と同一人物であるとみなせないこと、仮にみなせたとしても report themselves to her「彼ら / 彼女ら自身を彼女に報告する」のは不自然だと考えて消去する。(A) their は名詞を修飾する際に使う所有格、(C) they は主語として機能する主格。

訳 Ms. Viera が従業員ハンドブックの作成を監修しているので、誤植を発見した人はそれらを彼女に報告してください。

609位 語彙 **(A) 74.10%** (B) 13.08% (C) 5.58% (D) 7.24% ⏱**23**秒

「会議の参加者は開会前に自身の登録情報を --- 必要がある」という文脈から、空所には (A) verify「〜を確認する（≒ confirm）」がふさわしい。(B) contact は「〜に連絡をする」、(C) justify は「〜を正当化する（≒ explain）」、(D) support は「〜を支援する（≒ help）」という意味なので、文脈と合わない。

訳 会議の参加者は、開会前に自身の登録情報を確認する必要がある。

正解 612. (C) ／ 611. (A) ／ 610. (B) ／ 609. (A)

608. ------- of the seminar participants anticipated the level of interaction required by the speaker.

(A) Nothing
(B) Anybody
(C) None
(D) Anything

607. According to the City Works Department, the ------- time required to upgrade the bridge is six months.

(A) estimates
(B) estimating
(C) estimate
(D) estimated

606. In his new book, education expert Jung Go argues ------- today's colleges are not teaching students basic business skills.

(A) with
(B) that
(C) for
(D) which

608位 語法 指示語

(A) 4.17%　(B) 18.01%　**(C) 74.08%**　(D) 3.73%　32秒

空所直後に of があること、および「セミナー参加者の --- が…のレベルのやり取りを予想した」という文脈から、空所には participants「参加者たち」を指す代名詞が求められているとみなし、(C) None「誰も〜ない」を選ぶ。(B) Anybody「誰でも、誰か」も人を指すが、直後に of を伴う用法がないので不適切。(A) Nothing「何も〜ない」と (D) Anything「何でも」は直後に of を伴うことができるが、物を指す代名詞であるため不適切。

訳 セミナー参加者の誰一人として、講演者が求めるレベルのやり取りを予想していなかった。

> 👓 (B) Anybody が不正解な理由が分からないという声が多かった。
>
> 🧑 Anybody can participate in the seminar. のように使うことはできるけどね。

607位 品詞

(A) 3.65%　(B) 14.04%　(C) 8.33%　**(D) 73.98%**　22秒

the --- time という語の並びから、直後の名詞 time を修飾する機能を持つ分詞の (B) estimating と (D) estimated が候補になるが、the time is estimating「時間が推定する」より the time is estimated「時間が推定される」のほうが自然なので、(D) estimated を選択する。the estimated time「見込まれる時間（≒ the expected time）」というフレーズごとマスターしておこう。(C) estimate は「見積もり（≒ quote）、見込み」という意味の名詞、または「〜を推定する（≒ expect）」という意味の動詞の原形。(A) estimates は名詞の複数形または動詞の現在形。

訳 市の土木課によれば、橋の改修に必要と見込まれる期間は6カ月とのことだ。

606位 語法 前置詞 vs. 接続詞

(A) 14.57%　**(B) 73.94%**　(C) 7.10%　(D) 4.39%　28秒

空所の前に主語と動詞（Jung Go argues）、後ろに動詞の目的語となる節（today's colleges are ... skills）があるので、空所には両者をつなぐ機能を持つ接続詞の (B) that が入る。(A) with と (C) for は前置詞なので名詞をつなぐ際に用いられる。(D) which は関係代名詞として使う場合は節をつなげられるが、前には先行詞（名詞）が必要。

訳 教育の専門家である Jung Go は新著の中で、昨今の大学は学生に基本的なビジネススキルを教えていないと論じている。

正解　608. (C)／607. (D)／606. (B)

605. Attendees may sign up for the conference ------- on the event's Web site or by mailing in a registration form.

(A) either
(B) also
(C) whether
(D) likewise

604. ------- your recent inquiry, please find a copy of our new brochure enclosed.

(A) Thanks to
(B) In proportion to
(C) As opposed to
(D) With regard to

603. Next year, Gruber Hardware will open a third ------- location in the Bloomdale area.

(A) retail
(B) invited
(C) frequent
(D) assorted

605位 構文 (A) 73.93% (B) 3.24% (C) 19.29% (D) 3.53% 27秒

空所の後ろに on the event's Web site と by mailing in a registration form という2つの副詞句が or を挟んで挙げられているので、空所には (A) either を入れて「〜か…のどちらか」とするのが妥当。(C) も whether 〜 or …「〜であろうと…であろうと」の形で使うことは可能だが、We accept your application whether <u>you sign up online or mail in a registration form</u>.「オンラインでのご登録、もしくは登録フォームの郵送のいずれでもお申し込みを承ります」のように節を伴う。

 出席希望者は、イベントのウェブサイトから、もしくは登録フォームを郵送することにより、会議への参加申し込みができる。

604位 慣用表現 (A) 14.07% (B) 6.37% (C) 5.66% (D) 73.89% 28秒

「先日のお問い合わせ ---、同封の新しいパンフレットをご参照ください」という文脈から、空所には関連性を表す (D) With regard to「〜に関する (≒ In regard to ／ Regarding)」が入る。

訳 先日お問い合わせいただいた件につきましては、同封の新しいパンフレットをご参照ください。

UP! (A) **Thanks to**: 〜のおかげで、〜のせいで (≒ Because of)
　　例 Thanks to your recent inquiry, we're able to find an error.「先日のお問い合わせのおかげで、ミスを発見することができました」

(B) **In proportion to**: 〜に比例して、〜に比して
　　例 Our manuals have become thicker in proportion to technological advances.「技術の進歩に比例して、わが社の取扱説明書は厚みを増している」

(C) **As opposed to**: 〜とは対照的に
　　例 I responded to the customer inquiry logically as opposed to emotionally.「顧客からの問い合わせに感情的にではなく論理的に対応した」

603位 語彙 (A) 73.80% (B) 5.95% (C) 5.15% (D) 15.10% 24秒

空所には、後ろの location「店舗、営業所」と共に名詞のかたまりを作り、空所前の動詞 open の目的語になる (A) retail「小売り」が入る。(B) invited「招待された」、(C) frequent「頻繁な」、(D) assorted「寄せ集められた」は文脈的に location を修飾できない。

訳 来年、Gruber Hardware は Bloomdale 地区に3つめの小売店をオープンさせる。

602. The city is launching a new marketing campaign in various countries to ------- more tourists from abroad.

(A) open
(B) appeal
(C) remain
(D) attract

601. When she ------- to the head office next month, Ms. O'Donnell will take over as marketing manager.

(A) moves
(B) was moving
(C) will be moving
(D) moved

| 1000～801 | **800～601** | 600～401 | 400～201 | 200～1 |

602位 語彙 語法

(A) 2.96%　(B) 19.68%　(C) 3.63%　**(D) 73.74%**　⏱**24**秒

空所直後の more tourists from abroad「海外からのより多くの観光客」を目的語に直接とれる動詞は (D) attract「～を呼び込む」。(B) appeal「(～に対して) 魅力がある、(～を) 引き付ける」も文脈には合うが、appeal to more tourists「より多くの観光客に訴えかける」のように自動詞的に用いる。(C) remain「とどまる、～のままでいる」も自動詞なので、目的語を直接とらない。(A) open「開く、～を開ける」は意味的に不適切。

訳 海外からより多くの観光客を呼び込むために、市はさまざまな国で新たなマーケティング・キャンペーンを立ち上げている。

601位 時制 **(A) 73.73%**　(B) 3.27%　(C) 19.67%　(D) 3.33%　⏱**23**秒

カンマの後ろの節で will take over という時制が用いられており、空所を含む節にも next month があるので、未来について述べたい文であることが分かるが、接続詞 When が導く節の中では未来の内容を現在形または現在完了形で示すというルールがあるので、現在形の (A) moves が正解。 (B) was moving は過去進行形、(C) will be moving は未来進行形、(D) moved は過去形・過去分詞なので不適切。

訳 来月本社へ異動するに当たり、Ms. O'Donnell はマーケティング部長に就任する。

Level 2

正解　602. (D)／601. (A)　　　　245

ヒロ前田の Quick Insight ②

本書の制作に参加した、のべ5,000人を超えるモニターが各問題に費やした時間を分析した。

表3：瞬殺トップ10

順位	解答時間(秒)	タグ1	タグ2	正答率(%)	問題番号
1位	13.2	品詞		84.98	895
2位	13.5	品詞		86.43	930
3位	13.9	品詞		86.91	941
4位	14.0	前置詞		85.94	912
5位	14.2	品詞		90.06	986
6位	14.3	品詞		88.81	965
7位	14.4	構文	語法	84.87	892
8位	14.7	品詞		90.19	987
9位	15.1	語彙		91.27	994
10位	15.2	品詞		84.49	880

【平均】解答時間14.28秒、正答率87.39%

表4：じっくりトップ10

順位	解答時間(秒)	タグ1	タグ2	正答率(%)	問題番号
1位	55.1	主述の一致		63.35	348
2位	48.7	語彙	語法	33.90	22
3位	48.5	慣用表現	語法	55.52	211
4位	48.2	態		35.21	30
5位	47.8	前・接・修	語法	46.36	99
6位	47.6	主述の一致	態	66.85	431
7位	46.7	語法	態	63.18	343
8位	46.5	前置詞		49.93	129
9位	46.5	語彙		34.98	29
10位	46.4	構文		54.70	200

【平均】解答時間48.2秒、正答率50.4%

解答時間が短い「瞬殺トップ10」（表3）から見ていこう。10問中7問が「品詞」だ。空所に入る語の品詞を決める要素は空所近くにあるため、解答時間が短いのは納得できる。正解の品詞で多いのは副詞（4問）、続いて動詞（3問）だった。

Part 5の解答時間を短縮するには品詞問題を瞬殺するのが望ましいが、さらに重要なのは解くのに時間がかかる問題を減らすことだ。そこで、時間がかかった問題、「じっくりトップ10」（表4）を見てみよう。

「主述の一致」と「態」および「時制」は動詞を正しく使う力を試している。この3つは上位50位に15回も登場し、語彙（14回）や語法（12回）を抑えての首位だった。解答時間が長いのは、①遠く離れた主語との対応、②受動態・能動態の区別、③自動詞・他動詞の区別といった「複数の視点」が必要な場合が多いからだ。

平均正答率は約50%で、2位と9位の「語彙」の正答率が極端に低い。これは、長時間悩んだ末に不正解を選ぶ人が多かった証拠だ。語彙問題は（文法問題以上に）「知識」で勝負が決まるので、試験中に悩む時間を増やしても正答できる確率は上がらない。語彙問題で悩むより、他の問題に時間を割こう。

Level 3
深化の200問

600位〜401位

正答率
73.71%〜65.63%

ここからはより深い理解を目指します。
正解を選ぶだけでなく
なぜその答えになるのか、他の選択肢が
なぜ違うのかを考えながら解き
文法・語彙の知識をより深く定着させましょう

Level 3の動画講義はこちらから ➡ （ログイン方法はP.9参照）

600. The governor announced a new loan assistance program, which he ------- will help low-income youth attend college.

(A) hopes
(B) hopeful
(C) to hope
(D) hoping

599. As fresh flowers require considerable care by staff, the hotel decided to replace those in its lobby with ------- ones.

(A) immediate
(B) partial
(C) fragile
(D) artificial

598. Barstow Steel Corporation has ------- many changes since Ms. Rodriguez was appointed president.

(A) undergone
(B) associated
(C) utilized
(D) restructured

597. Construction firms must obtain clients' ------- prior to using photographs of their buildings in promotional materials.

(A) consent
(B) opportunity
(C) motivation
(D) accuracy

| 1000〜801 | 800〜601 | **600〜401** | 400〜201 | 200〜1 |

600位 品詞 (A) 73.71% (B) 13.37% (C) 3.97% (D) 8.94% ⏱40秒

カンマの後ろは which will help youth attend college と文の要素がそろっているので、空所には直前にある主格の代名詞 he と共に挿入句をつくる、動詞の (A) hopes が入る。残りの選択肢は主語の直後に置ける形ではないので不適切。

訳 知事は、低所得の若者が大学へ通う一助になると彼が期待する、新たなローン支援プログラムを発表した。

> この問題は「分からなかった」というモニターが多かった。... which he hopes will help ... と動詞や助動詞が3連続するのに違和感があったみたいだね。
>
> which と will help の間に he hopes が割り込んでいるんだよね。

599位 語彙 (A) 5.17% (B) 10.34% (C) 10.82% (D) 73.67% ⏱28秒

カンマの後ろで the hotel decided to replace those in its lobby with --- ones「そのホテルはロビーの生花（those = fresh flowers）を --- 花（ones = flowers）と替えることにした」と述べていることから、空所には形容詞 fresh と対照的な意味を持つ (D) の artificial「人工的な、偽物の（≒ fake ／ imitation）」がふさわしい。

訳 生花にはスタッフの手がかなりかかるので、そのホテルはロビーの生花を造花に替えることにした。

UP! (A) **immediate**: 迅速な（≒ prompt ／ quick）**例** immediate effect「即時の効果」
(B) **partial**: 部分的な（⇔ whole ／ entire ／ full）**例** partial refund「一部返金」
(C) **fragile**: もろい（≒ delicate）**例** fragile glassware「壊れやすいガラス製品」

598位 語彙 (A) 73.63% (B) 6.81% (C) 5.11% (D) 14.44% ⏱27秒

「Barstow Steel Corporation は多くの変化を --- している」という文脈から、空所には (A) undergone「〜を受ける、〜を経験する（≒ experienced）」が入る。(B) associated「〜を関連づける、〜を連想する」、(C) utilized「〜を利用する」、(D) restructured「〜を再編する、〜の構造改革をする」は文脈に合わない。

訳 Ms. Rodriguez が社長に任命されて以来、Barstow Steel Corporation では多くの変化が起きている。

597位 語彙 (A) 73.58% (B) 9.69% (C) 9.77% (D) 6.97% ⏱26秒

「写真を販促資料に使用する前に施主の --- を得なければならない」という文脈から、空所には (A) の consent「同意（≒ agreement）」が入る。(B) opportunity「機会（≒ chance）」、(C) motivation「意欲、動機」、(D) accuracy「正確さ」は文脈に合わない。

訳 建設会社は、自らが手掛けた建物の写真を販促資料に使用する前に、施主の同意を得なければならない。

正解 600. (A) ／ 599. (D) ／ 598. (A) ／ 597. (A)

596. We are ------- with the appearance of our new curtains from Harper Interiors.

(A) delightful
(B) delighted
(C) delights
(D) delighting

595. Mr. Guerrero's ------- voice is a factor in his becoming Spain's most celebrated opera singer.

(A) distinctive
(B) indefinite
(C) editorial
(D) appointed

594. Mr. Pickers will decide ------- to purchase parts from Conway Supplies or Tranmere Auto based on their prices and services.

(A) each
(B) neither
(C) so that
(D) whether

250

596位 品詞 態

(A) 16.90% **(B) 73.56%** (C) 3.50% (D) 6.04%　⏱ **18**秒

空所には主語の We を説明する形容詞が入るので、(B) delighted「喜んでいる」がふさわしい。(A) delightful「素晴らしい、快適な」も形容詞だが、通常は自画自賛するのではなく、他社や物事に対して Our new house is delightful.「新居は快適です」のように使う。(C) delights は動詞「～を喜ばせる」の現在形または名詞「喜びを与えるもの」の複数形。(D) delighting は動名詞または現在分詞で、delighting us「われわれを喜ばせている」のように、後ろに目的語が必要。

訳　われわれは Harper Interiors から入手した新しいカーテンの見た目に満足している。

595位 語彙 **(A) 73.55%** (B) 14.48% (C) 6.88% (D) 5.09%　⏱ **25**秒

「Mr. Guerrero の --- 声が、彼がスペインで最も著名なオペラ歌手になった要因だ」という文脈から、空所には (A) の distinctive「他と明確に区別できる（≒ different）、特徴的な（≒ unique）」が入る。

訳　Mr. Guerrero がスペインで最も高名なオペラ歌手となった要因は、彼の特徴的な声にある。

　(B) **indefinite**: はっきりとしていない、曖昧な（≒ vague ／ unclear）
　　　例　indefinite aims「不明確な目標」、indefinite period「無期限」
　(C) **editorial**: 編集に関する　例　an editorial assistant「編集アシスタント」
　(D) **appointed**: 指名を受けた、任命された
　　　例　a newly appointed manager「新たに任命された部長」

594位 構文 (A) 7.05% (B) 14.95% (C) 4.47% **(D) 73.53%**　⏱ **31**秒

空所の後ろに to purchase parts from Conway Supplies と (to purchase parts from) Tranmere Auto とあることから、空所には to 不定詞によって提示されている2つの選択肢をつなぐ、接続詞の (D) whether「～かどうか」を入れて、whether to do from X or Y「XとYのどちらから～するかどうか」という構文を完成させる。(A) each「それぞれ（の）」に接続詞の用法はない。(B) は neither X nor Y「XもYも～ない」、(C) は so that S (can/may) V は「SVとなるように」という形で用いられる

訳　Mr. Pickers は、価格とサービスに基づいて、その部品を Conway Supplies と Tranmere Auto のどちらから購入するかを決める。

　(A) **each**: それぞれ（の）　例　purchase parts from each supplier（形容詞）／ each of the suppliers（代名詞）「各供給業者から部品を購入する」
　(B) **neither**: (も)～ない　例　He may purchase from neither Conway Supplies nor Tranmere Auto.「どちらからも購入しないかもしれない」
　(C) **so that**: ～となるように（≒ in order that）
　　　例　so that quality remains high「高品質を維持できるように」

正解　596. (B)／595. (A)／594. (D)

593. Vigo Motors is happy to announce that Roger Kim has been ------- chairman of the board.

(A) situated
(B) allocated
(C) negotiated
(D) appointed

592. The consultants agreed that the most ------- approach to reducing operating costs is to limit business travel.

(A) straightforward
(B) industrious
(C) diverse
(D) repetitive

591. The new line of furniture made by Lavoisier Design is stylish, yet ------- enough for everyday use.

(A) durably
(B) most durable
(C) durability
(D) durable

593位 語彙 語法

(A) 5.62%　(B) 14.70%　(C) 6.18%　**(D) 73.50%**　23秒

空所前にRoger Kimという人名、直後にchairmanという役職が続いていることから、空所には (D) appointed「任命された」が入る。ぜひ、appoint 人 役職「（人）を（役職）に任命する」という語法ごとマスターしておこう。(A) は situate 物 in 場所で「（物）を（場所）に置く」。(B) は allocate X for/to Yで「XをYに割り当てる」のように使う。(C) negotiateは「〜について交渉する、〜を取り決める」。

訳　Vigo Motors は、Roger Kim が取締役会長に任命されたことをお知らせいたします。

> allocated がダメな理由を教えてほしいという声があった。
>
> 意味的には惜しいんだけど、A budget has been allocated for the new project.「新規プロジェクトに予算が割り当てられた」や Extra staff has been allocated to the sales team.「追加スタッフが営業チームに割り当てられた」のように使うのが一般的だね。

592位 語彙 **(A) 73.47%**　(B) 8.64%　(C) 9.94%　(D) 7.95%　29秒

「出張に制限を設けることが営業経費を削減する最も --- 方法だ」という文脈から、空所には approach を修飾する形容詞の (A) straightforward「分かりやすい、単純明快な（≒simple）」が入る。他の選択肢も後ろの名詞を修飾することはできるが、文脈に合わない。

訳　コンサルタントたちは、出張に制限を設けることが、営業経費を削減する最も明快な方法であることに同意した。

UP!
- (B) **industrious**: 効率よく働く、生産性の高い（≒ productive）
  - 例　industrious people「効率よく仕事をこなす人々」
- (C) **diverse**: 多様な　例　diverse needs「多様なニーズ」
- (D) **repetitive**: 繰り返しの、反復的な　例　repetitive work「繰り返しの作業」

591位 品詞 パラレリズム

(A) 14.03%　(B) 4.12%　(C) 8.44%　**(D) 73.41%**　28秒

空所前に ... is stylish, yet --- enough とあることから、空所には stylish と同じく主語 The new line of furniture の特徴を述べる形容詞の (D) durable「耐久性のある（≒ sturdy／tough）」がふさわしいと判断する。(B) most durable も形容詞だが、最上級なので enough「十分な〜」と相いれない。(A) durably「丈夫に」は副詞、(C) durability「耐久性」は名詞。

訳　Lavoisier Design によって作られた家具の新シリーズは、しゃれていながらも日常使いに十分なほどの耐久性がある。

正解　593. (D) ／ 592. (A) ／ 591. (D)

590. A representative from the head office will be ------- for the regional managers' meeting held on July 20.

(A) identical
(B) present
(C) complete
(D) direct

589. Andrzej Foods ------- its raw materials from local suppliers with sustainable practices.

(A) obtains
(B) corrects
(C) succeeds
(D) installs

588. During the press conference before the movie's premiere, the lead actor ------- that it would be his last film.

(A) informed
(B) presented
(C) announced
(D) promoted

587. When selecting an air conditioner, look for ------- that has an auto power-off feature to save money on electricity.

(A) it
(B) one
(C) each
(D) this

| 1000〜801 | 800〜601 | **600〜401** | 400〜201 | 200〜1 |

590位 語彙 (A) 9.44% **(B) 73.34%** (C) 6.29% (D) 10.94% ⏱**33**秒

主語である A representative「1人の代表者」を説明する形容詞として意味的にふさわしいのは、(B) の present「居る、出席している（≒ in attendance）」。(A) identical「同一の（≒ the same）、よく似ている（≒ very similar）」は複数の人や物に対して使う。(C) complete「完全な、終わっている（≒ finished ／ done）」と (D) direct「直接的な」は文脈に合わない。

訳 本社の代表者1名が、7月20日に開催される地域担当部長会議に出席する。

589位 語法 **(A) 73.23%** (B) 12.01% (C) 7.60% (D) 7.16% ⏱**27**秒

「Andrzej Foods は local suppliers から原材料を ---」という文脈と、local suppliers の前に from という前置詞があることから、空所には (A) obtains「〜を入手する」が入る。obtain X from Y「X を Y から入手する」という語法ごとマスターしておこう。(B) corrects は「〜を修正する」、(C) succeeds は「〜を受け継ぐ」、(D) installs は「〜をインストールする」。

訳 Andrzej Foods は持続可能な手法を用いる地元の供給業者から原材料を入手している。

588位 語法 (A) 14.53% (B) 6.87% **(C) 73.17%** (D) 5.43% ⏱**29**秒

空所の後ろに that it would be his last film という節が続いていることから、(C) の announced「〜を発表した」が入る。(B) の presented と (D) の promoted には that 節を目的語にとる用法はない。(A) informed は that 節の前に目的語が必要。

訳 映画のプレミア上映会に先駆けて行われた記者会見で、主演俳優はこれが自身の最後の作品になるであろうと告げた。

📈UP! (A) **informed:** 〜に知らせた 例 informed the audience that it would be his last film「自身の最後の作品になると観客に伝えた」

(B) **presented:** 〜を発表した
例 presented his latest film to the public「彼の最新作を一般公開した」

(D) **promoted:** 〜を宣伝した
例 promoted his last film「彼の最後の作品を宣伝した」

587位 指示語 語法

(A) 17.09% **(B) 73.15%** (C) 7.59% (D) 2.17% ⏱**28**秒

「エアコンを選ぶ際には、自動電源オフ機能が付いている --- を探すと良い」とあることから、空所には「（特定でないひとつの）エアコン（＝ an air conditioner）」を表す代名詞の (B) one が入る。(A) it「それ」と (D) this「これ」は特定のものを指す代名詞なので、関係代名詞 that 〜 で限定説明できない。(C) each「それぞれ」は each of the air conditioner that 〜 のように使う。

訳 エアコンを選ぶ際には、電気代節約のために自動電源オフ機能付きのものを探すと良い。

正解 590. (B) ／ 589. (A) ／ 588. (C) ／ 587. (B)

586. Ms. Vasquez will ------- be recognized for her hard work organizing the annual music festival.

(A) very
(B) evenly
(C) quite
(D) certainly

585. There is a consensus among customers that the new version of the software is ------- to the original.

(A) worse
(B) far
(C) inferior
(D) around

584. Fortunately, one of the employees noticed that someone had ------- listed the product's price much lower than intended.

(A) mistaken
(B) mistakes
(C) mistook
(D) mistakenly

586位 修飾 (A) 3.74% (B) 8.84% (C) 14.30% **(D) 73.13%** 29秒

空所後の動詞 be recognized を修飾する副詞として、文脈から (D) certainly「確実に」がふさわしいと判断する。(A) の very「とても」と (C) の quite「結構」は、副詞や形容詞の前に置いて意味を強調するときに使う。(B) evenly「均等に、平等に (≒ equally)」は文脈に合わない。

訳 毎年恒例の音楽フェスの準備に向けて懸命に取り組んだということで、Ms. Vasquez は確実に評価されるだろう。

- (A) **very:** とても 例 work very hard「一生懸命に働く」
- (B) **evenly:** 均等に、平等に 例 divide work evenly「仕事を均等に分担する」
- (C) **quite:** 結構 例 She will be recognized quite highly.「彼女は結構高く評価されるだろう」

585位 語法 (A) 12.28% (B) 10.42% **(C) 73.08%** (D) 4.21% 28秒

空所前後に is --- to とあることから、空所には形容詞の (C) inferior を入れて、be inferior to「〜よりも劣っている」という表現を完成させるのがふさわしい。(A) は worse than 〜「〜よりも悪い」、(B) は far from 〜「〜から離れて」のように使う。(D) の around は副詞または前置詞。

訳 顧客の間では、そのソフトウエアの新バージョンは元のものよりも劣っているということで意見が一致している。

- (A) **worse:** より悪い 例 worse than the original「元のものより良くない」
- (B) **far:** 遠い 例 far from the original「元のものとかけ離れている」
- (D) **around:** （副詞）周りに、おおよそ、（前置詞）〜の周りに
  例 The new version of the software is around the same price.「そのソフトウエアの新バージョンはほぼ同じ価格だ」

584位 品詞 (A) 17.95% (B) 5.37% (C) 3.60% **(D) 73.08%** 24秒

空所前後に someone[S] had --- listed[V] とあることから、空所には動詞を修飾する副詞の (D) mistakenly「誤って (≒ by mistake)」が入ると判断する。(B) mistakes は名詞「間違い」の複数形 (≒ errors) または動詞「〜を誤解する」の現在形、(C) mistook は動詞の過去形、(A) mistaken は過去分詞。

訳 幸い従業員の1人が、誰かが誤って製品価格を意図されていた額よりもはるかに低く記載していたことに気付いた。

正解 586. (D) ／ 585. (C) ／ 584. (D)

583. Bednar Technologies has grown considerably in the past year, ------- many other tech companies.

(A) rather
(B) yet
(C) unlike
(D) so

582. Many visitors to the Georgetown Art Museum praised the student artists ------- works were on exhibit.

(A) who
(B) whichever
(C) whose
(D) which

581. The ------- work of author Carlos Delgado is usually preferred by his more dedicated fans.

(A) mature
(B) maturity
(C) maturely
(D) maturation

583位　前置詞 vs. 接続詞 vs. 修飾語

(A) 13.24%　(B) 4.41%　**(C) 73.05%**　(D) 9.29%　**27**秒

カンマの前で主節が完結しており、空所を挟んで many other tech companies という名詞句が追加されていることから、空所には名詞をつなぐ機能を果たす前置詞の (C) unlike「〜とは違って (⇔ like)」がふさわしい。(A) rather は副詞、(B) yet と (D) so は副詞または接続詞。

訳　Bednar Technologies は、多くのテクノロジー会社とは異なり、この 1 年で大幅に成長している。

- (A) **rather:** むしろ　例　rather than facing layoffs like other firms「他社のように人員削減に直面するのではなくむしろ」
- (B) **yet:**（副詞）まだ、（接続詞）しかし（≒ but）　例　yet many competitors have struggled「しかし多くの競合他社は苦戦している」
- (D) **so:**（副詞）とても、（接続詞）だから　例　so it stands out in the industry「だから業界の中で傑出した存在となっている」

582位　関係詞

(A) 19.50%　(B) 3.77%　**(C) 73.03%**　(D) 3.69%　**25**秒

空所の後ろには文の要素がそろっていることから、空所には the student artists を先行詞とする関係代名詞で、直後の名詞 works を修飾する (C) whose が入る。(A) who は主格の関係代名詞で、student artists who worked very hard のように主語として機能する。(D) の which は関係代名詞の主格または目的格で、artists のような人ではなく、artworks「芸術作品」といった物に対して使う。(B) の whichever「どれでも」は anything that に相当する複合関係代名詞で、先行詞を中に含んでいるため空所に当てはまらない。

訳　Georgetown Art Museum を訪れた多くの来館者が、作品が展示されていた学生アーティストたちを称賛した。

581位　品詞

(A) 73.03%　(B) 13.70%　(C) 9.44%　(D) 3.84%　**24**秒

空所前後が The --- work なので、空所には直後の名詞 work を修飾する形容詞の (A) mature「成熟した（≒ fully grown）、円熟した（≒ fully developed）」を選ぶ。反意語である immature「未熟な、大人げない」もよく使われるので、セットで押さえておこう。(B) maturity「成熟、熟成」と (D) maturation「成熟期」は名詞、(C) maturely「分別をもって」は副詞。

訳　作家である Carlos Delgado が手掛けた円熟味のある作品は、たいてい、より熱心なファンに好まれる。

正解　583. (C)／582. (C)／581. (A)

580. The city will start to ------- a five-year plan to revitalize the city center by constructing some event spaces.

(A) associate
(B) implement
(C) allocate
(D) interact

579. The project team met ------- to discuss the changes requested by the client.

(A) briefly
(B) gradually
(C) scarcely
(D) exactly

578. The newly introduced system should enable our drivers to ------- through busy peak hour traffic.

(A) navigate
(B) confirm
(C) open
(D) promote

580位 語彙 語法

(A) 9.20% **(B) 72.96%** (C) 11.24% (D) 6.61%　　⏱**26秒**

空所直後の a five-year plan「5カ年計画」を目的語にとる動詞としてふさわしいのは、他動詞の (B) implement「〜を実施する、〜を導入する(≒ introduce)」。(A) associate「〜を関連付ける」と (C) allocate「〜を割り当てる」も他動詞だが、文脈に合わない。(D) は自動詞なので目的語の前に前置詞が必要。

訳　市は複数のイベントスペースを建設することによって市の中心部を活性化させるため、5カ年計画を実行し始める

(A) **associate**: 〜を関連付ける　例 associate the revitalization with tourism「活性化を観光と結び付ける」
(C) **allocate**: 〜を割り当てる　例 allocate time for event planning「イベントの企画に時間を割り当てる」
(D) **interact**: 交流する(≒ communicate)　例 interact with locals「地元の人々と交流する」

579位 語彙

(A) 72.96% (B) 7.07% (C) 9.34% (D) 10.63%　　⏱**28秒**

空所直前の動詞 met「打ち合わせをした」を修飾する副詞としてふさわしいのは (A) briefly「手短に、簡潔に」。(B) gradually「徐々に(≒ slowly)」、(C) scarcely「めったに〜ない(≒ hardly)」、(D) exactly「正確に(≒ accurately／correctly)」は文脈に合わない。

訳　プロジェクトチームは、顧客から求められた変更点について手短に打ち合わせを行った。

578位 語彙 語法

(A) 72.94% (B) 14.08% (C) 7.12% (D) 5.85%　　⏱**39秒**

空所の後ろに目的語に当たる名詞がないことから、空所には自動詞の用法を持ち、「新システムによりドライバーがピーク時の道路を --- できるようになる」という文脈にも合う (A) navigate「航行する、進む(≒ travel)」が入る。(C) open は他動詞と自動詞の用法があるが、意味が文脈に合わない。(B) confirm と (D) promote は他動詞の用法のみで目的語が必要。

訳　新たに導入されたシステムにより、わが社のドライバーが混雑するピーク時間帯の道路をうまく進むことができるはずだ。

(B) **confirm**: 〜を確認する　例 confirm the time「時間を確認する」
(C) **open**: 開く、〜を開ける
　　例 The doors will open automatically.「扉は自動的に開く」
(D) **promote**: 〜を促進する、〜を昇進させる
　　例 promote sales「販売を促進する」、promote her「彼女を昇進させる」

正解　580. (B) ／ 579. (A) ／ 578. (A)

577. The Web site ------- comprehensive, up-to-date market information to subscribers, who pay a low monthly fee.

(A) classifies
(B) provides
(C) features
(D) gathers

576. The new edition of the history textbook, due for ------- next year, will include a chapter covering recent world events.

(A) publishes
(B) publisher
(C) publication
(D) published

575. The company's success is built on investing ------- in new technologies that enable it to maintain its competitive advantage.

(A) strategically
(B) comparably
(C) exceedingly
(D) potentially

574. The startup company ------- recently by leading international software developer Alphasoft.

(A) was acquired
(B) has been acquiring
(C) had acquired
(D) to acquire

600〜401

577位 語彙 語法
(A) 6.70%　**(B) 72.86%**　(C) 15.69%　(D) 4.76%　⏱**32秒**

「そのウェブサイトでは加入者たちに包括的で最新のマーケット情報を ---」とあること、後ろに information to subscribers と続くことから、空所には (B) provides「〜を提供する」を入れて、provide 物 to 人「(物)を(人)に提供する」という形にするが適切だと判断する。provide 人 with 物「(人)に(物)を提供する」と併せてマスターしておこう。(A) classifies「〜を分類する」、(C) features「〜を含む (≒ includes)」、(D) gathers「〜を集める (≒ collects)」は、いずれも information を目的語にとることはできるが、to を伴う用法はない。

訳 そのウェブサイトでは、低額の月額料金を納めている加入者たちに包括的で最新のマーケット情報を提供している。

576位 品詞
(A) 5.82%　(B) 4.78%　**(C) 72.86%**　(D) 16.54%　⏱**31秒**

カンマで前後を囲まれた部分は主語の The new edition of the history textbook「歴史の教科書の改訂新版」を補足しており、空所の前に due for 〜「〜の予定だ」とあることから空所には前置詞 for がつなぐ名詞の (C) publication「出版、刊行」が入る。可算名詞の (B) publisher「出版社」には冠詞が必要で、文脈にも合わない。(A) publishes「〜を出版する」は動詞の現在形、(D) published は動詞の過去形・過去分詞。

訳 来年の刊行が予定されている歴史の教科書の改訂新版には、最近の世界の出来事を取り上げた章が含まれる予定だ。

575位 語彙
(A) 72.85%　(B) 5.08%　(C) 11.13%　(D) 10.93%　⏱**35秒**

空所前後の「その会社の成功は新技術へ --- 投資することにより成り立っている」という文脈から、(A) strategically「戦略的に」が入る。(B) comparably「比較できる程度に、同様に (≒ in a similar way)」、(C) exceedingly「極度に (≒ extremely ／ very much)」は、investing のような動作を修飾する語句ではなく、後ろに続く形容詞や副詞の度合いを強調するのに使う。(D) potentially「潜在的に (≒ possibly)」は文脈に合わない。

訳 その会社の成功は、競争上の優位性を維持するための、新技術への戦略的な投資の上に成り立っている。

574位 態
(A) 72.70%　(B) 17.05%　(C) 8.50%　(D) 1.75%　⏱**30秒**

空所前後が The startup company --- recently by ... で、空所の後ろに目的語が存在しないことから、動詞の受動態である (A) was acquired「買収された」が入る。(B) has been acquiring と (C) had acquired は能動態、(D) to acquire は不定詞なので不適切。

訳 その新興企業は最近、国際的な大手ソフトウエア開発者である Alphasoft 社に買収された。

正解 577. (B) ／ 576. (C) ／ 575. (A) ／ 574. (A)

263

573. Recent progress in medical technology has given researchers ------- into the causes of various diseases.

(A) insight
(B) verdict
(C) transaction
(D) invisibility

572. Rockford Metal offered $3.7 billion in an ------- to acquire Hoover Corporation.

(A) opinion
(B) increase
(C) attempt
(D) employer

571. Ms. Cho has ten years of experience teaching businesspeople how to ------- communicate their messages when giving presentations.

(A) effectiveness
(B) effect
(C) effectively
(D) effective

570. Melville Pottery Studio offers classes that allow participants to make original pieces -------.

(A) them
(B) their own
(C) themselves
(D) they

| 1000～801 | 800～601 | **600～401** | 400～201 | 200～1 |

573位 語彙 (A) 72.69% (B) 8.40% (C) 8.07% (D) 10.85% ⏱34秒

「医療技術の分野における近年の進歩は、研究者たちにさまざまな病気の原因に関する --- を与えている」という文脈から、空所には (A) insight「本質を見抜く力、見識、洞察力（≒ deep understanding）」が入る。(B) verdict「評決（≒ official decision made by a jury）」、(C) transaction「取引（≒ business deal）」、(D) invisibility「無視、不可視性」は文脈に合わない。

訳 医療技術の分野における近年の進歩は、研究者たちにさまざまな病気の原因に関する見識を与えている。

572位 慣用表現 (A) 9.71% (B) 10.87% (C) 72.68% (D) 6.74% ⏱29秒

「Rockford Metal は Hoover Corporation を買収するための --- で37億ドルを提示した」という文脈と、空所前後の in an --- to という形から、(C) attempt「試み、企て」が入ると判断する。in an attempt to *do*「～するために」という形でマスターしておこう。同意表現に in an effort to *do*、in a bid to *do*、in order to *do* がある。(A) opinion「意見」、(B) increase「増加」、(D) employer「雇用者」は文脈に合わず、in an --- to の形では使われない。

訳 Rockford Metal は Hoover Corporation を買収するために、37億ドルを提示した。

571位 品詞 (A) 1.81% (B) 14.98% (C) 72.67% (D) 10.54% ⏱21秒

空所には直後の動詞 communicate を修飾する語が入るので、副詞の (C) effectively「効果的に」が適切。名詞の (A) effectiveness「有効性」と (B) effect「効果」、形容詞の (D) effective「効果的な」は、動詞を修飾することができない。

訳 Ms. Cho には、ビジネスパーソンがプレゼンテーションを行う際にメッセージを効果的に伝える方法を、10年にわたり指導してきた経験がある。

570位 格 (A) 5.91% (B) 19.02% (C) 72.62% (D) 2.44% ⏱28秒

空所の前の that allow participants to make original pieces には文法的に欠けている文の要素がないことから、空所には to make の意味上の主語である participants を強調する、再帰代名詞の (C) themselves「彼ら／彼女ら自身で」が入る。(A) them「彼ら／彼女らに、彼ら／彼女らを」は目的格、(D) they「彼ら／彼女ら」は主格。(B) their own「彼ら／彼女ら自身の」は、on their own という形にすると、空所の位置で使うことが可能になる。

訳 Melville Pottery Studio では、参加者自身がオリジナルの作品を制作できる教室を提供している。

正解 573. (A)／572. (C)／571. (C)／570. (C)

569. Please assemble the bookcase ------- in accordance with the enclosed instructions.

(A) severely
(B) considerably
(C) distinctly
(D) precisely

568. Making the most of natural lighting is an essential ------- of the building's design.

(A) component
(B) perspective
(C) submission
(D) compliance

567. Some of the section managers occasionally meet with their teams ------- lunch.

(A) beside
(B) over
(C) inside
(D) of

569位 語彙 (A) 5.28% (B) 13.10% (C) 9.04% **(D) 72.58%** 26秒

空所前後に「同封された説明書に沿って --- 本棚を組み立てる」とあることから、空所には (D) precisely「正確に、きちんと（≒ exactly）」が意味的にふさわしい。

訳 同封された説明書に沿って、本棚を正しく組み立ててください。

- (A) **severely**: ひどく（≒ very badly）、厳しく（≒ strictly）
  - 例 The bookcase was severely damaged.「本棚はひどく損傷していた」
- (B) **considerably**: かなり（≒ substantially ／ significantly ／ remarkably ／ greatly）
  - 例 considerably improve quality「（品）質をかなり向上させる」
- (C) **distinctly**: はっきりと（≒ clearly）
  - 例 distinctly enhance its stability「安定性を顕著に高める」

568位 語彙 **(A) 72.49%** (B) 17.23% (C) 4.80% (D) 5.48% 28秒

「自然光を最大限活用することは、その建物の設計に欠かせない --- である」という文脈から、空所には (A) component「部分（≒ part）、要素（≒ element）」がふさわしい。(B) の perspective は「観点（≒ point of view）」、(C) の submission は「提出」、(D) の compliance は「コンプライアンス、法令順守」という意味なので、文脈に合わない。

訳 自然光を最大限活用することは、その建物の設計に欠かせない要素である。

567位 前置詞 (A) 10.50% **(B) 72.48%** (C) 7.27% (D) 9.75% 25秒

「一部の課長は時折、昼食 --- チームのメンバーたちと話をする」という文脈から、空所には「〜越しに、〜しながら」というイメージを持つ前置詞の (B) over が入る。

訳 一部の課長は時折、昼食をとりながらチームのメンバーたちと話をする。

- (A) **beside**: 〜のそばに、〜の隣に（≒ next to）
  - 例 sit beside each other「お互い隣同士に座る」
- (C) **inside**: 〜の中で
  - 例 wait inside the restaurant「レストランの中で待つ」
- (D) **of**: 〜の
  - 例 meet members of their teams「チームのメンバーたちと会議をする」

正解　569. (D) ／ 568. (A) ／ 567. (B)

566. The new company logo must be ------- on all correspondence and promotional materials, starting today.

(A) demonstrated
(B) obtained
(C) displayed
(D) acknowledged

565. Last week, Rothschild Systems informed all of ------- distributors of the policy change in writing.

(A) one
(B) whose
(C) ours
(D) its

564. Ms. Kimmel pointed out that the more ------- the consumer, the longer it takes them to reach a decision.

(A) knowledgeable
(B) knowledge
(C) knowingly
(D) to know

566位 語彙 (A) 10.93% (B) 8.42% **(C) 72.44%** (D) 8.21% ⏱28秒

空所に入る動詞は過去分詞で、直前のbeと共に受動態を作っている。能動態にしたときにlogoを目的語として意味が通るのは (C) の displayed「表示される」。(A) の demonstrated にも「示される」という意味はあるが、方法・主張・能力などを提示する際に用いられる。

訳 本日より、会社の文書や販促資材には全て、会社の新しいロゴが表示されなければならない。

(A) **demonstrated**: を示された、実演された、立証された
　例 demonstrate how to use the tool「その道具の使い方を実演しながら見せる」
(B) **obtained**: 入手された
　例 obtain a sample from the printer「印刷業者からサンプルを入手する」
(D) **acknowledged**: 認められた、認識された、認知された
　例 acknowledge receipt of the sample「サンプルの受領を確認する」

565位 格 語法 (A) 4.75% (B) 13.14% (C) 9.68% **(D) 72.43%** ⏱30秒

空所には直後の名詞 distributors を形容詞的に修飾する所有格の (D) its「その（≒ Rothschild Systems'）」がふさわしい。(B) whose も所有格だが、関係代名詞として用いる場合は、... informed its distributors of the policy change, all of whose consent has been obtained のように、先行詞となる名詞が前に必要。(A) one は代名詞として主語や目的語になるか、one distributor のように形容詞として用いられる。所有代名詞の (C) ours「われわれのもの」は主語または目的語として機能する。

訳 先週、Rothschild Systems は同社の全販売代理店に対し、規定の変更内容を書面で通知した。

564位 品詞 **(A) 72.37%** (B) 7.30% (C) 8.69% (D) 11.64% ⏱30秒

まずは、that 節中の the ＋比較級①, the ＋比較級②「①であればあるほど、より②である」という構文に注目する。前半では the more --- the consumer (is), のように be 動詞が省略されているので、空所には名詞 consumer「消費者」を修飾する形容詞の (A) knowledgeable「博識な」がふさわしい。(B) knowledge「知識」は名詞、(C) knowingly「知ったかぶりをして、知りながらわざと」は副詞、(D) to know は不定詞。

訳 Ms. Kimmel は、消費者の知識が豊富であればあるほど、決断に至るまでに時間がかかると指摘した。

正解 566. (C) ／ 565. (D) ／ 564. (A)

563. Upon creating your online account, a temporary password, ------- for seven days, will be sent to you via e-mail.

(A) valid
(B) validate
(C) validity
(D) validly

562. Kruger Pharma held focus groups with doctors to better understand their ------- on its new marketing campaign.

(A) quality
(B) monument
(C) perspective
(D) arrival

561. Murdoch Footwear's sales have increased ------- 20 percent in Asia, after a successful marketing campaign in the region.

(A) up
(B) for
(C) by
(D) at

560. The top ------- for incoming CEO Darryl Ervin will be to improve the performance of Warwick Coffee's struggling European division.

(A) reason
(B) priority
(C) location
(D) communication

270

| | 1000～801 | 800～601 | **600～401** | 400～201 | 200～1 |

563位 品詞 (A) 72.33% (B) 10.08% (C) 11.79% (D) 5.80% ⏱30秒

名詞 password を後ろから修飾する形容詞として、(A) の valid「有効な（≒ good）」が空所にふさわしい。password (which is) valid for seven days「7日間有効なパスワード」のように、主格の関係代名詞と be 動詞がセットで省略されていると考えることも可能。(B) の validate「～を有効にする、～を認証する」は動詞、(C) の validity「妥当性、有効性」は名詞、(D) の validly「有効に」は副詞。

訳 オンラインアカウントを作成するとすぐに、7日間有効な仮パスワードがメールで送付されます。

562位 語彙 語法

(A) 18.66% (B) 4.50% **(C) 72.28%** (D) 4.56% ⏱40秒

空所の前後に「販売キャンペーンに関する --- をより理解するために」とあることから、空所には (C) perspective「視点、観点（≒ point of view）」がふさわしい。(A) の quality「品質」は、understand the quality of its new marketing campaign「新たな販売キャンペーンの質を把握する」のように使う。(B) monument「記念碑」、(D) arrival「到着」は文脈に合わない。

訳 Kruger Pharma は、新たな販売キャンペーンに関する医師たちの見解をより理解するために、医師と共にフォーカスグループを設けた。

561位 前置詞

(A) 10.07% (B) 10.49% **(C) 72.20%** (D) 7.25% ⏱19秒

空所前後に「売り上げが伸びている」、「20パーセント」とあることから、空所には伸び幅を示す前置詞の (C) by「～の差で」がふさわしい。(A) up は上へのベクトル、(B) for は方向や対象、(D) at は点のイメージを持つ前置詞なので文の意味に合わない。

訳 アジアにおけるマーケティング・キャンペーンが奏功したことを受けて、同地域での Murdoch Footwear の売り上げは20パーセント伸びている。

560位 語彙 (A) 19.75% **(B) 72.14%** (C) 4.51% (D) 3.60% ⏱29秒

「次期 CEO の Darryl Ervin にとっての --- は、業績を上向きにさせること」という文脈から、空所には (B) priority「優先事項」がふさわしい。(A) の reason「理由」は、the reason for improving the performance「業績改善の理由」のように用いられる。(C) location「場所、店舗」、(D) communication「コミュニケーション」は文脈に合わない。

訳 次期 CEO の Darryl Ervin にとっての最優先課題は、Warwick Coffee が苦戦している欧州部門の業績を上向きにさせることだろう。

正解 563. (A)／562. (C)／561. (C)／560. (B)

559. During the meeting, Ms. Rose outlined the ------- goals the team needed to achieve by the end of the quarter.

(A) fragile
(B) specific
(C) amiable
(D) loyal

558. ------- as young as six years old, actor Kazuki Nari was appearing in major stage productions.

(A) Even
(B) Afterward
(C) Besides
(D) Unless

557. The new printing machine is far more efficient, ------- means we can now handle large print jobs internally.

(A) that
(B) whose
(C) which
(D) who

559位 語彙 (A) 3.90% **(B) 72.12%** (C) 20.80% (D) 3.18% ⏱**26**秒

「チームが達成する必要のある --- 目標の要点を伝えた」という文脈から、空所には (B) specific「具体的な、明確な (≒ clear)」が入る。

🗾 会議の中で、Ms. Rose は期末までにチームが達成するべき明確な目標の要点を伝えた。

- (A) **fragile:** 壊れやすい 例 fragile glass products「壊れやすいガラス製品」
- (C) **amiable:** 感じの良い (≒ likable ／ friendly)
   例 She is an amiable person.「彼女は感じの良い人だ」
- (D) **loyal:** 忠誠心のある、誠実な 例 loyal customers「ひいき客」

558位 前置詞 vs. 接続詞 vs. 修飾語
(A) 72.08% (B) 7.13% (C) 11.69% (D) 9.10% ⏱**30**秒

空所の後ろに as young as six years old というフレーズが続くことから、「弱冠6歳」ということを強調する副詞の (A) Even「にもかかわらず (≒ In spite of being)」が入る。(B) Afterward「その後に (≒ Later)」も副詞なのだが、空所の前に経緯は述べられていないため不適切。(C) Besides は前置詞「〜の他に (≒ In addition to)」、または副詞「さらに (≒ In addition)」で、副詞として用いる場合は通例カンマを直後に打つ。(D) Unless「もし〜でなければ (⇔ If)」は接続詞。

🗾 俳優の Kazuki Nari は、わずか6歳の若さで大きな舞台に出演していた。

557位 関係詞 (A) 19.82% (B) 5.26% **(C) 72.02%** (D) 2.89% **24**秒

カンマの前にある主節に対して、後ろに --- means と続くことから、空所には動詞 means の主語として機能する主格の関係代名詞で、主節の全てを指すことができる (C) which が入る。(A) の that と (D) の who を主格の関係代名詞として用いる場合は、前に先行詞として人や物を表す名詞が必要。(B) の whose は所有格なので、主語の機能を果たすことができない。

🗾 新しい印刷機ははるかに効率が良く、それにより社内で大量の印刷処理がきるようになっている。

正解 559. (B) ／ 558. (A) ／ 557. (C)

556. The bank will be closed on November 23 in ------- of the national holiday.

(A) observe
(B) observing
(C) observance
(D) observed

555. For those pressed for time, this overview provides a ------- summary of the report's most critical points.

(A) powered
(B) vacant
(C) diligent
(D) concise

554. Visitors can ------- throughout Dino Kingdom Amusement Park and enjoy any of the rides at no extra cost.

(A) wander
(B) surround
(C) open
(D) mention

556位 品詞 慣用表現

(A) 2.99%　(B) 17.13%　**(C) 71.99%**　(D) 7.89%　**23**秒

空所前後にinとofという2つの前置詞があることから、空所には名詞の (C) observanceを入れて、in observance of ～で「～を順守して、(祝日など)のため」という慣用表現を作るのが適切。inの後ろに (B) observingを動名詞として用いる場合、もともとobserveが「～をよく見る、～を守る」という他動詞なので、in observing the national holidayのように目的語を伴う必要がある。(A) observeは動詞の原形、(D) observedは動詞の過去形・過去分詞。

訳　11月23日は祝日のため、銀行は休業となる。

555位 語彙

(A) 4.91%　(B) 5.69%　(C) 17.45%　**(D) 71.96%**　**32**秒

「この概説は報告書の最も重要なポイントの --- 要旨を提供している」という文脈から、空所には (D) concise「簡潔な (≒ brief)」が入る。

訳　時間に追われている人たち向けに、この概説は報告書の最も重要な点を簡潔にまとめている。

(A) **powered**: 動力を備えた　例　a powered wheelchair「電動の車いす」
(B) **vacant**: 空いている　例　a vacant position「欠員が出ているポスト」
(C) **diligent**: 勤勉な、まじめに仕事をする (≒ hard-working)
　　　例　a diligent worker「仕事熱心な労働者」

554位 語彙 語法

(A) 71.93%　(B) 14.66%　(C) 7.47%　(D) 5.93%　**29**秒

「来訪者たちは、Dino Kingdom Amusement Parkの中を --- し、追加料金なしで乗り物を楽しむことができる」という文脈、および空所の後ろに目的語に当たる名詞がないことから、空所には自動詞の (A) wander「歩き回る、散策する (≒ walk slowly without a particular purpose)」がふさわしい。(B) surroundと (D) mentionは他動詞なので、後ろに目的語が必要。(C) openは「～を開ける」という意味を持つ他動詞の他に、「開く」という意味の自動詞としても用いられるが、文脈に合わない。

訳　来訪者たちは、Dino Kingdom Amusement Parkの中を散策し、追加料金なしでどの乗り物も楽しむことができる。

(B) **surround**: ～を取り囲む
　　　例　The stone walls surround the park.「石垣がその公園を取り囲んでいる」
(C) **open**: 開く、～を開ける　例　The amusement park opens at 9 A.M. every day.「その遊園地は毎日、午前9時に開園する」
(D) **mention**: ～に言及する (≒ say)　例　Don't mention it.「そんなことを言わないで／いいよ、いいよ (≒ You're welcome. ／ No problem.)」

正解　556. (C) ／ 555. (D) ／ 554. (A)

553. Ms. Rutishauser will complete her ------- as president at the end of the year.

(A) term
(B) chair
(C) fee
(D) variety

552. The special ------- on carpet purchases at Babbel & Flanigan is only available this month.

(A) financing
(B) financed
(C) to finance
(D) financial

551. During their first week at Tenold Corporation, trainees receive a handbook that ------- the company's various policies.

(A) conducts
(B) appears
(C) involves
(D) explains

553位 語彙 (A) 71.90% (B) 19.29% (C) 4.41% (D) 4.41% ⏱24秒

「Ms. Rutishauser は本年度末で社長の --- を終える」という文脈から、空所には (A) term「任期」が入る。term(s) は多義語で、他にも「期間、学期、条項、用語」といった意味を持つ。(B) chair は「いす」以外に「議長、会長」の意味もある（例：She will complete her term as chair at the end of the year.「彼女は本年度末で議長の任期を終えることになるだろう」）。(C) fee は「費用」、(D) variety は「変化に富むこと、種類」。

訳 Ms. Rutishauser は、本年度末で社長の任期を終えることになるだろう。

552位 品詞 (A) 71.90% (B) 11.40% (C) 4.03% (D) 12.67% ⏱30秒

空所の直前に形容詞 special があり、直後に on があることから、空所には名詞がふさわしいと判断して、(A) financing「融資、ローン」を選ぶ。(B) financed は動詞 finance「〜を融資する」の過去形・過去分詞、(C) to finance は不定詞、(D) financial「金融に関する、財務的な」は形容詞。

訳 Babbel & Flanigan におけるカーペット購入特別ローンは、今月のみご利用いただけます。

551位 語彙 語法 (A) 5.27% (B) 4.03% (C) 18.81% (D) 71.89% ⏱28秒

「Tenold Corporation の入社1週目に、研修生には会社のさまざまな方針を --- ハンドブックが支給される」という文脈から、空所には他動詞の (D) explains「〜を説明する」がふさわしいと判断する。(A) conducts と (C) involves も他動詞だが文脈に合わない。(B) appears は自動詞なので目的語を直接とれない。

訳 Tenold Corporation の入社1週目に、研修生には会社のさまざまな方針を説明するハンドブックが支給される。

(A) **conducts**: 〜を行う、〜を導く 例 conduct a survey「調査を行う」
(B) **appears**: 見える、現れる
   例 The article appeared in Nikkei this morning.「その記事は今朝の日経新聞に載っていた」
(C) **involves**: 〜を含む、〜を伴う
   例 The job involves taking overseas trips.「その仕事には海外出張をすることが含まれる」

(C) involves を選んでしまったという声があった。

確かに「含む」という日本語だけで考えると正解っぽく感じるかもしれないけど、involve は「絡んでくる動作やプロセス」を目的語にとるからね。involves じゃなくて includes なら空所に入り得るよ。

正解 553. (A) ／ 552. (A) ／ 551. (D)

550. When estimating costs, your calculations should be as ------- as possible.

(A) accurately
(B) accuracy
(C) accuracies
(D) accurate

549. The rental contracts ------- in response to complaints that some of the language was hard to understand.

(A) have amended
(B) are to amend
(C) were amended
(D) will be amending

548. Yokota Coffee Company is a new small-batch roaster ------- in the western part of Tokyo.

(A) operates
(B) operating
(C) operations
(D) operate

547. Visitors to Hawthorn Amusement Park will find ------- illustrated map useful as there are over a hundred attractions.

(A) us
(B) our
(C) we
(D) ourselves

278

| 1000～801 | 800～601 | **600～401** | 400～201 | 200～1 |

550位 品詞 (A) 15.97% (B) 9.55% (C) 2.60% **(D) 71.88%** ⏱**20**秒

空所の前後に your calculations should be as --- as possible とあるので、空所には主語の your calculations を説明する形容詞の (D) accurate「正確な」がふさわしい。(A) accurately「正確に」は副詞、(B) accuracy と (C) accuracies は「正確さ」という意味の名詞。

訳 コストを見積もる際には、算出される額をできるだけ正確なものにしてください。

549位 態 (A) 14.29% (B) 7.65% **(C) 71.82%** (D) 6.24% ⏱**41**秒

選択肢には動詞 amend「～を修正する」のさまざまな形が並んでいる。主語である The rental contracts「賃貸借契約書」との関係から、空所には選択肢の中で唯一の受動態である (C) were amended「修正された」が入ると判断する。残りの選択肢はいずれも能動態なので不適切。

訳 一部の用語が分かりにくいという苦情を受け、賃貸借契約書は修正された。

548位 品詞 (A) 5.60% **(B) 71.82%** (C) 17.16% (D) 5.42% ⏱**31**秒

空所の前で文の要素がそろっており、後ろには前置詞 in がつなぐ補足情報が続いていることから、空所には名詞 roaster を形容詞的に修飾する分詞の (B) operating「営業している」が入る。(D) operate「営業する、作動する、～を操作する」は動詞の原形、(A) operates は動詞の現在形、(C) operations「事業、業務、操作」は名詞の複数形。

訳 Yokota Coffee Company は、東京の西部で営業している少量生産の新しくできた焙煎業者である。

547位 格 (A) 15.43% **(B) 71.81%** (C) 3.10% (D) 9.66% ⏱**32**秒

空所の前に動詞 find、後ろに形容詞 illustrated で修飾されている名詞 map があることから、空所にはその map の所有者を明確にする、所有格の (B) our「われわれの」が入る。目的格の (A) us は目的語、主格の (C) we は主語、再帰代名詞の (D) ourselves は目的語または副詞として機能する。

訳 Hawthorn Amusement Park には 100 を超えるアトラクションがあるので、来訪者には園内のイラストマップを便利だと感じてもらえるだろう。

Level 3

正解 550. (D)／549. (C)／548. (B)／547. (B)

546. ------- cancel your magazine subscription, you should visit the publisher's Web site.

(A) In case of
(B) Whether to
(C) Even if
(D) In order to

545. The best way to encourage repeat business is to fill and deliver orders in a ------- manner.

(A) timer
(B) timed
(C) timing
(D) timely

544. Mr. Keown was surprised that ------- two months to find a new personnel manager after the position became vacant.

(A) taken
(B) taking
(C) it took
(D) to take

546位 　前置詞 vs.接続詞 vs.不定詞　語法
　　　　(A) 17.13%　(B) 3.99%　(C) 7.09%　**(D) 71.79%**　　19秒

空所の後ろに動詞の原形 cancel があり、空所を含む --- cancel your magazine subscription がカンマの後ろの主節に情報を追加していることから、空所には不定詞である (D) In order to「〜するために」がふさわしい。(B) Whether to「〜するかどうか」にも動詞の原形が続くが、文頭ではなく動詞や形容詞の後ろで用いる。(A) In case of「〜の場合」は前置詞なので、名詞をつなぐ。(C) Even if「たとえ〜でも」は接続詞なので、節をつなぐ際に用いられる。

訳 雑誌の定期購読を解約するには、出版社のウェブサイトにアクセスしてください。

- (A) **In case of**: 〜の場合（≒ In the event of）　例 In case of cancellation, you should visit the Web site.「中止の場合はウェブサイトにアクセスしてください」
- (B) **Whether to**: 〜するかどうか　例 You may decide whether to cancel it or not.「それを解約するかどうかをお決めいただけます」、I was uncertain whether to cancel it.「それを解約するかどうかが定かではなかった」
- (C) **Even if**: たとえ〜でも　例 Even if you cancel your subscription, you can still access the members-only Web site.「定期購読を解約されても会員専用のウェブサイトには引き続きアクセスしていただけます」

545位 　品詞　慣用表現
　　　　(A) 2.19%　(B) 14.33%　(C) 11.73%　**(D) 71.74%**　　22秒

空所前後に in a --- manner とあることから、空所には直後の名詞 manner を修飾する形容詞の (D) timely「タイミングの良い」を入れて、in a timely manner「適時に（≒ in a timely fashion）」という慣用表現を完成させるのが適切。timely は語尾に -ly が付く形容詞なので注意。costly「高価な」や friendly「愛想がいい」と併せてマスターしておこう。(A) timer「時計係、タイマー」は名詞、(B) timed「時間が指定された」と (C) timing「タイミング」は分詞とみなせば manner を修飾できるが、文意が通らない。

訳 リピート利用につなげる最良の方法は、タイミング良く注文に応じて配達をすることである。

544位 　構文
(A) 6.60%　(B) 18.70%　**(C) 71.73%**　(D) 2.97%　　29秒

空所の前に接続詞 that があり、後ろに two months や不定詞 to find が続いていることから、空所には主語と動詞から成り、所要時間を表す (C) it took がふさわしい。(A) taken は過去分詞、(B) の taking は動名詞または現在分詞、(D) の to take は不定詞。

訳 Mr. Keown は、ポストが空いてから、新しい人事部長を見つけるのに 2 カ月かかったことに驚いた。

正解　546. (D) ／ 545. (D) ／ 544. (C)

543. ------- it is serviced regularly, the equipment may not keep providing optimal performance.

(A) Since
(B) As if
(C) Unless
(D) In case

542. When comparing our rates with those of our competitors, customers ------- the excellent value offered by Culver Hotels.

(A) was appreciating
(B) appreciates
(C) has appreciated
(D) will appreciate

541. You will be ------- by e-mail when the online auction is about to conclude.

(A) organized
(B) acquired
(C) proposed
(D) alerted

543位 接続詞 (A) 11.81% (B) 8.67% **(C) 71.72%** (D) 7.81% ⏱**32**秒

カンマの前に「定期的なメンテナンスが行われる」、後ろに「その機器は最良のパフォーマンスを発揮し続けることができないかもしれない」とあることから、空所には (C) Unless「もし〜でなければ (⇔ If)」が入る。(A) Since「〜以来、〜なので (≒ As)」、(B) As if「まるで〜であるかのように」、(D) In case「もし〜の場合」は文脈に合わない。

訳 定期的なメンテナンスが行われなければ、その機器は最適なパフォーマンスを発揮し続けることができないかもしれない。

542位 主述の一致 (A) 5.41% (B) 10.03% (C) 12.84% **(D) 71.72%** ⏱**44**秒

カンマの後ろに続く主節に、customers --- the excellent values とあるので、空所には主語である customers (= they) と一致する動詞の形をした (D) の will appreciate がふさわしい。残りの (A) was appreciating 、(B) appreciates、(C) has appreciated は、いずれも customers (≒ they) と主述が一致しないため不適切。

訳 当社の料金を競合他社の料金と比較すれば、顧客は Culver Hotels が提供する素晴らしい価値を評価するだろう。

541位 語彙 (A) 5.45% (B) 12.19% (C) 10.72% **(D) 71.65%** ⏱**25**秒

「オークションが終了する間際になると、メールで --- される」という文脈から、空所には (D) alerted「アラート通知が送られる」が入る。他の選択肢も受動態で使うことは可能だが、文脈に合わない。

訳 ネットオークションが終了する間際に、メールでアラート通知が送信されます。

- (A) **organized**: 組織化される、企画される、整理される 例 An office party will be organized soon.「社内パーティーが近いうちに企画される」
- (B) **acquired**: 獲得される、買収される (≒ purchased) 例 Some new skills will be acquired during the training.「研修中に新たなスキルが習得される」
- (C) **proposed**: 提案される (≒ suggested) 例 Some ideas will be proposed during the meeting.「会議中に案がいくつか提示される」

正解 543. (C) / 542. (D) / 541. (D)

540. Even the ------- natural-looking sections of the garden require frequent care by the groundskeeping crew.

(A) most
(B) well
(C) much
(D) part

539. It is important to have agreements with multiple manufacturers to ensure that there is never ------- a supply shortage again.

(A) such
(B) so
(C) such as
(D) so much

538. Ms. Rao's ------- is required at the board meeting so that the accounting issue can be resolved promptly.

(A) presents
(B) presenting
(C) present
(D) presence

1000～801　**800～601**　**600～401**　**400～201**　**200～1**

540位　修飾　比較　語法
(A) 71.65%　(B) 17.80%　(C) 6.10%　(D) 4.45%　⏱**34**秒

空所の前に定冠詞 the があり、後ろには natural-looking sections という形容詞と名詞が続いていることから、空所には副詞の (A) most を入れて、the most natural-looking という形容詞の最上級を完成させるのが適切。(B) well「上手に」も副詞だが、well-maintained sections「うまく維持管理されている箇所」のように用いられる。(C) の much を副詞として用いると、much more natural-looking sections「はるかにより自然に見える箇所」のように比較級を強調することが可能、(D) part「部分」は名詞で、a part of the garden「庭の一部」のように使う。

訳 庭園の中で最も自然に見える箇所でさえも、用地管理スタッフがこまめに手入れをする必要がある。

539位　修飾　語法
(A) 71.61%　(B) 1.23%　(C) 21.99%　(D) 5.17%　⏱**31**秒

空所の直後に不定冠詞 a と名詞 supply shortage が続いていることから、空所には名詞を修飾できる形容詞の (A) such「そのような」が入ると判断する。(B) so「とても」は副詞で、形容詞や副詞を修飾する。(C) such as「～のような (≒ like)」は前置詞で、後ろに具体例として名詞を列挙する機能を果たす。(D) so much は副詞・形容詞・代名詞で、Thank you so much.「本当にありがとうございます」や so much money「かなりのお金」のように、程度や量の大きさを強調する際に用いられる。

訳 このような供給不足が二度と起こらないようにするためには、複数の製造業者と契約を交わしておくことが重要だ。

538位　品詞　(A) 4.96%　(B) 9.33%　(C) 14.11%　**(D) 71.60%**　⏱**24**秒

文頭に Ms. Rao's --- is ...とあることから、空所には動詞 is の主語となる名詞の単数形の (D) presence「存在、出席」が入る。(C) present は形容詞「出席している」や動詞「～を提示する」のみならず、名詞の単数形「プレゼント (≒ gift)」でもあるが、so that 以降に「経理上の問題を迅速に議論できるようにするべく」とあるので文脈に合わない。(A) presents は動詞の現在形または名詞の複数形、(B) presenting は動名詞または現在分詞。

訳 経理上の問題を迅速に議論できるようにするべく、取締役会には Ms. Rao の出席が必要だ。

Level 3

正解　540. (A)／539. (A)／538. (D)　　285

537. Arianna Fielding is an experienced business consultant whose expertise is ------- in the fashion industry.

(A) principally
(B) continually
(C) innocently
(D) temporarily

536. Once operational, the new light rail system should substantially ------- traffic congestion in the city center.

(A) easiness
(B) easily
(C) easy
(D) ease

535. Latecomers to the theater must wait until the ------- to be seated by one of the ushers stationed at each door.

(A) inclusion
(B) transmission
(C) intermission
(D) conversion

1000〜801 **800〜601** **600〜401** **400〜201** **200〜1**

537位 語彙 (A) 71.58% (B) 14.56% (C) 6.22% (D) 7.64% ⏱33秒

「Arianna Fieldingが培ったその専門知識（≒ whose expertise）は --- ファッション業界に関するものである」という文脈から、空所には (A) の principally「主に（≒ primarily ／ mainly）」が入る。(B) continually「継続的に」は繰り返し、または定期的に行われる様子を表す。

訳 Arianna Fielding は主にファッション業界を専門とする経験豊富なビジネスコンサルタントだ。

📈UP! (B) **continually**: 継続的に、頻繁に、ひっきりなしに 例 She is continually watching fashion trends. 「彼女はファッションの流行を常日頃から注視している」

(C) **innocently**: 無邪気に、何食わぬ顔で 例 She answered the difficult question innocently. 「彼女は難解な質問にあっけらかんと回答した」

(D) **temporarily**: 一時的に 例 Her office will be temporarily closed. 「彼女のオフィスは一時的に閉鎖されることとなる」

536位 品詞 (A) 3.29% (B) 6.79% (C) 18.34% (D) 71.58% ⏱27秒

空所前に主語 the new light rail system、助動詞 should、副詞 substantially、空所後に目的語 traffic congestion があることから、空所には動詞の原形である (D) ease「〜を緩和する（≒ relieve）」が入る。(A) easiness「容易さ」は名詞、(B) easily「容易に」は副詞、(C) easy「簡単な」は形容詞。

訳 新しい路面電車が開業すれば、市の中心部の交通渋滞が大幅に緩和されるはずだ。

535位 語彙 (A) 5.60% (B) 14.38% (C) 71.58% (D) 8.44% ⏱38秒

まずは空所前後に wait to be seated という表現があり、そこに until the --- の部分が挿入されていることに気付くことが重要。「劇場に遅れて到着した方は、席へ案内されるのを --- までお待ちください」という文脈から、空所には (C) intermission「休憩時間（≒ interval ／ break）」が入る。(A) inclusion「含めること、含まれている人や物」、(B) transmission「送信、伝達、放送」、(D) conversion「転換、換算」は文脈に合わない。

訳 劇場に遅れて到着した方は、各扉に配置されている係員の一人によって席へ案内されるのを休憩時間までお待ちください。

> 😀 intermission は選べたけど "to be seated" の意味や使い方が分からないという声が複数あった。
>
> 😀 seat は「座席」という名詞だけでなく、「〜を座らせる、〜を席に案内する」という意味の他動詞としてもよく使われる。この機会にぜひ、しばしば受動態で使われることにも慣れておきたいところだね。

正解 537. (A) ／ 536. (D) ／ 535. (C)

534. The improvements to the public transportation system are expected to ------- the waiting time for trains and buses.

(A) shorter
(B) shorten
(C) shortly
(D) short

533. This year's Walford Arts & Music Festival, held in Union Park, ------- a new record for attendance.

(A) are setting
(B) has set
(C) to set
(D) setting

532. Please confirm ------- of order #6719, which was shipped to your Tucson factory last week.

(A) receivable
(B) receiving
(C) receipt
(D) receive

531. Tickets for the event are available at a ------- for groups of ten or more.

(A) limitation
(B) discount
(C) quality
(D) tradition

534位 品詞 (A) 6.15% (B) 71.57% (C) 5.48% (D) 16.79% 22秒

空所には後ろの名詞 the waiting time を目的語にとり、to の後に続いて不定詞を作ることができる動詞の (B) shorten「〜を短縮する」が入る。(D) short「短い」は形容詞、(A) shorter は形容詞の比較級、(C) shortly「間もなく（≒ soon）」は副詞。

訳 公共交通機関の改善により、電車やバスの待ち時間が短縮される見込みだ。

533位 主述の一致 (A) 10.25% (B) 71.53% (C) 4.59% (D) 13.64% 32秒

空所前の、カンマで囲まれた ..., held in Union Park, ... の部分は、文の主語である This year's Walford Arts & Music Festival（= It）を修飾していることから、空所には3人称単数形の主語を受ける (B) has set がふさわしい。(A) are setting は Walford Arts & Music Festival（= It）と主述が一致しない。不定詞の (C) to set と、動名詞または現在分詞の (D) setting は、動詞として機能することができない。

訳 Union Park で開催された今年の Walford Arts & Music Festival は、来場者数の新記録を樹立した。

532位 品詞 (A) 3.16% (B) 21.82% (C) 71.38% (D) 3.64% 23秒

空所前後に confirm --- of とあることから、空所には他動詞 confirm の目的語となる名詞が入ると判断し、(C) receipt「受領」を選ぶ。(B) receiving を動名詞として用いる際は、receiving your order のように目的語となる名詞を直後に伴う必要がある。(A) receivable「受領し得る」は形容詞で、accounts receivable「売掛金勘定」などの会計用語としてしばしば用いられる。(D) receive「〜を受け取る」は動詞の原形。

訳 先週そちらの Tucson 工場に出荷された発注番号6719の受領確認をお願いいたします。

531位 慣用表現 (A) 23.02% (B) 71.37% (C) 3.38% (D) 2.23% 24秒

チケット入手に関する内容であること、および空所の直前に点のイメージを持つ at があることから、空所には (B) discount「割引」を入れて、at a discount「割引価格で」という表現にするのが妥当。(A) limitation は「制限（≒ restriction）」、(C) quality は「質」、(D) tradition は「伝統」。

訳 イベントのチケットは、10人以上の団体であれば割引価格で入手できる。

正解 534. (B) ／ 533. (B) ／ 532. (C) ／ 531. (B)

530. According to the promotional material, the Torres XR700 is ------- for enjoying a ride on rugged terrain.

(A) to suit
(B) suiting
(C) suited
(D) suits

529. Every purchase of a Freeman dishwasher comes ------- free basic installation.

(A) for
(B) across
(C) with
(D) as

528. Now that it ------- its brand in the European market, Zimmer Interior is looking to expand into Asia.

(A) has established
(B) was establishing
(C) is established
(D) was to establish

527. Despite the rumors that have been circulating, Mr. Thorp has no ------- of closing the business that he founded.

(A) intention
(B) transaction
(C) mediation
(D) discretion

| 1000～801 | 800～601 | **600～401** | 400～201 | 200～1 |

530位 品詞 (A) 7.80% (B) 16.21% **(C) 71.32%** (D) 4.67% ⏱30秒秒

空所前後に「Torres XR700は、起伏に富んだ地形での走行を楽しむのに ---」とあり、空所の前にbe動詞があることから、空所には主語の固有名詞Torres XR700を修飾する形容詞の (C) suited「適している」がふさわしい。(B) suitingは動詞suitに-ingが付いた動名詞または現在分詞だが、もともとはsuit「適合している状態」を表す動詞であるため、現在進行形では用いられない。(D) suitsは動詞「適合する」の現在形、または名詞「スーツ、背広」の複数形、(A) to suitは不定詞。

訳 販促資料によると、Torres XR700は、起伏に富んだ地形での走行を楽しむのに適している。

529位 前置詞 (A) 11.73% (B) 10.79% **(C) 71.30%** (D) 6.19% ⏱22秒

空所の前に「Freemanの食洗機の購入のたびに」とあり、後ろに「無料の基本的な設置」と続くことから、空所には (C) withを入れ、come with ～「～に付随する、～に伴う」とするのが適切。(A) はcome for ～「～の目的で来る、～を取りに来る」、(B) はcome across ～「～を横切る、～に出くわす」の用法があるが、文脈に合わない。(D) はcome as a surprise「驚きである」のように後ろに感情を表す語を伴って心情の変化を表す。

訳 Freemanの食洗機をお買い上げいただくたびに、基本的な設置が無料になります。

528位 時制 態
(A) 71.28% (B) 4.80% (C) 21.28% (D) 2.63% ⏱34秒

カンマ以降の主節Zimmer Interior is looking ... が現在進行形で、この主節に空所前の接続詞Now that「今や～なので (≒ Because now)」が現在に至る経緯をつないでいるので、空所には過去から現在までの動作を表す現在完了形の (A) has established「～を確立した」が入る。Now that it is an established brandのように現在形を用いることはできるが、(C) is established「確立された」は受動態で直後に目的語を取ることはできない。(B) was establishingと (D) was to establishは過去形。

訳 今や欧州市場では自社ブランドを確立したので、Zimmer Interiorはアジアへの進出を目指している。

527位 語彙 慣用表現
(A) 71.23% (B) 11.48% (C) 6.09% (D) 11.20% ⏱31秒

空所前後に「Mr. Thorpには自らが設立した会社を畳む --- はない」とあることから、(A) intention「意志」がふさわしい。ぜひ、have no intention of *doing*「～するという意志はない (≒ do not intend to *do*)」という表現ごとマスターしておこう。(B) transaction「取引 (≒ deal)」、(C) mediation「調停、仲介」、(D) discretion「裁量 (≒ judgment)」は文脈に合わない。

訳 うわさが流れているものの、Mr. Thorpには自らが設立した会社を畳む気はない。

正解 530. (C) ／ 529. (C) ／ 528. (A) ／ 527. (A)

526. Please be notified that our system has ------- a log-in to your account from a new device.

(A) financed
(B) detected
(C) appeared
(D) descended

525. ------- submitted, the application can no longer be amended, so please ensure the information is accurate before clicking "Complete".

(A) After
(B) Once
(C) Still
(D) Down

524. The fishing village is very scenic, thanks to the clear blue waters of the bay and ------- colored walls of the buildings.

(A) brightness
(B) brighten
(C) brightener
(D) brightly

526位 語彙 (A) 5.06% **(B) 71.22%** (C) 12.94% (D) 10.77% ⏱35秒

「当方のシステムが新たなデバイスからのログインを---」という文脈から、空所には他動詞の (B) detected「～を検知した、～に気付いた (≒ noticed)」が入る。(A) financedと(D) descendedは他動詞の用法があるが文脈に合わない。(C) appearedは自動詞なので直後に目的語をとることはできない。

訳 当方のシステムが、お客様のアカウントに新たなデバイスからのログインを検知したことをお知らせいたします。

(A) **financed**: ～に融資した、～の資金を調達した
　　例 finance a growing company「成長中の企業に融資する」
(C) **appeared**: 出てきた、見えた、思えた
　　例 An alert message will appear.「警告メッセージが出てくる」
(D) **descended**: ～を下りた、降下した　例 descend the stairs「階段を下りる」

525位 語法 接続詞 vs. 修飾語
(A) 24.42% **(B) 71.17%** (C) 3.03% (D) 1.38% ⏱20秒

--- submitted, は、後ろの主節に情報を追加している。文脈からすでに明確である「主語 + be動詞」の部分 (the application is) を省略し、直後の分詞 submittedだけを残す語法を持つのは、接続詞の (B) Once「いったん～したら」のみ。(A) After「～したら」は文脈には合うが、afterの節では「主語 + be動詞」を省略せず、After it is submittedのように明示する。(C) Still「まだ、それでもなお」と(D) Down「下へ」は副詞なので、節をつなぐことができない。

訳 一度提出されると、申込書はもう修正できなくなるので、「完了」ボタンをクリックする前に情報に誤りがないようにしてください。

524位 品詞 (A) 10.23% (B) 15.22% (C) 3.39% **(D) 71.16%** ⏱29秒

カンマ後は、前置詞 thanks toに続き、the clear blue waters of the bayと --- colored walls of the buildingsという2つの名詞句が並列されている。空所には直後の分詞（または形容詞）のcoloredを修飾できる副詞が入るとみなし、(D) brightly「明るく」を選択する。(A) brightness「明るさ」と(C) brightener「明るくさせるもの・人」は名詞、(B) のbrighten「～を明るくする」は動詞。

訳 その漁村は、湾の澄んだ青い海と建物の鮮やかに塗られた壁のおかげで、とても風光明媚(めいび)だ。

正解 526. (B) ／ 525. (B) ／ 524. (D)

523. ------- her first visit to our clinic last year, Dr. Miller has been in regular contact with several of the staff.

(A) Since
(B) During
(C) With
(D) Near

522. ------- early next year, Xiolin Tech will have moved its headquarters to Xi'an.

(A) Soon
(B) Just
(C) By
(D) Until

521. This year's harvest was completed at ------- the normal speed, thanks to the new equipment from FD Tractors.

(A) evenly
(B) twice
(C) always
(D) well

520. To promote Patrick Hoshino's latest release, the radio station offered a ------- copy of the book as a contest prize.

(A) signs
(B) signing
(C) signature
(D) signed

523位 前置詞　(A) 71.16%　(B) 17.81%　(C) 8.23%　(D) 2.80% 26秒

「昨年の初めての来院 ---、Dr. Miller は定期的に連絡を取り続けている」という文脈、および現在完了 has been で現時点に至るまで継続している状況が説明されていることから、空所には起点を表す (A) Since「〜以来」が入る。(B) During は期間、(C) With はパートナー、(D) Near は近くのイメージを持つ前置詞なので不適切。

訳　昨年の初めての来院以来、Dr. Miller は何人かのスタッフと定期的に連絡を取り続けている。

522位　前置詞 vs. 修飾語　語法
(A) 3.27%　(B) 6.60%　**(C) 71.13%**　(D) 18.99%　20秒

カンマの後ろに続く主節の動詞は will have moved という形になっている。これは未来の時点までに完了しているであろう動作を表す時制なので、空所には期限を表す前置詞の (C) By を入れて、By early next year「来年の初めまでに」とするのが適切。(D) Until は継続的な行為の終点を表す。(A) Soon「間もなく」と (B) Just「ただ」は副詞で、後ろの名詞をつなぐことはできない。

訳　来年の初めまでに、Xiolin Tech は本社を Xi'an に移転させているであろう。

521位　修飾　語法
(A) 14.49%　**(B) 71.12%**　(C) 5.71%　(D) 8.69%　26秒

文の前半の主節の最後に at --- the normal speed とあり、空所が定冠詞 the の直前に位置していることから、空所には副詞的な機能を果たす倍数詞の (B) twice「2倍」が入る。

訳　今年の収穫は、FD Tractors の新しい機器のおかげで、通常の2倍のスピードで終えられた。

(A) **evenly**: 均等に (≒ equally)
　例　The land was evenly divided.「その土地は均等に分割された」
(C) **always**: いつも　例　The harvest is always completed in May.「収穫はいつも5月に終えられる」
(D) **well**: よく、上手に、十分、かなり　例　The harvest was completed well in advance.「収穫は十分に余裕をもって終えられた」

520位　品詞　(A) 2.00%　(B) 5.59%　(C) 21.30%　**(D) 71.11%**　28秒

空所前後に a --- copy とあることから、空所には直後の名詞 copy を修飾する形容詞的な表現がふさわしいと判断し、(D) signed「サインされた、サイン入りの」を選ぶ。(B) signing も分詞だが、空所に入れると「署名する書籍」という能動の関係になり、不自然。(A) signs は名詞「看板」の複数形または動詞「〜に署名する」の現在形、(C) signature「署名」は名詞。

訳　Patrick Hoshino の最新作を宣伝するため、ラジオ局はコンテストの賞品としてサイン入りの書籍を1冊プレゼントした。

正解　523. (A) ／ 522. (C) ／ 521. (B) ／ 520. (D)

519. MRT Inc. was the ------- of a $20 million government grant to help fund cutting-edge medical research.

(A) recipient
(B) reception
(C) receiving
(D) receive

518. During his 25-year career, Mr. Atkins has acquired extensive experience in construction project -------.

(A) manage
(B) manager
(C) managerial
(D) management

517. Mr. Khamwaen has experience ------- performance evaluations in different industries.

(A) conducts
(B) conducting
(C) to be conducted
(D) conducted

| 1000～801 | 800～601 | **600～401** | 400～201 | 200～1 |

519位 品詞 **(A) 71.06%** (B) 17.21% (C) 7.49% (D) 4.25% ⏱28秒

空所の前にMRT Inc. was the --- とあることから、空所には冠詞 the の後ろに入る名詞で、かつ主語である固有名詞 MRT Inc. とイコールの関係になる (A) recipient「受取人、受益者、受給者」が入る。(B) reception「受領、受付、パーティー」も名詞だが、MRT Inc. という企業とイコールにはならない。(D) receive「～を受け取る」は動詞の原形、(C) receiving は動名詞または現在分詞。

訳 MRT Inc. は、最先端の医療研究に資金援助するための、2000万ドルの助成金を政府から受け取った。

518位 品詞 (A) 2.51% (B) 22.42% (C) 4.03% **(D) 71.05%** ⏱23秒

空所の前に in construction project とあることから、空所には前置詞 in がつなぐ名詞で、冠詞を入れずに construction project と共に名詞句を形成する不可算名詞の (D) management「管理」がふさわしい。construction project management「建設プロジェクト管理」というかたまりで押さえておこう。(B) manager「管理者」は人を表す可算名詞で、a project manager「プロジェクト管理者」(複数形の場合は project managers)のように使う。(A) manage「～を管理する」は動詞の原形、(C) managerial「経営上の、管理上の」は形容詞。

訳 25年のキャリアの中で、Mr. Atkins は建設プロジェクト管理における豊富な経験を積んだ。

517位 品詞 態

(A) 3.10% **(B) 71.05%** (C) 11.05% (D) 14.81% ⏱30秒

空所の前に Mr. Khamwaen has experience という主語・動詞・目的語がそろっていることから、空所には補足情報を加える機能を果たす (B) conducting「～を行った」が入る。have experience (in) *doing*「～した経験がある」という形でマスターしておこう。(C) to be conducted と (D) conducted を experience の後ろに用いると、「行われた経験」という受動の関係になってしまう上、後ろの performance evaluations を目的語にとれなくなるので不適切。(A) conducts「～を行う」は動詞の現在形。

訳 Mr. Khamwaen は、さまざまな業界で業績評価を行った経験を保有している。

正解 519. (A)／518. (D)／517. (B)

516. With regard to the questions in your e-mail, a customer service representative will ------- you shortly by phone.

(A) return
(B) offer
(C) send
(D) contact

515. Pako Inc. strictly prohibits the ------- of its Web site's content for commercial purposes without consent.

(A) use
(B) users
(C) uses
(D) used

514. At first, Dr. Keric ------- the idea of livestreaming his seminar but eventually changed his mind.

(A) opposed
(B) resembled
(C) advised
(D) joined

516位 語彙 語法

(A) 16.88%　(B) 3.58%　(C) 8.51%　**(D) 71.03%**　28秒

「顧客サービス部の担当者より電話にて ---します」という文脈と、空所の直後に you shortly と続いていることから、空所には you という目的語を1つだけとる (D) contact「〜に連絡をする」がふさわしい。(B) offer と (C) send も you を目的語にとることはできるが、offer you a discount「あなたに割引を提示する」や send you a catalogue「あなたにカタログを送る」のように、人である you の後ろにもう1つ目的語が必要。(A) return は、return your call「折り返し電話する」とは言えるが、return you by phone は「あなたを電話で返却する」となってしまう。

訳　メールでのご質問につきましては、顧客サービス部の担当者より電話で追って連絡を差し上げるようにいたします。

515位 品詞 **(A) 71.02%** (B) 16.30%　(C) 8.12%　(D) 4.57%　23秒

空所前後に冠詞 the と前置詞 of があることから、空所には名詞の (A) use「使用」がふさわしい。use には動詞の「〜を使う」の他に名詞の用法もあることを押さえておこう。(B) users「利用者」、(C) uses「(可算名詞で)用途」も名詞だが、文脈に合わない。(D) used は動詞の過去形・過去分詞。

訳　Pako Inc. は、承諾を得ずに同社のウェブサイトのコンテンツを商業目的で使用することを、固く禁じている。

514位 語彙 **(A) 70.99%** (B) 7.72%　(C) 15.53%　(D) 5.76%　29秒

「当初、Dr. Keric はセミナーを生配信することに --- が、結局のところ気が変わった」という文脈から、空所には (A) opposed「〜に反対した (≒ disagreed to)」がふさわしいと判断する。(B) resembled「〜に似ていた (≒ looked like)」、(C) advised「〜に助言した、〜に知らせた」、(D) joined「〜に参加した」は文脈に合わない。

訳　当初、Dr. Keric はセミナーを生配信することに反対していたが、結局のところ気が変わった。

> opposed なら後ろに to が必要だと考えて別の選択肢を選んでしまったという人もいたね。この文の opposed は他動詞だから直後に to は入れられないんだけど。
>
> Dr. Kelly was opposed to the idea. のように opposed を形容詞として使う場合は、前置詞の to で補足情報をつなぐことができるよ。

正解　516. (D) ／ 515. (A) ／ 514. (A)

513. Following the recent upgrades to Worktracker software, implementing schedule changes has become ------- easier for users.

(A) decided
(B) decisive
(C) decidedly
(D) decisiveness

512. The company is ------- to consider someone with no management experience if they are otherwise qualified for the position.

(A) positive
(B) notifying
(C) willing
(D) suitable

511. Customers expressed their level of satisfaction ------- by rating the product on a scale from 1 to 10.

(A) historically
(B) chronologically
(C) alphabetically
(D) numerically

513位 品詞 (A) 12.21% (B) 12.53% (C) 70.96% (D) 4.29% 33秒

空所前に become という自動詞、後ろに easier という形容詞の比較級があることから、空所には形容詞を修飾できる副詞が入る。選択肢の中で副詞は (C) の decidedly「明らかに、断然（≒ definitely）」のみ。(A) decided は動詞 decide「〜を決める」の過去形・過去分詞、(B) decisive「決断力のある」は形容詞、(D) decisiveness「決断力」は名詞。

訳　Worktracker ソフトウエアの最新アップグレードを経て、ユーザーがスケジュール変更を行うことがユーザーにとって断然簡単になった。

512位 語彙 語法

(A) 15.46% (B) 7.36% (C) 70.86% (D) 6.32% 35秒

「その会社では管理職の経験がない人を候補として---」という文脈と、空所直後に不定詞 to consider が続いていることから、空所には (C) willing がふさわしい。ぜひ、be willing to do「進んで〜したいと考えている」という語法ごとマスターしておこう。(B) notifying は動詞 notify「〜に知らせる」の -ing 形で、情報を伝達する相手を目的語にとる。(A) positive と (D) suitable は後ろに不定詞をとる用法はない。

訳　その会社では、他の点で当該職に適格であれば、管理職の経験がない人も進んで候補とする。

(A) **positive:** 肯定的な、前向きな（⇔ negative）
   例　The company is positive about expanding into new markets.「その会社は新たな市場への進出に前向きだ」
(B) **notifying:** 〜に知らせる　例　notify someone「誰かに知らせる」
(D) **suitable:** 適切な、ふさわしい（≒ appropriate / right）
   例　The company is seeking a suitable candidate.「その会社はふさわしい候補者を探している」

511位 語彙 (A) 4.40% (B) 15.51% (C) 9.33% (D) 70.76% 31秒

空所の後ろに「1から10までの段階で製品を評価することによって」と述べられていることから、空所には (D) numerically「数字で、数値的に」が入る。(A) historically「歴史的に見て」、(B) chronologically「年代順に（≒ in chronological order）」、(C) alphabetically「アルファベット順に（≒ in alphabetical order）」は文脈に合わない。

訳　顧客は1から10までの段階で製品を評価することによって、満足度を数値で示した。

正解　513. (C) ／ 512. (C) ／ 511. (D)

510. Ms. Rousos plans to visit each of the branches, ------- she has to delay her vacation.

(A) otherwise
(B) even if
(C) as well as
(D) rather

509. The Shefford Art Museum has three floors of exhibition rooms ------- a café, a gift shop, and a flower garden.

(A) in spite of
(B) according to
(C) following
(D) along with

508. This coupon entitles the holder to 10 percent off any meal at Haliday's, ------- the Saturday night specials.

(A) unlike
(B) during
(C) except
(D) despite

510位 接続詞 vs. 修飾語

(A) 18.08% **(B) 70.68%** (C) 6.51% (D) 4.72%   **35**秒

カンマ前と空所の後ろの節同士をつなぐことができるのは、接続詞の (B) even if「たとえ〜でも」。(C) as well as にも「〜と同様に、〜と同じくらい」という意味を持つ接続詞の用法はあるが、文脈に合わない。(A) otherwise は副詞、(D) rather は副詞。

訳 Ms. Rousos は、たとえ休暇を先延ばしにする必要があろうとも、各支店を回るつもりだ。

- (A) **otherwise**: さもなければ（≒ or else ／ if not） 例 Ms. Rousos is required to visit each of the branches by Friday. Otherwise, she will have to delay her vacation.「Ms. Rousos は金曜までに各支店を回らなければならない。さもなければ、彼女は休暇を先延ばしにする必要があるだろう」
- (C) **as well as**:（A as well as B で）A も B も、B だけでなく A も 例 Ms. Rousos plans to visit small branches as well as large ones.「Ms. Rousos は大きい支店だけでなく小さな支店も回るつもりだ」
- (D) **rather**: むしろ 例 Ms. Rousos would rather stay in her office than visit each of the branches.「Ms. Rousos は各支店を訪問するよりも、むしろ自身のオフィスに居たいと考えている」

509位 前置詞

(A) 3.77% (B) 3.91% (C) 21.65% **(D) 70.67%** **27**秒

空所前後の「カフェや土産物屋、花園 --- 、3フロアの展示室がある」という文脈から、空所には (D) along with「〜と併せて、〜と一緒に（≒ together with）」が入る。(A) in spite of「〜にもかかわらず（≒ despite）」、(B) according to「〜によると、〜に従って」、(C) following「〜の後で（≒ after）」は文脈に合わない。

訳 Shefford Art Museum には、カフェや土産物屋、フラワーガーデンが併設された、3フロアの展示室がある。

508位 前置詞

(A) 4.91% (B) 20.07% **(C) 70.61%** (D) 4.40%   **30**秒

カンマ前に「このクーポンをお持ちの方は、Haliday's でのお食事が全て10パーセント引きになります」とあり、後ろに「土曜の夜の限定メニューを ---」と追記していることから、空所には (C) except「〜を除いて（≒ with the exception of ／ excluding）」が入る。(A) unlike は「〜とは異なり（⇔ like）」、(B) during は「〜の間」、(D) despite は「〜にもかかわらず（≒ in spite of）」。

訳 このクーポンをお持ちの方は、Haliday's でのお食事が、土曜の夜の限定メニューを除いて、全て10パーセント引きになります。

正解 510. (B) ／ 509. (D) ／ 508. (C)

507. If time -------, the panelists will answer questions you may have about today's topic.

(A) allows
(B) allowed
(C) allowing
(D) allowance

506. Channel subscribers may enjoy special ------- such as early access to content or premium features.

(A) sizes
(B) revenues
(C) contributions
(D) privileges

505. The board members emphasized the need to ------- innovation to stay ahead of the competition.

(A) draw up
(B) focus on
(C) agree with
(D) stand for

504. Many fruits and vegetables had disappointing yields this year, leading to a ------- increase in their prices.

(A) substantial
(B) prestigious
(C) confidential
(D) perishable

| 1000〜801 | 800〜601 | **600〜401** | 400〜201 | 200〜1 |

507位 [時制] [慣用表現]

(A) 70.55% (B) 19.12% (C) 6.94% (D) 3.39%　⏱**17**秒

文頭にIf time ---, とあり、カンマの後ろの節にwill answerという未来を表す時制が使われていることから、空所には動詞の現在形である(A) allows「許す、余地がある」が入る。ぜひ、If time allows「時間が許せば(≒ If time permits)」と言う表現をそのままマスターしよう。(B) allowedは動詞の過去形・過去分詞で、If time allowedとする場合は主節の動詞もwould answerという仮定法になる。(C) allowingは動名詞または現在分詞、(D) allowance「許容、手当」は名詞。

🔲 時間が許せば、パネリストたちが本日のテーマに関する皆さんのご質問にお答えします。

506位 [語彙] (A) 3.23% (B) 10.62% (C) 15.64% **(D) 70.52%** ⏱**24**秒

「チャンネル登録者はコンテンツにいち早くアクセスできることやプレミアム機能といった --- を楽しめる」という文脈から、空所には(D) privileges「特権、特典(≒ special rights)」が入る。(A) sizes「サイズ、大きさ」、(B) revenues「収入」、(C) contributions「貢献」は文脈に合わない。

🔲 チャンネル登録者は、コンテンツにいち早くアクセスできることやプレミアム機能などの特典を楽しめる。

505位 [慣用表現]

(A) 13.72% **(B) 70.44%** (C) 7.83% (D) 8.01%　⏱**31**秒

「競合よりも優位であり続けるには、イノベーション --- ことが必要だと強調した」という文脈から、空所には(B) focus on「〜に焦点を当てる、〜に注力する」が入る。(A) draw up「〜を作成する、〜を立案する」、(C) agree with「〜に同意する」、(D) stand for「〜を表す、〜を支持する」は文脈に合わない。

🔲 取締役たちは、競合よりも優位であり続けるには、イノベーションに注力することが必要だと強調した。

504位 [語彙] **(A) 70.39%** (B) 11.42% (C) 6.47% (D) 11.72% ⏱**31**秒

空所前後に「価格の --- 上昇」とあることから、空所には程度や幅を示すことのできる(A) substantial「大幅な(≒ considerable / significant / remarkable)」が入る。(B) prestigious「名声のある(≒ renowned / distinguished / notable / respected)」、(C) confidential「秘密の(≒ secret)」、(D) perishable「傷みやすい」は文脈に合わない。

🔲 今年は多くの果物や野菜の収穫高が芳しくなく、大幅な価格高騰につながった。

正解　507. (A)／506. (D)／505. (B)／504. (A)　　305

503. Wendy Liu's fabric sculptures have been praised worldwide ------- their innovative combinations of art and fashion.

(A) by
(B) for
(C) into
(D) across

502. The market research agency submitted a report to the client with ------- information about the findings.

(A) detailing
(B) details
(C) detailed
(D) detail

501. Ms. Ettinger, the head accountant, takes a ------- approach to her bookwork, which saves time and helps reduce errors.

(A) numerous
(B) coincidental
(C) negotiable
(D) methodical

| 1000〜801 | 800〜601 | **600〜401** | 400〜201 | 200〜1 |

Level 3

503位 前置詞 (A) 17.83% **(B) 70.38%** (C) 5.04% (D) 6.74% ⏱28秒

「Wendy Liu の彫刻作品はアートとファッションの革新的な組み合わせ --- 世界中から称賛されている」という文脈から、空所には対象を表す (B) for「〜に対して」が入る。

訳 Wendy Liu の布を使った彫刻作品は、そのアートとファッションの革新的な組み合わせで、世界中から称賛されている。

UP! (A) **by**: 〜によって 例 Her sculptures have been praised by many critics.「彼女の彫刻作品は多くの評論家から称賛されている」

(C) **into**: 〜の中へ 例 Her sculptures have been brought into another room. 「彼女の彫刻作品は別の部屋に持ち込まれた」

(D) **across**: 〜を横切って、〜の至る所で 例 Her sculptures have been praised across the world.「彼女の彫刻作品は世界中で称賛されている」

502位 品詞 (A) 7.25% (B) 4.30% **(C) 70.26%** (D) 18.19% ⏱20秒

空所前に前置詞 with、後ろに名詞 information があることから、空所には直後の名詞を修飾する形容詞の (C) detailed「詳細にわたる」が入る。(A) detailing を分詞として使う場合は、information detailing the findings「その結果を詳しく述べている情報」のように、information の後ろから詳細を盛り込む。(D) detail は名詞「詳細」または動詞「〜を詳しく述べる」の原形、(B) details は名詞の複数形または動詞の現在形。

訳 市場調査会社は、結果について詳細な情報が含まれている報告書を顧客に提出した。

501位 語彙 語法

(A) 14.96% (B) 8.37% (C) 6.41% **(D) 70.26%** ⏱34秒

「経理部長が --- アプローチで帳簿をつけるが、それが時間の節約やミスの低減につながっている」という文脈から、空所には (D) の methodical「体系的な、秩序だった」が入る。(A) numerous「数多くの」も意味的に入りそうだが、後ろに approach のような可算名詞をとる場合は複数形になるので不適切。

訳 経理部長の Ms. Ettinger は体系的なアプローチで帳簿をつけるが、それが時間の節約やミスの低減につながっている。

UP! (A) **numerous**: 数多くの (≒ many)

例 take numerous approaches「数多くのアプローチを取る」

(B) **coincidental**: 偶然に起きる 例 a coincidental event「偶発的な出来事」

(C) **negotiable**: 交渉の余地がある、譲渡可能な

例 a negotiable document「譲渡（換金）可能な書類」

正解 503. (B)／502. (C)／501. (D)   307

500. Thanks to the new intuitive design, visitors to the Web site can now obtain information ------- easily.

(A) much
(B) even
(C) more
(D) such

499. The store is popular with bargain seekers because ------- its inventory is luxury-brand goods offered at significant discounts.

(A) the most
(B) mostly
(C) most of
(D) almost

500位 修飾 比較 語法
(A) 24.12%　(B) 3.80%　**(C) 70.24%**　(D) 1.83%　　24秒

カンマの後ろに visitors ... can now obtain information --- easily とあることから、空所には副詞の原級 easily を修飾して比較級にする (C) more「より」が入る。(A) much や (B) even は原級ではなく、比較級を強調する際に用いられる。

訳 直感的な新デザインのおかげで、そのウェブサイトにアクセスする人々は今や情報をより簡単に入手できるようになっている。

(A) **much**: 非常に、ずっと　**例** much more easily「はるかにより簡単に」
(B) **even**: さえ、さらに　**例** even more easily「さらにより簡単に」
(D) **such**: そのような、それほどまでの
　　　例 such an easy way「それほどまで簡単な方法」

499位 語法
(A) 6.68%　(B) 13.16%　**(C) 70.14%**　(D) 10.02%　　33秒

接続詞 because の後には空所には節が来るので、空所には直後の its inventory と共に動詞 is の主語となる名詞相当語句が入る。its inventory の前に置くことができるのは、inventory の代役を務める代名詞を含む (C) most of「〜の大半」のみ。most of its inventory で「その取扱商品の大半」というフレーズが完成する。(A) the most「大半の」は冠詞と形容詞で、the most inventory のように用いる。(B) mostly「だいたい（≒ generally）」も副詞で、its inventory is mostly luxury-brand goods「その取扱商品は大半が高級ブランド品である」のように使う。(D) almost「ほぼ」は副詞で、almost all (of) its inventory のように用いる。

訳 その店は、取扱商品の大半が大幅な割引で提供される高級ブランド品であるため、掘り出し物を探している人々に人気がある。

「most や mostly がなぜダメなのか」という質問がとても多かった。

いずれも its のような所有格が付いている名詞を直接修飾することはできないんだよね。それと、most of「大半の」なのに動詞は is でいいのかという質問もあったけれど、本文の inventory は店全体の取扱商品をひとかたまりで捉えているから、単数扱いなんだよ。

正解　500. (C) ／ 499. (C)

498. Customers wishing to cancel their subscription are required to give two weeks' ------- by e-mail.

(A) position
(B) stage
(C) reply
(D) notice

497. Among ------- participating in the fun run is a group of high school students from Japan.

(A) them
(B) those
(C) who
(D) whom

496. Refer to the Delph Technologies Web site for ------- descriptions of all current job opportunities.

(A) completes
(B) completion
(C) complete
(D) completely

495. The research and development budget for next year -------, and the board of directors will review it at its next meeting.

(A) is to submit
(B) had submitted
(C) has been submitted
(D) is submitting

310

498位 慣用表現

(A) 4.18%　(B) 4.28%　(C) 21.40%　**(D) 70.14%**　27秒

「定期利用の契約を解約したい顧客は、メールで2週間前の --- をする必要がある」という文脈から、空所には (D) notice「通知」が入る。give ~ weeks' notice「~週間前に通知する」という表現ごとマスターしておこう。(A) position は「位置、場所（≒ location ／ place）」、(B) stage は「段階（≒ step）、ステージ」、(C) の reply は「返答（≒ response）」という意味なので、文脈に合わない。

訳　定期利用の契約を解約したい顧客は、メールで2週間前に通知する必要がある。

497位 語法

(A) 8.24%　**(B) 70.12%**　(C) 11.61%　(D) 10.02%　27秒

空所前に前置詞 Among、後ろに分詞 participating があることから、空所には前置詞がつなぐべき名詞であり、分詞によって修飾され得る、代名詞の (C) those「（不特定多数の）人々（≒ people）」が入る。(A) them「その人たち、それら」は対象となっている人や物がすでに明確なので、分詞によって修飾される余地がない。(C) の who や (D) の whom を関係代名詞として用いる場合、空所の前に先行詞となる名詞が必要。

訳　マラソン大会に参加する人々の中には、日本から来た高校生のグループもいる。

496位 品詞

(A) 3.62%　(B) 10.24%　**(C) 70.05%**　(D) 16.10%　32秒

空所が前置詞 for と名詞 descriptions の間に位置していることから、空所には名詞を修飾する機能を果たす形容詞の (C) complete「完全な（≒ full）、詳細な（≒ detailed）」が入る。ちなみに、complete は「~を完成させる、~に記入する（≒ fill out）」という意味の動詞としても使われる。(A) completes は動詞の現在形、(B) completion「完成」は名詞、(D) completely「完全に」は副詞。

訳　現在募集中の全ての求人に関する詳しい記述内容は、Delph Technologies のウェブサイトをご参照ください。

495位 態

(A) 13.73%　(B) 9.53%　**(C) 70.05%**　(D) 6.69%　35秒

空所直後にカンマがあり、選択肢で用いられている他動詞 submit「~を提出する」の目的語になる名詞が空所の後ろにないことから、空所には唯一の受動態である (C) の has been submitted がふさわしいと判断する。残りの選択肢はいずれも能動態なので、後ろに目的語を明示する必要がある。

訳　来年度の研究開発費の予算が提出されたので、取締役会は次の会議でそれを審議する。

正解　498. (D)／497. (B)／496. (C)／495. (C)

494. The sign-up sheet should be posted in the staffroom ------- everyone will see it.

(A) until
(B) where
(C) from
(D) whether

493. According to the contract, all interns are paid the same hourly rate ------- where they are assigned to work.

(A) instead of
(B) except for
(C) regardless of
(D) even though

492. Thanks to its ------- slim and lightweight design, the Styla 500 is Infinitor's most popular laptop model.

(A) amazement
(B) amazed
(C) amazingly
(D) amaze

600～401

494位 [関係詞] [語法]

(A) 21.34%　**(B) 69.93%**　(C) 3.13%　(D) 5.59%　⏱**27秒**

空所前の in the staffroom までで受動態の節は完成しており、その後ろに everyone will see it という主語・動詞・目的語がそろった節を続けようとしていることから、空所には直前の in the staffroom という場所に言及しつつ後ろの節をつなぐ、関係副詞の (B) where「～のような場所に」が入る。接続詞であれば節をつなぐことはできるが、(A) until を接続詞として用いる場合、until everyone sees it のような時制で使うので不適切。(D) whether「～であるかどうか」は意味が合わない。(C) from は名詞の前に置く前置詞なので節をつなげない。

訳　登録用紙は、誰もがそれを目にする場所である従業員控室に掲示してください。

493位 [前置詞 vs. 接続詞] [慣用表現]

(A) 5.31%　(B) 8.15%　**(C) 69.76%**　(D) 16.78%　⏱**33秒**

空所前の all interns are paid the same hourly rate「インターン生たちは皆、同額の時給が支払われる」という節に、where they are assigned to work「彼らが仕事をするよう割り当てられる（配属される）場所」という名詞節をつなぐのは、前置詞の (C) regardless of「～に関係なく、～にかかわらず」。(A) instead of「～の代わりに（≒ rather than）」および (B) except for「～を除いて（≒ with the exception of ／ excluding）」も前置詞だが、文脈と合わない。(D) even though「～にもかかわらず」は接続詞なので、... even though they^S work^V in different environments「異なる環境で働いているにもかかわらず…」のように、後ろに節をつなぐ。

訳　契約によると、インターン生たちは皆、配属先にかかわらず、同額の時給が支払われる。

492位 [品詞]　(A) 5.59%　(B) 21.63%　**(C) 69.76%**　(D) 3.02%　⏱**20秒**

空所前後に its --- slim and lightweight design とあるので、空所には形容詞 slim や lightweight を修飾する副詞の (C) amazingly「驚嘆するほど（≒ astonishingly）」が入る。(A) amazement「驚嘆（≒ astonishment）」は名詞、(B) amazed は動詞の過去形・過去分詞、(D) amaze「～を驚嘆させる（≒ astonish）」は動詞の原形。

訳　驚くほどに薄く軽量化されたデザインのため、Styla 500 は Infinitor のノートパソコンで最も人気のあるモデルだ。

正解　494. (B)／493. (C)／492. (C)　313

491. Optica's new SmartView camera features a slim, lightweight design that makes it compact and easily -------.

(A) storable
(B) storing
(C) storage
(D) stores

490. ------- Ms. Keric travels to Deptford City on business, she stays at the Victoria Hotel.

(A) Besides
(B) In case of
(C) Each time
(D) Upon

489. The City of Liddell will ------- its 150th anniversary this year with a series of celebrations.

(A) mark
(B) proceed
(C) receive
(D) state

314

491位 品詞 パラレリズム
(A) 69.74% (B) 11.38% (C) 11.82% (D) 7.06% **31**秒

makes it compact and easily --- とあることから、空所には等位接続詞 and によってつながれる、compact と文法的に対等な要素が入るので、形容詞の (A) storable「保管可能な」を選ぶ。(B) storing は動名詞または現在分詞、(C) storage「保管倉庫（≒ warehouse）」は名詞、(D) stores は動詞「〜を保管する（≒ keeps）」の現在形または名詞「店」の複数形。

訳 Optica の新しい SmartView カメラは、薄くて軽量化されたデザインを採用しているため、小型で保管が簡単である。

490位 前置詞 vs. 接続詞 vs. 修飾語
(A) 5.48% (B) 16.11% **(C) 69.67%** (D) 8.74% **26**秒

カンマの後ろの主節に、Ms. Keric travels ... という節をつなぐ接続詞の機能を果たすことができるのは、(C) Each time「〜するたびに（≒ Every time）」のみ。ちなみに、each time と every time は「毎回」という意味の副詞でもある。(A) Besides は前置詞「〜に加えて」または副詞「さらに」で、節をつなぐことはできない。(B) In case of「〜の場合（≒ In the event of）」と (D) Upon「〜に（≒ On）」はいずれも名詞をつなぐ前置詞。

訳 Ms. Keric は出張で Deptford City を訪れるたびに、Victoria Hotel に滞在する。

489位 語彙 語法
(A) 69.60% (B) 12.65% (C) 5.86% (D) 11.89% **23**秒

空所前後に The City of Liddell will --- its 150th anniversary「Liddle 市は市制150周年を ---」とあることから、空所には anniversary「周年（祭）」を目的語にとることができる動詞の (A) mark「〜を記念する（≒ celebrate）」がふさわしい。(B) の proceed「進む、進行する」は自動詞なので、目的語となる名詞を直接とることができない。(C) の receive「〜を受け取る」と (D) の state「〜を述べる」は他動詞だが、文脈に合わない。

訳 Liddell 市は、今年、市制150周年を記念して、一連の祝賀イベントを開催する。

 (B) **proceed:** 進む、進行する 例 The anniversary celebration is proceeding.「記念日の式典が進行中である」
　(C) **receive:** 〜を受け取る 例 receive an award「受賞する」
　(D) **state:** 〜を述べる 例 state a fact「事実を述べる」

正解　491. (A) ／ 490. (C) ／ 489. (A)

488. A questionnaire is an effective ------- tool for evaluating employee stress levels.

(A) diagnosed
(B) diagnostic
(C) to diagnose
(D) diagnose

487. Applications for transfers to other branches can be submitted ------- the month of November.

(A) upon
(B) among
(C) throughout
(D) above

486. Participants were ------- to give feedback on the workshop by filling out a form at the end of the session.

(A) proposed
(B) encouraged
(C) assessed
(D) reviewed

316

488位 品詞 (A) 11.74% **(B) 69.55%** (C) 8.79% (D) 9.92% ⏱**24**秒

空所前後に an effective --- tool とあることから、空所には直後の名詞 tool を修飾する機能を持つ形容詞として (B) の diagnostic「診断のための」が入る。(D) diagnose「〜と診断する」は動詞の原形。(A) diagnosed は動詞の過去形だけでなく分詞の機能も持つので、名詞を修飾することはできるが、diagnosed tool「診断されたツール」となるため意味的に不自然。(C) to diagnose は不定詞。ちなみに名詞形は diagnosis。

訳 アンケートは、従業員のストレスの度合いを判断するのに有効な診断ツールである。

487位 前置詞

(A) 11.79% (B) 14.67% **(C) 69.47%** (D) 4.07% ⏱**27**秒

選択肢はいずれも前置詞。「異動申請は 11月 --- 提出できる」という文脈から、空所には、ある期間全体にわたって何かが続くことを描写できる (C) throughout「〜の間ずっと」が入る。(A) upon は「接触」、(B) among は「3者以上の間」、(D) above は「上方」を表すので不適切。

訳 他の支店への異動申請は 11月いっぱい提出できる。

486位 語彙 語法

(A) 13.10% **(B) 69.42%** (C) 6.88% (D) 10.61% ⏱**25**秒

選択肢がいずれも -ed 形で、空所前後に Participants were --- to give feedback「参加者は感想を述べることを ---」と受動態になっていることから、空所には participants「参加者」を目的語にとり、かつ不定詞を後ろに伴う (B) encouraged「促された」が入る。encourage O to do「O に〜することを促す」(≒ invite O to do)という語法ごとマスターしておこう。(A) の proposed「勧められた」は、Participants proposed to extend the workshop.「出席者たちはワークショップを延長することを勧めた」のように能動態で用いると、不定詞を目的語に直接とることが可能になる。(C) の assessed「評価された、査定された (≒ evaluated)」、(D) の reviewed「論評された、目を通された」は文脈・語法いずれの観点からも不適切。

訳 参加者たちは、セッションの最後にフォームに記入することによってワークショップの感想を述べることを促された。

正解 488. (B) ／ 487. (C) ／ 486. (B)

485. To be considered for the analyst position, candidates must demonstrate ------- understanding of advanced statistical techniques.

(A) familiar
(B) comprehensive
(C) approachable
(D) confidential

484. Commercial truck ------- Triz International will cease production of gasoline engines in March.

(A) manufacturer
(B) manufactures
(C) to manufacture
(D) has manufactured

483. All participants in the annual fun run receive a gift with a minimum ------- of three dollars.

(A) effect
(B) standard
(C) value
(D) profit

| 1000～801 | 800～601 | **600～401** | 400～201 | 200～1 |

485位 語彙 (A) 8.52% **(B) 69.37%** (C) 10.32% (D) 11.79% ⏱**37**秒

candidates must demonstrate --- understanding of advanced statistical techniques
「候補者たちは高度な統計技術の --- 理解を示さなければならない」という文脈から、空所には
(B) comprehensive「包括的な」がふさわしい。

訳 アナリスト職への採用を考慮されるには、候補者たちは高度な統計技術を包括的に理解していることを示さなければならない。

UP! (A) **familiar**: 精通している（≒ acquainted）
例 They're familiar with the techniques.「彼らはその技術に精通している」

(C) **approachable**: 近づきやすい、親しみやすい
例 an approachable executive「親しみやすい取締役」

(D) **confidential**: 秘密の、信頼のおける
例 strictly confidential「極秘の」、a confidential relationship「打ち解けた関係」

484位 品詞 **(A) 69.31%** (B) 9.58% (C) 13.76% (D) 7.35% ⏱**32**秒

空所の前に形容詞 Commercial が修飾する名詞 truck、後ろに固有名詞 Triz International
Corporation があるので、空所には truck とセットで使う名詞として (A) manufacturer「製造
会社、メーカー（≒ maker）」が入る。Triz International までが主語であることを見抜くと同時
に、truck manufacturer「トラックメーカー」という名詞のかたまりで捉えられるようにしておこう。
(B) manufactures は動詞「～を製造する」の現在形、または名詞「製品」の複数形、(C) to
manufacture は不定詞、(D) has manufactured は動詞の現在完了形。

訳 商用トラックメーカーの Triz International は、3月でガソリンエンジンの生産を終了する。

483位 語彙 (A) 4.35% (B) 8.43% **(C) 69.30%** (D) 17.91% ⏱**31**秒

「参加者全員が少なくとも3ドルの --- がある景品をもらえる」という文脈から、空所には (C) の value
「価値、価格」が入る。

訳 毎年恒例のマラソン大会の参加者全員が、少なくとも3ドル相当の景品をもらえる。

UP! (A) **effect**: 効果、効力 例 a negative effect「悪影響」
(B) **standard**: 基準、水準 例 the industry standard「業界の基準」
(D) **profit**: 利益 例 maximize profit「利益を最大化する」

Level 3

正解 485. (B)／484. (A)／483. (C)

319

482. ------- the increasing popularity of its toys, Funby Corporation decided to double production by the end of next year.

(A) While
(B) Given
(C) Because
(D) Although

481. Ms. Chow's ------- on renewable energy sources will be published in a scientific journal next month.

(A) research
(B) researches
(C) researching
(D) researched

480. The currency exchange rates on our Web site are ------- updated and may change without warning.

(A) continually
(B) recently
(C) eligibly
(D) considerably

| 1000〜801 | 800〜601 | **600〜401** | 400〜201 | 200〜1 |

482位 　前置詞 vs. 接続詞

(A) 10.58%　**(B) 69.11%**　(C) 14.60%　(D) 5.71%　⏱**280秒**

空所には the increasing popularity（of its toys）という名詞句をカンマの後ろとつなぐ語が入るので、前置詞として機能する (B) の Given「〜を考えると（≒ Considering ／ With）」を選択する。(A) While「〜の間、〜だが一方で」、(C) Because「〜なので」、(D) Although「〜にもかかわらず（≒ Though ／ Even though）」はいずれも接続詞で、節をつなぐ際に用いられる。

訳 Funby Corporation は自社の玩具の人気が高まっていることを考慮して、来年末までに生産量を倍にすることにした。

> 😀「AI で検索したら、Because の方が正しいと言っている」というコメントがあった。
>
> 🧒 前置詞の Because of なら正解になり得るけど、Because だけだと接続詞だから文法的に NG だね。

481位 　品詞 　(A) 68.97%　(B) 17.01%　(C) 10.21%　(D) 3.81%　⏱25秒

空所直前に Ms. Chow's、空所後に動詞の will be published があるので、空所には主語となる名詞の (A) research「研究」を選択する。なお、research は不可算名詞なので、(B) の researches は動詞 research「〜を研究する」に -es が付いたものとみなし除外する（研究対象が複数のジャンルにわたる場合、researches という名詞の複数形を使うこともまれにあるが、ここでは空所直後の on 〜で研究対象が 1 つに絞られているので該当しない）。(C) の researching は動名詞または現在分詞、(D) の researched は動詞の過去形・過去分詞。

訳 再生可能なエネルギー源に関する Ms. Chow の研究は、科学誌で来月発表される。

480位 　語彙 　(A) 68.90%　(B) 19.83%　(C) 5.79%　(D) 5.48%　⏱27秒

「為替レートは --- 更新されており、予告なしで変わるかもしれない」という文脈から、空所には (A) の continually「継続的に、頻繁に」が入る。(B) の recently「最近」は、The currency rates <u>were</u> ／ <u>have been</u> recently updated.「最近、為替レートは更新された」のように過去形や完了形と一緒に使われる。(C) の eligibly は「資格を持って、適格に」、(D) の considerably は「かなり」という意味なので文脈に合わない。

訳 当ウェブサイトの為替レートは頻繁に更新されており、予告なしで変更されることがあります。

正解　482. (B)／481. (A)／480. (A)

479. Although the statistics published the other day ------- by the researchers, many experts have questioned their accuracy.

(A) were verified
(B) had verified
(C) will verify
(D) is verified

478. The closing credits of the movie listed the names of the actors in the ------- in which they appeared.

(A) basis
(B) order
(C) duration
(D) stay

477. A major winter snowstorm disrupted travel across the ------- southwest region yesterday.

(A) any
(B) every
(C) entire
(D) all

479位 態 主述の一致

(A) 68.78%　(B) 15.68%　(C) 4.21%　(D) 11.32%　42秒

空所の直後に前置詞 by が続いていて目的語が存在しないこと、および主語の中で主役に当たるのは statistics (= they) であることから、複数形の名詞に対応する受動態の動詞 (A) were verified が空所にふさわしい。(B) had verified と (C) will verify は能動態なので不適切。(D) is verified は主述の数が一致しない。

訳 先日発表された統計は研究者によって検証されているが、多くの専門家はその正確さを疑っている。

> 😎 (B) と迷った人が意外にも多かった。
> 🧑 verify (〜を検証する) は他動詞で目的語が必要だし、statistics「統計データ」は verify するのではなく、verify されるものだからね。

478位 語彙

(A) 10.84%　**(B) 68.74%**　(C) 16.29%　(D) 4.13%　32秒

「登場した --- に俳優の名前を挙げていた」という文脈から、空所には (B) の order「順番」が入る。

訳 その映画のエンドロールでは、登場した順に俳優の名前を挙げていた。

📈UP!
(A) **basis**: 基礎　例 on the basis of actual event「実際の出来事に基づいて」
(C) **duration**: 期間　例 for the duration of filming「撮影の期間中」
(D) **stay**: 滞在　例 during your stay「ご滞在中に」

477位 修飾 語法

(A) 6.07%　(B) 10.83%　**(C) 68.72%**　(D) 14.39%　28秒

選択肢の中で、定冠詞 the と名詞 southwest region の間に入ることができるのは (C) の entire「全体の (≒ whole)」のみ。(A) の any は、any southwest region もしくは any of the southwest region「南西地区のどこでも」のように用いられる。(B) の every は、every region「どの地域でも」のように使う。(C) の all は、all the southwest region(s)「全ての南西地区」のように the の前か、all of the southwest region「南西地区のどこでも」のように of と共に用いられる。

訳 昨日、冬の猛吹雪により、南西地区の全域で移動に混乱が生じた。

正解　479. (A) ／ 478. (B) ／ 477. (C)

476. Newspapers are seeking new sources of revenue ------- the decline in income from subscriptions that has occurred in recent years.

(A) because
(B) further
(C) owing to
(D) so

475. Mr. Maeda insists that our new office space ------- before moving in any furniture.

(A) start painting
(B) be painted
(C) has painted
(D) painting

474. The need for the company to diversify its product lineup has become ------- in recent months.

(A) apparently
(B) appearance
(C) apparent
(D) appears

473. If you have questions not ------- on our Web site's FAQs page, please do not hesitate to ask us in person.

(A) measured
(B) addressed
(C) installed
(D) contacted

324

476位 前置詞 vs. 接続詞 vs. 修飾語
(A) 19.26%　(B) 5.27%　**(C) 68.69%**　(D) 6.78%　⏱**38**秒

空所の前で文が成立しており、空所の後ろに補足情報として the decline (in income ... in recent years) という名詞句があることから、空所には名詞句をつなぐ前置詞の (C) owing to 「〜のため、〜なので (≒ thanks to ／ because of ／ due to ／ on account of)」が入る。(A) の because 「なぜなら」と (D) の so 「だから」は接続詞で、節と節をつなぐ。(B) の further は形容詞「さらなる」または副詞「さらに」で、空所前後をつなぐことができない。

訳　近年、定期購読からの収入に減少が見られるため、新聞各社は新しい収入源を探している。

475位 時制 態
(A) 9.34%　**(B) 68.65%**　(C) 18.68%　(D) 3.32%　⏱**31**秒

空所の前の動詞 insists 「〜を主張する」のように、要求・主張・提案などを表す動詞に続く that 節は仮定法現在となり、節内の動詞は原形になる。よって、(A) か (B) が正解候補だが、選択肢共通の他動詞 paint 「〜を塗る」の目的語が空所の後ろにないことから、空所には受動態の (B) be painted が入る。同様の語法を持つ動詞に demand 「要求する」、mandate 「命令する」、require 「求める」、prefer 「より望ましいと考える」、advise 「忠告する」、recommend 「勧める」、propose 「提案する」などがある。

訳　Mr. Maeda は、何か家具を運び込む前に、新たなオフィススペースに塗装が施されるべきだと主張している。

474位 品詞
(A) 16.47%　(B) 12.18%　**(C) 68.51%**　(D) 2.84%　⏱**27**秒

空所直前の become は、be 動詞と同様、主語（この文では The need から product lineup まで）の状態を説明しつつ、後ろに続く補語との関係をイコールにする機能を持つので、形容詞の (C) apparent 「明らかな」が入る。名詞の (B) appearance は「見た目、出現、出演」という意味で、主語の need 「必要性」とイコールの関係にならない。(A) apparently 「どうやら」は副詞、(D) appears 「現れる、〜のように見える」は動詞の現在形。

訳　自社製品のラインアップを多様化する必要があることが、ここ数カ月で顕在化してきている。

473位 語彙
(A) 6.00%　**(B) 68.48%**　(C) 8.99%　(D) 16.53%　⏱**29**秒

空所には not と一緒に名詞 questions を後ろから修飾する分詞が入る。「ウェブサイトで --- されていない質問があれば」という文脈から、(B) の addressed 「取り上げられた、扱われた (≒ discussed ／ listed)」がふさわしい。(A) measured は「測定された」、(C) installed は「設置された」、(D) contacted は「連絡を受けた」という意味で、文脈に合わない。

訳　当ウェブサイトの FAQ のページで取り上げられていない質問がありましたら、ご遠慮なく直接お問い合わせください。

正解　476. (C) ／ 475. (B) ／ 474. (C) ／ 473. (B)

472. A popular commercial street lined with shops and restaurants, LeGrand Avenue runs ------- to the Noak River.

(A) consistent
(B) parallel
(C) away
(D) approximate

471. Landscaper Freddy Wright will redesign the 16-acre gardens ------- the Heather Schulz Museum next year.

(A) following
(B) happening
(C) surrounding
(D) among

470. Council inspectors have determined that immediate demolition of the old plant building is -------.

(A) empty
(B) feasible
(C) adjacent
(D) modern

472位 語彙 語法

(A) 9.47%　**(B) 68.45%**　(C) 16.03%　(D) 6.05%　⏱ **32**秒

「LeGrand Avenue は Noak River と --- 走っている」という文脈から、空所には位置関係を示すことができる形容詞の (B) parallel「並行な、平行の」が妥当だと判断する。この問題文のように前置詞 to とセットで parallel to 〜「〜と並行して」という使い方をすることにも慣れておこう。(C) の away「離れて」は副詞で、run away from 〜「〜から逃げる」のように用いられる。(A) consistent は「一貫した」、(D) approximate は「おおよその」という意味の形容詞。

訳　店やレストランが立ち並ぶ人気の商店街 LeGrand Avenue は、Noak River と並行に走っている。

471位 語彙 語法

(A) 21.20%　(B) 2.72%　**(C) 68.38%**　(D) 7.70%　⏱ **30**秒

空所には名詞 gardens を後ろから修飾する語が入る。「Heather Schulz Museum を --- するような 16 エーカーの庭園」という文脈から、分詞の (C) surrounding「〜を取り囲む」がふさわしい。(A) following「〜に続いて」は順番を示す前置詞。庭園だけでなく博物館も改修されるのであれば、following the completion of the Heather Shultz Museum redesign「Heather Schulz Museum の再設計が完了した後で」のように使う。(B) happening「発生している」は happen が目的語をとらない自動詞であり、意味的にも不自然。(D) among は「(3者以上) の間」を表す前置詞で、文脈に合わない。

訳　来年、造園家の Freddy Wright は Heather Schulz Museum を取り囲む 16 エーカーの庭園を再設計する。

470位 語彙

(A) 12.28%　**(B) 68.38%**　(C) 14.48%　(D) 4.87%　⏱ **35**秒

「古い工場の immediate demolition（即時解体）は --- であると議会の調査官たちが判断した」という文脈から、空所には (B) の feasible「実現可能な、実行可能な（≒ doable）」が妥当。

訳　議会の調査官たちは、古い工場の即時解体は遂行可能であると判断した。

- (A) **empty:** 空いている（≒ vacant／unoccupied）
  - 例 The building is empty.「その建物には何もない（空きビルの状態だ）」
- (C) **adjacent:** 隣接している
  - 例 a parking adjacent to the facility「施設に隣接する駐車場」
- (D) **modern:** 近代的な　例 a modern architecture「近代建築、モダンな建物」

正解　472. (B) ／ 471. (C) ／ 470. (B)

469. An announcement ------- the appointment of the company's new CEO will be made sometime this week.

(A) concerned
(B) concerns
(C) concerning
(D) concern

468. ------- the team meets its quarterly targets, the Springfield office will remain open.

(A) As long as
(B) Due to
(C) Beforehand
(D) Despite

467. The new smartphone application has been selling better than expected since there is ------- like it on the market.

(A) nobody
(B) nothing
(C) no one
(D) neither

469位 【品詞】 (A) 16.59% (B) 12.36% **(C) 68.37%** (D) 2.69% ⏱26秒

空所には、前の An announcement と後ろの名詞句 the appointment (of the company's new CEO) をつなぐ前置詞が求められていると判断し、(C) concerning「～に関する (≒ regarding ／ with regard to ／ in regard to ／ with respect to ／ in respect to ／ with reference to ／ in reference to ／ pertaining to ／ as to)」を選択する。(A) の concerned は「懸念している (≒ worried)」という意味の形容詞または動詞の過去形・過去分詞。(B) の concerns と (D) の concern は「～を心配させる」という意味の動詞、または「懸念事項」という意味の名詞。

訳 その会社の新 CEO の任命に関する発表は、今週中に行われることになるだろう。

468位 【前置詞 vs. 接続詞 vs. 修飾語】
(A) 68.34% (B) 14.37% (C) 8.10% (D) 9.19% ⏱34秒

カンマの後ろの主節に文の要素がそろっていることから、空所には主節とカンマの前の the team meets its quarterly targets という節をつなぐ接続詞が入ると判断し、(A) As long as「～である限りは」を選択する。(B) の Due to「～なので (≒ Because of ／ On account of ／ Owing to ／ Thanks to)」と (D) の Despite「～にもかかわらず (≒ In spite of ／ Notwithstanding)」は前置詞なので節同士をつなげない。Due to the team's success in the past quarter のように名詞の前であれば使うことができる。(C) の Beforehand「事前に (≒ In advance)」は副詞。

訳 そのチームが四半期ごとの目標を達成する限り、Springfield オフィスは営業し続けるだろう。

467位 【指示語】【語法】
(A) 12.04% **(B) 68.32%** (C) 15.49% (D) 4.16% 30秒

文の前半に「そのスマートフォン用の新しいアプリは予想以上によく売れている」とあり、後半に「市場にそれと類似するものが --- なので」と続いていることから、空所にはアプリという物に言及する代名詞の (B) nothing「何もない、1つもない」が入る。

訳 そのスマートフォン用の新しいアプリは、市場にそれと類似するものがないため、予想以上によく売れている

 (A) **nobody**: 誰も～ない (≒ no one)
例 Nobody likes the new app.「誰もその新しいアプリを気に入っていない」
(C) **no one**: 誰も～ない (≒ nobody)
例 There is no one like you.「あなたのような人はいない」
(D) **neither**: どちらも～ない
例 Neither of the apps is expensive.「どちらのアプリも高価ではない」

正解 469. (C) ／ 468. (A) ／ 467. (B)

466. In order to reduce construction costs, the client requested many changes to the building's ------- design.

(A) excess
(B) preliminary
(C) alone
(D) ready

465. Our new production method will ------- reduce our costs as well as manufacturing defects.

(A) drastically
(B) extremely
(C) verbally
(D) similarly

464. The updates to the booking Web site make the bus system ------- for customers to use.

(A) eases
(B) easing
(C) easily
(D) easier

466位 語彙 語法

(A) 25.43%　**(B) 68.19%**　(C) 2.36%　(D) 4.02%　28秒

「建設費用を抑えるために、その依頼主は建物の --- デザインに多くの変更を求めた」という文脈から、空所には (B) preliminary「予備的な、仮の (⇔ final)」がふさわしい。(A) excess は数や量の面で必要十分な水準を超えていることを表す際に用いられる。(C) alone「独りで、独りきりの」と (D) ready「用意ができて」は、名詞の前（限定用法）ではなく、be 動詞などの後ろで主語の状態を描写する（叙述用法）。

訳　建設費用を抑えるため、その依頼主は建物の仮デザインに多くの変更を求めた。

- (A) **excess**: 超過している　例 excess inventory「余剰在庫」
- (C) **alone**: 独りの　例 I was alone in the room.「その部屋に独りでいた」
- (D) **ready**: 用意ができて　例 I'm ready.「準備はできているよ」

465位 語彙

(A) 68.16%　(B) 21.87%　(C) 2.85%　(D) 7.12%　24秒

「新たな製造方法はコストも --- 低減させる」という文脈から、空所には (A) drastically「抜本的に、劇的に (≒ dramatically)」が入る。(B) extremely「極めて、非常に」は形容詞や副詞を修飾するが、動詞を直接修飾することはできない点に注意。

訳　われわれの新たな製造方法は、生産上の欠陥だけでなくコストも劇的に低減させるだろう。

- (B) **extremely**: 極めて、非常に
  - 例 Our new production method is extremely efficient.「われわれの新たな製造方法は極めて効率が良い」
- (C) **verbally**: 言葉で、口頭で
  - 例 explain the method verbally「その方法を口頭で説明する」
- (D) **similarly**: 同様に
  - 例 Other manufacturers similarly followed suit.「他のメーカーも同様に追随した」

464位 品詞 語法

(A) 4.96%　(B) 4.08%　(C) 22.82%　**(D) 68.13%**　29秒

make ＋名詞＋形容詞「名詞を形容詞にする」という語法が使われていることを見抜き、空所には形容詞の比較級である (D) easier「より簡単な」を入れる。文法的には副詞の (C) easily で動詞 make を修飾することも可能だが、「アップデートがバスシステムを簡単に作る」という意味になってしまうので不適切。(A) eases は動詞 ease「～を緩和する」の現在形、(B) easing は動名詞または現在分詞。

訳　予約用のウェブサイトがアップデートされることで、利用客たちはバスシステムをより使いやすくなる。

正解　466. (B) ／ 465. (A) ／ 464. (D)

463. The new service will be free for the first year, but users will be charged a small fee in ------- years.

(A) dependent
(B) advanced
(C) considerate
(D) subsequent

462. Yumbo Foods ------- consumer demand for healthier eating options with its new line of organic, low-fat snacks.

(A) have been addressed
(B) is addressing
(C) are being addressed
(D) was addressed

461. Many people in the education field have expressed strong objections ------- the government's proposed budget cuts.

(A) of
(B) with
(C) to
(D) as

463位 語彙 (A) 3.49% (B) 24.80% (C) 3.62% **(D) 68.09%** 25秒

カンマの前に「初年度は新サービスが無料になる」、後ろに「ユーザーには --- 年にわずかな料金が課せられる」とあることから、空所には (D) subsequent「その後に続く（≒ the following）」が意味的にふさわしい。(B) advanced は「前進した」という意味で、「それ以降の」という意味にはならないことに注意。

訳 新サービスは、初年度は無料だが、翌年以降はユーザーに少額の料金が請求される。

(A) **dependent**: 依存している
　　例 be dependent on imported energy「輸入エネルギーに依存している」
(B) **advanced**: 前進した、上級の　例 advanced levels「上級レベル」
(C) **considerate**: 思慮深い（≒ thoughtful ／ kind）
　　例 a considerate leader「思いやりのあるリーダー」
　　cf. **considerable**: かなりの（≒ substantial ／ significant ／ remarkable）
　　例 a considerable amount of money「かなりの金額」

462位 態 (A) 18.31% **(B) 68.03%** (C) 9.43% (D) 4.23% 37秒

選択肢から、この問題では時制と態がカギになることが分かる。文中でヒントを探すと、時を示す表現は存在しないものの、空所直後に consumer demand という目的語が存在していることから、選択肢の中で唯一の能動態である (B) の is addressing「〜に対応している」がふさわしいと判断する。残りの選択肢はいずれも be 動詞と -ed が含まれる受動態なので、後ろに目的語をとることはできない。

訳 Yumbo Foods は、オーガニックの低脂肪な軽食の新シリーズで、より健康的な食事の選択肢を求める消費者の需要に応えている。

461位 前置詞 語法 (A) 13.32% (B) 12.05% **(C) 67.98%** (D) 6.66% 28秒

空所前に have expressed strong objections「強く異議を申し立てている」、後ろに the government's proposed budget cuts「政府の予算削減案」とあることから、空所には objections の矛先を表すべく、到達のイメージを持つ (C) の to がふさわしいと判断する。objections to/against 〜「〜に対する異議」という語法ごとマスターしておこう。なお、(A) の of は限定をする際に用いることができるので、objections of many educators「多くの教育者たちの反対」のように使うことは可能。

訳 教育分野に従事している多くの人が、政府の予算削減案に対し、強く異議を申し立てている。

正解　463. (D) ／ 462. (B) ／ 461. (C)　　333

460. Choi CarShare spent $58,000 more on advertising in the past year, ------- its membership failed to grow substantially.

(A) yet
(B) or
(C) whether
(D) nor

459. The board of directors is confident that the company merger will benefit customers and shareholders -------.

(A) alike
(B) besides
(C) general
(D) joint

458. Of the three printers in AMG Office's equipment catalog, the Glam890 is ------- expensive.

(A) less
(B) little
(C) the least
(D) lesser

457. ------- painting over the crack, we should have a professional come and make a permanent repair.

(A) Though
(B) Even so
(C) Instead of
(D) Alternatively

| 1000~801 | 800~601 | **600~401** | 400~201 | 200~1 |

460位 接続詞 **(A) 67.95%** (B) 12.09% (C) 14.28% (D) 5.68% ⏱**34**秒

カンマの前の「さらに5万8000ドルを広告に費やした」いう主節に対し、後ろの節は「会員数は大幅に伸びなかった」となっていることから、空所には逆接的な意味を持つ接続詞の (A) yet「けれども (≒ but)」が入る。(B) or は「さもなければ、または」、(C) whether は「～かどうか、～であろうとなかろうと」、(D) nor は「～もない」という意味なので、文脈に合わない。

訳 Choi CarShare は昨年度、さらに5万8000ドルを広告に費やしたが、会員数が大幅に伸びることはなかった。

> 🐵 (B) の or は惜しかったですね。カンマの後ろで or its membership would have failed to grow substantially のように仮定法を使えば自然な文になります。

Level 3

459位 語法 語彙
(A) 67.93% (B) 17.05% (C) 7.00% (D) 8.02% ⏱**25**秒

空所前で文の要素がそろっていること、および直前に customers and shareholders「顧客と株主」と2者が列挙されていることから、空所には文末に飾りを加える副詞の (A) alike「同等に (≒ equally)、同様に (≒ similarly)」が入る。(B) besides は副詞「さらに」または前置詞「～に加えて」、(C) の general「全般的な、一般の」は形容詞、(D) joint は形容詞「連携の」または名詞「関節」。

訳 取締役会は、その企業合併が顧客にも株主たちにも同様に利益をもたらすと確信している。

458位 比較 (A) 19.70% (B) 7.95% **(C) 67.93%** (D) 4.42% ⏱**24**秒

文頭で Of the three printers「3つのプリンターのうち」という表現が用いられていることから、空所には副詞 little の最上級である (C) の the least を入れて、the least expensive「最も安価な」とするのが適切。(A) の less と (D) の lesser は比較級、(B) の little は原級。

訳 AMG Office の商品カタログに掲載されている3つのプリンターのうち、Glam890が一番安い。

457位 前置詞 vs.接続詞 vs.修飾語
(A) 9.26% (B) 13.84% **(C) 67.89%** (D) 9.01% ⏱**37**秒

カンマの後ろに文の要素がそろっていることから、空所には painting という動名詞をつなぐ前置詞が入るべきだと判断し、(C) の Instead of「～の代わりに、～ではなく (≒ Rather than)」を選択する。(A) の Though「～にもかかわらず (≒ Although ／ Even though)」は接続詞なので、節をつなぐ機能を果たす。(B) の Even so「それでもなお (≒ Still)」と (D) の Alternatively「代案として (≒ Instead)、あるいは (≒ Otherwise)」は副詞。

訳 ひび割れてしまった部分の上から塗装するのではなく、専門家に来てもらって永続的な補修を施すべきだ。

正解 460. (A) ／ 459. (A) ／ 458. (C) ／ 457. (C)   335

456. Colby Technologies has received applications ------- energetic and experienced professionals eager to join its staff.

(A) from
(B) in
(C) to
(D) on

455. The Wilmer Merchants Association is a group ------- to promoting the interests of local retailers.

(A) dedicated
(B) dedicate
(C) dedicatedly
(D) dedicates

454. The factory will create hundreds of jobs, but ------- who live in the area have environmental concerns.

(A) many
(B) them
(C) other
(D) ourselves

| 1000~801 | 800~601 | **600~401** | 400~201 | 200~1 |

456位 　前置詞　 (A) 67.75%　(B) 9.23%　(C) 11.16%　(D) 11.85%　⏱33秒

空所前の has received applications「応募書類を受け付けている」に対して、後ろの energetic and experienced professionals「精力的で経験豊富な専門家」はその書類の差出人にあたるので、空所には由来を表す (A) from「～から」がふさわしい。(B) の in は範囲を限定する前置詞で、application in paper「書面での応募」のように使う。(C) の to は到達のイメージを持つ前置詞で、application to your skin「肌への塗布」のように用いる。(D) の on は接触のイメージを持つ前置詞で、rely on professionals「専門家に頼る」のように依存している様子を表すことが可能。

訳 Colby Technologies は、同社のスタッフになる意欲があり、精力的で経験豊富な専門家からの応募を受け付けている。

455位 　品詞　 (A) 67.74%　(B) 10.61%　(C) 11.59%　(D) 10.06%　⏱31秒

空所の前で文の要素がそろっていることから、空所には直前の名詞 a group に補足情報を加える機能を持つ過去分詞の (A) dedicated「献身的に努力している（≒ committed／devoted）」がふさわしい。ちなみに空所の後ろで用いられている to は、不定詞ではなく前置詞なので、動名詞 promoting が続いている。(B) の dedicate「～をささげる（≒ commit／devote）」は動詞の原形、(C) の dedicatedly「献身的に」は副詞、(D) の dedicates は動詞の現在形。

訳 Wilmer Merchants Association は地元小売店の利益促進に取り組んでいる団体である。

> 🧑‍🦰 選択肢にはないけど、現在分詞の dedicating ではだめか？という質問があった。
>
> 🧑 dedicate は他動詞だから目的語が必要だね。a group dedicating their energy to promoting ... のように目的語を後ろに置けば、適切な使い方になるよ。

454位 　語法　 (A) 67.70%　(B) 6.30%　(C) 18.81%　(D) 7.19%　⏱35秒

空所の前に接続詞 but、後ろに主格の関係代名詞 who と動詞 live が続いていることから、空所には主語になれる名詞または代名詞の (A) many「多くの人（≒ many people）」が入る。(C) の other「他の」は形容詞なので主語になり得ないが、The factory will benefit some residents, while others will only suffer from its noise.「工場は一部の住民に利益をもたらすが、他の住民は騒音に悩まされるだけだ」のように、others という形にすれば代名詞として機能する。(B) の them「彼ら／彼女ら、それら」は代名詞の目的格、(D) の ourselves「われわれ自身」は再帰代名詞なので、いずれも主語として使うことはできない。

訳 工場は何百もの雇用を創出するだろうが、地域住民の多くは環境への影響を懸念している。

正解 456. (A)／455. (A)／454. (A)　　337

453. ------- does the Baio Technologies laptop come with award-winning software, it has the highest quality camera and microphone as well.

(A) In particular
(B) Regardless
(C) Not only
(D) Since

452. ------- candidates who possess all the qualifications have been interviewed, but no one has been offered the job yet.

(A) While
(B) Before
(C) In case
(D) Several

451. Experts predict that the Tait County population will ------- to grow by at least two percent every year.

(A) keep
(B) increase
(C) remain
(D) continue

450. Claimants who do not agree with the ------- determination made by the insurance company may appeal the decision.

(A) initially
(B) initiates
(C) initiative
(D) initial

453位 構文 (A) 9.03% (B) 8.96% **(C) 67.69%** (D) 14.33% ⏱**37**秒

空所の直後で does the Baio Technologies laptop come と倒置が起きていること、および文末に副詞 as well「〜も」が用いられていることから、空所には (C) Not only が入るべきだと判断する。Not only 〜 , (but) ... as well「〜だけでなく…も」という構文ごとマスターしておこう（倒置が起きている時は but が省略されることがある）。(A) In particular「とりわけ」、(B) Regardless「関係なく、とにかく」は副詞、(D) Since は「〜以来、〜なので」という意味の接続詞または「〜以来」という意味の前置詞。

訳 Baio Technologies のノートパソコンには受賞歴のあるソフトが付属しているだけでなく、最高品質のカメラやマイクも搭載されている。

452位 修飾 構文 (A) 24.50% (B) 4.15% (C) 3.74% **(D) 67.60%** ⏱**30**秒

接続詞 but がつなぐ後ろの節に対し、前の節は、--- candidates^S (who possess all the qualifications) have been interviewed^V となっているので、名詞の複数形の candidates を修飾する、形容詞の (D) Several「複数の」が空所に入る。(A) の While「〜している間、〜の一方で」と (C) の In case「〜の場合」は接続詞で、カンマ後ろの接続詞 but と重複してしまうため不適切。(B) の Before「〜の前に」は前置詞または接続詞。

訳 全ての要件を満たす数名の候補者が面接を受けたが、まだ誰もその職を任されていない。

451位 語法 (A) 9.79% (B) 18.37% (C) 4.24% **(D) 67.60%** ⏱**28**秒

that 節中に the Tait County population will --- to grow とあることから、空所には不定詞を目的語にとる動詞がふさわしい。選択肢の中では (D) continue のみが当てはまる。ちなみに continue は start や begin と同様、不定詞と動名詞の両方を目的語にとり、continue to *do*/*doing* のように使うことが可能。(A) は keep growing「成長し続ける」という形で使う。(B) increase「〜を増やす」は名詞を目的語にとる。(C) remain「〜のままである」は自動詞なので、通常、S remain stable「S は安定した状態を保つ」のように形容詞を伴う。

訳 専門家の予測では、Tait 郡の人口は毎年少なくとも 2 パーセント増加し続けるとのことだ。

450位 品詞 (A) 4.77% (B) 3.52% (C) 24.14% **(D) 67.57%** ⏱**28**秒

空所前後に with the --- determination とあるので、空所には名詞 determination を修飾できる形容詞がふさわしいと判断し、(D) initial「最初の」を選択する。(C) initiative は形容詞のようなスペルだが、「イニシアチブ（自発性）、取り組み」という意味の名詞なので注意しよう。(A) initially「最初に」は副詞、(B) initiates「〜を始める」は動詞の現在形。

訳 保険会社による最初の提示内容に同意しかねる（保険金）請求者は、それに対して異議を申し立てることができる。

正解 453. (C)／452. (D)／451. (D)／450. (D)   339

449. ------- the purchasing agreement, buyers will get a 15 percent discount if their yearly bill exceeds $15,000.

(A) Consequently
(B) As specified in
(C) Whereas
(D) Only if

448. Elwood Industries plans to move its factories abroad due to concerns that its operating ------- may soon exceed its revenue.

(A) expenses
(B) incidences
(C) facilities
(D) components

447. Leman Park and Webber Park were considered possible sites for the festival, but in the end ------- was selected.

(A) other
(B) everything
(C) neither
(D) each

446. Studies have shown that the ------- a business meeting lasts, the less productive it is likely to be.

(A) longer
(B) length
(C) lengthen
(D) long

449位 　前置詞 vs. 接続詞 vs. 修飾語

(A) 13.99%　**(B) 67.51%**　(C) 7.21%　(D) 11.28%　　30秒

カンマの後ろには文の要素がそろっていることから、空所には、前置詞 in を含み、名詞 agreement をつなぐことができる (B) As specified in「〜に明記されているように」を選ぶ。(A) Consequently「結果的に」(≒ In consequence ／ As a result)」は副詞で、修飾語として使う。(C) Whereas「その一方で〜」と (D) Only if「〜の場合に限り」は接続詞で、節と節をつなぐ。

訳　売買契約書に明記されているとおり、年間請求額が1万5000ドルを超えた場合、買い手は15パーセントの割引を受けられる。

448位　語彙　**(A) 67.51%**　(B) 5.18%　(C) 22.21%　(D) 5.10%　　34秒

空所には、直前にある動名詞 operating とセットで用いる名詞で、exceed its revenue「収入を上回る」という文脈に合う (A) expenses「経費 (≒ costs)」が入る。operating expenses で「事業費」を表す。(B) incidences は「発生件数」、(C) facilities は「施設、設備 (≒ amenities)」、(D) components は「部品 (≒ parts)」という意味で、文脈に合わない。

訳　Elwood Industries は、近いうちに事業費が収入を上回る可能性を懸念し、工場を海外に移転させる計画を立てている。

447位　指示語　(A) 17.88%　(B) 8.66%　**(C) 67.48%**　(D) 5.98%　　30秒

前半で2つの公園が会場の候補に挙がっていたと述べられており、逆接的な意味を持つ but 以降に単数の主語に対応する was selected があることから、空所に (C) neither を入れて「どちらも選ばれなかった」とするのが正解。(B) everything「全て」にも was を続けることは可能だが、2つの名詞を指すことはできない。(D) each を空所に入れると、どちらもが選ばれたことを表すため、カンマの後ろは but ではなく順接の and を用いるのが妥当。(A) other「他の」は形容詞なので、主語にならない。

訳　Leman Park と Webber Park はフェスティバルの候補地として検討されていたが、結局どちらも選ばれなかった。

446位　品詞　比較　構文

(A) 67.45%　(B) 17.82%　(C) 10.48%　(D) 4.24%　　29秒

カンマの後ろに the less productive とあるので、空所も「the ＋ 比較級」の形になるよう、形容詞の比較級である (A) longer を選択する。「the ＋ 比較級①, the ＋ 比較級②」で「①であればあるほど、より②である」という構文ごと押さえておこう。(B) length「長さ」は名詞、(C) lengthen「〜を伸ばす」は動詞の原形、(D) long「長い」は形容詞の原級。

訳　研究によると、仕事の会議が長く続けば続くほど、生産性は低下しやすいとのことだ。

正解　449. (B) ／ 448. (A) ／ 447. (C) ／ 446. (A)

445. Although he established his reputation as a director, Vassily Kaminski has recently stopped making films to ------- on painting.

(A) express
(B) prepare
(C) dedicate
(D) concentrate

444. Tundra Clothing's new hiking boots are ------- sturdy while also providing the wearer with lasting comfort and warmth.

(A) originally
(B) conversely
(C) exceptionally
(D) personally

443. As they were sitting next to -------, Mr. Ngo and Ms. Singh were able to review the presentation during the flight.

(A) ourselves
(B) their own
(C) one another
(D) together

| 1000〜801 | 800〜601 | **600〜401** | 400〜201 | 200〜1 |

445位 語法 (A) 10.64% (B) 7.65% (C) 14.29% **(D) 67.43%** ⏱**35**秒

空所前後に to --- on paintingとあることから、空所には自動詞として機能する(D) concentrate「集中する(≒ focus)」がふさわしい。concentrate on 〜「〜に集中する、〜に専念する」という語法ごとマスターしておこう。(B) prepare は自動詞の場合、prepare for 〜「〜に向けて準備をする、〜に備える」という形で用いる。(A) express「〜を示す」と(C) dedicate「〜をささげる」は他動詞なので、直後に目的語となる名詞が来る。

訳 Vassily Kaminski は監督としての名声を確立したものの、近年は映画の制作をやめ、絵画に専念している。

🔺UP! (A) **express**: 〜を示す(≒ indicate ／ show)
例 express himself through painting「絵画を通して彼自身を表現する」

(B) **prepare**: 〜を準備する(≒ arrange)、〜を作成する(≒ make)、準備をする(≒ get ready)
例 prepare for his exhibition「彼の展示会に向けて準備をする」

(C) **dedicate**: 〜をささげる(≒ devote ／ commit)
例 dedicate himself to painting「絵を描くことに専念する」

444位 語彙 (A) 14.68% (B) 13.81% **(C) 67.42%** (D) 4.09% ⏱**36**秒

空所の直後にある形容詞sturdy「頑丈な(≒ durable ／ tough)」を修飾する副詞として、選択肢の中で意味的にふさわしいのは、(C) exceptionally「非常に(≒ unusually ／ extremely)」。(A) のoriginallyは「もとは(≒ in the beginning)」という意味なので、過去形や過去完了と共に用いられる。(B) のconverselyは「逆に(≒ on the other hand ／ on the contrary)」、(D) のpersonallyは「個人的に、本人が直接(≒ in person)」という意味で、いずれも文脈に合わない。

訳 Tundra Clothing の新しいハイキングブーツは、履く人に長時間続く快適さと温かさを提供すると同時に、非常に頑丈である。

443位 指示語 語法 (A) 7.80% (B) 12.78% **(C) 67.40%** (D) 12.02% ⏱**30**秒

空所前に前置詞next to があるので、空所には名詞的要素が求められていると判断し、代名詞の(C) one another「お互い(≒ each other)」を選ぶ。(A) のourselvesも代名詞だが、主語であるthey に対してはourselvesではなくthemselvesという再帰代名詞を用いる。(B) のtheir own は代名詞で「彼ら／彼女ら自身のもの」という意味があるが、この空所に入れても意味が通らない。(D) のtogether「一緒に」は副詞なので、they were sitting togetherのように動詞を修飾する。

訳 Mr. NgoとMs. Singh は隣同士に座っていたので、飛行中にプレゼンの見直しができた。

Level 3

正解 445. (D) ／ 444. (C) ／ 443. (C)

343

442. A seldom used highway that runs through the mountains ------- by a recent mudslide.

(A) was damaged
(B) are damages
(C) have been damaged
(D) are being damaged

441. With its new plant in Harville nearing -------, Levinson Automobiles is looking to hire people for various positions.

(A) completion
(B) complete
(C) completely
(D) completed

440. You can prepare the work assignments by placing files in virtual ------- with the names of the respective project leaders.

(A) printers
(B) cabinets
(C) folders
(D) papers

344

442位 主述の一致

(A) 67.38% (B) 4.51% (C) 22.21% (D) 5.90% 38秒

空所の前に名詞 highway を中心とした主語があり、その後ろに続く that から mountains までは補足情報に過ぎないことから、空所に入るべき動詞は主役の highway（= it）と数が一致する (A) was damaged だと判断する。残りの選択肢では主述が一致しないため残りの選択肢では主述が一致しないため不適切。(C) は has been damaged、(D) は is being damaged のように一致させるのが正しい。

訳 山の中を走るめったに使われない幹線道路が、最近の土砂崩れで損傷を受けた。

> (C) を選んだ人が多かった。
>
> 主語が長い時は、詳細の部分を頭の中でカッコに放り込みながら削ぎ落としていくのがコツかな。主役が見えてきたら、それに動詞の形を一致させるだけで、この手の問題は秒殺できるようになるよ。

441位 品詞

(A) 67.32% (B) 5.14% (C) 11.22% (D) 16.32% 35秒

カンマの前に With its new plant (in Harville) nearing --- とあり、分詞 nearing が名詞 plant を後ろから修飾している。よって、空所には何に近づいているのかを示すべく、分詞 nearing の目的語に当たる名詞の (A) completion「完成」を入れるのがふさわしい。(D) completed は動詞の過去形・過去分詞で、nearing の目的語にはなり得ない。(B) complete は形容詞「完全な」、または動詞「～を完成・完了させる」の原形。(C) completely「完全に」は副詞。

訳 Harville にある新工場の完成が近いことに伴い、Levinson Automobiles は多様な役職に人材を採用することを検討している。

440位 語彙

(A) 6.79% (B) 18.19% (C) 67.23% (D) 7.80% 42秒

「仮想的な --- の中にファイルを設けることで、業務の割り当ての管理をすることができる」という文脈から、空所には (C) folders「フォルダー」が入る。(A) printers は「印刷機、印刷業者」、(B) cabinets は「戸棚」、(D) papers は「新聞、書類、論文」という意味なので、文脈に合わない。

訳 各プロジェクトリーダーの名前が入っている仮想フォルダーの中にファイルを設けることで、業務の割り当てを管理することができる。

> 動画で virtual folders について詳しく解説しています。ぜひご覧ください！

正解 442. (A) ／ 441. (A) ／ 440. (C)

439. The lawyer reviewed the contract to ensure no important details were -------.

(A) convinced
(B) sustained
(C) overlooked
(D) prevented

438. Maxway Appliances provides a full refund ------- the original packaging is missing or the product has been used.

(A) without
(B) still
(C) except
(D) unless

437. The supervisor at the Glendale site anticipates the ------- of a load of construction material on November 17.

(A) visit
(B) project
(C) arrival
(D) plan

436. The factory will not be able to ------- the increased demand unless it hires additional workers.

(A) keep
(B) meet
(C) operate
(D) catch

| 1000～801 | 800～601 | **600～401** | 400～201 | 200～1 |

439位 語彙 (A) 11.41% (B) 9.74% **(C) 67.20%** (D) 11.65% ⏱**32**秒

「その弁護士は重要な部分が一切 --- されないようにするべく、契約書を確認した」という文脈から、空所には (C) の overlooked「見落とされる（≒ missed）」が入る。

訳 その弁護士は、重要な部分に一切の見落としがないようにするべく、契約書を確認した。

📈**UP!**
- (A) **convinced**: 説得される（≒ persuaded）
  - 例 fully convinced「十分に納得した」
- (B) **sustained**: 維持される
  - 例 sustained economic growth「持続された経済成長」
- (D) **prevented**: 防がれる、妨げられる（≒ stopped）
  - 例 prevented by law「法律で禁止された」

438位 前置詞 vs.接続詞 vs.修飾語
(A) 7.33% (B) 5.73% (C) 19.80% **(D) 67.15%** ⏱**34**秒

空所の前後に節があることから、空所には節と節をつなぐ接続詞の (D) unless「もし～でなければ（⇔ if）」が入る。(A) without「～なしで」と (C) except「～を除いて」は前置詞なので、後ろには節ではなく名詞が来る。(B) still「いまだに、それでもなお」は副詞で、前後をつなぐのではなく、飾りを加える機能を果たす。

訳 元のパッケージがなくなっている状態、もしくは商品が使用済みの状態でなければ、Maxway Appliances は全額を返金する。

437位 語彙 (A) 3.22% (B) 17.38% **(C) 67.10%** (D) 12.31% ⏱**35**秒

「現場監督は大量の建設資材の --- を見込んでいる」という文脈から、空所には (C) arrival「到着」が入る。(A) visit は「訪問」、(B) project は「プロジェクト、事業」、(D) plan は「計画」という意味なので文脈に合わない。

訳 Glendale の現場監督は、11月17日に大量の建設資材が届くことを見込んでいる。

436位 語彙 (A) 14.79% **(B) 67.05%** (C) 11.86% (D) 6.30% ⏱**24**秒

「その工場は高まる需要を --- ことができないだろう」という文脈から、空所には (B) meet「～を満たす（≒ satisfy ／ fulfil）」が入る。

訳 作業員を追加採用しなければ、その工場は高まる需要を満たすことができないだろう。

📈**UP!**
- (A) **keep** ～を保つ、～を続ける　例 keep up with demand「需要に応える」
- (C) **operate**: ～を操作する、～を運営する
  - 例 operate the machine「機械を操作する」
- (D) **catch**: ～を捕まえる、～に間に合う
  - 例 catch up with demand「需要に追いつく」

正解 439. (C) ／ 438. (D) ／ 437. (C) ／ 436. (B)

435. Ordinarily, applications for permits to construct or remodel a commercial building ------- several months to process.

(A) take
(B) to take
(C) is taking
(D) has taken

434. It is normal company ------- to put on protective clothing before working with power tools.

(A) design
(B) effect
(C) practice
(D) career

433. The real estate listing indicated that the property owner was willing to ------- over the price.

(A) diminish
(B) correct
(C) enhance
(D) negotiate

435位 主述の一致

(A) 66.96%　(B) 8.26%　(C) 9.60%　(D) 15.18%　⏱42秒

applications の後に続く for ... building は補足情報。空所の後ろには動詞がないため、空所には動詞が入る。主語の applications（≒ they）と数が一致するのは (A) take「〜がかかる」のみ。(B) to take は不定詞で、これを空所に用いると文の動詞がなくなってしまう。(C) is taking と (D) has taken は、いずれも主語 applications と数が一致しないため不適切。

訳) 通常、商業ビルの建設もしくは改装の許可申請は、手続きに数カ月かかる。

434位 語彙

(A) 17.74%　(B) 10.81%　(C) 66.94%　(D) 4.52%　⏱36秒

「電動工具で作業する前に保護着を身に着けるのは、通常の会社の --- である」という文脈から、空所には (C) practice「慣行（≒ custom／procedure）」が入る。(A) design は「デザイン」、(B) effect は「結果、効果」、(D) career は「経歴、職歴」という意味なので、文脈と合わない。

訳) 電動工具で作業する前に防護服を着用するのは、通常の会社の慣行である。

433位 語彙 語法

(A) 10.36%　(B) 6.37%　(C) 16.33%　(D) 66.94%　⏱35秒

「物件の所有者には価格について --- する意思があった」という文脈、および空所の直後に前置詞 over が続いていることから、空所には自動詞の機能も持つ (D) negotiate「交渉する」を入れ、negotiate over the price「価格にまつわる交渉をする」という表現を完成させる。他動詞として negotiate the price とも言えるが、この場合は価格のみが交渉の対象であるというニュアンスになる。

訳) 不動産リストには、当該物件の所有者が価格交渉に応じる意向を示している旨が記載されていた。

(A) **diminish**: 〜を減少させる、減少する
　　例) diminish its property values「不動産価値を減じる」
(B) **correct**: 〜を訂正する
　　例) Correct me if I'm wrong.「私が間違っていたら訂正してください」
(C) **enhance**: 〜を向上させる（≒ improve）
　　例) enhance the quality「品質を向上させる」

正解　435. (A) ／ 434. (C) ／ 433. (D)

432. ------- is difficult to accept about the new office is the lack of good places to eat in the area.

(A) What
(B) That
(C) Which
(D) It

431. The recent decline of the local fishing industry ------- the importance of tourism to Prenton's economy.

(A) were being increased
(B) has increased
(C) will be increased
(D) have been increasing

430. The staff at North Way Bank ------- believes in providing personalized service to every client.

(A) dimly
(B) firmly
(C) kindly
(D) sharply

432位 関係詞 構文
(A) 66.87%　(B) 6.57%　(C) 5.96%　(D) 20.60%　⏱24秒

空所からofficeまでがis the lackの主語に当たる。空所に先行詞が含まれる主格の関係代名詞 (A) What「〜であること（≒ The thing that）」を入れると、「新オフィスに関して受け入れ難いのは」となり、文が成立する。代名詞の (D) Itを仮主語として文頭に置く場合、It is difficult to accept the lack of good places to eat in the area.「このエリアに食事をするのに良い場所が不足していることは、受け入れ難い」のようにisは文中で1度のみ用いられる。(B) のThatや (C) のWhichを関係代名詞として用いる場合、The thing that/which is ...のように、先行詞が必要。

🗒 新オフィスに関して受け入れ難いのは、周辺に食事をするのに良い店が不足していることだ。

431位 主述の一致 態
(A) 4.00%　(B) 66.85%　(C) 13.12%　(D) 16.02%　⏱48秒

問題文の主語は単数のdecline「減少、衰退」なので、この主語と数が一致する動詞の (B) has increased「増やされた」と (C) will be increased「増やされる」が候補に挙がる。そこで、空所の後ろに目を向けるとthe importanceという目的語があることから、能動態の (B) has increasedがふさわしいと判断する。受動態の (C) では目的語をとることができない。(A) were being increasedと (D) have been increasingは、単数の主語declineと主述が一致しないため不適切。

🗒 近年、地元水産業の衰退によって、Prentonの経済における観光業の重要性が高まってきている。

430位 語彙
(A) 6.17%　(B) 66.83%　(C) 22.28%　(D) 4.73%　27秒

「銀行のスタッフは、それぞれの顧客に向けたサービスを提供するのが良いと --- 信じている」という文脈から、空所には (B) firmly「固く、しっかりと」が入る。他の選択肢は文脈に合わない。

🗒 North Way Bankのスタッフは、それぞれの顧客向けにカスタマイズされたサービスを提供することを信条としている。

- (A) **dimly**: 薄暗く、ぼんやりと　例 The room was dimly lit by a candle.「部屋はろうそくで薄暗く照らされていた」
- (C) **kindly**: 親切にも　例 The staff kindly offered multiple options.「スタッフは親切にも複数の選択肢を提示してくれた」
- (D) **sharply**: 鋭く、急に　例 The number of customers has sharply increased.「顧客の数が急増している」

正解　432. (A) ／ 431. (B) ／ 430. (B)

429. The former factory will be ------- and a luxury condominium project will be developed on the site.

(A) depressed
(B) disclosed
(C) demolished
(D) disguised

428. The rooms on the second floor of the hotel ------- repaired, so they should not be rented to guests.

(A) to be
(B) has been
(C) are being
(D) was

427. A newspaper article reported that Oriental Moon's massage rooms are constructed of glass tiles and ------- river stones.

(A) smoothing
(B) smooth
(C) smoothness
(D) smoothly

429位 語彙 (A) 6.88% (B) 19.36% **(C) 66.79%** (D) 6.96% 28秒

will be --- と受動態になっているので、空所には前の factory「工場」を目的語にとる動詞が入る。(C) demolished「取り壊された、解体された」を入れると、後ろに続く「その場所で豪華なコンドミニアムの建設工事が進められる」と意味が合う。(B) の disclosed は「開示された」という意味。closed「閉鎖された」と混同してしまわないように注意しよう。

訳 以前あった工場は取り壊され、その場所で豪華なコンドミニアムの建設工事が進められる。

- (A) **depressed**: 意気消沈した 例 The gloomy weather makes people feel depressed.「どんよりした天気は人の気分をめいらせる」
- (B) **disclosed**: 開示された (≒ revealed) 例 The confidential information was disclosed accidentally.「機密情報が誤って開示された」
- (D) **disguised**: 装った 例 He was disguised as a doctor.「彼は医者を装っていた」

428位 主述の一致 (A) 7.73% (B) 20.93% **(C) 66.77%** (D) 4.58% 27秒

空所の前に名詞 rooms を中心とした主語があり、後ろに分詞 repaired が続いていることから、空所には rooms (≒ they) と数が一致する動詞の (C) are being が入る。これは Someone is repairing the rooms. という能動態の文が、The rooms are being repaired. と受動態になったもので、「それらの部屋が修理されている最中である」ことを表す。(B) has been と (D) was は、複数形の主語 rooms と主述が一致しない。不定詞である (A) to be を空所に入れると、主節に動詞が存在しなくなってしまうため不適切。

訳 そのホテルの2階にある部屋は修理中なので、宿泊客に使わせるべきではない。

427位 品詞 (A) 19.47% **(B) 66.76%** (C) 5.15% (D) 8.62% 35秒

空所前後に and --- river stones とあることから、空所には直後の名詞 river stones を修飾する形容詞の (B) smooth「（表面が）滑らかな、つるつるとした (⇔ rough)」が入る。動名詞または現在分詞である (A) smoothing は「滑らかにするような」という解釈になるので、river stones と共に用いるのは意味的に不自然。(C) smoothness「滑らかさ」は名詞、(D) smoothly「スムーズに」は副詞。

訳 新聞記事によると、Oriental Moon のマッサージ室は、ガラスタイルと、つるつるとした川石によって作られているとのことだ。

正解 429. (C) / 428. (C) / 427. (B)

426. All price tags are ------- displayed in the windows of the used vehicles on the lot.

(A) sharply
(B) lively
(C) productively
(D) prominently

425. Klein-Haxell Corporation spent ------- €5 million on product research and development last year.

(A) more
(B) enough
(C) further
(D) almost

424. An e-mail from the customer service division ------- clients that the service interruption was only temporary.

(A) requested
(B) assured
(C) transferred
(D) expected

426位 語彙 (A) 8.84% (B) 14.76% (C) 9.66% **(D) 66.74%** ⏱27秒

「全ての値札は中古車のウインドーに --- 提示されている」という文脈から、空所には(D) prominently「目立つように(≒ conspicuously／noticeably／visibly)」が入る。(B)の lively は「活発な」という意味の形容詞で、are displayed を修飾することはできない。

訳 全ての値札は、敷地内にある中古車のウインドーに目立つように提示されている。

- (A) **sharply**: 鋭く、急に　**例** The prices of electric vehicles were sharply reduced.「電気自動車の価格は大幅に引き下げられた」
- (B) **lively**: 活発な　**例** a lively debate「活発な議論」
- (C) **productively**: 生産的に　**例** Natural resources should be used productively.「天然資源は生産的に使われるべきだ」

425位 修飾 (A) 18.41% (B) 4.88% (C) 9.97% **(D) 66.74%** ⏱25秒

空所の後ろにある5 millionという数詞を修飾するのにふさわしいのは、(D) almost「ほぼ(≒ nearly)」。(A) more は more than €5 million「500万ユーロ余り」もしくは spend €5 million more「さらに500万ユーロを費やす」のような形で使う。

訳 Klein-Haxell Corporation は昨年、製品の研究開発に500万ユーロ近く費やした。

- (A) **more**: さらに多い　**例** spend more money「より多くの金を使う」
- (B) **enough**: 十分な　**例** €5 million should be enough.「500万ユーロで十分なはずだ」
- (C) **further**: さらに　**例** invest further in R&D「研究開発へさらに投資する」

424位 語彙 語法　(A) 12.27% **(B) 66.73%** (C) 12.18% (D) 8.83% ⏱33秒

「顧客サービス部からのメールで、サービスの中断は一時的なものに過ぎないと顧客に ---」という文脈に加え、空所の後ろに人(clients)とthat節が続いていることから、空所に(B)を入れて assured clients that ~「顧客に~だと保証した、~と請け負った」という表現を完成させる。

訳 顧客サービス部はメールで、サービスの中断は一時的なものに過ぎないと顧客に確証を与えた。

- (A) **requested**: ~に頼んだ、~を要請した　**例** The technical support division requested that clients be patient.「技術サポート部は顧客に辛抱強く待つよう要請した」
- (C) **transferred**: ~を移した、~を異動させた　**例** The division transferred all the files to the new computer.「その部は全てのファイルを新しいコンピューターに移した」
- (D) **expected**: ~を見込んだ　**例** The division expected that the service would get back to normal.「その部はサービスが正常に戻ると見込んでいた」

正解　426. (D) ／ 425. (D) ／ 424. (B)

423. While the renovation work is not ------- finished, personnel will have fourth-floor access starting on Monday.

(A) fewer
(B) seldom
(C) quite
(D) early

422. The workers are making ------- progress on fixing the damage to the building's roof.

(A) short
(B) ahead
(C) exact
(D) rapid

421. Participants were asked to fill out a short questionnaire ------- the workshop.

(A) except
(B) following
(C) between
(D) onto

423位 修飾 (A) 5.87% (B) 10.93% **(C) 66.72%** (D) 16.48% 33秒

空所前後に work is not --- finished とあることから、空所には直後の形容詞 finished を修飾する副詞で、not と一緒に用いることのできる (C) quite「完全に（≒ completely）」が入る。(B) の seldom も副詞だが、「めったに～しない」という否定的な意味を持つので、空所直前の not と一緒に用いると二重否定になり、不適切。(D) early は、finished の後ろで用いると自然な語順になる（以下の用例を参照）。(A) の fewer は形容詞なので、名詞を修飾する。

訳 改装工事は完全には終わっていないが、従業員は月曜日から4階へ出入りできるようになる。

- (A) **fewer**: より少ない 例 a fewer employees「より少ない従業員」
- (B) **seldom**: めったに～しない 例 He seldom finishes his work on time.「彼はめったに仕事を予定どおりに終わらせない」
- (D) **early**: 早く 例 It will not be finished early.「それは早く終わらないだろう」

422位 語彙 (A) 14.99% (B) 9.63% (C) 8.69% **(D) 66.69%** 28秒

空所直後にある名詞 progress「進捗」を修飾する形容詞としてふさわしいのは、(D) rapid「急速な（≒ very fast）」。ぜひ、make rapid progress「急ピッチで進める」という表現をフレーズごとマスターしておこう。(A) の short は、丈・時間・距離・数量などが足りていない様子を表す。

訳 作業員たちは、その建物の屋根の損傷を急ピッチで修繕している。

- (A) **short**: 短い 例 for a short period「短期間」
- (B) **ahead**: 前に、先に 例 You can go ahead.「お先にどうぞ」
- (C) **exact**: 正確な（≒ accurate／correct） 例 the exact figures「正確な数値」

421位 前置詞 (A) 2.76% **(B) 66.62%** (C) 9.20% (D) 21.42% 22秒

空所の前に「参加者たちは短いアンケートに記入するよう求められた」とあり、後ろに「ワークショップ」というイベントの本編を表す名詞が続いていることから、空所には順序を示す前置詞の (B) following「～の後で（≒ after）」が入る。(A) except「～を除いて（≒ excluding／with the exception of）」は、何かを除外したい場合に使う。(C) の between は、between the two workshops「2つのワークショップの間で」のように2者の間であることを表す。(D) onto は接触のイメージを持つ on と到達のイメージを持つ to が合体した前置詞で、put the completed questionnaire onto the tray「記入済みのアンケートをトレーに置く」のように用いることが可能。

訳 参加者たちはワークショップの後で短いアンケートに記入するよう求められた。

正解 423. (C)／422. (D)／421. (B)

420. Because the material is highly ------- if exposed to excess heat, it must always be stored in a cool, secure place.

(A) revolutionary
(B) combustible
(C) outdated
(D) renewable

419. The 11:00 A.M. flight from Guangzhou to Kuala Lumpur has been delayed ------- 3:30 P.M.

(A) until
(B) by
(C) against
(D) under

418. Unless productivity improves, the plant will not achieve the production target ------- in the contract with the customer.

(A) establish
(B) establishment
(C) established
(D) establishes

| 1000～801 | 800～601 | **600～401** | 400～201 | 200～1 |

420位 語彙 (A) 10.62% **(B) 66.59%** (C) 13.43% (D) 9.36% ⏱**43**秒

「その素材は過度な高温にさらされると非常に --- なため、涼しく安全な場所で常に保管されなければならない」という文脈から、空所には (B) combustible「可燃性の、燃えやすい」が入る。(A) revolutionary は「革新的な（≒ novel ／ innovative）」、(C) outdated は「時代遅れの（≒ old-fashioned ⇔ updated）」、(D) renewable は「再生可能な、更新できる」という意味で、文脈に合わない。

> 訳 その素材は過度な高温にさらされると非常に燃えやすいため、涼しく安全な場所で常に保管されなければならない。

419位 前置詞 **(A) 66.52%** (B) 28.59% (C) 3.54% (D) 1.35% ⏱**24**秒

「フライトは午後3時30分 --- 遅延している」という文脈、および現在完了 has been delayed が用いられていることから、空所には継続的な状況の終点を示す (A) until「～まで」が入る。(B) の by は期限・行為者・差など、(C) の against は対抗・衝突・対照、(D) の under は下のイメージを持つので不適切。

> 訳 Guangzhou から Kuala Lumpur へ向かう午前11時発のフライトは、午後3時30分まで（出発が）遅れている。

UP! (B) **by: ～までに**（期限） 例 The flight will arrive there by 7:30 P.M. 「フライトは午後7時30分までに現地に到着するだろう」

by: ～によって（行為者） 例 The flight has been delayed by bad weather. 「フライトは悪天候により遅延している」

by: ～だけ（差） 例 The flight has been delayed by several hours. 「フライトは数時間遅れている」

418位 品詞 (A) 3.81% (B) 26.22% **(C) 66.49%** (D) 3.48% ⏱**32**秒

空所前で the plant^S will not achieve^V the production target^O と文の要素がそろっていて、空所直後に in the contract と続いていることから、空所には直前の名詞 target を後ろから補足説明する、過去分詞の (C) established「定められた（≒ set）」が入る。(A) establish は動詞「～を設立する、～を定める」の原形、(B) establishment は名詞「設立、施設」、(D) establishes は動詞現在形。

> 訳 生産性が向上しない限り、その工場は顧客との契約で定められた生産目標を達成できないだろう。

正解 420. (B) ／ 419. (A) ／ 418. (C)

Level 3

417. Butler Inc. aims to improve performance by cutting production costs ------- targeting markets with strong growth potential.

(A) also
(B) even
(C) by
(D) and

416. Denbyville will undertake several major construction projects ------- hosting the World Athletics Championship.

(A) on behalf of
(B) as quickly as
(C) in preparation for
(D) for lack of

415. The personnel manager collaborated with the departmental heads to make the training program ------- to the changing work processes.

(A) relevant
(B) relevancy
(C) relevantly
(D) relevance

414. Brothers Dean and Dan Keric each own an equal ------- of the music business they inherited from their parents.

(A) store
(B) wave
(C) share
(D) place

360

| | 1000〜801 | 800〜601 | **600〜401** | 400〜201 | 200〜1 |

417位 　パラレリズム　 前置詞 vs.接続詞 vs.修飾語

(A) 6.98%　(B) 7.31%　(C) 19.22%　**(D) 66.49%**　⏱**36**秒

前置詞 by の後ろに cutting production costs および targeting markets という2つの動名詞が続いていることから、空所には等位接続詞である (D) and を入れて、文法的に対等な要素を並列させるのがふさわしい（パラレリズム）。前置詞である (C) by を空所の後ろに入れることは可能だが、その場合でも by cutting production costs <u>and</u> by targeting markets のように等位接続詞 and が必要。(A) also「〜もまた」と (B) even「〜さえ」は副詞なので、空所の前後をつなぐことができない。(C) by は前置詞で、ここでは空所の前が by cutting ... costs という前置詞句なので、並列にするには <u>and</u> by targeting markets のように、by の前に接続詞が必要。

訳 Butler Inc. は、生産コストの削減、および力強い成長が見込まれる市場をターゲットにすることによって、業績を向上させることを目指している。

416位 　慣用表現　 (A) 24.17%　(B) 5.36%　**(C) 66.49%**　(D) 3.97%　⏱**36**秒

空所前に「Denbyville はいくつかの大型建設プロジェクトに着手することとなる」、後ろに「World Athletics Championship を主催すること」と述べられていることから、空所には (C) in preparation for「〜に備えて、〜に向けて」が入る。(A) の on behalf of には「〜を代表して、〜の代理として」の他に「〜のために」という意味もあるが、これは「〜の<u>利益</u>のために」を表すので、この問題文では不適切。(B) の as quickly as は「〜と同じだけ早く」、(D) の for lack of は「〜の不足のため」という意味なので、文脈に合わない

訳 World Athletics Championship の開催に向けて、Denbyville はいくつかの大型建設プロジェクトに着手するだろう。

415位 　品詞　 **(A) 66.46%**　(B) 4.69%　(C) 22.99%　(D) 5.86%　⏱**32**秒

空所前の動詞 make には、「make ＋ 名詞 ＋ 形容詞」で「（名詞）を（形容詞）にする」という語法があるので、空所には形容詞である (A) の relevant「関連している」が入る。(B) の relevancy と (D) の relevance はいずれも「関連性」という意味の名詞、(C) の relevantly「関連して」は副詞。

訳 人事部長は他の部長たちと連携し、研修プログラムを変わりゆく業務プロセスに合う内容にした。

414位 　語彙　 (A) 12.89%　(B) 6.37%　**(C) 66.40%**　(D) 14.35%　⏱**32**秒

「兄弟は音楽事業の均等な --- を所有している」という文脈から、空所には (C) の share「分け前、割り当て」が入る。(A) の store「店」、(B) の wave「波」、(D) の place「場所」は文脈に合わない。

訳 Dean と Dan の Keric 兄弟はそれぞれ、両親から引き継いだ音楽事業を均等に分けて所有している。

正解　417. (D)／416. (C)／415. (A)／414. (C)

413. To improve efficiency, staff were encouraged to think ------- about work processes and identify areas of waste.

(A) differently
(B) more different
(C) differences
(D) differentiating

412. Mr. Santayana found running his own graphic design agency ------- than expected.

(A) expensively
(B) more expensive
(C) more expensively
(D) most expensive

411. Frequent travel ------- of nearly all the management consultants at Grayson and Wayfield Associates.

(A) is required
(B) requires
(C) requirement
(D) has been requiring

410. In the event of a power -------, the building will switch to a backup generator housed in the basement.

(A) waste
(B) sequence
(C) interval
(D) failure

| 1000〜801 | 800〜601 | **600〜401** | 400〜201 | 200〜1 |

413位 品詞 (A) 66.22% (B) 10.22% (C) 19.80% (D) 3.76% ⏱34秒

空所前後に think --- about とあることから、空所には直前の自動詞 think を修飾する副詞の (A) differently「異なる方法で」が入る。(B) more different「もっと異なる」は形容詞 different の比較級で、名詞を修飾する。(C) differences「相違点」は名詞の複数形で、think は「think 名詞 about 名詞」のような形は取らないので、不適切。(D) の differentiating は動詞 differentiate「〜を区別する」の動名詞または現在分詞。

訳 効率を高めるために、従業員は作業プロセスについてこれまでとは異なる考え方をし、無駄な部分を特定するよう奨励された。

412位 比較 品詞 (A) 3.05% (B) 66.17% (C) 27.14% (D) 3.64% ⏱31秒

空所の直後に than があることから、空所には than と一緒に用いる比較級で、空所前の running his own graphic design agency「自分自身のグラフィックデザイン事務所を経営すること」の性質を説明する機能を果たす形容詞の (B) more expensive「より費用のかかる」が入る。ここでは「find ＋名詞＋形容詞」で「（名詞）が（形容詞）であると気付く」という語法が用いられている。(C) の more expensively も比較級だが、副詞なので不適切。(A) expensively「費用をかけて」は副詞の原級、(D) most expensive は形容詞の最上級。

訳 Mr. Santayana は自身のグラフィックデザイン会社の経営に、予想より費用がかかることに気付いた。

411位 態 品詞 (A) 66.15% (B) 16.93% (C) 10.13% (D) 6.80% ⏱46秒

文中に動詞がないこと、および空所直後に目的語に当たる名詞が存在しないことから、空所には動詞の受動態である (A) is required が入る。S is required of 〜で「（主語が）〜を求められる」という意味。(B) requires と (D) has been requiring はいずれも能動態、(C) requirement は名詞なので不適切。

訳 Grayson and Wayfield Associates の経営コンサルタントはほぼ全員、頻繁に出張することを求められる。

410位 語彙 (A) 13.72% (B) 10.50% (C) 9.70% (D) 66.09% ⏱29秒

「電力の --- の場合、その建物は地下にあるバックアップ発電機に切り替える」という文脈から、空所には (D) failure「失敗、障害」が入る。power failure で「停電」という意味。(A) waste は「無駄、廃棄物（≒ rubbish)」、(B) sequence は「連続（≒ succession)」、(C) interval は「インターバル、間隔」という意味で、文脈に合わない。

訳 停電の場合、その建物は地下にあるバックアップ発電機（からの電源供給）に切り替える。

正解 413. (A) ／412. (B) ／411. (A) ／410. (D)

409. To prevent theft, the shopping carts' wheels lock if pushed ------- the boundaries of the drugstore.

(A) before
(B) apart
(C) following
(D) beyond

408. The story of LKC's success has been fully ------- in a book by an award-winning author.

(A) committed
(B) documented
(C) notified
(D) equipped

407. RCV Systems must provide one month's notice before it can cancel its contract with Haliburton Systems, ------- stated in the agreement.

(A) for
(B) given
(C) per
(D) as

409位 前置詞 語法

(A) 9.23%　(B) 12.65%　(C) 12.05%　**(D) 66.07%**　　39秒

「盗難防止のため、ショッピングカートの車輪は、ドラッグストアの境界 --- 押されるとロックがかかる」という文脈から、空所には超越を表す前置詞の (D) beyond「〜を越えて」が入る。空所の前の if pushed は、if (they are) pushed のように略された形であることにも慣れておこう。(A) before「〜の前に」と (C) following「〜に続いて（≒ after）」は順序を表す前置詞。(B) apart は分離のイメージを持つ副詞で、if pushed apart from each other「互いに離された状態で押し出されると」のように用いられる。

訳　盗難防止のため、ショッピングカートの車輪は、ドラッグストアの境界を越えて押されると、ロックがかかる。

408位 語彙 語法

(A) 12.32%　**(B) 66.02%**　(C) 18.46%　(D) 3.21%　　28秒

「LKC のサクセスストーリーは、受賞歴のある作家による本に全て ---」という文脈から、空所には (B) の documented「収められた、記録された（≒ recorded）」が入る。

訳　LKC のサクセスストーリーは、受賞歴のある作家によって書かれた本に全て収められている。

(A) **committed**: 専心した、傾倒した（≒ dedicated ／ devoted） 例 The author has been fully committed to writing the book.「その作家は本の執筆に全力を尽くしている」

(C) **notified**: 知らされた（≒ informed） 例 The staff was notified of ／ about the background.「スタッフたちはその背景の事情を知らされた」

(D) **equipped**: 備え付けられた（≒ furnished ／ outfitted） 例 The meeting room is equipped with a projector.「その会議室にはプロジェクターが備え付けられている」

407位 前置詞 vs. 接続詞 vs. 修飾語 慣用表現

(A) 13.61%　(B) 17.03%　(C) 3.36%　**(D) 66.01%**　　35秒

空所の前までで文に必要な要素がそろっており、空所の後ろは (it is) stated のように主語とbe動詞が省略されているので、空所には接続詞の (D) as「〜のとおり」を入れて、as stated「記載されているとおり」という表現を完成させる。as mentioned ／ indicated ／ suggested ／ stipulated「記載／示唆／規定されているように」といった表現も併せてマスターしておこう。(A) for は方向・対象・目的を表す前置詞、(B) given「〜を考えると、〜を前提として」は分詞または前置詞（例：given the terms of agreement「合意条件を考えると」）、(C) の per「〜につき、（as per で）〜に従って」（例：as per the agreement「合意に従って」）は前置詞で、文法的に不適切。

訳　RCV Systems が Haliburton Systems との契約を打ち切る場合は、契約書に記載されているとおり、1カ月前に通知しなければならない。

正解　409. (D) ／ 408. (B) ／ 407. (D)

406. We look forward to providing you with an estimate for the roof repairs ------- next week.

(A) early
(B) in
(C) soon
(D) near

405. The terms of the new labor agreement are currently under ------- with a result expected in the next few days.

(A) control
(B) negotiation
(C) experience
(D) orientation

404. As the spokesperson for the REO Foundation, actress Ella Pratt helps ------- awareness of the charity's mission.

(A) solve
(B) raise
(C) find
(D) motivate

406位 前置詞 vs. 修飾語 / 語法

(A) 65.97%　(B) 25.65%　(C) 5.09%　(D) 3.29%　23秒

文に必要な要素が空所の前にそろっていることから、空所には後ろに続く副詞 next week を修飾する、副詞の (A) の early「早いうちに」を入れて、early next week「来週早々に」という表現を完成させる。next week は名詞にもなり得るが、この文の場合、文末に置かれて動名詞の providing を修飾しているので、副詞となる。(B) の in は前置詞なので、in the next week「来週中に、1週間以内に」のように名詞をつなぐ。

訳　来週早々には、屋根の修繕に対する見積もりをぜひ提示させていただきたいと考えております。

　(B) **in**: 〜の間に、〜後に
　　　例　in the next week「来週中に」、in a week「1週間後に」
　(C) **soon**: 間もなく　例　as soon as next week「早ければ来週にも」
　(D) **near**: 〜の近くに、近い、〜に近づく
　　　例　near the start of next year「来年の初め頃に」、in the near future「近い将来」

405位 語彙 / 慣用表現

(A) 24.27%　(B) 65.92%　(C) 4.87%　(D) 4.94%　30秒

「新たな労働協約の条件は現在 --- 中である」という文脈から、空所には (B) の negotiation「交渉」が入る。under negotiation「交渉中 (≒ being negotiated)」という慣用表現を押さえておこう。(A) control「管理、支配」も under と慣用表現を作ることはできるが、Staff shortages are under control.「人員不足は統制できている」のように使う。(C) experience「経験」と (D) orientation「志向、方向づけ、(新人向けの) オリエンテーション」には、under と共に用いる慣用表現はない。

訳　新たな労働協約の条件は現在交渉中で、結果はここ数日中に出ると見込まれている。

404位 語彙 / 慣用表現

(A) 7.61%　(B) 65.86%　(C) 10.04%　(D) 16.49%　32秒

空所直後の awareness「意識」を目的語にとる動詞としてふさわしいのは (B) の raise「〜を高める」。ぜひ、raise/promote awareness「意識を高める」という表現ごとマスターしておこう。(D) の motivate は「〜をやる気にさせる」という意味で、motivate people to support the charity's mission「人々に慈善団体の使命を支持する気にさせる」のように使う。(A) の solve「〜を解決する」、(C) の find「〜を見つける」はいずれも文脈に合わない。

訳　REO Foundation のスポークスパーソンとして、女優 Ella Pratt は慈善活動の果たす使命に関する意識を高めることに貢献している。

正解　406. (A) ／ 405. (B) ／ 404. (B)

403. It is important to listen ------- to recommendations based on customer satisfaction surveys.

(A) objectives
(B) objection
(C) objectively
(D) objective

402. The city council was ------- about the miscommunication regarding road closures.

(A) apologetically
(B) apologize
(C) apology
(D) apologetic

401. In addition to ------- high-quality dry-cleaning services, Borski & Sons is able to mend and alter garments.

(A) offer
(B) offering
(C) offers
(D) offered

403位 品詞 (A) 11.04% (B) 17.63% **(C) 65.80%** (D) 5.54% ⏱**25**秒

空所前後に to listen --- to recommendations とあることから、空所には直前の自動詞 listen を修飾する、副詞の (C) objectively「客観的に（⇔ subjectively）」を選ぶ。(B) objection は「反論」という意味の名詞で、listen to objections「反対意見に耳を傾ける」のように使うことができる。(D) objective は形容詞で「客観的な」または名詞で「目的」、(A) objectives は名詞の複数形。

訳 顧客満足度調査に基づく助言には、客観的に耳を傾けることが重要だ。

402位 品詞 (A) 5.24% (B) 17.03% (C) 12.01% **(D) 65.72%** ⏱**28**秒

空所の前に主語 city council と be 動詞 was があり、前置詞 about 以下に補足情報続いていることから、空所には city council「市議会」を説明しつつイコールの関係になる形容詞か名詞が文法的に入り得る。city council「市議会」はメンバーから構成されていると考えられるので、空所には人の気持ちを表す形容詞の (D) apologetic「申し訳なさそうな」がふさわしい。名詞である (C) apology「謝罪」は、city council「市議会」とイコールの関係が成り立たないことから不適切。

訳 市議会は、道路閉鎖に関する伝達ミスについて申し訳ないと感じていた。

401位 品詞 (A) 24.06% **(B) 65.63%** (C) 4.55% (D) 5.76% ⏱**21**秒

空所の前には前置詞 In addition to、後ろには名詞 services があることから、空所には名詞に相当する語句で、かつ services を目的語にとる動名詞の (B) offering「～を提供すること」が入る。(A) の offer は名詞「申し出」または動詞の原形「～を提供する」で、名詞として用いる場合は In addition to its offer of high-quality dry-cleaning services のように前置詞で後ろの情報をつなぐ必要がある。(C) offers は名詞の複数形または動詞の現在形、(D) offered は動詞の過去形・過去分詞形。

訳 Borski & Sons は高品質なドライクリーニングサービスの提供に加え、衣類の修繕や仕立て直しをすることもできる。

Level 3

正解 403. (C)／402. (D)／401. (B)

369

ヒロ前田の Quick Insight ❸

全1000問のタグ別の正答率と解答時間を調べた。正答率は高い順、解答時間は短い順にランキングしている。

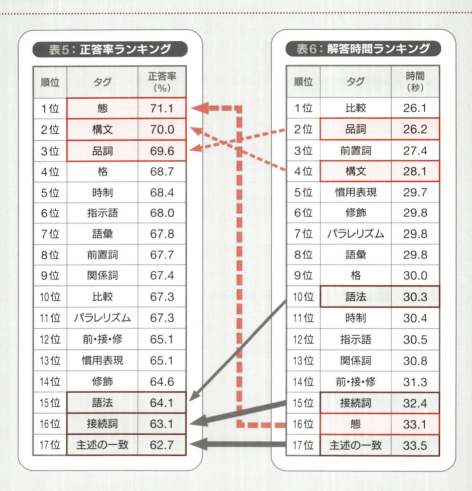

「態」の解答時間は2番目に長いが、正答率は1位。一方、解答時間が最長の**「主述の一致」**の正答率は最下位となった。同様に、**「接続詞」「語法」**も解答時間が長い割に正答率は底辺に近いため、**「タイパ（時間効率）が悪い」**と言える。

解答時間が短くて正答率が高いのは**「品詞」**と**「構文」**だった。「構文」には、both A and B や whether A or B のような「お決まりの組み合わせ」が正解のカギとなる問題が多く含まれる。組み合わせをしっかり覚えておけば速く正確に解けるオイシイ問題だ。

Level 4
飛躍の200問

400位〜201位

正答率
65.63%〜54.81%

Part 5 対策もいよいよ佳境。
複数のテストポイントが絡む実践的な
問題を通じて、解答スピードと正確性を高め
目標スコア達成を確実なものにしましょう。
さあ、飛躍の時です！

Level 4 の動画講義はこちらから ➡ （ログイン方法は P.9 参照）

400. The internship program provides students with practical experience by ------- them to a diverse and dynamic work environment.

(A) starting
(B) appearing
(C) describing
(D) exposing

399. Shoppers who purchase two regularly priced roast chickens will receive ------- free of charge.

(A) each other
(B) another
(C) other
(D) one another

398. While many experts predicted that the drastic fluctuations in fuel prices would end soon, they have not yet -------.

(A) contrasted
(B) discussed
(C) indicated
(D) stabilized

400位 語彙 語法

(A) 8.27%　(B) 14.85%　(C) 11.25%　**(D) 65.63%**　**38**秒

空所には、直後の代名詞 them（≒ the students）を目的語にとる他動詞から派生した動名詞で、かつ to a ... work environment を続けることができる (D) exposing「〜をさらすこと」が入る。expose X to Y「XをYにさらす」の形で覚えよう。(B) appearing は自動詞から派生した動名詞で、目的語を直接とらない。

訳　インターンシッププログラムでは、学生に多様で活気に満ちた職場環境に触れさせることにより、実務体験を提供する。

- (A) **starting**: 〜を始める（こと）
  - 例 start gaining practical experience「実地経験を積み始める」
- (B) **appearing**: 現れる（こと）、出てくる（こと）（≒ coming out）
  - 例 appear in public「人前に出る」
- (C) **describing**: 〜を述べる（こと）、〜を説明する（こと）
  - 例 describe the practical experience「実地経験について述べる」

399位 指示語

(A) 6.28%　**(B) 65.60%**　(C) 6.50%　(D) 21.63%　**32**秒

空所前に「ローストチキンを定価で2つ購入する買い物客はもらえる（receive）」とあるので、空所には動詞 receive の目的語となり、one more roast chicken「ローストチキンをもう1つ」を1語で表せる代名詞の (B) another「もう1つ」が入る。receive another one free of charge とも言える。(A) each other と (D) one another も代名詞だが、いずれも「お互い」という意味で、文脈と合わない。(C) other「他の」は形容詞で、名詞を修飾する。

訳　ローストチキンを定価で2つ購入した買い物客は、無料でもう1つもらえる。

398位 語彙 語法

(A) 6.19%　(B) 12.04%　(C) 16.19%　**(D) 65.58%**　**39**秒

「燃料価格の急激な変動はすぐに収まると予測していたが、いまだに（価格は）--- ない」という文脈、および空所の後ろに目的語がないことから、空所には自動詞の機能もある (D) stabilized「安定した」が入る。(B) discussed と (C) indicated は他動詞で、必ず目的語が必要。

訳　多くの専門家が燃料価格の急激な変動はすぐに収まると予測していたが、まだ安定していない。

- (A) **contrasted**: 対照を成した　例 His shirt contrasted well with his tie.「彼のシャツはネクタイと素晴らしいコントラストを成していた」
- (B) **discussed**: 〜を話し合った、〜を説明した　例 The experts discussed the issue.「専門家たちはその問題について議論した」
- (C) **indicated**: 〜を示した、〜を述べた　例 The graph indicated how the prices have been fluctuating.「グラフは価格がどのように変動しているのかを示していた」

正解　400. (D) ／ 399. (B) ／ 398. (D)

397. All quality control team employees have been trained to ------- products are free of defects.

(A) ensure
(B) support
(C) notify
(D) instruct

396. A wall on the city's South Bank Parkland has a mural depicting ------- events from the city's history.

(A) modern
(B) relieved
(C) famous
(D) eager

395. ------- the submission deadline for entries to the Daze Art Contest will be extended has yet to be decided.

(A) By
(B) However
(C) Whether
(D) Near

1000〜801　800〜601　600〜401　**400〜201**　200〜1

397位　語彙　語法
(A) 65.50%　(B) 13.28%　(C) 9.45%　(D) 11.76%　🕐 **38**秒

空所の後ろに (that) products are ... という節が続いていることから、空所には that 節を目的語としてとる (A) ensure「必ず〜 (SV) になるようにする (≒ make sure／make certain)」が入る。(C) は notify 人 that SV「(人) に SV ということを伝える」、(D) は instruct 人 that SV「(人) に SV と指示する」のように、語りかける相手を目的語としてとる。(B) support「〜を支える」は文脈に合わない。

訳　品質管理チームの全スタッフは、製品に欠陥がない状態を確保するための訓練を受けている。

396位　語彙　(A) 18.34%　(B) 12.14%　**(C) 65.49%**　(D) 4.02%　🕐 **41**秒

「市の歴史上で --- 出来事が描かれた壁画がある」という文脈から、空所には (C) の famous「有名な」が入る。(A) modern「現代的な」は「歴史上の出来事」と矛盾する。

訳　市内にある South Bank Parkland の壁には、市の歴史上の有名な出来事を描いている壁画がある。

(A) **modern**: モダンな、現代的な (≒ contemporary)
　例　modern history「近代史 (⇔ ancient history)」、modern art「現代アート」
(B) **relieved**: 安心した、ホッとした
　例　I'm relieved to hear that.「それを耳にして安心した」
(D) **eager**: 熱心な、熱望している
　例　an eager look「熱心な面持ち」、People are eager to know about its history.「人々はその歴史について知りたがっている」

395位　前置詞 vs. 接続詞 vs. 修飾語
(A) 14.73%　(B) 11.65%　**(C) 65.20%**　(D) 8.42%　🕐 **42**秒

この文の動詞は文末の has yet to be decided。空所には、空所直後の the submission deadline から will be extended までを文の主語として名詞節にまとめることができる語で、節同士をつなぐ機能を持つ接続詞の (C) Whether「〜であるかどうか」が入る。(A) By は前置詞で、By the deadline, participants are required to submit their work.「期日までに、参加者は作品を提出しなければならない」にように名詞をつなぐ。副詞である。(B) However「しかしながら、いかに〜でも」を文頭に置く場合は、However difficult it may be, contestants must submit their work by the deadline.「どんなに困難でも、コンテスト参加者は期限までに作品を提出しなければならない」のように使う。(D) Near は前置詞・副詞・形容詞・動詞で、節同士をつなぐ機能はない。

訳　Daze Art Contest への出品物の提出期限が延長されるかどうかは、まだ決まっていない。

正解　397. (A)／396. (C)／395. (C)

394. At the meeting, the consultant presented her ------- concerning the problems with the firm's marketing strategy.

(A) invitations
(B) occupations
(C) preparations
(D) conclusions

393. The company ------- reassesses its Internet security software to determine whether upgrades are required.

(A) routinely
(B) astonishingly
(C) previously
(D) variably

392. In preparation for your annual employee review, self-assessments must be ------- to your manager.

(A) motivated
(B) performed
(C) presented
(D) accomplished

394位 語彙 (A) 5.94% (B) 9.91% (C) 19.01% **(D) 65.14%** ⏱38秒

「コンサルタントは会社のマーケティング戦略の問題点に関する自身の --- を提示した」という文脈から、空所には (D) conclusions「結論、意思決定の中身」が入る。(A) invitations は「招待状」、(B) occupations は「職業（≒ professions ／ jobs）」、(C) preparations は「準備」という意味で、文脈に合わない。

訳 その会議の席で、コンサルタントは会社のマーケティング戦略の問題点に関する、自身の見解を提示した。

393位 語彙 **(A) 65.11%** (B) 6.49% (C) 19.59% (D) 8.80% ⏱34秒

「自社のセキュリティーソフトを --- 見直し、アップグレードが必要かどうかを判断している」という文脈から、空所には (A) の routinely「定期的に（≒ regularly）」が入る。

訳 その企業は自社のインターネットセキュリティーソフトを定期的に見直し、アップグレードが必要かどうかを判断している。

- (B) **astonishingly**: びっくりするほど（≒ amazingly）
  - 例 astonishingly high level of security「驚くほど高いレベルのセキュリティー」
- (C) **previously**: 前に（≒ formerly ／ before）
  - 例 The company previously reassessed its security software.「その企業は以前、セキュリティーソフトを見直した」
- (D) **variably**: 可変的に 例 The software variably adjusts the volume.「そのソフトは可変的に音量を調整する」

392位 語彙 語法 (A) 6.32% (B) 15.05% **(C) 65.00%** (D) 13.62% ⏱31秒

「自己評価が --- なければならない」という文脈、および空所の直後に to your manager「上司に」とあることから、空所には (C) の presented「提出される（≒ submitted ／ given）」が入る。be presented to ～で「～に提出される、～に提示される」。

訳 年次の人事考課に備えて、自己評価を上司に提出しなければならない。

- (A) **motivated**: やる気になった、動機づけられた
  - 例 The employees have been motivated to work harder.「従業員たちは、より頑張って働く気になっている」
- (B) **performed**: 行われた、演じられた、演奏された
  - 例 Self-assessments must be performed in preparation for your annual employee review.「年次の人次考課に備えて、自己評価を行わねばならない」
- (D) **accomplished**: 成し遂げられた（≒ achieved）
  - 例 The goal must be accomplished by working together.「力を合わせることでその目標を達成しなければならない」

正解 394. (D) ／ 393. (A) ／ 392. (C)

391. Organizations that invest in employee training and development tend to have ------- higher levels of productivity.

(A) correspondence
(B) corresponded
(C) correspondingly
(D) corresponds

390. Guests may contact the front desk for ------- 24 hours a day by pressing "0" on the phone in their room.

(A) assisting
(B) assistant
(C) assistance
(D) assisted

389. Ana Gallegos is a Barcelona-based architect known for ------- incorporating practical and aesthetic elements in her designs.

(A) tastefully
(B) tastes
(C) tasting
(D) tasteful

400〜201

391位 品詞 (A) 11.44% (B) 19.48% **(C) 64.98%** (D) 4.10% ⏱**34**秒

空所前後で文の要素がそろっていることから、空所には直後の形容詞higherを修飾する、副詞の (C) correspondingly「それに応じて」が入る。(B) の corresponded は過去分詞として空所直前のhaveと一緒に現在完了を形成しそうな気がするが、correspond「一致する」は自動詞なので、名詞levelsを目的語にとることはない。Employee performance has corresponded with investment in training and development.「従業員の業績は研修や能力開発への投資と相関している」のように使う。(A) の correspondence「通信、文書」は名詞、(D) の corresponds は動詞の現在形。

訳 従業員の研修や能力開発に投資している組織は、それに応じて生産性がより高い傾向にある。

390位 品詞 (A) 20.37% (B) 7.87% **(C) 64.97%** (D) 6.79% ⏱**29**秒

空所の直前に前置詞for、直後に副詞24 hours a dayが続いており、空所の前には冠詞が存在しないことから、空所には不可算名詞である (C) の assistance「援助、サポート（≒ help／support）」が入る。空所前のforは「〜を得るために、〜を求めて」の意味。(B) の assistant「アシスタント、秘書」は可算名詞なので、空所の前に冠詞が必要。(A) の assisting は動名詞または現在分詞、(D) の assisted は動詞の過去形・過去分詞。

訳 宿泊客は客室の電話で0番を押すことにより、フロントデスクに連絡して、24時間サポートを求めることができる。

> 👩 動名詞として (A) assisting「助けること」を使うのはダメ?
>
> 👨 後ろに目的語としてthemを入れて、The guests thanked the front desk for assisting them ... のような形にすれば文法的に成立するけどね。

389位 品詞 **(A) 64.94%** (B) 11.38% (C) 9.09% (D) 14.59% ⏱**34**秒

空所の前後に前置詞forと動名詞incorporatingがあることから、空所には動名詞を修飾する、副詞の (A) tastefully「センス良く」がふさわしい。(B) の tastes は動詞「〜を味わう」の現在形または名詞「味」の複数形、(C) の tasting は動名詞または現在分詞。(D) の tasteful は「センスの良い」という意味の形容詞で、Ana Gallegos is an architect known for tasteful designs. のように名詞を修飾する。

訳 Ana Gallegos は Barcelona に拠点を置き、設計に実用的かつ美的要素をセンス良く取り入れることで知られている建築家だ。

正解 391. (C)／390. (C)／389. (A)

379

388. The company's profits ------- to $7.3 million last year, driven mainly by growth in online sales.

(A) increased
(B) generated
(C) anticipated
(D) recorded

387. WordPlus is an ------- software program that makes language learning fun and easy.

(A) excessive
(B) accustomed
(C) interactive
(D) obvious

386. Although the new inventory management system is ------- complicated, it is a significant improvement over the previous one.

(A) fairly
(B) justly
(C) mainly
(D) shortly

385. Mr. Wareham works tirelessly to find solutions that ------- his clients' needs.

(A) suit
(B) suitable
(C) suits
(D) suitably

388位 語彙 語法
(A) 64.92% (B) 7.36% (C) 5.65% (D) 22.07%   28秒

文脈に合いそうな選択肢が複数あるので、語法の観点に切り替える。すると、空所の直後に前置詞 to があることから、自動詞として働く (A) の increased「上がった (≒ went up ／ rose)」が適切だと判断できる。残りの選択肢は基本的に他動詞で、後ろに目的語をとる。ちなみに increase には、increased profits「利益を上げた」のような他動詞の機能もあるので注意しよう。

訳 主にオンライン販売の伸びによって、昨年、その会社の利益は730万ドルにまで上がった。

 (B) **generated**: 〜を生んだ 例 generated profits「利益を生んだ」
 (C) **anticipated**: 〜を予測した
     例 anticipated consumer needs「消費者のニーズを予測した」
 (D) **recorded**: 〜を記録した 例 recorded a surplus「黒字を計上した」

387位 語彙
(A) 19.16% (B) 11.25% (C) 64.86% (D) 4.73%   26秒

空所の後ろに続く名詞 software program「ソフトウエア・プログラム」を修飾する形容詞として、意味的にふさわしいのは (C) の interactive「インタラクティブな、対話方式の」。(A) の excessive は「過度の (≒ too much)」という意味で、excessive heat「過度の熱」のように用いられる。(B) accustomed「慣れて (≒ used to)」と (D) obvious「明白な (≒ clear)」も文脈に合わない。

訳 WordPlus は、楽しく簡単に言語を学ぶことができる、対話型のソフトウエア・プログラムである。

386位 語彙
(A) 64.85% (B) 13.88% (C) 10.83% (D) 10.43%   30秒

空所前後に「新しい在庫管理システムは --- 複雑だ」とあることから、空所には直後の complicated「複雑な」の度合いを示す、副詞の (A) fairly「なかなか、まあまあ」が入る。(B) justly は「正しく、正確に」という意味で、exactly や precisely の同義語。(C) mainly は「主に (≒ primarily)」、(D) shortly は「間もなく (≒ soon)」という意味で、いずれも文脈に合わない。

訳 新しい在庫管理システムはなかなか複雑だが、以前のシステムに比べて大幅に改善している。

385位 品詞 主述の一致
(A) 64.78% (B) 10.67% (C) 18.66% (D) 5.89%   25秒

solutions までで文の要素がそろっており、後ろから主格の関係代名詞 that で solutions を説明している。空所には his clients' needs を目的語にとり、solutions と主述が一致する動詞の (A) suit「〜に合う」が入る。(C) の suits も動詞だが、solutions と数が一致しない。(B) の suitable「ふさわしい」は形容詞、(D) の suitably「ぴったり合って」は副詞。

訳 Mr. Wareham は、顧客のニーズに合う解決策を見いだすために、休むことなく働いている。

正解 388. (A) ／ 387. (C) ／ 386. (A) ／ 385. (A)

384. The walking tour includes frequent stops on a level route making it suitable for almost -------, from children to seniors.

(A) whole
(B) none
(C) anyone
(D) them

383. Whitby Corporation strives to reply to all ------- from customers within 48 hours.

(A) correspondence
(B) corresponds
(C) correspondent
(D) correspond

382. Morning hiking groups begin ------- from the peak of Mt. Marva in time to have lunch at Melba's Café.

(A) descended
(B) descending
(C) to be descending
(D) have descended

384位 語法 指示語

(A) 13.26%　(B) 3.52%　**(C) 64.77%**　(D) 18.45%　**35秒**

空所の前後から、空所には from children to seniors の部分に言及する代名詞で、かつ almost「ほぼ」で修飾することができる (C) の anyone が入る。anyone は肯定文で用いると「誰でも」の意味を持つ。(B) の none「誰も〜ない」も almost で修飾できるが、「ほとんど誰にも適さない」という意味になり、文脈に合わない。(A) の whole「全ての」は形容詞なので、名詞を修飾する。目的格である (D) の them「彼ら／彼女らを」は目的語になる。

訳 そのウォーキングツアーは平坦(たん)なルートで頻繁に休憩を入れており、子どもから高齢者までほぼ誰にでも適したものとなっている。

 (A) **whole**: 全ての（≒ entire）　例 the whole age group「全ての年齢層」
 (B) **none**: 誰も〜ない、いずれも〜ない
  例 None of the participants had a compass.「参加者のうち誰1人としてコンパスを持っていなかった」
 (D) **them**: 彼ら、彼女ら、それら
  例 for a most all of them「彼ら／彼女らのほぼ全員にとって」

383位 品詞

(A) 64.74%　(B) 21.35%　(C) 11.16%　(D) 2.75%　**30秒**

空所前に形容詞の all があるので、空所には可算名詞の複数形、もしくは不可算名詞（複数形にならない名詞）が入る。選択肢の中では、不可算名詞の (A) correspondence「通信（≒ communication）、通信文（≒ letters／mail）」が空所にふさわしい。(C) の correspondent「特派員、通信者」も名詞だが、可算名詞の単数形で意味も合わない。(D) の correspond「一致する、通信する」は動詞の原形、(B) の corresponds は名詞ではなく動詞の現在形なので注意。

訳 Whitby Corporation は、顧客からの全ての連絡に対し、48時間以内に回答するように努めている。

382位 語法

(A) 5.09%　**(B) 64.73%**　(C) 26.64%　(D) 3.54%　**33秒**

空所前後に begin --- from the peak とあることから、空所には begin の目的語になる、動名詞の (B) descending「降りること」が入る。begin は start と同様、begin *doing*／begin to *do* のように、動名詞も不定詞も伴うので、begin to descend であれば空所に入り得るが、(C) の begin to be descending はくどすぎて不自然。(A) の descended は動詞 descend「降りる」の過去形・過去分詞、(D) の have descended は現在完了。

訳 朝のハイキング・グループは、Melba's Café で昼食を取るのに間に合うよう、Mt. Marva の頂上から下山し始める。

正解　384. (C)／383. (A)／382. (B)

381. The ------- of doors and windows in unused rooms can help the facility conserve energy.

(A) closing
(B) close
(C) closable
(D) closed

380. Carswell Bank received the country's top rating in terms of customer service, ------- TPN Bank ranked first in terms of convenience.

(A) because
(B) unless
(C) whereas
(D) so

379. In appreciation for their dedication over the past year, Kaweiben Corporation will reward its employees ------- special bonuses.

(A) with
(B) for
(C) to
(D) over

378. While the *Hillview Times* article on Mr. Sanchez was ------- well-written, it contained some minor inaccuracies.

(A) expertly
(B) generally
(C) differently
(D) automatically

384

| 1000〜801 | 800〜601 | 600〜401 | **400〜201** | 200〜1 |

381位 品詞 (A) 64.73% (B) 22.30% (C) 3.93% (D) 9.04% ⏱27秒

空所の前後が冠詞Theと前置詞ofであることから、空所には名詞がふさわしいと判断して、(A) の closing「閉めること、閉鎖」を選ぶ。(B) close は動詞の原形「閉まる、〜を閉める」または形容詞「近い」の他、名詞で「終わり」にもなるが、意味的に不適切。(C) closable は形容詞で「閉めることのできる」、(D) closed は動詞の過去形・過去分詞。

訳 使用していない部屋の窓とドアを閉めることで、施設がエネルギーを節約することにつながる。

380位 接続詞 (A) 14.08% (B) 7.51% (C) 64.67% (D) 13.73% ⏱37秒

空所の前に「顧客サービスに関しては Carswell Bank が国内最高評価を受けた」、後ろに「利便性に関しては TPN Bank が1位となった」とあり、2つの銀行を対比していることから、空所には (C) whereas「一方で〜」が入る。(A) の because「〜なので」と (D) の so「だから〜」は、空所の前後に因果関係がないので不適切。(B) の unless「〜でなければ（≒ if 〜 not）」も文脈に合わない。

訳 顧客サービスに関しては Carswell Bank が国内最高評価を受けたのに対し、利便性の面では TPN Bank が1位となった。

379位 前置詞 語法

(A) 64.53% (B) 22.20% (C) 10.67% (D) 2.60% ⏱27秒

空所前の reward its employees「従業員に報いる」に対して、後ろの special bonuses「特別賞与」は彼らに与えられるべきものなので、(A) の with を入れるのが妥当。「reward 人 with 褒美」=「(人)に(褒美)で報いる」という語法ごとマスターしておこう。(B) の for もしばしば reward と共に用いられるが、The company rewarded its employees <u>for</u> their dedication. のように「reward 人 for 功績」=「(功績)に対して(人)をたたえる」という形で用いられる。

訳 ここ1年の献身に感謝して、Kaweiben Corporation は従業員に特別賞与を支給する。

378位 語彙 (A) 26.96% (B) 64.53% (C) 4.42% (D) 4.09% ⏱32秒

「Hillview Times の Mr. Sanchez に関する記事は --- よく書けていたが、わずかながら不正確な点が含まれていた」という文脈から、空所には (B) の generally「全体的に（≒ in general）」が入る。(A) の expertly は「専門的に、上手に」。後ろが well-written ではなく written であれば、The article was expertly written without any inaccuracies.「記事は不正確な点が一切なく見事に書かれていた」のように使える。(C) の differently は「別に、異なって」、(D) の automatically は「自動的に」という意味で、文脈と合わない。

訳 Hillview Times の Mr. Sanchez に関する記事は、全体的によく書けていたが、わずかながら不正確な点が含まれていた。

正解 381. (A)／380. (C)／379. (A)／378. (B)

377. The planning committee members ------- certain items from the event schedule due to time constraints.

(A) to eliminate
(B) are eliminated
(C) will be eliminated
(D) had to eliminate

376. During his tour of China, the CEO became ill and had to return home, resulting in a ------- stay than expected.

(A) short
(B) shortly
(C) shorten
(D) shorter

375. The partnership between Bo Games and Pan Media has proven to be ------- beneficial, helping both companies to post record profits.

(A) mutually
(B) exactly
(C) hardly
(D) firmly

377位 態 主述の一致

(A) 2.81% (B) 14.45% (C) 18.22% **(D) 64.53%** 38秒

空所の前後に主語 members と目的語 items があることから、空所には動詞の能動態である (D) の had to eliminate「削除せざるを得なかった」がふさわしい。(A) の to eliminate は不定詞で、動詞として機能しない。(B) の are eliminated および (C) の will be eliminated は受動態なので、空所の後ろに続く items を目的語にとることができない。

訳 企画委員会のメンバーは、時間的な制約のため、イベントの予定からいくつかの項目を削除せざるを得なかった。

376位 品詞 比較

(A) 22.84% (B) 7.14% (C) 5.56% **(D) 64.46%** 23秒

空所の前後に a --- stay than expected「予想よりも --- 滞在」とあることから、空所には形容詞 short の比較級の (D) shorter を入れ、「予想より短い滞在」とする。ちなみに than expected は than it was expected の主語 it と be 動詞 was が省略されたもの。同様の表現である than anticipated (= than it was anticipated) や than thought (= than it was thought) と一緒にぜひ押さえておこう。(A) の short「短い」は形容詞の原級なので、than expected の部分と合わない。(B) の shortly「間もなく (≒ soon)」は副詞、(C) の shorten「〜を短くする」は動詞の原形。

訳 CEO は中国国内を訪問中に病気になり、帰国を余儀なくされたため、予想より滞在が短くなった。

375位 語彙 **(A) 64.45%** (B) 17.01% (C) 5.19% (D) 13.35% 27秒

カンマの後ろに「両社が過去最高益を計上することにつながった」とあることから、空所直後の形容詞 beneficial「有益な」を修飾する副詞として、(A) の mutually「互いに、相互に」が入る。

訳 Bo Games と Pan Media の協力関係は互いに有益であることが証明されており、両社が過去最高益を計上することにつながっている。

UP! (B) **exactly**: 正確に、まさに 例 exactly at five o'clock「5時ちょうどに」、The partnership has proven to be exactly what both companies needed.「その提携は両社がまさに必要としていたものだと証明された」

(C) **hardly**: ほとんど〜ない 例 can hardly believe my eyes「自分の目がほとんど信じられない」

(D) **firmly**: 堅く、確実に 例 close the lid firmly「ふたをしっかりと閉める」、The partnership has firmly established itself as beneficial.「その提携関係は有益なものとして確固たる地位を確立している」

正解 377. (D) ／ 376. (D) ／ 375. (A)

374. Financial analysts believe the increase in consumer spending is an ------- sign that the economy is starting to grow.

(A) encouraged
(B) encouragement
(C) encouraging
(D) encourage

373. Anyone ------- to use the conference room must reserve it using the online reservation system.

(A) to wish
(B) wishes
(C) wishing
(D) wish

372. The next committee meeting has ------- been set for Tuesday at 10 A.M., although the meeting agenda is undecided.

(A) shortly
(B) conversely
(C) tentatively
(D) sequentially

| 1000〜801 | 800〜601 | 600〜401 | **400〜201** | 200〜1 |

374位 品詞 (A) 22.30% (B) 10.65% **(C) 64.45%** (D) 2.60% ⏱**32**秒

空所前後に an --- sign とあることから、空所には直後の名詞 sign を修飾する形容詞的な表現がふさわしいと判断し、分詞の (A) encouraged と (C) encouraging に注目する。名詞 sign「兆し」と encourage「〜を励ます」の関係を考えると、能動の sign encourages people「兆しが人々を励ます」の方が、受動の sign is encouraged「兆しが励まされる」より自然なので、現在分詞の (C) encouraging「(人)を励ますような、励みになる」を選ぶ。(B) encouragement「激励、奨励」は名詞、(D) encourage「〜を励ます」は動詞の原形。

訳 消費者支出の増加は経済が成長し始めている明るい兆しであると、金融アナリストたちは考えている。

373位 品詞 (A) 5.61% (B) 19.81% **(C) 64.42%** (D) 10.17% ⏱**21**秒

空所前後に主語 Anyone、動詞 reserve、目的語 it がそろっており、--- to use the conference room は補足情報。従って、空所には Anyone を説明する形容詞的な表現がふさわしいと判断し、分詞の (C) wishing「〜を望んでいる」を選ぶ。(A) の to wish は不定詞、(B) の wishes は動詞「〜を望む」の現在形または名詞「望み」の複数形、(D) wish は動詞の原形または名詞の単数形。

訳 会議室の使用を希望する者は、オンライン予約システムを利用して部屋を予約しなければならない。

372位 語彙 (A) 16.66% (B) 6.15% **(C) 64.34%** (D) 12.85% ⏱**28**秒

カンマの前に「次回の委員会は火曜日10時に決められている」とあり、後ろで「議題はまだ決まっていないが」と述べられていることから、取りあえず会議の日時が決まっていることを示す (C) の tentatively「暫定的に (≒ provisionally／for the time being)」を選ぶ。

訳 会議の議題は決まっていないが、次回の委員会の日程は暫定的に火曜日の午前10時に設定されている。

🔺UP!

(A) **shortly**: 間もなく (≒ soon)
例 The next meeting will be set shortly. 「次回の会議の日程は間もなく決まる」

(B) **conversely**: 逆に (≒ on the contrary)
例 I like warm weather. Conversely, my brother prefers cold weather. 「私は温暖な気候が好きだが、弟は逆に寒い気候が好きだ」

(D) **sequentially**: 連続して
例 Please arrange the books sequentially by their publication dates. 「本を出版された日付の順に並べてください」

正解 374. (C)／373. (C)／372. (C)

371. A report summarizing the survey results will be forwarded to everyone ------- it arrives.

(A) while
(B) since
(C) once
(D) but

370. In order to remain -------, it is important that Granger Lighting, Inc. continue to develop innovative new products.

(A) competition
(B) competitive
(C) competitor
(D) competes

369. ------- competitors in the final round of the tennis tournament showed respect for one another throughout the entire match.

(A) Every
(B) Another
(C) Both
(D) Either

368. The Winthrop Center offers ------- consultation rates as well as fast service.

(A) lowers
(B) lowest
(C) low
(D) to lower

| 1000〜801 | 800〜601 | 600〜401 | **400〜201** | 200〜1 |

371位 接続詞 (A) 14.30% (B) 19.90% **(C) 64.28%** (D) 1.52% ⏱**31**秒

空所の前に「調査結果をまとめた報告書は全員に転送される」、後ろに「それが届く」とある。空所に (C) の once「〜次第 (≒ as soon as)」を入れると、「届き次第」となり、文意が通る。(A) の while は「〜の間」、(B) の since は「〜以来、〜なので」、(D) の but は「しかし〜」という意味なので、文脈と合わない。

訳 調査結果をまとめた報告書は、届き次第、全員に転送される。

370位 品詞 (A) 22.25% **(B) 64.24%** (C) 10.55% (D) 2.96% ⏱**20**秒

空所前の remain「〜のままでいる」は自動詞で、目的語を直接とらず、be 動詞と同じく主語 Granger Lighting, Inc. の状態や性質を表す語句を伴うことから、空所には形容詞である (B) の competitive「競争力がある」が入る。remain の後には名詞も入り得るが、(A) competition「競争」では「Granger Lighting, Inc. は競争」となってしまうため不適切。(C) の competitor「競争相手（競合他社）」も自社のことを競合と称するのは不自然である上、可算名詞なので空所の前に a や the が必要。(D) の competes「競う」は動詞の現在形。

訳 競争力がある状態を維持するためには、Granger Lighting, Inc. が画期的な新製品を開発し続けることが重要だ。

Level 4

369位 修飾 (A) 22.73% (B) 6.35% **(C) 64.23%** (D) 6.69% ⏱**30**秒

空所の後ろに名詞の複数形 competitors があり、文中で one another「お互い (≒ each other)」という表現も用いられていることから、空所には (C) の Both「両方の」が入る。(A) の Every「それぞれの (≒ Each)」は個に視点があるので、Every competitor のように単数形の名詞と共に使う。(B)(D) も同様に、Another competitor「もう1人別の選手」や Either competitor「どちらか一方の選手」のように使う。

訳 テニストーナメントの決勝ラウンドにおいて、両選手は試合の間ずっと互いに敬意を払っていた。

368位 品詞 パラレリズム 比較
(A) 4.41% (B) 16.55% **(C) 64.19%** (D) 14.84% ⏱**31**秒

空所前の動詞 offers の目的語として、consultation rates と fast service が等位接続詞の as well as を挟んで並列されている。空所には fast service 同様、名詞 consultation rates を修飾する形容詞の原級が入ると判断して、(C) low「低い」を選ぶ。不定詞の (D) to lower も動詞 offers の後ろで使うことはできるが、offers to lower consultation rates as well as fast service「迅速なサービスおよび相談料を下げると申し出る」となり、意味的に不自然。(A) lowers「〜を下げる」は動詞の現在形。(B) lowest「最も低い」は最上級なので、the lowest consultation rates のように用いられる。

訳 Winthrop Center は、迅速なサービスおよび低額の相談料を提供している。

正解 371. (C) ／370. (B) ／369. (C) ／368. (C)

367. Wellner Associates provides modern solutions, tailoring its services ------- each customer's specific needs.

(A) suitable
(B) to suit
(C) suitably
(D) suited

366. The payroll manager has asked that all employee timesheets be given to ------- by 5:00 P.M. each Friday.

(A) her
(B) herself
(C) oneself
(D) one's own

365. The job title to be included on Mr. Algo's business cards is going to be revised for length and -------.

(A) permission
(B) clarity
(C) group
(D) technique

367位 品詞 語法

(A) 10.71%　**(B) 64.16%**　(C) 9.90%　(D) 15.23%　⏱ **37**秒

カンマの前は主節で、分詞 tailoring を使って補足情報が加えられている。tailor には tailor O to do「Oを〜となるようにカスタマイズする」という語法があることから、空所には不定詞の (B) to suit「〜に合うように」が入る。(A) の suitable「ふさわしい」は形容詞、(C) の suitably「ふさわしく、適切に」は副詞、(D) の suited は形容詞「適した」、または動詞 suit「合う」の過去形・過去分詞。

訳　Wellner Associates は、各顧客に特有のニーズに合うように、サービスの内容をカスタマイズしながら、時代に即したソリューションを提供している。

366位 格 指示語

(A) 64.05%　(B) 10.84%　(C) 18.05%　(D) 7.06%　⏱ **34**秒

that の後ろに all employee timesheets be given to --- by とあることから、空所には前置詞 to の目的語として、文の主語である The payroll manager を指す目的格の (A) her「彼女に」が入る。「be given to 〜」で「〜（人）に与えられる」の意味。ここでは要望を表す動詞 has asked が使われているため、that 節で be given と仮定法現在が用いられている（イギリス英語では should be given となることもある）。再帰代名詞は節中の主語を指すべきだが、(B) herself と (C) oneself は、節中の主語 timesheets を指せないので不適切。(D) の one's own は所有格で、後ろの名詞を飾る。

訳　給与担当部長は、毎週金曜日の午後5時までに、全従業員の勤怠記録用紙を自分に渡すよう求めている。

365位 語彙 パラレリズム

(A) 13.01%　**(B) 63.94%**　(C) 13.63%　(D) 9.42%　⏱ **39**秒

「Mr. Algo の名刺に記載される役職名は、長さと --- を考慮して修正される」という文脈から、空所には length「長さ」と同様に役職名の性質を表す (B) clarity「明快さ、分かりやすさ」が入る。この for は「〜を得るために、〜を求めて」を表し、for clarity で「分かりやすくするために」という意味になる。(A) permission は「許可」、(C) group は「グループ、団体」、(D) technique は「テクニック、技術」という意味で、文脈に合わない。

訳　Mr. Algo の名刺に記載される役職名は、長さと明確さを考慮して修正されることになっている。

正解　367. (B) ／366. (A) ／365. (B)

364. Ms. Jin, the new marketing director, has a thorough ------- of the pharmaceutical market in the U.S. and Canada.

(A) understanding
(B) advantage
(C) talent
(D) approach

363. The lifetime warranty ------- only to the original purchaser of any Canadia Tools' products.

(A) gives
(B) applies
(C) donates
(D) works

362. Brooker Finance manages its asset portfolio carefully to ensure ------- returns over the medium to long term.

(A) purchased
(B) stable
(C) authentic
(D) considerate

364位 語彙 (A) 63.90% (B) 15.23% (C) 9.91% (D) 10.96% ⏱31秒

「Ms. Jin は米国とカナダの医薬品市場に関する完全な --- がある」という文脈から、空所には (A) understanding「理解、知見」が入る。(B) advantage は「競争上の優位性」を表すので、例えば Ms. Jin has a clear advantage over the other candidates.「他の候補者に比べて明確な優位性を持っている」のように使う。(C) talent は「天賦の才、才能あふれる人」、(D) approach は「取り組み方、接近」。

訳 新たなマーケティング部長の Ms. Jin は、米国とカナダの医薬品市場を熟知している。

363位 語彙 語法
(A) 14.80% **(B) 63.83%** (C) 6.14% (D) 15.23% ⏱29秒

「生涯保証は Canadia Tools 製品の元の購入者にのみ ---」という文脈に加え、空所の後ろに副詞 only と前置詞 to があるのに目的語となる名詞がないことから、空所には自動詞の (B) applies「当てはまる、適用される」が入る。(A) gives「〜を与える、〜に提供する」は他動詞で、後ろに目的語になる物や人が必要。(D) works「働く、機能する」は自動詞で、下の例のように to ではなく for と共に使う。(C) donates「(〜を) 寄付する」は文脈に合わない。

訳 生涯保証は、Canadia Tools 製品の元の購入者にのみ適用される。

(A) **gives**: 〜を与える、〜に提供する 例 The lifetime warranty gives coverage only to the original purchaser.「生涯保証は元の購入者にのみ保証を与える」
(B) **donates**: (〜を) 寄付する 例 donate to charities「慈善団体に寄付する」、donate tools「道具を寄贈する」
(D) **works**: 働く、機能する 例 The lifetime warranty works only for the original purchaser.「生涯保証は元の購入者に対してのみ有効である」

362位 語彙 (A) 9.76% **(B) 63.82%** (C) 8.42% (D) 18.00% ⏱39秒

空所前後の「中長期にわたる --- 利益を確保するため」という文脈から、空所には (B) stable「安定した」が入る。(D) considerate「思いやりのある」は文脈に合わないが、considerable「かなりの (≒ significant / substantial)」なら空所に入り得る。

訳 Brooker Finance は、中長期に渡る安定した利益を確保するため、注意深く自社の資産ポートフォリオを管理している。

(A) **purchased**: 購入された
例 purchased online items「オンラインで購入された品物」
(C) **authentic**: 本物の (≒ real) 例 authentic leather bag「本革のバッグ」
(D) **considerate**: 思いやりのある、思慮深い
例 considerate customer service「思いやりのある顧客サービス」

正解 364. (A) ／ 363. (B) ／ 362. (B)

361. ------- wishes to take part in the training workshop should sign up by 5:00 P.M. on Friday.

(A) Whoever
(B) Those
(C) Anyone
(D) That

360. Following a thorough review of its operations, Malkin Consulting has identified ------- four processes that should be streamlined.

(A) in preparation for
(B) with regard to
(C) by way of
(D) at least

359. Before becoming an author, Mr. Snodgrass worked in fields as ------- as farming, construction, and security.

(A) diversity
(B) diversion
(C) diversify
(D) diverse

396

361位 語法 (A) 63.82% (B) 9.02% (C) 24.49% (D) 2.68% 23秒

空所が文頭にあり、wishes ... workshopという補足情報が続き、should sign upという助動詞＋動詞がある。空所には主語として機能する複合関係代名詞の (A) Whoever「〜な人は誰でも（≒ Anyone who）」が入ると判断する。(C) Anyone「誰でも」は代名詞で、Anyone wishingもしくは Anyone who wishesのような形で用いる。(B) Those も「（不特定の）人々」を表す代名詞として、Those wishingもしくは Those who wish「〜を希望する人々」のように使うことが可能。(D) Thatを関係代名詞として用いる場合は、Anyone that wishesのように、先行詞が必要。

訳 研修会への参加を希望される方は、金曜日の午後5時までにお申し込みください。

360位 前置詞 vs. 修飾語 (A) 8.11% (B) 17.46% (C) 10.65% (D) 63.78%   42秒

空所の前後に文に必要な要素がそろっていることから、空所には直後の数詞fourを修飾する副詞的な表現が入るので、(D) の at least「少なくとも」を選ぶ。残りの選択肢は全て前置詞句で、空所に入れると動詞 identifiedと目的語 four processes の関係が崩れてしまう。

訳 経営の徹底的な見直しを経て、Malkin Consulting は合理化されるべきプロセスを少なくとも4つ特定している。

(A) **in preparation for:** 〜に備えて
   例 in preparation for four processes「4つのプロセスに備えて」
(B) **with regard to:** 〜に関して（≒ in regard to／regarding）
   例 with regard to four processes「4つのプロセスに関して」
(C) **by way of:** 〜の手段として（≒ by means of）、〜経由で（≒ via／through）
   例 by way of four processes「4つのプロセスの手段として／を通じて」

359位 品詞 (A) 15.26% (B) 4.30% (C) 16.73% (D) 63.71%   34秒

カンマの後は、Mr. Snodgrass^S worked^Vまでで文に必要な要素がそろっている。in fields as --- as farming, construction, and security は具体例を含んだ補足説明で、asとas の間には形容詞か副詞しか入らないので、空所には名詞 fields「分野」を修飾する形容詞の (D) diverse「多様な、さまざまな」が入る。in fields の後ろに that wereを補って考えると分かりやすい。(A) の diversity「多様性」と (B) の diversion「多角投資」は名詞、(C) の diversify「〜を多様化する」は動詞の原形。

訳 作家になる前、Mr. Snodgrass は農業や建設業、警備会社など、さまざまな業界で働いた。

正解　361. (A) ／ 360. (D) ／ 359. (D)

358. After a thorough review of the factory, the safety inspector declared the production conditions -------.

(A) acceptable
(B) to accept
(C) acceptability
(D) accepting

357. The company retreat gave employees a chance to get to know each other ------- away from the workplace.

(A) person
(B) personally
(C) personality
(D) people

356. The board of directors approved the motion to increase the research and ------- budget by 10 percent.

(A) development
(B) developed
(C) developer
(D) develops

355. The banking industry is calling for greater clarity on how the government's new rules -------.

(A) enforce
(B) to have enforced
(C) are enforcing
(D) will be enforced

358位 品詞 語法
(A) 63.66%　(B) 13.86%　(C) 18.32%　(D) 4.15%　⏱35秒

文中で用いられている動詞declare(d)には、declare 名詞 形容詞「(名詞)は(形容詞)であると明言する」という語法があるので、空所には形容詞の(A) acceptable「受け入れられる」が入る。(B) の to accept は不定詞、(C) の acceptability「受容性」は名詞、(D) の accepting は動名詞または現在分詞。

訳 工場の徹底的な点検を行った後、安全検査官は生産状況が許容範囲だと明言した。

357位 品詞
(A) 11.19%　(B) 63.63%　(C) 17.21%　(D) 7.97%　⏱33秒

空所には know each other という動詞句を修飾する副詞がふさわしいと判断し、(B) personally「個人的に」を選択する。(A) person「個人」、(C) personality「パーソナリティー、性格」、(D) people「人々」はいずれも名詞。know each other's personalities「お互いの性格を知る」のように使うことは可能。

訳 社員旅行により、職場を離れてスタッフ同士が個人的に知り合う機会が設けられた。

356位 品詞 慣用表現
(A) 63.62%　(B) 29.08%　(C) 4.33%　(D) 2.98%　⏱31秒

research and --- という3語は、空所の後ろにある budget「予算」を説明している。空所には research「研究」と同じ名詞で、かつ内容的にも関連のある (A) の development「開発」を入れて、research and development「研究開発(R&D)」という表現を完成させるのが適切。(C) の developer「開発者、開発業者」も名詞だが、research や budget とは意味的に合わない。(B) の developed は動詞 develop「～を開発する」の過去形・過去分詞、(D) の develops は動詞の現在形。

訳 取締役会は研究開発費を10パーセント増やすという動議を承認した。

355位 態
(A) 13.97%　(B) 10.56%　(C) 11.86%　(D) 63.62%　⏱43秒

適切な動詞の形を選ぶ問題。空所の前に how the government's new rules とあり、空所の直後はピリオドで終わっていて、目的語に当たる名詞がない。よって空所には選択肢の中で唯一の受動態である(D) will be enforced「施行される」が入る。(A) enforce「～を施行する」と(C) are enforcing はいずれも能動態なので不適切。(B) to have enforced も能動態で、かつ不定詞なので、空所に入れると how が導く節の動詞がなくなってしまう。

訳 銀行業界は、政府の新たな規定がどのように施行されるのかについて、より明確な説明を求めている。

正解　358. (A) ／357. (B) ／356. (A) ／355. (D)

354. The school's laptop computers need operating system updates ------- work properly.

(A) for
(B) under
(C) since
(D) to

353. Despite the inclement weather that delayed some guests, the organizers decided to start the reception ------- at 7:00 P.M.

(A) lately
(B) completely
(C) promptly
(D) enormously

352. The factory in Ridgewood was ------- shut down for several hours yesterday due to a power outage.

(A) reportedly
(B) permanently
(C) optimistically
(D) usually

400

354位 語法 (A) 27.07% (B) 6.34% (C) 2.98% **(D) 63.61%** ⏱**21**秒

空所の前までで文の要素がそろっており、その後ろには work properly と続いている。副詞の properly に修飾されていることから、work は動詞だと判断し、(D) の to を入れて to work という不定詞にするのが正解。(A) for「〜に向けて」および (B) under「〜の下に」は前置詞なので名詞をつなぐ機能を果たす。(A) は updates for the system「そのシステムに対するアップデート」のように使うことは可能。(C) の since は前置詞で「〜以来」、または接続詞で「〜して以来、〜なので」。

🔲訳 学校のノートパソコンが正常に機能するためには、OS のアップデートが必要だ。

353位 語彙 (A) 21.01% (B) 11.35% **(C) 63.60%** (D) 4.04% ⏱**30**秒

「主催者たちは午後7時 --- に宴会を始めることにした」という文脈から、空所には (C) の promptly「ただちに、ちょうど」が入る。promptly at 7:00 P.M.「午後7時ちょうどに」と同様の言い回しとして、exactly at 7:00 P.M. ／ at 7:00 P.M. sharp ／ immediately after 7:00 P.M. といった表現もあるので、併せてマスターしておこう。(A) の lately は「最近 (≒ recently)」という意味。late「遅いタイミングで」と混同しないように注意（動画講義を参照のこと）。(B) completely「完全に (≒ totally)」と (D) enormously「非常に、とてつもなく (≒ immensely)」も文脈に合わない。

🔲訳 悪天候で数名の招待客が遅れることになったにもかかわらず、主催者たちは午後7時きっかりに宴会を始めることにした。

352位 語彙 **(A) 63.59%** (B) 16.76% (C) 14.60% (D) 5.05% ⏱**31**秒

「Ridgewood にある工場は --- 停電のため数時間停止した」という文脈から、空所に入るのは、(A) の reportedly「報道によると、伝えられるところによると (≒ according to the report)」。(B) permanently「永久に」は後ろに for several hours「数時間」と記されているので不適切。他の選択肢も文脈に合わない。

🔲訳 報道によると、昨日、Ridgewood にある工場が停電のため数時間停止したとのことだ。

📈UP! (B) **permanently**: 永久に（⇔ temporarily）
  例 be permanently closed「廃業した」
(C) **optimistically**: 楽観的に（⇔ pessimistically）
  例 plan optimistically「楽観的に計画する」
(D) **usually**: 普段（≒ normally） 例 be usually busy「普段は忙しい」

正解 354. (D) ／ 353. (C) ／ 352. (A)

351. The safety manual outlines the ------- that should be taken before operating the machine.

(A) schedules
(B) goals
(C) precautions
(D) standards

350. Ms. Rivera said the road closures could cause problems, ------- merchandise not being delivered on time.

(A) such as
(B) in fact
(C) now that
(D) at last

349. Tablet computer manufacturer Celcom Inc. donated many ------- units to local schools to generate some positive publicity.

(A) tentative
(B) surplus
(C) rigorous
(D) adjacent

351位 語彙 慣用表現

(A) 10.76%　(B) 6.19%　**(C) 63.50%**　(D) 19.55%　⏱**36秒**

「安全マニュアルは、機械を操作する前に取られるべき --- の概要が説明されている」とあることから、空所には (C) precautions「予防措置」が入る。ぜひ、take precautions「予防措置を講じる」という表現ごとマスターしておこう。

訳　その安全マニュアルは、機械を操作する前に講じられるべき予防措置（安全上の注意点）の概要を説明している。

(A) **schedules**: 予定
　例 schedules should be set「スケジュールが組まれるべきである」
(B) **goals**: 目標　例 goals should be achieved「目標は達成されるべきである」
(D) **standards**: 基準
　例 standards should be met「基準は満たされるべきである」

350位 前置詞 vs. 接続詞 vs. 修飾語

(A) 63.39%　(B) 17.37%　(C) 14.37%　(D) 4.87%　⏱**33秒**

カンマの前で文の要素がそろっていて、後ろに補足情報が続いていることから、空所には直後の merchandise を中心とした名詞句をつなぐ前置詞が入るべきだと判断し、(A) の such as「〜のような（≒ like）」を選ぶ。(B) の in fact「実際（≒ actually）」と (D) の at last「最後に（≒ finally）」は副詞で、カンマの前後をつなぐことはできない。(C) の now that「今や〜なので（≒ because now）」は接続詞なので、節をつなぐ際に用いられる。

訳　道路の閉鎖により、商品が時間どおりに配達されないといった問題が生じる可能性もあると、Ms. Rivera は述べた。

349位 語彙　(A) 13.85%　**(B) 63.36%**　(C) 9.74%　(D) 13.05%　⏱**32秒**

「タブレット型コンピューターのメーカーが、多くの --- 装置を地元の学校に寄贈した」という文脈から、空所には (B) の surplus「余った、余剰の（≒ remaining）」が入る。

訳　タブレット型コンピューターのメーカーである Celcom Inc. は、肯定的な評判を生む（企業アピールの）ために、余剰分となっている多くのコンピューターを地元の学校に寄贈した。

(A) **tentative**: 仮の、暫定的な（≒ provisional）　例 tentative steps「暫定措置」
(C) **rigorous**: 厳しい（≒ strict）、厳密な（≒ thorough／exact）
　例 rigorous standards「厳格な基準」、rigorous analyses「厳密な分析」
(D) **adjacent**: 隣接した　例 two adjacent rooms「隣り合っている2部屋」

正解　351. (C)／350. (A)／349. (B)

348. A report prepared following an in-depth analysis of the company's procedures ------- the strengths and weaknesses of the existing processes.

(A) summarizing
(B) were summarizing
(C) has summarized
(D) are to summarize

347. The city is holding ------- with gardening enthusiast groups to get assistance with an annual gardening festival.

(A) talkative
(B) talks
(C) talker
(D) talked

346. The Dry King wet weather gear allows wearers to keep dry ------- rainy weather.

(A) with
(B) off
(C) in
(D) at

345. Garber Footwear is ------- in the quality of its products and offers a full refund to anyone not completely satisfied.

(A) reliant
(B) traditional
(C) proud
(D) confident

348位 主述の一致
(A) 12.03%　(B) 13.17%　**(C) 63.35%**　(D) 11.46%　55秒

文頭に A report という主語があり、その後ろに続く分詞 prepared から procedures までは補足情報。従って、空所には主語の A report（＝ It）と数が一致する動詞が入るべきだと判断し、(C) has summarized を選ぶ。(B) と (D) では主述が一致しない。動名詞または現在分詞である (A) の summarizing を空所に入れると、動詞がなくなってしまうため不適切。

訳 会社の手続きに関する徹底的な分析を受けて作成された報告書は、現在の（作業）工程の長所と短所をまとめている。

347位 品詞
(A) 12.62%　**(B) 63.27%**　(C) 17.49%　(D) 6.62%　⏱ 31秒

空所の前後に他動詞 holding と前置詞 with はあるが、冠詞は存在しないことに着目し、空所には holding の目的語として名詞の複数形である (B) talks「話し合い、協議」を選ぶ。(C) の talker「話し手」も名詞だが、可算名詞なので、a talker のように冠詞と一緒に用いるか、talkers のように複数形で用いる必要がある。(A) の talkative「話好きな」は形容詞、(D) の talked は動詞 talk「話す」の過去形・過去分詞。

訳 毎年恒例のガーデニング・フェスティバルで協力を得るため、市はガーデニング愛好家の団体と会合を行っている。

346位 前置詞
(A) 11.91%　(B) 14.31%　**(C) 63.26%**　(D) 10.52%　⏱ 28秒

rainy weather「雨天」という「状況」を示すのにふさわしい前置詞は (C) の in。(A) の with は何かを伴っている場合などに使う。(B) の off は「離脱」、(D) の at は「点」のイメージを示す。

訳 Dry King の雨具を使うと、着用した人は雨天でも濡れずに済む。

(A) **with:** 〜と一緒に　例 She arrived with a dog.「彼女は犬と一緒に到着した」
(B) **off:** 〜から外れて　例 He took off his coat.「彼はコートを脱いだ」
(D) **at:** 〜の時点で、〜の地点で　例 at all times「どんな時でも」、at a store「店で」

345位 語彙 語法
(A) 11.21%　(B) 5.00%　(C) 20.54%　**(D) 63.25%**　⏱ 28秒

空所には主語である Garber Footwear の心情を表し、かつ空所直後の前置詞 in と一緒に使うことのできる (D) confident「自信のある」がふさわしい。ぜひ、S be confident in 〜「S は〜に自信がある」という語法ごとマスターしておこう。(A) reliant は S be reliant on/upon 〜「S は〜に依存している（≒ S be dependent on/upon）」、(C) proud は S be proud of 〜「S は〜に誇りを持っている」のように使う。(B) の traditional「伝統的な」は文脈に合わない。

訳 Garber Footwear は、自社製品の質に自信があるので、100 パーセント満足できない人には全額返金をしている。

正解　348. (C) ／ 347. (B) ／ 346. (C) ／ 345. (D)　　405

344. Now that its new plant is open, Fluker Manufacturing can ------- expand its operations and ramp up production.

(A) fast
(B) early
(C) never
(D) finally

343. While sales were somewhat better last year, that alone ------- not explain the dramatic rise in the company's share price.

(A) does
(B) had
(C) was
(D) has

342. UltraFresh all-purpose household detergent contains powerful chemicals ------- to remove even the toughest stains from kitchen surfaces.

(A) intended
(B) progressed
(C) warned
(D) cleaned

| 1000～801 | 800～601 | 600～401 | **400～201** | 200～1 |

344位 [修飾] (A) 15.07% (B) 18.15% (C) 3.58% **(D) 63.20%** ⏱34秒

空所前後の「新工場が稼働するようになったので、Fluker Manufacturingは事業を拡大し増産できる」という内容、および空所が動詞句 expand its operations の前にあることから、空所には(D)の finally「ようやく」がふさわしいと判断する。(A)の fast「速く（≒ rapidly）」および(B)の early「早期に」は、expand its operations の前ではなく後ろで用いられる。(C)の never は「決して～ない、一度も～ない」という否定的な意味を持つので不適切。

訳 新工場が稼働するようになったので、Fluker Manufacturingはようやく事業を拡大し、生産量を増やすことができる。

343位 [語法] [態] **(A) 63.18%** (B) 14.50% (C) 14.64% (D) 7.68% ⏱47秒

空所の前に主語 that と副詞 alone「～だけで」、後ろに not という否定語と原形動詞 explain があることから、空所には(A)の does が入る。that alone does not explain ～で「それだけでは～を説明しきれない」という意味。(C)の was を用いる場合、受動態を形成するべく was not explained のように過去分詞が続く。(B)の had や(D)の has を使って完了形にする場合も、had/has not explained のように過去分詞が続く。

訳 昨年、売り上げがある程度改善したが、それだけでは会社の株価急騰の理由を説明できない。

342位 [語彙] [語法] **(A) 63.09%** (B) 12.79% (C) 9.21% (D) 14.92% ⏱34秒

空所には直前の名詞 chemicals「化学薬品」を修飾する分詞で、かつ直後に不定詞（to remove）を伴う語法を持つ(A) intended を入れる。S be intended to *do*「Sは～することを意図されている、Sは～するのを目的としている」という語法ごとマスターしておこう。本文では chemicals の後ろに that are という主格の関係代名詞と be 動詞が省略され、分詞 intended が直接 chemicals を修飾していると考えてもよい。(B) progressed は「進められている」、(C) warned は「警告を受けている」、(D) cleaned は「掃除されている」という意味。

訳 万能家庭用洗剤」の UltraFresh には、キッチン表面の最も頑固な汚れも取り除くために、強力な化学物質が入っている。

Level 4

正解 344. (D)／343. (A)／342. (A)

341. ------- its new line of recreational vehicles is less expensive than its rivals', Venta offers better performance and fuel efficiency.

(A) Outside of
(B) As well
(C) Compared to
(D) Even though

340. Popular sushi restaurant Haru plans to establish a second branch downtown, which will open ------- in the spring.

(A) whenever
(B) sometime
(C) lately
(D) between

339. A ------- small number of exhibitors will be present at this year's Medical Technologies Expo.

(A) compared
(B) comparatively
(C) comparing
(D) compare

| 1000〜801 | 800〜601 | 600〜401 | **400〜201** | 200〜1 |

341位 　前置詞 vs. 接続詞 vs. 修飾語

(A) 4.87%　(B) 13.94%　(C) 18.21%　**(D) 62.98%**　⏱**39**秒

空所には直後の its new line of recreational vehicles is ... rivals' という節をカンマの後ろとつなぐ表現がふさわしいので、選択肢の中で唯一の接続詞である (D) Even though「〜にもかかわらず（≒ Though ／ Although）」を選ぶ。(A) Outside of「〜の他に、〜の外側で」と(C) Compared to「〜と比べると（≒ Compared with ／ In comparison to ／ In comparison with）」は前置詞、(B) As well「その上、同様に（≒ Too）」は副詞（修飾語）なので、節をつなぐ機能はない。(C) は Compared to its rivals, Venta sells less expensive cars.「競合他社に比べて、Venta はより安価な車を販売している」のように名詞の前に置くことは可能。

🔲 訳 Venta の RV 車の新シリーズは、競合車より低価格であるにもかかわらず、性能と燃費の面で優れている。

340位 　前置詞 vs. 接続詞 vs. 修飾語　　修飾

(A) 6.18%　**(B) 62.82%**　(C) 27.87%　(D) 3.13%　⏱**23**秒

空所前後の which will open --- in the spring には文に必要な要素がそろっていることから、空所には副詞の (B) sometime「いつか、ある時」が入る。sometime in the spring「春のどこかのタイミングで」という表現をそのまま覚えておこう。(C) lately も副詞だが「最近（≒ recently）」という意味なので、will open という時制と合わない。later「後に」と混同しないよう注意。(A) whenever「〜する時はいつでも（≒ any time ／ every time）」は接続詞なので、節同士をつなぐ。(D) between「〜の間」は前置詞なので、後ろの名詞をつなぐ。

🔲 訳 人気の寿司レストラン Haru は繁華街に2店舗目を構える予定で、今年の春のどこかの時期にオープンする。

339位 　品詞　(A) 18.81%　**(B) 62.79%**　(C) 16.48%　(D) 1.92%　⏱**26**秒

空所の前後に A --- small number とあることから、空所には直後の形容詞 small を修飾する副詞がふさわしいので、(B) comparatively「比較的（≒ relatively）」を選ぶ。(D) の compare「〜を比較する、匹敵する」は動詞の原形、(A) の compared は動詞の過去形・過去分詞、(C) の comparing は動名詞または現在分詞。

🔲 訳 比較的少数の業者が、今年度の Medical Technologies Expo で展示を行う。

> 👦 (A) や (C) を生かすなら、A small number of exhibitors will be present this year, compared to previous expos. / comparing it to previous expos. のように分詞構文にするといいですよ！

正解　341. (D) ／ 340. (B) ／ 339. (B)

338. Adaptability and creative problem-solving are ------- skills for computer programmers.

(A) diligent
(B) extensive
(C) alone
(D) critical

337. We ------- request that you confirm your meal selection before the banquet.

(A) popularly
(B) extremely
(C) probably
(D) kindly

336. ------- visitors to the factory must first sign in at the reception desk.

(A) Any
(B) Each
(C) Whole
(D) Everything

338位 語彙 (A) 13.07% (B) 22.54% (C) 1.66% **(D) 62.73%** ⏱ 26秒

「適応能力および独創的な問題解決力は、コンピュータープログラマーにとって --- スキルである」という文脈から、空所には (D) critical「極めて重要な（≒ crucial／vital）」が入る。

訳 適応能力および独創的な問題解決力は、コンピュータープログラマーにとって極めて重要なスキルである。

(A) **diligent**: 勤勉な（≒ hard-working）
　　例 They are diligent workers.「まじめによく働く職員たちだ」
(B) **extensive**: 大々的な、広範囲に及ぶ
　　例 extensive use of the skills「スキルの大いなる活用」
(C) **alone**: ただ一人で　例 I was alone in the room.「私はその部屋に一人きりだった」

337位 語彙 (A) 5.17% (B) 17.63% (C) 14.49% **(D) 62.71%** ⏱ 24秒

「お食事の選択内容をご確認いただけますよう --- お願いいたします」という文脈から、空所には (D) の kindly「どうか、どうぞ」を入れて、より丁重な文にするのがふさわしい。(B) extremely「極めて」は、動詞ではなく形容詞や副詞を修飾する。(C) probably「おそらく」は不確定な内容に用いられるので、文脈に合わない。

訳 宴会の前に、お食事の選択内容をご確認いただけますよう、どうぞよろしくお願いいたします。

(A) **popularly**: 広く一般に、多くの人により
　　例 She is popularly known for her generosity in the community.「彼女はその寛大さにより、地域社会でよく知られている」
(B) **extremely**: 極めて、非常に
　　例 extremely important「極めて重要な」、work extremely hard「ものすごく一生懸命に働く」
(C) **probably**: おそらく
　　例 We will probably request that ～ .「おそらく～をお願いすることになります」

336位 語法 修飾 **(A) 62.69%** (B) 17.68% (C) 15.53% (D) 4.09% ⏱ 22秒

空所が名詞の複数形 visitors の前にあることから、空所には形容詞で「あらゆる」を表す (A) の Any が入る。any を形容詞として用いる時は、名詞の単数形、複数形、もしくは不可算名詞と共に使うことが可能（肯定文で単数形の名詞の前に入れると「どんな～でも」という意味になる）。(B) の Each「それぞれの（≒ Every）」は個に視点があり、Each visitor のように単数形の名詞と共に使うのが一般的。(C) の Whole は1つのかたまりを全体的にとらえ、The whole group「そのグループ全体」のように単数形の名詞か不可算名詞と共に使う。(D) の Everything「全てのもの」は代名詞で、名詞 visitors を飾ることができない。

訳 その工場を訪れる人は皆、まず受付で名前を書いてから入場しなければならない。

正解 338. (D)／337. (D)／336. (A)

335. The board of directors has ------- agreed to accept an acquisition offer from a rival software company.

(A) immensely
(B) unanimously
(C) hygienically
(D) overly

334. Passengers ------- luggage to check must still have any carry-on bags inspected by security.

(A) without
(B) along
(C) instead
(D) nothing

333. Esperanza Airlines found that travelers ------- expect to have Internet access while on board.

(A) successfully
(B) responsively
(C) increasingly
(D) previously

335位 語彙 (A) 19.05% (B) 62.69% (C) 5.18% (D) 13.08% ⏱27秒

「取締役会は競合のソフトウエア会社からの買収提案を受け入れることに --- 合意した」という文脈から、空所には (B) の unanimously「満場一致で、全会一致で」が入る。

訳 取締役会は、競合のソフトウエア会社からの買収提案を受け入れることに全会一致で合意した。

(A) **immensely**: 非常に (≒ very much)
  例 They enjoyed the trip immensely. 「彼らはその出張を大いに堪能した」
(C) **hygienically**: 衛生的に (≒ sanitarily)
  例 The oysters have been hygienically processed and can also be eaten fresh. 「そのカキは衛生的に処理されており、生でも食べられる」
(D) **overly**: 過度に (≒ too)
  例 Some of the members were overly conservative. 「メンバーのうち数名はあまりにも保守的だった」

334位 語法 前置詞
(A) 62.64% (B) 27.11% (C) 5.65% (D) 4.60% ⏱40秒

Passengers に名詞 luggage をつなぐのは前置詞。さらに「預ける荷物 --- 乗客も、手荷物の検査を受けなければならない」という文脈に合うのは (A) の without「〜なしで、〜を持たないで (⇔ with)」。(B) の along も前置詞だが、線状のものに沿うイメージ。(C) の instead「代わりに」は副詞、(D) の nothing「何も (〜ない)」は代名詞で、後ろの名詞をつなぐことはできない。

訳 預ける荷物がない乗客も、機内に持ち込む手荷物は全てセキュリティー検査を受けなければならない。

(B) **along**: 〜に沿って、〜を携えて 例 Passengers traveling along with checked luggage must still have any carry-on bags inspected. 「荷物を預ける形で旅行する乗客も、やはり機内持ち込み荷物の検査を受けなければならない」
(C) **instead**: 代わりに 例 Check in your luggage instead of bringing carry-on bags. 「機内持ち込み手荷物を持ち込まずに、荷物を預けてください」
(D) **nothing**: 何も〜ない 例 He said nothing about the matter. 「彼はその件については何も言わなかった」

333位 語彙 (A) 14.63% (B) 9.06% (C) 62.54% (D) 13.77% ⏱36秒

空所には直後の動詞 expect「〜したいと思う、〜することを期待する」を修飾する副詞が入る。「Esperanza Airlines は、乗客が搭乗中にインターネットへのアクセスを --- 求めているということに気付いた」という文脈に合うのは (C) の increasingly「ますます (≒ more and more)」。(A) successfully「首尾よく」、(B) responsively「敏感に反応して (≒ reacting quickly)」、(D) previously「以前 (≒ formerly)」は文脈に合わない。

訳 Esperanza Airlines は、乗客が機内でのインターネットへのアクセスをますます求めるようになってきていることに気付いた。

正解 335. (B) ／ 334. (A) ／ 333. (C)

332. The clients were entertained at a ------- expensive restaurant on Margaret Street.

(A) primarily
(B) thoughtfully
(C) relatively
(D) swiftly

331. Most of the machines at the company's 40-year-old manufacturing facility in Preston ------- upgrading urgently.

(A) require
(B) has required
(C) to require
(D) is requiring

330. ------- the survey results are in, management can analyze the feedback and make improvements.

(A) During
(B) Meanwhile
(C) Now that
(D) Upon

329. Prior to ------- for a class, students should check that they meet its eligibility requirements.

(A) registered
(B) register
(C) registering
(D) registers

332位 語彙 (A) 18.26% (B) 13.43% **(C) 62.51%** (D) 5.79% ⏱28秒

「顧客たちは --- 高い店で接待を受けた」という文脈から、空所には (C) の relatively「比較的、相対的に (≒ comparatively)」が入る。

訳 顧客たちは Margaret Street の比較的高級なレストランで、接待を受けた。

(A) **primarily**: 主に (≒ mainly)
 例 The budget was used primarily for entertaining the clients.「その予算は主に顧客を接待するのに使われた」

(B) **thoughtfully**: 思慮深く、考え込んで (≒ well-considered)
 例 a thoughtfully implemented plan「熟慮して実行されたプラン」

(D) **swiftly**: 迅速に、急速に (≒ promptly ／ quickly)
 例 We acted swiftly to entertain the clients.「顧客をもてなすために素早く行動した」

331位 主述の一致
(A) 62.45% (B) 19.22% (C) 5.40% (D) 12.93% ⏱41秒

文頭の Most of the machines「ほとんどの機械」が主語で、at ... Preston という補足情報に続く空所に動詞が入る。most of の後の名詞が複数形なら複数扱いになるので、空所にはこの主語と数が一致する (A) の require「〜を必要とする」がふさわしい。(B) の has required と (D) の is requiring は One of the machines のように、主語が単数である場合に用いられる。(C) の to require は不定詞なので、動詞として機能しない。

訳 Preston の築 40 年の製造施設にある機械のほとんどは、早急にアップグレードが必要だ。

330位 前置詞 vs. 接続詞 vs. 修飾語
(A) 6.08% (B) 11.93% **(C) 62.39%** (D) 19.60% ⏱28秒

空所にはカンマの前までにある節をつなぐことのできる接続詞が求められているので、(C) の Now that「今や〜なので」を選ぶ。(B) の Meanwhile「その間に、一方で」は副詞なので、節をつなぐことはできない。(A) の During と (D) の Upon は前置詞で、名詞の前に置かれる。ちなみにカンマの前の in は「〜が届いて、〜が到着して」を表す副詞。

訳 調査結果が届いたので、経営陣はそのフィードバックを分析し、改良を加えることができる。

329位 品詞 (A) 5.17% (B) 27.28% **(C) 62.39%** (D) 5.17% ⏱21秒

空所は Prior to と for という 2 つの前置詞の間にあるので、前置詞の後ろに入る、動名詞の (C) registering を選ぶ。(B) register は動詞「登録する」の原形、または名詞「登録簿、レジ」。(A) registered は過去形・過去分詞、(D) registers は動詞の現在形または名詞の複数形。

訳 クラス登録の前に、学生は受講資格を満たしていることを確認する必要がある。

正解 332. (C) ／ 331. (A) ／ 330. (C) ／ 329. (C)

328. Wilbur Electronics announced it will ------- its PowerImage WX700 printer model due to technical problems.

(A) deduct
(B) hesitate
(C) withdraw
(D) relieve

327. The revised benefits policy at the Shubert Corporation will be in effect ------- next month.

(A) has to start
(B) started
(C) to be started
(D) starting

326. Following Michael Gibbons' departure, Petratech is expected to appoint a new CEO by the end of June, if not -------.

(A) entirely
(B) sooner
(C) almost
(D) well

416

| 1000~801 | 800~601 | 600~401 | **400~201** | 200~1 |

328位 語彙　(A) 22.35%　(B) 5.61%　**(C) 62.23%**　(D) 9.81%　⏱**29**秒

文末に due to technical problems「技術的な問題で」という理由があることから、空所直後の its ... printer modelという機械を目的語にとり、ネガティブな意味合いを持つ、動詞の (C) withdraw「～を（市場から）撤退させる、～（不具合のある商品）を回収する」を選ぶ。

訳 Wilbur Electronics は、自社の PowerImage WX700 プリンターを技術的な問題のため回収すると発表した。

🔺UP! (A) **deduct**: ～を差し引く（≒ subtract）　例 deduct the cost「コストを差し引く」
(B) **hesitate**: 躊躇する、ためらう
例 hesitate to speak in public「人前で話すことを躊躇する」
(D) **relieve**: ～を和らげる、～を安心させる
例 relieve your pain「痛みを和らげる」

327位 品詞　(A) 3.41%　(B) 13.14%　(C) 21.31%　**(D) 62.14%**　⏱**32**秒

空所の前までに文に必要な要素がそろっていることから、空所には後ろに続く next month をつなぐ機能を果たす分詞の (D) starting「～から始まって（≒ beginning ／ from）」が入る。starting next week「来週から」という表現を用いることで、空所直前の in effect「適用される」がどのタイミングであるのかを明示する効果をもたらす。不定詞である (C) の to be started「始められる」を in effect「適用される」の後ろで使うのは文脈的にも不自然。(A) の has to start は助動詞と動詞、(B) の started は動詞の過去形・過去分詞。

訳 Shubert Corporation における改正された福利厚生規定は、来月から適用される。

326位 修飾　慣用表現

(A) 15.48%　**(B) 62.13%**　(C) 4.52%　(D) 17.87%　⏱**38**秒

空所の前で by the end of June「6月末までに」と期限を提示した上で、その直後に if not --- と続けていることから、空所にはタイミングを示す (B) の sooner「それよりも前に」が入る。ぜひ、if not sooner「場合によってはより早いタイミングで→遅くとも」という慣用表現としてそのままマスターしておこう。(A) の entirely は「完全に、全体で」、(C) の almost は「ほとんど（≒ nearly）」、(D) の well は「うまく」という意味。

訳 Michael Gibbcns の退任を受け、Petratech は遅くとも 6月末までに新 CEO を任命する見込みだ。

正解　328. (C) ／ 327. (D) ／ 326. (B)

Level 4

325. Leadership styles may differ widely even ------- one and the same company.

(A) within
(B) behind
(C) our
(D) after

324. Most of the regional ------- are small, family-run businesses and lack their own shipping facilities.

(A) produce
(B) producers
(C) production
(D) productive

323. The branch is seeking someone who is ------- personable and experienced to take over Ms. Tran's position as office manager.

(A) equally
(B) far
(C) nearly
(D) once

322. Mighty Meat Burgers now has more locations than the other four major hamburger chains -------.

(A) combined
(B) combination
(C) combining
(D) combine

418

325位 語法 前置詞

(A) **62.04%** (B) 16.01% (C) 9.40% (D) 12.56% **40**秒

空所の後ろに名詞 one and the same company は「全く同一の会社」があることから、空所には前置詞が入る。さらに「全く同一の会社---さえも大きく異なる場合がある」という文脈から、範囲を限定する (A) の within「〜の中で」を選ぶ。(B) と (D) も前置詞として機能するが、(B) の behind は背後、(D) の after は後ろに続くイメージを持つので不適切。所有格である (C) の our を空所に入れると、その前後をつなぐ表現がなくなってしまう。

訳 リーダーシップのスタイルは、全く同一の会社の中でも大きく異なる場合がある。

324位 品詞 主述の一致

(A) 5.26% **(B) 62.03%** (C) 30.49% (D) 2.22% **30**秒

空所の前に前置詞 of と冠詞＋形容詞の the regional があり、後ろに are small という be 動詞と形容詞が続いているので、空所には are と数が一致する名詞の複数形が入ると考え、(B) producers「生産者たち」を選ぶ。(A) の produce は動詞「〜を作る」または名詞「農作物」、(C) の production「製造」は名詞で、主語として使うことはできるが、いずれも単数形なので、動詞 are と数が合わない。

訳 地域の生産者たちの大半は、小規模な家族経営の事業主で、独自の出荷施設がない。

323位 修飾

(A) 61.98% (B) 14.42% (C) 20.40% (D) 3.20% **35**秒

空所の前に主格の関係代名詞 who と be 動詞 is、後ろに personable and experienced「人当たりが良く経験豊富な」と、ポジティブな意味を持つ形容詞が等位接続詞 and によって並列されていることから、空所には (A) の equally「同様に」がふさわしい。(B) の far は「はるかに」、(C) の nearly は「ほぼ (≒ almost)」、(D) の once は「一度、かつて」という意味の副詞。

訳 その支店では Ms. Tan の後任としてオフィスマネジャーを務める、人当たりが良くて経験豊富でもある人物を探している。

322位 品詞

(A) 61.97% (B) 25.25% (C) 6.52% (D) 6.26% **33**秒

空所前には the other four major hamburger chains という名詞があるので、名詞を後ろから修飾する機能がある過去分詞の (A) combined を選ぶ。the other four major hamburger chains combined で「他の4大ハンバーガーチェーンを合わせた」となる。(B) の combination「組み合わせ」は名詞。... than the other four major hamburger chains in combination. のように使うことは可能。(C) の combining は動名詞または現在分詞。(D) の combine「〜を組み合わせる、結び付く」は動詞の原形。

訳 Mighty Meat Burgers には現在、他の4大ハンバーガーチェーンを合わせたよりも、多くの数の店舗がある。

正解 325. (A) ／ 324. (B) ／ 323. (A) ／ 322. (A)

321. On the recent commodities market, silver prices have decreased more than ------- of gold.

(A) that
(B) such
(C) those
(D) its

320. The exhibition features many sculptures, ------- of which are replicas of ancient originals too fragile for public display.

(A) several
(B) both
(C) almost
(D) other

319. With operating costs on the rise, airlines are setting their fares ------- to maintain their profit margins.

(A) accordingly
(B) exceptionally
(C) timely
(D) critically

420

321位 語法 指示語

(A) 23.23%　(B) 6.60%　**(C) 61.75%**　(D) 8.42%　27秒

空所の前に more than「〜よりも」という表現が用いられていることから、空所には主語の prices という複数形の名詞の代わりを務める、代名詞の (C) those が入る。more than those of gold で「金のそれら（＝価格）よりも」という意味。(A) の that も代名詞として機能するが、Today, the price of silver decreased more than that of gold.「今日、銀の価格は金のそれ（価格）よりも下落した」といった形で、price のような単数形の名詞を表す場合に用いる。この機会に、that の複数形は those であるという基本を確認しておこう。(B) の such「そのような、あれほどの」は形容詞、(D) の its は代名詞の所有格「その」または所有代名詞「そのもの」なので、前置詞 of で後ろから限定されることはない。

訳　最近の商品取引市場では、銀の価格が金の価格よりも下落している。

320位 語法 指示語

(A) 61.70%　(B) 9.86%　(C) 26.06%　(D) 2.38%　35秒

関係代名詞 which がカンマの前後をつないでいて、many sculptures が先行詞であることから、空所には多くの彫刻のうちの一部を指す、代名詞の (A) several「いくつか、数点」が入る。several of which で「そのうちのいくつか」という意味。(B) の both「両方」も代名詞で、both of which で「そのうちの両方」を表すが、文中に「両方」に当たる2者が明示されていないため不適切。(C) の almost「ほぼ（≒ nearly）」は副詞なので不適切。「〜のほとんど」と述べたい場合は、most of 〜のように代名詞の機能を持つ most を使う。(D) の other「他の」は形容詞。

訳　展示会では多くの彫刻を紹介しているが、そのうちのいくつかは、あまりにも壊れやすくて一般に公開できない古代のオリジナル作品の複製である。

319位 語彙

(A) 61.68%　(B) 14.78%　(C) 14.78%　(D) 8.77%　37秒

カンマの前に「操業コストが高騰している中」という困難な状況が描かれていることから、動詞句 (are) setting their fares「運賃を設定している」を修飾する副詞として、空所には (A) の accordingly「しかるべく、それに応じて」が入る。(B) の exceptionally は「非常に（≒ extremely）、例外的に（≒ not ordinarily）」という意味で、The airline set exceptionally high fares during the holiday season.「航空会社は休暇シーズン中に非常に高い運賃を設定した」のように使う。(D) の critically は「非常に（≒ crucially）、批判的に」という意味で、文脈に合わない。(C) の timely「タイミングの良い」は形容詞で、in a timely manner「タイミング良く」のように名詞を修飾する。副詞としての語義を載せている辞書もあるが、現代のネイティブスピーカーは形容詞としてしか用いない。

訳　操業コストが上昇する中、航空会社は利幅を維持するために、それに応じて運賃を設定している。

正解　321. (C) ／ 320. (A) ／ 319. (A)

318. The ------- exercise routine assigned by the coach ensures that every athlete on the team stays in peak physical condition.

(A) vigorous
(B) ambivalent
(C) permeable
(D) skeptical

317. The restaurant will be closed on a temporary ------- while renovations are carried out.

(A) picture
(B) case
(C) sense
(D) basis

316. Ms. Clark was ------- president of Moore Enterprises yesterday, replacing company founder Kevin Trent.

(A) extended
(B) named
(C) identified
(D) stated

315. The harbor district is packed with both locals and tourists ------- a typical Saturday night.

(A) on
(B) at
(C) under
(D) to

318位 語彙 (A) 61.67% (B) 13.54% (C) 13.40% (D) 11.39% 33秒

文の後半で「チームの全選手に最高のコンディションを確実に維持させている」と述べられていることから、空所にはポジティブな意味を持つ形容詞で、直後の名詞句 exercise routine とも関連が深い (A) の vigorous「精力的な、激しい」が入る。

訳 コーチに課せられた一連の激しい練習メニューのおかげで、チームの全選手が最高のコンディションを確実に維持している。

(B) **ambivalent**: どっちつかずの　例 ambivalent attitude「あいまいな態度」
(C) **permeable**: 透過性のある　例 permeable film「透過性フィルム」
(D) **skeptical**: 懐疑的な　例 skeptical eye「疑いのまなざし」

317位 語彙 慣用表現

(A) 2.64% (B) 30.21% (C) 5.56% **(D) 61.59%** 25秒

「改装工事が行われる間、その店は --- 休業となる」という文脈に加え、空所の前に on a temporary とあることから、空所に (D) の basis「ベース、基盤」を入れて、on a temporary basis「一時的に、臨時で」という慣用表現を完成させるのが妥当。(B) の case「ケース、場合」は、in the case of unexpected delays「予想外の遅れが生じた場合は」のように使う。(A) の picture は「絵、写真」、(C) の sense は「センス、感覚」。

訳 改装工事が行われる間、そのレストランは臨時休業となる。

316位 語彙 語法

(A) 4.93% **(B) 61.58%** (C) 14.99% (D) 18.50% 29秒

空所前後に Ms. Clark was --- president「Ms. Clark は社長に --- された」とあることから、空所には (B) の named が入る。動詞 name は「name 人 役職」のように、2つの目的語をとり「(人)を(役職)に任命する」を表す。この文では受動態で用いられている。(C) には identify O¹ as O²「O¹を O²と認識する」という語法があるが、受動態になっても as が必要なので不適切。(D) は state O「O を述べる」や state that SV「SV だと述べる」のように用いる。(A) の extended は「延長された、伸ばされた、差し伸べられた」という意味なので、文脈に合わない。

訳 Ms. Clark は創業者 Kevin Trent の後任として、昨日、Moore Enterprises の代表取締役に任命された。

315位 前置詞 (A) 61.40% (B) 31.12% (C) 4.28% (D) 3.20% 26秒

空所の後ろに Saturday night「土曜日の夜」とあることから、「特定の曜日」に話題をピタッと定めていることを表す (A) on が入る。(B) at は「点」のイメージを持つ前置詞で、at night のように、特定の日ではなく夜という時間を示す際に用いられる。(C) の under は「下」、(D) の to は「到達」。

訳 港湾地区は、土曜日の夜になると通常、地元の人々や観光客でごった返す。

正解 318. (A) ／ 317. (D) ／ 316. (B) ／ 315. (A)

314. The organization offers a variety of ------- appropriate programs tailored to the needs of the local community.

(A) cultural
(B) culturally
(C) cultured
(D) culture

313. Reimbursement for any employee purchases will be provided ------- approved by a manager.

(A) for
(B) yet
(C) if
(D) onto

312. Confirming months of ------- by industry analysts, Vola Airlines announced yesterday that it will purchase Air Dubron.

(A) speculation
(B) restoration
(C) obligation
(D) revision

	400〜201

314位 品詞 (A) 29.31% **(B) 61.34%** (C) 4.25% (D) 5.10% ⏱26秒

空所には後ろの形容詞＋名詞appropriate programsを修飾する語が入る。形容詞の (A) cultural か副詞の (B) culturally が候補だが、形容詞が2つ以上並ぶ場合、性質や目的を表す語句よりも主観的判断を示す語が先に来るので、appropriate cultural programs「適切な文化的プログラム」という語順が自然。ところが、この文では空所の直後に appropriate「適切な」という主観的な形容詞がすでに使われてしまっているため、その前に位置する空所には形容詞を修飾する副詞の (B) を入れて、culturally appropriate programs「文化的に適したプログラム」とするのがふさわしい。(D) culture は名詞で「文化」、または動詞の原形で「〜を培養する」。(A) cultured は動詞の過去形・過去分詞。

訳 その組織は地域コミュニティーのニーズに合わせて、さまざまな文化的に適したプログラムを提供している。

> 🧑 ネイティブたちも学校で、複数の形容詞を列挙する際は、「意見・評価→サイズ・形・色→素材・由来→性質・目的」の順番とすべきだと教わっているそうです。この基準を目安にしながら、自然な語順で形容詞を使えるようにしていきましょう!

313位 語法 (A) 21.28% (B) 6.99% **(C) 61.31%** (D) 10.42% ⏱33秒

空所の前までで受動態の文が完成しており、空所の後ろには分詞 approved が続いていることから、空所には接続詞である (C) の if「〜であれば」が入る。このように構文が捉えづらい文の場合、if (it is) approved のように主語と be 動詞を頭の中で補うのも一案。前置詞である (A) for や (D) onto、副詞または接続詞である (B) yet には、この語法はない。

訳 従業員によって購入された物は全て、部長の承認が得られれば、返金処理が行われる。

312位 語彙 **(A) 61.27%** (B) 8.80% (C) 9.35% (D) 20.58% ⏱40秒

カンマの前に「業界のアナリストによる数カ月の --- を裏付ける形で」とあり、カンマの後ろでは実際の展開が述べられていることから、空所には (A) speculation「憶測（forecast／prediction）」が入る。

訳 数カ月にわたる産業アナリストの憶測を裏付けるように、Vola Airlines は昨日 Air Dubron を買収すると発表した。

📈UP! (B) **restoration**: 修復（≒ remodeling／renovation／renewal／refurbishment）
例 undertake restoration work「修復作業を請け負う」

(C) **obligation**: 義務（≒ duty／responsibility）
例 fulfill an obligation「義務を果たす」

(D) **revision**: 修正（≒ modification／change） 例 make a revision「修正する」

正解 314. (B)／313. (C)／312. (A)　　　425

311. There was a lively ------- of ideas during the last week's discussion session.

(A) role
(B) importance
(C) exchange
(D) behavior

310. Before starting her presentation, the speaker ------- that audience members turn off their mobile phones.

(A) reminded
(B) notified
(C) proceeded
(D) requested

309. Over the past year, the company's profits have increased to a considerable -------.

(A) notation
(B) degree
(C) training
(D) upgrade

308. Many residents have made ------- to the city about the excess noise coming from the construction site.

(A) complains
(B) complaint
(C) complaints
(D) complaining

1000〜801 **800〜601** **600〜401** **400〜201** **200〜1**

311位 語彙 (A) 12.46% (B) 18.39% **(C) 61.22%** (D) 7.94% ⏱**31**秒

「先週の話し合いの中で、活発な意見の --- が行われた」という文脈から、空所には (C) の exchange「交換」がふさわしい。(A) の role は「役割」、(B) の importance は「重要性」、(D) の behavior は「行動」という意味なので、文脈に合わない。(B) は We know the importance of exchanging ideas.「われわれは意見交換の重要性を理解している」のように使うことはできる。

訳 先週の話し合いの中で、活発な意見の交換が行われた。

310位 語彙 語法 (A) 20.32% (B) 15.45% (C) 3.10% **(D) 61.13%** ⏱**28**秒

選択肢はいずれも主語である the speaker が行うことのできる動作なので、空所の後ろに着目すると、that 節が直後に続いていることから、空所には (D) requested「〜を求めた」を選ぶ。request that 〜「〜を求める」という語法ごとマスターしておこう。(A) は reminded 人 that 〜で「(人) に〜を思い起こさせた」、(B) は notified 人 that 〜で「(人) に〜を知らせた (≒ informed 人 that 〜)」のように、いずれも人を目的語にとる。(C) の proceeded は「行った (≒ went)、進んだ」という意味の自動詞で、proceeded to the gate「そのゲートに進んだ」のように使う。

訳 プレゼンテーションを始める前に、講演者は聴衆に携帯電話の電源を切るように求めた。

309位 語彙 慣用表現 (A) 16.38% **(B) 61.06%** (C) 5.75% (D) 16.81% ⏱**26**秒

空所に (B) の degree「度合い、程度 (≒ extent)」を入れると、to a considerable degree「かなりの程度まで」という表現ができ、文脈にも合う。(A) の notation は「(音楽・数学・科学などで用いる) 表記法」、(C) の training は「トレーニング、研修」、(D) の upgrade は「アップグレード、改善、昇格」という意味なので、文脈に合わない。

訳 ここ1年で、その会社の利益は大幅に伸びている。

308位 品詞 (A) 19.40% (B) 13.01% **(C) 60.90%** (D) 6.69% ⏱**27**秒

空所の前に冠詞がないことから、空所には動詞 have made の目的語として機能する名詞で、複数形の (C) complaints「苦情、クレーム」を選ぶ。make complaints to 〜で「〜に苦情を言う」という意味。(B) の complaint は可算名詞の単数形なので、a complaint や the complaint のように冠詞が必要。(A) の complains は動詞 complain「苦情を言う」の現在形、(D) の complaining は動名詞または現在分詞。

訳 建設現場から出てくる過度の騒音に関して、多くの住民が市に苦情を申し立てている。

正解 311. (C) ／310. (D) ／309. (B) ／308. (C)

307. ------- to comply with the manufacturer's directions may reduce the effectiveness of the medicine.

(A) Fail
(B) To have failed
(C) Failure
(D) Failed

306. Many travelers changed their plans ------- a major snowstorm that disrupted flights across eastern Canada.

(A) afterwards
(B) when
(C) as a result
(D) on account of

305. ------- interviewing job candidates, it is important to allow them to ask questions as well.

(A) Afterwards
(B) When
(C) Over
(D) Even

304. The cause of the traffic congestion on the Southeast Freeway has been the subject of ------- debate.

(A) many
(B) almost
(C) much
(D) mostly

428

| 1000〜801 | 800〜601 | 600〜401 | **400〜201** | 200〜1 |

307位 【品詞】 (A) 11.36% (B) 10.65% **(C) 60.90%** (D) 17.09% ⏱**31**秒

文頭にある空所の後ろに to comply with the manufacturer's directions という補足情報が続き、さらに助動詞 may と動詞 reduce が続いていることから、空所には主語として機能する名詞の (C) Failure「失敗、しなかったこと」が入る。(A) の Fail は動詞の原形、(D) の Failed は動詞の過去形・過去分詞で、いずれも主語にならない。(B) To have failed は完了不定詞で主語にはなり得るが、「過去にメーカーの指示に従わなかったことがこれからの薬の効き目を弱くするかもしれない」となるので、文脈的に不自然。

訳 メーカーの指示に従わないと、薬の効き目が弱くなるかもしれない。

306位 【前置詞 vs. 接続詞 vs. 修飾語】 (A) 12.83% (B) 10.51% (C) 15.77% **(D) 60.89%** ⏱**34**秒

空所の後ろは a major snowstorm (that ... Canada) という、snowstorm を中心とした名詞のかたまりである。空所の前にある主節に名詞 snowstorm をつなぐことができるのは前置詞なので、(D) on account of「〜のため、〜なので（≒ because of ／ owing to ／ due to ／ thanks to）」を選ぶ。(B) の when は接続詞で、節同士をつなぐ。(A) の afterwards「その後（≒ subsequently ／ later）」と (C) の as a result「その結果（≒ in consequence ／ consequently）」は副詞。

訳 カナダ東部全域のフライトを混乱させた大吹雪のため、多くの旅行者が予定を変更した。

Level 4

305位 【前置詞 vs. 接続詞 vs. 修飾語】【語法】 (A) 17.22% **(B) 60.84%** (C) 11.96% (D) 9.98% ⏱**28**秒

この文ではカンマの後ろが主節で、カンマの前は補足情報である。空所にはこの2つをつなぐ接続詞の (B) When「〜の時」が入る。When (you are) interviewing のように主語と be 動詞が省略されている、もしくは分詞構文を作っている interviewing の前に When を添えて、文脈を明確にしているという2通りの解釈が可能。While にも同様の語法がある。(A) の Afterwards「その後（≒ Subsequently ／ Later）」と (D) の Even「さえ」は副詞、(C) の Over は前置詞または副詞。

訳 採用候補者たちと面接をする際、当人たちにも質問させることが重要である。

304位 【修飾】 (A) 13.05% (B) 11.36% **(C) 60.78%** (D) 14.81% ⏱**33**秒

空所前に前置詞 of、後ろに名詞 debate があることから、名詞を修飾する形容詞の (A) many と (C) much が候補に挙がる。空所の前に冠詞がないこと、および debate に s が付いていないことから、この debate は不可算名詞だと判断して、(C) much を選ぶ。(B) の almost「ほぼ（≒ nearly）」と (D) の mostly「たいていは」は副詞なので、名詞 debate を修飾できない。

訳 Southeast Freeway における交通渋滞の原因は、大きな議論の的になっている。

正解 307. (C) ／ 306. (D) ／ 305. (B) ／ 304. (C)   429

303. Travel visas will be processed ------- submission of all the required documentation.

(A) upon
(B) though
(C) once
(D) always

302. KL Soda's new coffee-based beverage is ------- an unpopular item with consumers that the company will discontinue it.

(A) only
(B) quite
(C) such
(D) too

301. After years of diminishing subscriber numbers, *Clarion* magazine plans to ------- overhaul its marketing strategy.

(A) completely
(B) complete
(C) completion
(D) completes

303位 前置詞 vs. 接続詞 vs. 修飾語
(A) 60.74%　(B) 21.13%　(C) 12.77%　(D) 5.36%　⏱ **31**秒

空所の前で Travel visas will be processed という受動態の文が完成しており、空所の後ろに submission を中心とした名詞のかたまりがあるので、空所には名詞をつなぐ機能を果たす前置詞の (A) upon「～次第、～時に」がふさわしい。(B) の though「～にもかかわらず (≒ although ／ even though)」は接続詞なので、節同士をつなぐ。(C) の once は接続詞「～したらすぐに (≒ as soon as)」または副詞「一度、かつて」、(D) の always「常に」は副詞。

🈚 観光ビザの手続きは、必要書類が全て提出され次第行われる。

302位 構文
(A) 8.45%　(B) 26.37%　**(C) 60.71%**　(D) 4.47%　⏱ **32**秒

選択肢の中で、空所の後の形容詞 unpopular を強調しつつ、文の後半にある接続詞 that と共に構文を作るのは、(C) の such「あれだけ～な」。ぜひ such ～ that ...「かなりの～なので…である」という因果関係を表す構文ごとマスターしておこう。(B) の quite は「結構」という意味の副詞で、quite unpopular のように使うことはできるが、that と構文を作ることはない。(A) は not only ～ but (also) ...、もしくは not only ～ but ... (as well)「～だけでなく…も」のように使う。(D) は too ～ to ...「あまりにも～なので…できない」のように用いられる。

🈚 KL Soda の新しいコーヒー系飲料は、消費者にかなり不人気な商品であるため、同社はこの商品の生産を中止する。

301位 品詞
(A) 60.69%　(B) 33.82%　(C) 3.20%　(D) 2.29%　⏱ **27**秒

カンマの後ろには文に必要な要素がそろっていることから、空所には動詞 overhaul もしくは不定詞 to overhaul を修飾する副詞が入ると判断し、(A) completely「完全に、徹底的に」を選ぶ。(B) complete は動詞の原形で「～を仕上げる」または形容詞で「完全な」、(C) completion「完了」は名詞、(D) completes は動詞の現在形。

🈚 長年にわたる定期購読者数の減少を受け、Clarion 誌はマーケティング戦略を徹底的に見直す予定だ。

> 👩 3割を超える人が (B) complete を選んでいる。
>
> 👦 空所直後の overhaul を名詞だと思って、手前にはそれを目的語にとる to 不定詞が来ると考えたんだね。でも、それだと後ろの名詞の its marketing strategy が浮いてしまう。Clarion magazine plans to complete the overhaul of its marketing strategy. という形なら、動詞でいいんだけど。
>
> 👨 もしくは形容詞として、... is set for a complete overhaul of its marketing strategy. のようにすることもできるね。

正解　303. (A) ／ 302. (C) ／ 301. (A)

300. The restaurant's owners have approved the ------- to purchase it for an undisclosed sum.

(A) offer
(B) level
(C) claim
(D) address

299. Wavewhite Ultra contains powerful detergents, so it is recommended for the most ------- soiled garments.

(A) heavier
(B) heaviest
(C) heavily
(D) heaviness

298. Ms. Suzuki's willingness to take on responsibilities ------- her duties always impresses her colleagues.

(A) beyond
(B) against
(C) behind
(D) above

297. For the final paper, the professor will only ------- deadline extensions to students who provide a valid reason.

(A) dedicate
(B) grant
(C) decide
(D) carry

| 1000〜801 | 800〜601 | 600〜401 | **400〜201** | 200〜1 |

300位 語彙 (A) 60.69% (B) 5.32% (C) 25.84% (D) 8.15% ⏱39秒

「そのレストランのオーナーたちは、非公開の金額でそれを買収するという---を承諾した」という文脈から、空所には (A) の offer「申し出、申し入れ、提案」が入る。(C) の claim は「主張、請求」という意味で、accept a claim「主張を受け入れる」や file a claim for damages「損害賠償を請求する」のように使う。(B) の level は「水準、高さ、階（級）」、(D) の address は「住所、宛先、演説」という意味で、文脈に合わない。

訳 そのレストランのオーナーたちは、非公開の金額での買収提案を承諾した。

299位 品詞 (A) 4.35% (B) 30.11% **(C) 60.66%** (D) 4.88% ⏱30秒

the most --- soiled garments とあることから、空所には形容詞 soiled「汚れた」を修飾する、副詞の (C) heavily「ひどく」が入る。(A) heavier「よりひどい」は形容詞の比較級、(B) heaviest「最もひどい」は形容詞の最上級、(D) の heaviness「重いこと、重さ」は名詞。

訳 Wavewhite Ultra には強力な洗剤が含まれているので、最も汚れがひどい衣類にお勧めです。

298位 前置詞 **(A) 60.55%** (B) 20.45% (C) 7.66% (D) 11.34% ⏱33秒

空所の前後に Ms. Suzuki's willingness to take on responsibilities --- her duties「Ms. Suzuki が自身の職務 --- の仕事を快く引き受けてくれること」とある。文脈から、空所には職務の範囲を超えていることを表す (A) beyond「〜を超えて」が入る。(B) の against は「〜に反対して」、(C) behind は「〜の後ろに」、(D) above は「〜の上に」を表す前置詞。

訳 Ms. Suzuki が自身の職務以上の仕事を快く引き受けてくれる姿は、同僚たちにいつも感銘を与えている。

297位 語彙 語法 (A) 10.07% **(B) 60.43%** (C) 22.00% (D) 7.50% ⏱35秒

空所には直後の名詞 deadline extensions「締め切りの延長」を目的語にとる動詞が入る。選択肢の中で意味が合うものは複数あるが、後ろに to students と続いていることから、(B) grant「〜を授ける」を選ぶ。ぜひ grant X to Y「X を Y に授ける（≒ give X to Y）」という語法をマスターしておこう。(C) decide「〜を決める」は、decide to *do*「〜することを決断する」のように不定詞を直後にとることはできるが、decide O to 名詞のように用いる語法はない。

訳 期末の論文に関しては、正当な理由を提示した学生にのみ、教授は締め切りの延長を認める。

UP! (A) dedicate: 〜をささげる（≒ commit／devote）
　例 dedicate themselves to their work「自らの仕事に専念する」

(C) decide: 〜を決める
　例 decide to extend a deadline「締め切りを延ばすことにする」

(D) carry: 〜を運ぶ 例 carry the luggage to the hotel「荷物をホテルに運ぶ」

正解 300. (A)／299. (C)／298. (A)／297. (B)

296. ------- analyzing the employee's recent performance, managers should set clear objectives during the performance review.

(A) As well as
(B) Opposite
(C) Across
(D) Once again

295. Please note that while construction work is taking place in the building's basement, lot A will be reserved ------- for visitors.

(A) exclusively
(B) formerly
(C) remarkably
(D) periodically

294. Mr. Hong's exceptional performance during his first year suggests that he has a ------- future at Lomax Pharma.

(A) promising
(B) promise
(C) promised
(D) promisingly

434

296位 前置詞 語法
(A) **60.41%** (B) 6.87% (C) 20.06% (D) 12.66% **39**秒

カンマの前の「従業員の最近の働きぶりを分析すること」と、後ろの「マネジャーたちは人事考課中に明確な目標を設定する必要がある」という文脈から、空所には直後の動名詞 analyzing をつなぐ前置詞として、(A) の As well as「〜と同様に (≒ In addition to ／ Besides)、〜だけでなく…も」を選ぶ。(B) Opposite「〜の反対 (側) に」と (C) Across「〜を横切って」も前置詞だが、文脈に合わない上、動名詞をつなぐこともない。(D) Once again は「もう一度」という意味の副詞。

訳 従業員の最近の働きぶりを分析するだけでなく、マネジャーたちは人事考課中に、明確な目標を設定する必要がある。

295位 語彙
(A) **60.40%** (B) 8.80% (C) 8.42% (D) 22.39% **36**秒

「建設工事が行われている間、A区画は --- 来客のために確保される」という文脈から、空所には対象を限定する (A) の exclusively「もっぱら、〜のみ (≒ solely ／ only)」が入る。他の選択肢は文脈に合わない。

訳 ビルの地下で建設工事が行われている間、A区画は来客専用となりますのでご留意ください。

- (B) **formerly**: 以前 (≒ previously)
  - 例 The basement was formerly used for storage.「地下室は以前、倉庫として使われていた」
- (C) **remarkably**: 際立って、目立って、著しく (≒ extremely ／ greatly)
  - 例 The design was remarkably altered.「デザインは大幅に変更された」
- (D) **periodically**: 定期的に (≒ regularly)
  - 例 The building is periodically inspected.「その建物は定期的に検査を受ける」

294位 品詞
(A) **60.39%** (B) 4.90% (C) 30.53% (D) 4.18% **26**秒

空所の前後に he has a --- future とあることから、空所には形容詞の (A) promising「有望な、将来性のある (≒ likely to be successful ／ bright)」が入る。(C) の promised を「約束された」という意味の分詞で用いる場合、a promised position「約束された職位」や promised delivery date「約束された納期」のように、対象は人為的に定められるものになる。(B) の promise は名詞「約束」、または動詞「〜を／に約束する」の原形、(D) の promisingly「幸先よく」は副詞。

訳 Mr. Hong の初年度の素晴らしい功績は、彼の Lomax Pharma での前途が有望であることを示している。

正解 296. (A) ／ 295. (A) ／ 294. (A)

293. The deadline for enrolling ------- fall classes at Lindale Community Center is August 15.

(A) over
(B) in
(C) by
(D) to

292. Complimentary refreshments will be available to attendees ------- the commencement of the seminar.

(A) while
(B) prior to
(C) soon
(D) as to

291. After the store closed, all the ------- inventory was put up for auction online.

(A) remains
(B) remaining
(C) remained
(D) remain

290. Shop-floor employees who are ------- about safety issues should bring any such matters to their supervisor's attention.

(A) concerns
(B) concerned
(C) concerning
(D) concern

| 1000〜801 | 800〜601 | 600〜401 | **400〜201** | 200〜1 |

293位 　前置詞　 (A) 6.66%　**(B) 60.29%**　(C) 5.21%　(D) 27.85%　⏱**23**秒

空所の前に enroll「登録する」の動名詞 enrolling、直後に fall classes「秋の講座」とあることから、空所には中に入るイメージを持つ (B) in がふさわしい。enroll in classes「クラスに登録する（≒ register for classes ／ sign up for classes）」というフレーズごとマスターしておこう。(A) over は物をカバーするイメージ、(C) by は行為者・期限・差、(D) to は到達を示す。

訳 Lindale Community Center で開催される秋の講座の登録締め切りは8月15日である。

292位 　前置詞 vs.接続詞 vs.修飾語　
(A) 23.29%　**(B) 60.26%**　(C) 3.25%　(D) 13.20%　⏱**27**秒

空所の後ろに the commencement of the seminar「セミナーの開始」という名詞のかたまりがある。名詞の前に来るのは前置詞であることから、(B) の prior to「〜よりも先に、〜に先駆けて（≒ before）」を選ぶ。(D) の as to「〜に関しては」も前置詞だが、「セミナーの開始に関して飲食物が出される」となるので不適切。(A) while「〜の間、〜だが一方で」は接続詞なので、節同士をつなぐ。(C) の soon「間もなく」は副詞なので名詞をつなぐことはできない。

訳 セミナーの開始に先駆けて、無料の軽食や飲み物が出席者に出される。

291位 　品詞　 (A) 3.61%　**(B) 60.12%**　(C) 33.32%　(D) 2.95%　⏱**22**秒

空所前後に all the --- inventory とあることから、空所には直後の名詞 inventory を修飾する形容詞が入ると判断し、(B) の remaining「残りの」を選ぶ。(C) の remained「残った（≒ stayed）」は自動詞 remain の過去形・過去分詞で、「残された」や「残っている」という意味にはならないので注意。The inventory has remained in the warehouse「その在庫はまだ倉庫内にある」のように用いられ、名詞を修飾する働きはない。(A) の remains は動詞の現在形、または名詞で「遺跡」、(D) の remain は動詞の原形。

訳 閉店後、残っていた在庫品は全てネットオークションに出品された。

290位 　品詞　
(A) 2.47%　**(B) 60.08%**　(C) 33.11%　(D) 4.33%　⏱**24.21**秒

who are の後には employees「従業員」のことを描写する形容詞が入ると考え、(B) concerned「懸念している（≒ worried）」を選ぶ。後ろの about safety issues「安全上の問題に関する」で懸念の中身が示されている。(C) concerning は「〜に関する（≒ regarding）」という意味の前置詞で、名詞をつなぐ機能を果たす。(D) concern は名詞「懸念事項」または動詞「〜を懸念させる」の原形、(A) concerns は名詞の複数形または動詞の現在形。

訳 安全上の問題に懸念を抱いている現場の従業員は、そうした内容を全て上司に報告して注意を喚起するべきである。

正解　293. (B) ／ 292. (B) ／ 291. (B) ／ 290. (B)　　437

Level 4

289. Please enclose your payment ------- your order form and mail it to the address below.

(A) for
(B) upon
(C) with
(D) of

288. The track repairs on the Blue Line between Porth and Kirkby Stations require all uptown trains ------- for two days.

(A) to be diverted
(B) will be diverted
(C) diverting
(D) have been diverted

287. This year's innovation award goes to Ms. Wittenauer for successfully ------- the new online learning system.

(A) launched
(B) to launch
(C) have launched
(D) launching

286. Judging by the numerous infrastructure projects currently underway, the city's economy is -------.

(A) elated
(B) prosperous
(C) considerate
(D) urgent

438

| 1000〜801 | 800〜601 | 600〜401 | **400〜201** | 200〜1 |

289位 　前置詞　 (A) 19.87%　(B) 10.66%　**(C) 60.06%**　(D) 9.41%　⏱**27**秒

空所の前に Please enclose your payment「代金を同封してください」とあり、後ろに your order form「発注書」と続いていることから、空所には同伴や付随のイメージを持つ (C) with が入る。ぜひ enclose X with Y「X を Y と一緒に同封する」という語法ごとマスターしておこう。(A) for は方向や対象を示すので、payment for your order「注文に対する代金」のように使う。(B) upon は接触や時、(D) of は所属を示す際に用いられる。

訳　発注書と一緒に代金を同封していただいた上で、そちらを以下の住所にお送りください。

288位 　語法　 **(A) 59.95%**　(B) 16.39%　(C) 10.54%　(D) 13.12%　⏱**43**秒

The track repairs^S ... require^V all uptown trains^O --- for two days. とあることから、空所には SVO の後ろに補足情報をつなぐ機能が求められていると判断し、不定詞の (A) to be diverted を選ぶ。require O to *do*「O が〜することを必要とする」という語法をマスターしておこう。(B) will be diverted は動詞の未来形、(C) diverting は動名詞または現在分詞、(D) have been diverted は動詞の現在完了形。

訳　Blue Line の Porth 駅から Kirkby 駅の間で行われている線路補修工事により、全ての上り電車は 2 日間の迂回（うかい）運転が必要となる。

287位 　品詞　 (A) 20.80%　(B) 12.77%　(C) 6.50%　**(D) 59.93%**　⏱**31**秒

文の後半に for successfully --- the new online learning system とあることから、空所には後ろの名詞 system を目的語にとる動詞の機能を果たしつつ、前置詞 for の後に続く名詞相当語句が入るべきだと判断し、動名詞の (D) launching を選ぶ。(A) の launched は動詞の過去形・過去分詞、(B) の to launch は不定詞、(C) の have launched は動詞の現在完了形。

訳　今年度のイノベーション賞は、新たなオンライン学習システムを見事に立ち上げた Ms. Wittenauer に授与される。

286位 　語彙　 (A) 14.08%　**(B) 59.93%**　(C) 14.15%　(D) 11.84%　⏱**35**秒

「数々のインフラ（整備）計画が現在進んでいることからすると、同市の経済は ---」という文脈から、空所には (B) prosperous「繁栄している、好調な、成功している（≒ thriving）」が入る。

訳　数々のインフラ（整備）計画が現在進んでいることからすると、同市の経済は好調である。

📈UP!　(A) elated: 大喜びで、高揚した
　　　例　We feel elated by our baseball team's victory.「われわれの野球チームの勝利で、気分が高揚している」
　　(C) considerate: 思いやりのある
　　　例　The mayor is considerate.「市長は思いやりのある人物だ」
　　(D) urgent: 緊急の　例　urgent matters「急を要する案件」

正解　289. (C) ／ 288. (A) ／ 287. (D) ／ 286. (B)

285. Guests who wish to participate in city tours should contact the hotel manager or ------- at the reception desk.

(A) inform
(B) submit
(C) examine
(D) inquire

284. Gibbon Business School offers various programs ------- students can learn the basics of management and entrepreneurship.

(A) as a result
(B) for whom
(C) by means of
(D) in which

283. If you are unsure ------- how to install or start up the software, please contact the 24-hour technical support line.

(A) at
(B) of
(C) for
(D) with

285位 語彙 語法

(A) 25.23% (B) 11.38% (C) 3.48% **(D) 59.91%** 30秒

「お客さまはホテルの支配人までご連絡いただくか、フロントにて --- ください」という文脈、および空所の後ろに目的語がないことから、空所には自動詞として機能する(D) inquire「尋ねる(≒ ask)」が入る。

訳 市内観光ツアーへの参加をご希望のお客さまは、ホテル支配人までご連絡いただくか、フロントまでお問い合わせください。

(A) **inform:** 〜に知らせる (≒ notify)
例 inform staff at the reception desk「フロントにいるスタッフに知らせる」
(B) **submit:** 〜を提出する (≒ turn in)
例 submit a request at the reception desk「フロントで要望書を提出する」
(C) **examine:** 〜を精査する、〜を検査する
例 examine an entry form「参加応募用紙をよく確認する」

284位 関係詞 語法

(A) 13.60% (B) 17.49% (C) 9.01% **(D) 59.89%** 33秒

空所の前後に2つの節があることから、関係詞を含む(B) for whomと(D) in whichに目星をつける。先行詞であるprogramsという「もの」を説明する機能を持つのは(D)のin which。本来、students can learn the basics of management and entrepreneurship in the programsのように文末に入るin the programsが、in which (= where) という形で文の中盤に配置され、空所前後をつないでいる。(B) の for whom は先行詞が「もの」ではなく「人」の場合に用いられる。(A)のas a result「結果として(≒ in consequence／consequently)」は副詞、(C)の by means of「〜によって」は前置詞。

訳 Gibbon Business Schoolでは、受講生が経営や企業家精神の基礎を学ぶことができる、さまざまなプログラムを提供している。

283位 前置詞

(A) 4.67% **(B) 59.89%** (C) 21.22% (D) 14.22% 22秒

空所の前に If you are unsure「定かでない場合」とあり、後ろに how to install or start up the software「ソフトウエアのインストールや立ち上げの方法」というトピックが明示されていることから、空所には aboutと同じ関連性を表すことのできる(B) of が入る。ぜひ be sure about/of 〜「〜について確信を持っている」という表現と、その反意表現である be unsure about/of 〜「〜について定かではない」をセットで押さえておこう。

訳 ソフトウエアのインストールや立ち上げの方法がお分かりにならない場合は、24時間体制の技術サポート窓口にご連絡ください。

正解 285. (D)／284. (D)／283. (B)   441

282. Christine's Beauty Salon has been providing ------- coffee to keep customers happy.

(A) flavored
(B) flavor
(C) flavoring
(D) flavors

281. Interacting with cats and dogs has a ------- calming effect on people experiencing stress.

(A) proves
(B) proving
(C) proven
(D) prove

280. Carter Catering only supplies metal knives and forks because ------- made of plastic cannot be recycled.

(A) its
(B) those
(C) what
(D) they

| 1000〜801 | 800〜601 | 600〜401 | **400〜201** | 200〜1 |

282位 品詞 (A) 59.89% (B) 22.26% (C) 13.69% (D) 4.16% ⏱22秒

空所の前に動詞 has been providing、後ろに名詞 coffee があることから、空所には名詞を修飾する形容詞がふさわしいと判断し、(A) flavored「風味付けされた」を選ぶ。(B) の flavor は動詞「〜に風味を付ける」の原形、もしくは名詞「風味」の単数形。「フレーバーコーヒー」という日本語に惑わされないよう要注意。(C) flavoring は分詞として名詞を修飾できるが、ここでは「風味を付けるコーヒー」という意味になってしまうので、不適切。(D) の flavors は動詞の現在形もしくは名詞の複数形。

訳 Christine's Beauty Salon は、顧客を満足させ続けるためにフレーバーコーヒーを提供している。

281位 品詞 (A) 3.31% (B) 20.59% (C) 59.87% (D) 16.24% ⏱31秒

空所前後に has a --- calming effect とあることから、空所には名詞 effect を修飾する形容詞がふさわしいと判断し、(C) proven「証明された、実証済みの」を選ぶ。(B) の proving は分詞として名詞を修飾できるが、a proving effect は「証明する効果」という意味になってしまうので、不適切。また、「証明するための」という動名詞として用いる場合は、We used a unique proving method to verify the results.「結果を検証するために独自の証明方法を活用した」のように使う。(D) prove「〜を証明する」は動詞の原形、(A) proves は動詞の現在形。

訳 猫や犬との触れ合いは、ストレスを感じている人を落ち着かせる効果があることが証明されている。

Level 4

280位 指示語 語法 (A) 8.86% (B) 59.83% (C) 20.16% (D) 11.16% ⏱34秒

空所には cannot be recycled という動詞部分の主語になり、空所直後にある分詞 made によって後ろから修飾される、代名詞の (B) those「それらのもの」が入る。those はここでは knives and forks を指す。(A) its「その」は所有格で、後ろに続く名詞の所有者を明確にする場合に用いられる。まれに its を「そのもの」という意味の所有代名詞として使うこともあるが、関係代名詞の機能を持つ (C) what「〜なもの／こと」や、代名詞の (D) they「それら」と同様に、分詞 made で修飾されることはない。

訳 プラスチック製のものはリサイクルできないので、Carter Catering は金属製のナイフとフォークだけを提供している。

正解 282. (A)／281. (C)／280. (B)

279. The study on the effectiveness of the new medication yielded results that were ------- to what we had expected.

(A) disobedient
(B) contrary
(C) variable
(D) reciprocal

278. The time management workshop will ------- strategies employees can use to improve their productivity.

(A) refer
(B) outline
(C) participate
(D) convince

277. Mountain bike enthusiasts have ------- the new Explora X2000 for its lightweight design and exceptional durability.

(A) boasted
(B) praised
(C) excelled
(D) delighted

279位 語彙 語法

(A) 10.88%　**(B) 59.80%**　(C) 20.04%　(D) 9.28%　

空所前後に results that were --- to what we had expected「われわれが予想していたのとは --- 結果」とあることから、空所には主語の that（≒ results）の内容を示し、かつ直後の前置詞 to と共に用いられる、(B) contrary「全く異なる、逆の（≒ opposed)」が入る。be contrary to ～「～と正反対の、～に反して」という語法ごとマスターしておこう。

訳 新薬の有効性に関する研究で、われわれの予想とは逆の結果が出た。

- (A) **disobedient**: 従わない、反抗的な（⇔ obedient）
  - 例 be disobedient to what parents say「親の言うことを聞かない」
- (C) **variable**: 変わりやすい、変えられる（⇔ fixed）
  - 例 variable cost「変動費」（⇔ fixed cost「固定費」）
- (D) **reciprocal**: 相互の、相互主義の、互恵的な（≒ mutual）
  - 例 a reciprocal agreement「相互協定」

278位 語彙 語法

(A) 15.41%　**(B) 59.79%**　(C) 6.99%　(D) 17.81%　

「時間管理に関する研修会は戦略を --- する」という文脈から、空所には (B) の outline「～の概要を説明する（≒ summarize／explain)」が入る。(A) は refer to ～「～を参照する、～に言及する」、refer X to Y「X（関心）を Y に向ける、X（人）を Y に紹介する」などのように、to と共に用いられることが多い。(C) は自動詞で、participate in the workshop「研修に参加する」のように使う。(D) は convince 人「（人）を説得する（≒ persuade）」のように「人」を目的語にとる。

訳 時間管理研修では、従業員が生産性の向上に役立てられる戦略の概要が説明される。

277位 語彙 語法

(A) 15.79%　**(B) 59.78%**　(C) 7.93%　(D) 16.51%　

空所直後にある固有名詞 the new Explora X2000 を目的語に直接とり、かつ前置詞 for と連動する語法を持つのは (B) の praised。ぜひ praise X for Y「X を Y で称賛する」という語法をマスターしておこう。(A) は of、(C) は in などと共に用いられる。(D) は「人」を目的語に伴う。

訳 マウンテンバイク愛好家たちは新しい Explora X2000 の軽量設計と優れた耐久性を称賛している。

- (A) **boasted**: 誇った、自慢した　例 boasted its high performance tires「高性能なタイヤを誇っていた」、boasted of its success「成功したことを自慢していた」
- (C) **excelled**: 勝った、優れた　例 excelled in terms of design and durability「デザインと耐久性の面で勝った」
- (D) **delighted**: 大喜びさせた（≒ pleased）　例 delighted the mountain bike enthusiasts with the new design「マウンテンバイク愛好家たちを新しいデザインで大喜びさせた」

正解 279. (B) ／ 278. (B) ／ 277. (B)

276. The company's dedication to supporting the local community through a variety of generous initiatives is highly -------.

(A) commendable
(B) applicable
(C) negotiable
(D) eligible

275. This e-mail and any attachments are intended ------- for the addressee and should not be shared with any third parties.

(A) keenly
(B) solely
(C) preventively
(D) frequently

274. Mandrake Jeans is relying on social media influencers for ------- with its online marketing.

(A) compliments
(B) assistance
(C) provisions
(D) defense

400〜201

276位 [語彙] **(A) 59.77%** (B) 20.36% (C) 5.60% (D) 14.28% ⏱**37**秒

空所には、主語の名詞 dedication「尽力」を説明し、直前の highly「高く」で強調される表現が入ることから、(A) commendable「称賛に値する」を選ぶ。(B) applicable は「適用できる」、(C) negotiable は「交渉可能な」、(D) の eligible は「資格のある」という意味なので、不適切。

📝 さまざまな惜しみない取り組みを通して、その企業が地域社会のサポートに尽力してきたことは、高く評価できる。

🔼**UP!** (B) **applicable**：適用できる 🔲 This approach is highly applicable to the local schools.「このアプローチは地域の学校に大いに適用できる」

(C) **negotiable**: 交渉可能な 🔲 The price is negotiable depending on the order quantity.「価格は発注数量に応じて交渉可能だ」

(D) **eligible**: 資格のある 🔲 All employees are eligible for health insurance benefits.「全従業員が健康保険給付の対象となる」

275位 [語彙] (A) 11.61% **(B) 59.75%** (C) 21.73% (D) 6.92% ⏱**36**秒

「送信されているものは全て受信者 --- に宛てられたもので、本人以外の第三者に共有すべきではない」という文脈から、空所には対象者を限定する (B) solely「〜のみ（≒ only ／ exclusively）」がふさわしい。(A) keenly は「激しく、熱心に（≒ eagerly）」、(C) preventively は「予防的に、防護策として」、(D) frequently は「頻繁に（≒ often）」という意味なので、いずれも文脈に合わない。

📝 本メールおよび全ての添付ファイルは、受信者のみに宛てられたものなので、第三者と共有しないようにしてください。

274位 [語彙] [語法] (A) 18.33% **(B) 59.64%** (C) 18.59% (D) 3.44% ⏱**37**秒

「オンラインマーケティングでの --- を得るため、インフルエンサーたちを頼りにしている」という文脈、および空所の後ろに「つながり」を示す前置詞 with があることで直接的に関与する様子がうかがえることから、(B) assistance「援助、支援（≒ support ／ help）」を選ぶ。(A) compliments は「賛辞」、(C) provisions は「条項、食糧」、(D) defense は「防衛、防御（⇔ offense）」という意味なので、文脈に合わない。

📝 Mandrake Jeans はオンラインマーケティングでの支援を得るために、ソーシャルメディアのインフルエンサーを頼りにしている。

正解 276. (A) ／ 275. (B) ／ 274. (B)

273. Contestants ------- eighty different countries submitted entries to Calin Airways' competition to win an all-expenses paid trip to Tahiti.

(A) about
(B) into
(C) over
(D) from

272. ------- customers need assistance with the new products, a dedicated technical support line will be set up.

(A) In case
(B) In order to
(C) Due to
(D) So that

271. Market ------- suggests that real estate prices will continue to rise for at least two more quarters.

(A) analyzed
(B) analysis
(C) analysts
(D) analyzing

273位 前置詞 語法

(A) 7.80%　(B) 3.87%　(C) 28.71%　**(D) 59.62%**　　**29**秒

空所の前に Contestants「出場者、参加者」、後ろに eighty different countries「80のさまざまな国々」とあることから、空所には出身を表す (D) from がふさわしい。(A) about と (C) over は from と共に使う必要がある。(B) into は範囲を示す in と到達のイメージを持つ to が組み合わさった前置詞。

訳 80のさまざまな国からの参加者が、タヒチへの全額無料旅行を獲得するために、Calin Airways のコンテストに応募した。

　(A) **about**: 約、およそ　例 from about eighty countries「約80カ国から」
　(B) **into**: 〜の中へ　例 go into the room「部屋に入っていく」
　(C) **over**: 〜余り、〜を超える
　　例 from over eighty countries「80余りの国々から」

272位 前置詞 vs. 接続詞 vs. 修飾語

(A) 59.62%　(B) 8.42%　(C) 9.26%　(D) 22.69%　　**30**秒

カンマの前後の節をつなぐことができるのは、接続詞の (A) In case「〜の場合に備えて (≒ In the event that)」。(D) So that「〜できるようにするために (≒ In order that)」も接続詞で文頭に入ることは可能だが、So that customers can get assistance, ...「顧客がサポートを受けられるように」のように用いられる。(C) Due to「〜なので (≒ Thanks to ／ Owing to ／ On account of ／ Because of)」は前置詞なので、後ろに名詞が続く。(B) In order to「〜するために (≒ So as to)」は不定詞なので、後ろに動詞の原形が続く。

訳 顧客が新製品でサポートを必要とする場合に備えて、専用の技術サポート窓口が設置されることになる。

271位 品詞 主述の一致

(A) 4.35%　**(B) 59.36%**　(C) 30.76%　(D) 5.03%　　**21**秒

空所には直後の動詞 suggests の主語となる名詞で、かつ suggests と数が一致する単数形が入るべきだと判断し、(B) analysis「分析」を選ぶ。(C) analysts「アナリストたち」も名詞だが複数形なので suggests と主述が一致しない。(A) analyzed は動詞 analyze「〜を分析する」の過去形・過去分詞、(D) analyzing は動名詞または現在分詞。

訳 市場分析によると、不動産価格は少なくともあと2四半期は上昇し続けるようだ。

正解　273. (D)／272. (A)／271. (B)

270. It is advisable to verify departure times, ------- flight schedules may change even after a ticket is issued.

(A) therefore
(B) since
(C) against
(D) concerning

269. A rise in earnings estimates typically ------- that the company's marketing strategies have been successful.

(A) indication
(B) indicates
(C) indicator
(D) indicate

268. Winton Pottery tries to encourage repeat customers by including a ------- thank-you note with each order.

(A) handwrite
(B) handwriting
(C) handwrites
(D) handwritten

267. Upon receiving the Lifetime Achievement Award, actor Tobin Williams gave a short ------- powerful speech.

(A) yet
(B) also
(C) then
(D) or

270位 　前置詞 vs. 接続詞 vs. 修飾語
(A) 18.78%　**(B) 59.24%**　(C) 5.73%　(D) 16.26%　**37**秒

カンマの直後に flight schedules may change という節があることから、空所には接続詞の (B) since「〜なので (≒ as)」が入る。(A) therefore「それゆえに」は副詞なので、カンマの前後をつなぐことができない。(C) against「〜に対して」と (D) concerning「〜に関して (≒ regarding / about)」は前置詞で、後ろに名詞が続く。

訳 チケット発券後でもフライトスケジュールが変更になる可能性があるので、出発時刻を確認することをお勧めします。

269位 　品詞　主述の一致
(A) 17.49%　**(B) 59.23%**　(C) 7.49%　(D) 15.79%　**35**秒

空所には that 節を目的語にとることができ、主語の中心である A rise (≒ It) と数が一致する、動詞の (B) indicates「〜を示す」が入る。(D) indicate も動詞だが、主述が一致しない。(A) indication「兆候」と (C) indicator「指標、サイン」は名詞。

訳 利益予測の上昇は通常、会社のマーケティング戦略が奏功していることを示している。

268位 　品詞　(A) 5.17%　(B) 33.30%　(C) 2.41%　**(D) 59.12%**　**29**秒

空所前後に a --- thank-you note とあることから、空所には名詞 note を修飾できる、分詞・形容詞の (D) handwritten「手で書かれた (手書きの)」が入る。(B) の handwriting は「手書き」という意味の不可算名詞。もし分詞として、a handwriting thank-you note のように用いると、a thank-you note is handwriting「礼状が手書きする」という能動の図式になってしまい、意味的に不自然。(A) の handwrite「〜を手書きする」は動詞の原形、(C) の handwrites は動詞の現在形。

訳 Winton Pottery は注文ごとに手書きの礼状を添えて、リピート購入を促そうとしている。

267位 　接続詞　語法
(A) 59.03%　(B) 26.92%　(C) 7.49%　(D) 6.57%　**26**秒

空所前後には2つの異なる性質を表す形容詞 short「短い」と powerful「力強い」が並び、speech を修飾しているので、短い「が」力強い、という対比を表現できる (A) yet「しかし」が入る。(B) also「その上」は副詞なので、a short and also powerful speech「簡潔な上に力強いスピーチ」のように and を入れる必要がある。(C) then「それから」と (D) or「または」は文脈的に合わない。

訳 Lifetime Achievement Award の受賞時に、俳優 Tobin Williams は短いながらも力強いスピーチを行った。

正解　270. (B) ／ 269. (B) ／ 268. (D) ／ 267. (A)

266. Paradiso Cinema will not raise ticket prices ------- careful consideration of the impact on patrons.

(A) toward
(B) without
(C) unlike
(D) beside

265. The business development team has ------- the Middle East as a potential new market for the company's products.

(A) decided
(B) persuaded
(C) identified
(D) commented

264. Aviation companies based in the Marova City area ------- over 30 percent of the country's aerospace industry.

(A) organize
(B) constitute
(C) separate
(D) begin

266位 　前置詞

　　　　　(A) 17.33%　**(B) 59.02%**　(C) 4.57%　(D) 19.09% 　**35**秒

空所の前に「Paradiso Cinema はチケット代の値上げはしない」、後ろに「常連客たちへの影響を熟慮すること」とあることから、(B) の without「〜なしで」を空所に入れて、「影響を熟慮しないで、チケット代の値上げをしたりはしない」となるのが適切。(A) の toward は「〜に向かって」、(C) の unlike は「〜とは異なり（≒ different from）」、(D) の beside は「〜の脇に、〜のそばに（≒ next to ／ near）」を表すので、文脈に合わない。

訳　Paradiso Cinema は、常連客への影響を熟慮せずにチケット代の値上げはしない。

265位　語彙　語法

　　　　　(A) 15.15%　(B) 12.15%　**(C) 58.96%**　(D) 13.73%　**32**秒

空所には直後の the Middle East を目的語にとり、前置詞 as と一緒に用いることができる動詞の (C) identified が入る。ぜひ identify X as Y「X を Y として認識する（≒ recognize X as Y）」という語法をマスターしておこう。

訳　事業開発チームは、中東を自社製品の潜在的な新市場（自社製品が売れる可能性のある新しい市場）と見なしている。

(A) **decided**: 〜を決めた　例　decide to *do*「〜すると決める」、decide that SV「SV だと決定する」、decide if/whether SV「SV であるかどうかを決める」など
The team has decided that the Middle East is a potential new market.「チームは中東を潜在的な新市場だと判断した」

(B) **persuaded**: 〜を説得した　例　persuade O to *do*「O を説得して〜させる」、persuade O that SV「O に SV であると説得する」
The team has pursuaded management that the Middle East is a potential new market.「チームは中東が潜在的な新市場だと経営陣を説得した」

(D) **commented**: (〜と) コメントした　例　comment on/about「〜についてコメントする」、comment that SV「SV であるとコメントする」
The team has commented that the Middle East is a potential new market.「チームは中東が潜在的な新市場だとコメントした」

264位　語彙　語法

　　　　　(A) 34.46%　**(B) 58.96%**　(C) 3.61%　(D) 2.98%　**37**秒

「航空会社は航空宇宙産業の3割余りを---」という文脈から、空所には (B) の constitute「〜を構成する（≒ comprise ／ make up ／ form）」が入る。(A) organize は「〜を計画する、〜を組織する」という意味で、organize airshows「航空ショーを企画運営する」のように使う。(C) separate「〜を分ける」と (D) begin「〜を始める」は文脈に合わない。

訳　Marova City 地区に本社を置く航空会社は、国内の航空宇宙産業の30パーセント強を占める。

正解　266. (B) ／ 265. (C) ／ 264. (B)

263. Only first-year students are eligible ------- the scholarship, which provides a $2,500 grant to help offset the cost of tuition.

(A) to
(B) for
(C) by
(D) from

262. Detailed reports can be picked up in person at the medical records office ------- the hospital's south entrance.

(A) together with
(B) concerning
(C) in place of
(D) adjacent to

261. Litman Corporation routinely checks air samples for ------- pollution from its Richmond plant.

(A) spacious
(B) watchful
(C) industrious
(D) harmful

263位 前置詞 語法

(A) 34.64%　**(B) 58.82%**　(C) 3.97%　(D) 2.56%　18秒

「1年生だけがその奨学金 --- 資格がある」という文脈から、空所に対象を表す (B) for を入れて、Only first-year students are eligible for the scholarship「1年生だけがその奨学金への資格がある」という表現を完成させるのが適切。(A) to は Only first-year students are eligible to receive the scholarship のように不定詞にするなら可能。(C) の by は期限・行為者・差、(D) の from は起点や由来を示す。

訳 1年生だけがその奨学金を受ける資格があり、学費を補うのに役立つ2500ドルの助成金が提供される。

262位 前置詞

(A) 4.65%　(B) 4.71%　(C) 31.82%　**(D) 58.81%**　34秒

空所前後に office および entrance という2つの建造物が列挙されていることから、空所にはそれらの位置関係を示すことができる前置詞の (D) adjacent to「〜に隣接した」がふさわしい。(A) together with は「〜と一緒に (≒ in addition to)」、(B) concerning は「〜に関して (≒ regarding ／ with regard to ／ in regard to ／ with respect to ／ in respect to ／ with reference to ／ in reference to ／ pertaining to ／ as to ／ about)」、(C) in place of は「〜の代わりに (≒ instead of)」という意味。in place of receiving them by mail「それらを郵送で受け取る代わりに」のように使うことは可能。

訳 詳細な報告書は、病院の南門に隣接している医療記録管理オフィスで、本人が直接受け取ることができる。

261位 語彙

(A) 5.46%　(B) 4.62%　(C) 31.25%　**(D) 58.68%**　30秒

「Richmond 工場から --- 汚染物質が出ていないか、大気サンプルを定期的に検査している」という文脈から、空所直後の名詞 pollution を修飾する形容詞としてふさわしいのは (D) の harmful「有害な」であると判断する。

訳 Litman Corporation は Richmond 工場から有害な汚染物質が出ていないか、大気サンプルを定期的に検査している。

(A) **spacious**: 広々とした　例 spacious rooms「広々とした部屋」
(B) **watchful**: 用心深い、気を配って (≒ attentive)
　　例 a watchful eye「注意深い視線」
(C) **industrious**: 効率よく働く、生産性の高い (≒ productive)
　　例 industrious staff「生産性の高いスタッフたち」
　　　cf. industrial pollution「産業汚染」　※ industrial は「産業に関する」。

正解　263. (B) ／ 262. (D) ／ 261. (D)

260. ECOM's announcement that it would release the new version of its popular smartphone next month ------- many industry experts.

(A) surprised
(B) surprisingly
(C) surprising
(D) surprise

259. ------- the 5 percent member's discount, you can receive an extra 10 percent off by using the promo code.

(A) Besides
(B) Otherwise
(C) In addition
(D) Moreover

258. The cost of hiring new staff members will be ------- by improvements in productivity.

(A) paused
(B) offset
(C) held
(D) ejected

260位 品詞 主述の一致

(A) 58.66%　(B) 13.11%　(C) 20.98%　(D) 7.26%　⏱37秒

文頭にECOM's announcementという主語があり、直後のthat ... monthの部分はannouncementを説明する補足情報である。空所には直後のmany industry expertsを目的語にとる動詞が入ると判断し、主語のannouncement（≒ it）と数が一致する(A) surprised「〜を驚かせた」を選択する。(D) surprise「〜を驚かせる」も動詞だが、主述が一致しないため不適切。(B) surprisingly「驚くほど」は副詞、(C) surprisingは形容詞で「驚くべき」、または動名詞で「驚かせること」。

訳 人気スマートフォンの新バージョンを来月発売するというECOMの発表は、多くの業界専門家を驚かせた。

259位 前置詞 vs. 修飾語

(A) 58.61%　(B) 4.48%　(C) 26.17%　(D) 10.74%　⏱25秒

カンマの後ろに文に必要な要素がそろっていることから、空所には名詞discountの前に置くことができる前置詞が入ると判断し、(A)のBesides「〜の他に、〜に加えて（≒ In addition to）」を選ぶ。(C)のIn addition「加えて（≒ Additionally）」は副詞。In addition to「〜に加えて」のようにtoを添えれば前置詞となり、空所にも当てはまる。(B)のOtherwise「さもなければ（≒ Or else / If not）」と(D)のMoreover「さらに（≒ Furthermore / In addition / Additionally / Besides / Plus / Also）」は副詞。

訳 5パーセントの会員割引に加え、販促コードをご使用になることでさらに10パーセント引きになります。

258位 語彙

(A) 13.46%　(B) 58.55%　(C) 10.36%　(D) 17.63%　⏱29秒

「新たなスタッフを雇うことにかかるコストは、生産性の向上によって ---」という文脈から、空所には(B)のoffset「相殺される（≒ canceled out）」が入る。offsetは原形・過去形・過去分詞が全て同じスペルだが、空所に入るのは過去分詞。

訳 新たなスタッフを雇うのにかかるコストは、生産性の向上によって埋め合わせられるだろう。

(A) paused: 一時停止される、休止される
　　例 The production will be paused.「製造が一時中止される」
(C) held: 開催される　例 A ceremony will be held.「式典が開催される」
(D) ejected: 追い出される、解雇される、放出される
　　例 Joe was ejected from the premises due to misconduct.「Joeは不品行により、構内からつまみ出された」

正解　260. (A) ／ 259. (A) ／ 258. (B)

257. Following his stay in Africa, Max Aubut's artwork moved in an ------- new direction emphasizing vivid colors and abstract forms.

(A) exactly
(B) urgently
(C) artificially
(D) entirely

256. To help ------- data and system security, staff were advised to change their passwords every month.

(A) maintenance
(B) maintain
(C) maintained
(D) maintains

255. Hawthorne Finance has made sizable loans to start-up businesses in the past but ------- for such a large amount.

(A) well
(B) even
(C) else
(D) never

257位 語彙 (A) 13.30% (B) 6.99% (C) 21.17% **(D) 58.54%** 39秒

「Max Aubutの作品は --- 新しい方向に進んだ」という文の流れから、空所には直後の形容詞 new「新しい」を修飾する (D) entirely「全く (≒ totally／completely)」が入る。

訳 アフリカ滞在の後、Max Aubutの作品は、鮮やかな色彩と抽象的なフォルムを強調する、全く新しい方向に進んだ。

- (A) **exactly**: 正確に (≒ precisely／accurately)
  - 例 The bill came to exactly $2,000.「請求額は2000ドルちょうどだった」
- (B) **urgently**: 緊急で
  - 例 He urgently needed help.「彼は至急助けを必要としていた」
- (C) **artificially**: 人工的に (⇔ naturally)
  - 例 artificially colored food「人工着色された食品」

256位 品詞 (A) 25.89% **(B) 58.44%** (C) 13.25% (D) 2.42% 22秒

空所の前に To help とあり、後ろに data and system security という名詞句が続いていることから、空所には目的語をとる動詞で、かつ原形の (B) maintain「〜を維持する」がふさわしい。help (O to) maintain 〜「(Oが)〜を維持することにつながる」のように、目的語と to が省略されていると考えると分かりやすい。(A) maintenance「維持管理」は名詞で、To help with the maintenance of data and system security, ... のように用いられる。(C) maintained は動詞の過去形・過去分詞、(D) maintains は動詞の現在形。

訳 データとシステムセキュリティーの維持のために、スタッフは毎月パスワードを変更するよう求められた。

255位 語彙 修飾 (A) 6.46% (B) 27.27% (C) 7.88% **(D) 58.39%** 42秒

文の前半に「Hawthorne Financeは、これまでスタートアップ企業にまとまった額の融資をしてきた」とあり、中盤で逆接の接続詞 but を用いて --- for such a large amount「これほどの大きな額で ---」と続けている。この文脈から、空所には否定語である (D) never「決して〜ない、かつて〜ない」がふさわしいと判断する。(A) well「完全に、よく」、(B) even「さえ」、(C) now「今」はいずれも文脈に合わない。(B) even は、Hawthorne Finance has made sizable loans even to start-up businesses.「Hawthorne Finance はスタートアップ企業に対してさえかなりの額の融資を行ってきた」のように使うことは可能。

訳 Hawthorne Financeは、これまでスタートアップ企業にかなりの額の融資をしてきたが、これほど大きな額だったことはかつてなかった。

正解 257. (D)／256. (B)／255. (D)

254. Colin Lemay's new book on management is ------- a collection of interviews with business leaders in various fields.

(A) essence
(B) essentially
(C) essential
(D) essences

253. The workshop will ------- participants to master the basics of this popular accounting software.

(A) proceed
(B) intend
(C) allow
(D) demonstrate

252. For a limited time, Caleb Group's Web site hosting service is available for a ------- $20 a month to new subscribers.

(A) mere
(B) plain
(C) simple
(D) brief

254位 品詞 (A) 6.98% **(B) 58.38%** (C) 30.24% (D) 4.40%   35秒

空所の表現がなくても文は成立することから、空所には修飾語である副詞の (B) essentially「本質的に (≒ basically)」が入る。(A) の essence「本質」は名詞の単数形、(C) の essential「本質的な」は形容詞、(D) の essences は名詞の複数形。

訳 Colin Lemay のマネジメントに関する新刊は、本質的にはさまざまな分野のビジネスリーダーたちとのインタビュー集だ。

253位 語彙 語法
(A) 10.00% (B) 15.58% **(C) 58.30%** (D) 16.12%   26秒

複数の選択肢が文脈に合いそうなので、語法の観点に切り替える。空所の後ろには participants という目的語と、to master という不定詞が続いていることから、(C) の allow がふさわしいと判断できる。ぜひ allow O to *do*「Oが〜することを可能にさせる (≒ enable O to *do* / let O *do*)」という語法をマスターしておこう。

訳 研修会に参加すれば、この人気がある経理ソフトウエアの基礎をマスターできる。

 (A) **proceed**: 進む (≒ go ahead) 例 proceed to the door「ドアの方に進む」
(B) **intend**: 〜を意図する、〜するつもりである
   例 The participants intend to master the basics.「参加者たちは基礎を学ぶつもりである」
(D) **demonstrate**: 〜を示す
   例 demonstrate how to use the software「ソフトウエアの使い方を示す」

252位 語彙 修飾
(A) 58.19% (B) 12.87% (C) 14.92% (D) 14.02%   34秒

空所前後に a --- $20 とあることから、空所には数量が少ないことを強調する、形容詞の (A) mere「わずか (≒ just)」が入る。

訳 期間限定で、Caleb Group のウェブサイト・ホスティングサービスを、新規加入者はわずか月20ドルで利用できる。

 (B) **plain**: 明らかな (≒ clear)、簡素な (≒ simple)
   例 the plain truth「明らかな真実」、a plain white shirt「無地の白シャツ」
(C) **simple**: 単純な (≒ easy) 例 a simple math problem「単純な算数の問題」
(D) **brief**: 簡潔な、短い (≒ short) 例 a brief meeting「短い会議」

正解 254. (B) ／ 253. (C) ／ 252. (A)

251. If you cannot print your document even though the printer is ------- of paper, you may need to check the settings.

(A) fully
(B) filled
(C) full
(D) filling

250. Two-thirds of the association members present must vote in favor of a proposal, ------- it will not pass.

(A) after
(B) or
(C) however
(D) and

249. Sheen Washing Liquid is ------- more effective than rival products in removing dirt and tough stains from fabric.

(A) demonstrative
(B) demonstrating
(C) demonstrably
(D) demonstration

248. We are revising the marketing strategy for Beverly Lee's latest film due to ------- feedback from a focus group.

(A) mix
(B) mixed
(C) mixable
(D) mixing

| 1000〜801 | 800〜601 | 600〜401 | **400〜201** | 200〜1 |

251位 品詞 (A) 3.76% (B) 33.21% **(C) 58.17%** (D) 4.86% ⏱**24**秒

even though the printer is --- of paperとあるので、空所には主語である名詞 printer の状態を表すことができる、形容詞の (C) full「満ちている、いっぱいの」が入る。be full of 〜で「〜でいっぱいだ」という意味。(B) filled を過去分詞として使って受動態を作る場合は、the printer is filled <u>with</u> paper「プリンターは紙で満たされている」のようにする。(A) の fully「十分に」は副詞、(D) の filling は「詰め物」という意味の名詞、および動名詞または現在分詞。

訳 プリンターに紙が十分入っているにもかかわらず書類を印刷できない場合は、設定を確認する必要があるかもしれません。

250位 接続詞 vs.修飾語 (A) 4.70% **(B) 58.16%** (C) 29.02% (D) 8.12% ⏱**35**秒

カンマの前の部分に、空所の後ろの it will not pass「それは通らないだろう」という節をつなぐことができるのは、接続詞の (B) or「さもなければ」。(A) after「〜の後に」、(D) and「だから、そして」も接続詞の機能を果たすが、文脈と合わない。(C) however「しかしながら」は副詞。

訳 出席している協会員の 3 分の 2 が賛成票を投じなければ、その議案は可決されないだろう。

249位 品詞 (A) 8.24% (B) 29.38% **(C) 58.16%** (D) 4.23% ⏱**29**秒

空所前後に Sheen Washing Liquid is --- more effectiveとあるので、空所には形容詞の比較級 more effective を修飾する副詞の (C) demonstrably「明らかに」が入る。(A) demonstrative「例証的な」は形容詞、(B) の demonstrating は動名詞または現在分詞で、Sheen Washing Liquid is demonstrating <u>its effectiveness</u>. のように目的語となる名詞が必要。(D) demonstration「実演」は名詞。

訳 Sheen Washing Liquid は、生地から泥や頑固な汚れを落とすことにおいて、競合製品よりも明らかに効果が高い。

248位 品詞 (A) 15.00% **(B) 58.14%** (C) 8.34% (D) 18.52% ⏱**28**秒

空所前に前置詞 due to、後ろに名詞 feedback「反応、フィードバック」があることから、空所には feedback を修飾する形容詞の (B) mixed「(賛否両論が) 入り交じった、さまざまな」が入る。(C) mixable も形容詞だが、「混ぜることができる」という意味なので、feedback を修飾するのは不自然。(A) mix は動詞「〜を混ぜる」の原形、または名詞「混合」。(D) mixing は「混ぜること、ミキシング」という意味の名詞、もしくは動名詞または現在分詞。

訳 フォーカスグループ (調査のための消費者グループ) からのさまざまなフィードバックを受け、われわれは Beverly Lee の最新作のマーケティング戦略を見直している。

Level 4

正解 251. (C) ／250. (B) ／249. (C) ／248. (B)

247. Leading companies specializing in object recognition technology ------- at ID Tech Expo.

(A) is being exhibited
(B) are exhibiting
(C) has been exhibited
(D) to exhibit

246. For full details of our new low mortgage rates, please visit a Baileys Bank ------- you.

(A) near
(B) nearest
(C) nearly
(D) nearness

245. In order to reduce its environmental impact, fast-food chain Scrumpy's is replacing its plastic cups ------- recyclable paper ones.

(A) toward
(B) with
(C) than
(D) of

244. Huntington Financial Group has been offering small business owners ------- access to loans.

(A) easiness
(B) easily
(C) ease
(D) easy

| | | | | | 400〜201 | |

247位 主述の一致
(A) 17.25%　**(B) 58.08%**　(C) 20.53%　(D) 4.13%　⏱**45**秒

文頭から空所の前までが文の主語。Leading companies が主語の主役で、specializing in 以降が補足情報だ。空所には Leading companies（≒ They）と数が合う動詞の (B) are exhibiting が入る。(A) is being exhibited と (C) has been exhibited は主述が一致しないため、不適切。(D) の to exhibit は不定詞。

🔴 **訳** 物体認識テクノロジーを専門的に手がけている主要な企業が ID Tech Expo に出展している。

246位 品詞
(A) 58.03%　(B) 29.81%　(C) 9.26%　(D) 2.89%　⏱**29**秒

空所前の please visit a Baileys Bank に直後の名詞 you をつなぐのは、前置詞の (A) near「〜の近く」。(B) の nearest「最も近い」は形容詞（もしくは副詞）near の最上級で、the nearest Baileys Bank のように、場所を表す名詞などを修飾する。(C) の nearly は「ほぼ（≒ almost)」という意味の副詞で、approximately ／ roughly ／ around ／ about と同様、nearly 5percent「約5パーセント」のように数詞を飾る。(D) の nearness は「近いこと」を表す名詞。

🔴 **訳** 新しい低金利住宅ローンについての詳しい情報がご入り用でしたら、お近くの Baileys Bank までお越しください。

245位 前置詞 語法
(A) 26.22%　**(B) 57.88%**　(C) 4.67%　(D) 11.24%　⏱**27**秒

「全てのプラスチック製カップをリサイクル可能な紙製のものに切り換えている」という文脈と、空所前に動詞 replace があることから、空所には replace と連動し、パートナーのイメージをもたらす (B) with が入る。ぜひ replace X with Y「X を Y と交換する」という語法をマスターしておこう。(A) の toward はベクトル、(C) の than は比較、(D) の of は所属や限定を示す前置詞。

🔴 **訳** 環境への影響を低減するため、ファストフードチェーンの Scrumpy's では、プラスチック製カップはリサイクル可能な紙製のものに切り換えている。

244位 品詞
(A) 4.44%　(B) 34.00%　(C) 3.69%　**(D) 57.87%**　⏱**26**秒

空所の前で用いられている動詞の offer には、offer O^1 O^2「O^1 に O^2 を提供する」という語法があるが、空所の前後には目的語として owners と access「利用許可」の2つがすでに明示されているので、空所には名詞 access を修飾する形容詞の (D) easy「容易な」が入る。(B) の easily「容易に」は副詞で、small business owners can easily access loans、もしくは loans can be easily accessed のように動詞を修飾する。(A) の easiness「容易さ」は名詞、(C) の ease は動詞「〜を和らげる」の原形、または名詞「容易さ」。

🔴 **訳** Huntington Financial Group は、融資を受けやすい環境を中小企業のオーナーたちに提供している。

正解　247. (B) ／246. (A) ／245. (B) ／244. (D)

243. Customers can troubleshoot problems with the Geodex V64 printer by keeping this instruction manual ------- for future reference.

(A) handy
(B) possible
(C) needy
(D) loud

242. The plant is planning a ------- of action that will improve safety standards and reduce accidents.

(A) course
(B) record
(C) purpose
(D) nature

241. Workers on the factory's ------- line are required to wear appropriate safety gear at all times.

(A) impact
(B) category
(C) assembled
(D) production

240. ------- who is unable to attend should notify their supervisor immediately.

(A) Such
(B) Whichever
(C) Those
(D) Anyone

243位 語彙 (A) 57.83% (B) 22.11% (C) 17.54% (D) 2.52% 38秒

「取扱説明書を今後参照できるように --- 状態に保つことで」という文脈から、空所には (A) の handy「すぐに手が届くような、手元にある」が入る。(B) の possible は「可能な」、(C) の needy は「(お金や愛情などを) 必要としている、困窮している」、(D) の loud は「(音が大きくて) うるさい」という意味で、文脈と合わない。

訳 この取扱説明書は今後参照できるように、お手元に保管していただくと、Geodex V64 プリンターで生じた問題を解決できます。

242位 慣用表現
(A) 57.82% (B) 15.70% (C) 20.88% (D) 5.60%　28秒

空所前後に is planning a --- of action とあることから、空所には (A) の course を選択する。ぜひ a course of action「行動計画、行動指針、ロードマップ」という慣用表現ごとマスターしておこう。(B) の record は「記録」、(C) の purpose は「目的 (≒ objective／goal)」、(D) の nature は「自然、性質」という意味。

訳 工場は、安全基準を改善し事故を減らすための行動指針を策定している。

241位 語彙 (A) 2.23% (B) 3.66% (C) 36.31% (D) 57.80%　21秒

空所の後ろにある line「(工場の) ライン」と一緒に名詞のかたまりを形成することができるのは、(D) の production「生産」。production line「生産ライン」という表現として押さえておこう。(C) の assembled「組み立てられた」では意味が通らないが、assembly line なら「組み立てライン」という表現となり、文脈にも合う。(A) の impact は「影響」、(B) の category は「カテゴリー、区分」という意味。

訳 勤務中、工場の生産ラインにいる作業者たちは、常に適切な安全具を着用することが求められている。

240位 語法 主述の一致
(A) 2.48% (B) 2.56% (C) 37.29% (D) 57.67% 18秒

空所の後ろに who's と続いていることから、空所には人を表す代名詞で、かつ is と数が一致する (D) の Anyone「誰でも」が入る。(C) の Those「不特定多数の人々 (≒ People)」は Those who の形で用いられるが、Those who are unable to「〜できない人々」のように複数扱いになる。(B) の Whichever「どちらでも、いずれか」も代名詞として機能するが、人を指さない上、who によって限定されることもない。(A) の Such「そのような」は形容詞で、Such employees「そういった従業員」のように名詞を修飾する。

訳 出席できない者は、直ちに直属の上司に申し伝えること。

正解　243. (A) ／ 242. (A) ／ 241. (D) ／ 240. (D)

239. By the end of the third quarter, the Toronto branch was already ------- $75,000 ------- its sales target for the entire year.

(A) high
(B) above
(C) more
(D) up

238. The ------- of Highway 73 from three to four lanes is scheduled for completion next summer.

(A) wider
(B) widely
(C) width
(D) widening

237. Newtel Corporation claims ------- a 22-percent share of the country's mobile phone market despite increased competition.

(A) to have retained
(B) are retaining
(C) retained
(D) retention

239位 語法

(A) 11.09%　**(B) 57.62%**　(C) 14.49%　(D) 16.80%　33秒

空所前後は the Toronto branch was already $75,000 --- its sales target for the entire year となっている。名詞句 its sales target for the entire year の前に来ることができるのは前置詞なので、(B) の above「〜の上方に（⇔ below）、〜を上回って」を選ぶ。(D) の up には前置詞の機能もあるが、We're walking up the stairs「階段を上っている」のように上や先の方へ動いている様子を表す。(A) の high は形容詞、副詞、名詞、(C) の more は形容詞、名詞、副詞なので、後ろの名詞をつなぐことはできない。

訳 第3四半期末までに、Toronto支店はすでに年間の売り上げ目標を7万5000ドルも上回っていた。

(A) **high**: 高い　例 a high sales goal「高い売上目標」
(C) **more**: より多い　例 more than $75,000「7万5000ドルを超える」
(D) **up**:（数量が）上がって　例 its sales went up「そこの売り上げは伸びた」

238位 品詞

(A) 4.00%　(B) 3.74%　(C) 34.69%　**(D) 57.57%**　21秒

空所の前後に冠詞 The と前置詞 of があることと、その後の from three to four lanes「3レーンから4レーンに」という表現から、空所には名詞の (D) widening「拡張すること（拡張工事）」が入る。(C) width も名詞だが「幅」という意味で、「広げる」動きを示すことはできない。The width of Highway 73 has been increased to improve traffic flow.「Highway 73 の幅は交通の流れを改善するために広げられた」のように使うことはできる。(A) の wider「より広い」は形容詞の比較級、(B) の widely「広く」は副詞。

訳 Highway 73を3レーンから4レーンへ拡張する工事は、来年の夏に完了する予定である。

237位 品詞 語法

(A) 57.51%　(B) 17.58%　(C) 16.82%　(D) 8.09%　44秒

空所の直前に動詞 claims があり、後ろには a 22-percent share という表現が続いていることから、それらをつなぐ機能を果たす不定詞の (A) to have retained が空所に入る。claim to do「〜すると主張する」という語法ごとマスターしておこう。(B) are retaining は動詞 retain「〜を持ち続ける」の現在進行形、(C) retained は動詞の過去形・過去分詞、(D) retention「保持、記憶（力）」は名詞の単数形。

訳 Newtel Corporation は、競争が激化しているにもかかわらず、国内の携帯電話市場で22パーセントの市場占有率を保有してきたと主張している。

正解　239. (B)／238. (D)／237. (A)

236. The keynote speaker at the linguistics conference will be ------- scholar Dr. Sereno, who is an expert on ancient languages.

(A) renowned
(B) concluded
(C) assumed
(D) founded

235. At Geo Technology, ensuring complete customer satisfaction is ------- matters the most.

(A) many
(B) whoever
(C) quite
(D) what

234. ------- Partridge Books and Gould-Berglund merge, the new company would be the largest publisher in the country.

(A) Could
(B) Might
(C) Should
(D) Would

236位 語彙 (A) 57.49% (B) 13.84% (C) 21.87% (D) 6.80% ⏱33秒

「言語学会の基調演説者は --- 学者の Dr. Sereno になるだろう」という文脈から、空所には (A) の renowned「著名な (≒ noted ／ well-known ／ famous)」が入る。

訳 言語学会の基調演説者は、古代言語の専門家で、著名な学者の Dr. Sereno になるだろう。

- (B) **concluded**: 締めくくられる、締結される
  - 例 The conference will be concluded with his speech.「その会議は彼のスピーチで締めくくられる」
- (C) **assumed**: 仮定される、推定される
  - 例 Dr. Sereno is assumed to be the keynote speaker.「Dr. Sereno が基調演説者になると思われている」
- (D) **founded**: 設立される (≒ established)
  - 例 The association was founded in 1969.「その協会は1969年に設立された」

235位 語法 (A) 6.52% (B) 6.75% (C) 29.24% (D) 57.49% ⏱32秒

空所の前に ensuring complete customer satisfaction「100パーセントの顧客満足を確保すること」という動名詞（主語）と be動詞の is が存在し、後ろには自動詞 matters および副詞 the most が続いていることから、空所には the thing that に相当する主格の関係代名詞の (D) what「〜なこと／もの」がふさわしいと判断する。(B) の whoever「〜な人は誰でも (≒ anyone who)」は事柄ではなく人のことを述べる際に使う。(A) の many は形容詞で「多くの」、または代名詞で「多くの人」を表す。(C) の quite「かなり」は副詞で、通常は動詞を修飾せず、quite important のように形容詞や副詞を修飾する。

訳 Geo Technology では100パーセントの顧客満足を確保することが最も大事なことだ。

234位 構文 (A) 12.84% (B) 16.52% (C) 57.40% (D) 13.24% ⏱28秒

空所が文頭にあり、選択肢は助動詞だが、問題文は疑問文ではなく平叙文であることから、空所には倒置を起こす (C) の Should「万一〜すれば」が入る。これは倒置構文と呼ばれるもので、もともとは If Partridge Books and Gould-Berglund should merger, ... という文が、強調のために should を文頭に押し出した形になっている。他の選択肢では倒置は起きない。

訳 Partridge Books と Gould-Berglund が合併したら、その新会社は国内で最大の出版社となるであろう。

正解 236. (A) ／ 235. (D) ／ 234. (C)

233. The IT team played a key role in helping ------- the new project management software to employees.

(A) introduces
(B) introduction
(C) to introduce
(D) introducing

232. Thanks to the generosity ------- donors, the children's hospital fundraising campaign raised a record amount.

(A) of
(B) by
(C) with
(D) at

231. The library will remain open to the public ------- the entire renovation period.

(A) by
(B) prior to
(C) throughout
(D) except

230. The ------- entries in the student painting contest will be temporarily exhibited in the university art gallery.

(A) won
(B) winner
(C) winning
(D) win

| | | | | | 1000〜801 | 800〜601 | 600〜401 | **400〜201** | 200〜1 |

233位 品詞 語法
(A) 4.56%　(B) 14.13%　**(C) 57.33%**　(D) 23.98%　⏱**34**秒

空所前に in helping という前置詞と動名詞、後ろに software という名詞があることから、空所には不定詞の (C) to introduce が入る。help の語法として help O to *do* ／ help O *do* ／ help *do* ／ help to *do* という4種類を押さえておこう。(A) の introduces は動詞 introduce「〜を導入する」の現在形、(B) の introduction「導入」は名詞、(D) の introducing は動名詞または現在分詞。

訳 IT チームは、新しいプロジェクト管理ソフトを従業員に導入する上で中心的な役割を果たした。

232位 前置詞
(A) 57.26%　(B) 30.42%　(C) 10.19%　(D) 2.13%　⏱**25**秒

空所の前に Thanks to the generosity「寛大さのおかげで」、後ろに donors「寄付をした人たち」とある。誰の寛大さかを示すために、空所には所属のイメージを表す (A) の of「〜の」を入れ、generosity of donors「寄付をした人たちの寛大さ（≒ donors' generosity）」とするのが妥当。(B) の by は動作の行為者を明確にする際に用いる前置詞で、generous action by donors「寄付をした人たちによる寛大な行為」のように使う。(C) の with は共にあること、(A) の at は点のイメージを表す。

訳 寄付をした人たちの寛大さのおかげで、小児病院のための募金活動で記録的な金額が集まった。

Level 4

231位 前置詞 (A) 11.27%　(B) 8.81%　**(C) 57.22%**　(D) 22.70%　⏱**29**秒

空所の前に The library will remain open to the public「図書館は開館し続ける」、後ろに the entire renovation period「改修期間」とあることから、空所には (C) の throughout「〜の間ずっと（≒ through）」が入る。(D) の except は The library will remain open every day except on national holidays.「図書館は国の祝日を除き毎日開館する」のように、前述の内容から一部を除外する際に用いられる。(A) の by は行為者・期限・差、(B) の prior to は順序を示す際に用いられる。

訳 図書館は改修期間中ずっと開館し続ける。

230位 品詞 (A) 5.99%　(B) 34.25%　**(C) 57.20%**　(D) 2.56%　⏱**30**秒

空所前後に The --- entries とあることから、空所には直後の名詞 entries「エントリー作品」を修飾する形容詞の (C) winning「（コンテストに）勝つような→受賞した」を選ぶ。(A) won は動詞の過去分詞で形容詞的機能を果たすが、won entries は「獲得されたエントリー作品」という意味になってしまうので不適切。(B) winner「勝者」は名詞、(D) win は動詞の原形で「勝つ、〜を受賞する」または名詞で「勝利」。

訳 学生絵画コンテストの受賞作品は、大学の画廊で一時的に展示されることとなる。

正解　233. (C) ／ 232. (A) ／ 231. (C) ／ 230. (C)

473

229. To ------- company unity, we have implemented regular team-building exercises and retreats.

(A) rise
(B) complete
(C) promote
(D) join

228. ------- Revie Pharmaceuticals' sales improved in the third quarter, they still fell short of the target.

(A) Unless
(B) While
(C) Because
(D) As if

227. The admission ticket entitles you to both a guided tour of the ------- and lunch at the first-floor restaurant.

(A) comfort
(B) attendance
(C) obligation
(D) premises

474

229位 語彙 語法

(A) 21.86%　(B) 8.29%　**(C) 57.15%**　(D) 12.69%　⏱ **28**秒

「社内の結束を --- ため」という文脈から、空所には (C) の promote「〜を促進させる、〜を助長させる」が入る。(A) の rise「上がる、高くなる（≒ go up）」は自動詞で、Job retention rate should rise.「雇用定着率は上がるはずだ」のように用いられ、後ろに目的語となる名詞を伴わない。(B) の complete は「〜を完了させる（≒ finish）、〜に漏れなく記入する（≒ fill out）」、(D) の join は「〜に加わる」の意味で、文脈に合わない。

訳 社内の結束力を高めるため、わが社は定期的にチームビルディング研修や社員旅行を実施している。

228位 接続詞

(A) 28.52%　**(B) 56.99%**　(C) 7.52%　(D) 6.97%　⏱ **32**秒

カンマの前に「Revie Pharmaceuticals の売り上げは第 3 四半期に改善した」というポジティブな状況が告げられているが、後ろには「それでも目標に届かなかった」というネガティブな内容が続いている。この逆説的な文脈から、空所には (B) の While「〜だが一方で（≒ Although）」が入る。(A) Unless「〜でなければ（≒ If 〜 not）」は主に条件を悲観的に提示する際に用いられる（例：Unless their sales improve in the third quarter, they will fall short of the target.「第 3 四半期の売り上げが改善しなければ、目標に届かないだろう」）。(C) の Because は「〜なので」、(D) の As if は「まるで〜かのように」という意味なので、文脈に合わない。

訳 Revie Pharmaceuticals の売り上げは第 3 四半期に改善したが、それでも同社の目標に届かなかった。

227位 語彙

(A) 6.16%　(B) 29.48%　(C) 7.45%　**(D) 56.91%**　⏱ **34**秒

空所の前に a guided tour of the --- 「--- のガイド付きツアー」とあることから、空所にはツアーで回ることのできる場所を表す、名詞の (D) の premises「（建物を含む）敷地、（土地を含む）建物」が入る。

訳 入場券があれば、施設のガイド付きツアーと、1 階のレストランでのランチの両方を利用できる。

- (A) **comfort:** 快適さ　例 ensure guest comfort「宿泊客の快適さを保証する」
- (B) **attendance:** 出席（者数）、参加（者数）　例 tour attendance「ツアーの参加者数」
- (C) **obligation:** 義務（≒ duty／responsibility）
  例 refund obligation「返金義務」

正解 229. (C)／228. (B)／227. (D)

226. Good information-security practices include ------- preparing for possible breaches.

(A) proactively
(B) respectively
(C) arbitrarily
(D) conversely

225. Extra seating has been ordered ------- more guests attend the information session than expected.

(A) unless
(B) in case
(C) so that
(D) until

226位 語彙 (A) 56.75% (B) 23.04% (C) 10.80% (D) 9.42% 42秒

「情報セキュリティーの模範的な実践の仕方には、起こり得る侵害に対して --- 備えることが含まれる」と書かれていることから、空所には (A) proactively「先を見越して、積極的に」が入る。

訳 情報セキュリティーの模範的な対策には、起こり得る侵害に対し先を見越して備えることが含まれる。

(B) **respectively**:（述べられた順に）それぞれ
   例 In terms of population, Tokyo and Kanagawa rank first and second respectively.「人口の面で言えば、東京と神奈川がそれぞれ1位と2位である」

(C) **arbitrarily**: 任意で、恣意的に
   例 an arbitrarily chosen number「任意で（恣意的に）選ばれた数字」

(D) **conversely**: 逆に
   例 American people like white eggs; conversely, British people prefer brown ones.「アメリカ人は白い卵を好む。逆に、イギリス人は茶色の卵が好きだ」

225位 接続詞 (A) 6.57% (B) 56.61% (C) 32.33% (D) 4.49% 33秒

空所の前にある「予備の座席が手配されている」という主節に対して、「予想以上に多くのゲストが説明会に出席する」と続いている。文脈から、空所には接続詞の (B) の in case「〜の場合に備えて」が入る。

訳 説明会に予想より多くのゲストが出席した場合に備え、予備の座席が手配されている。

(A) **unless**: 〜でなければ
   例 Extra seating won't be necessary unless more guests attend the information session.「より多くのゲストが説明会に出席しない限り、予備の座席は必要ないだろう」

(C) **so that**: 〜できるように (≒ in order that)
   例 Extra seating needs to be ordered, so that more guests can attend the information session.「より多くのゲストが説明会に出席できるよう、予備の座席の手配が必要だ」

(D) **until**: 〜まで
   例 Extra seating won't be necessary until more guests register for the information session.「より多くのゲストが説明会に登録してくるまで、予備の座席は必要ないだろう」

正解 226. (A) ／ 225. (B)

224. Aqua King's water-resistant pontoon furniture can be installed with surprising ------- by almost anyone.

(A) ease
(B) easier
(C) easily
(D) easy

223. ------- presented with the suggestion for a change in company policy, Ms. Lee surprised everyone with her immediate approval.

(A) Following
(B) When
(C) So
(D) Again

222. Southern Calister University is setting ------- funds for students who participate in the cross-cultural exchange program.

(A) ahead
(B) aside
(C) along
(D) around

221. Even though Ms. Coleman has taken on a much more ------- job, her salary has only increased slightly.

(A) demand
(B) demanded
(C) demands
(D) demanding

224位 　品詞　慣用表現

(A) **56.57%**　(B) 6.11%　(C) 30.20%　(D) 7.12% **30**秒

空所の前に前置詞 with と形容詞 surprising があり、後ろには前置詞 by で補足情報が盛り込まれていることから、空所には名詞である (A) の ease「容易さ」を入れて、with ease「容易に、簡単に (≒ easily)」という慣用表現を完成させるのが適切。(D) の easy「簡単な」は形容詞、(B) の easier は形容詞の比較級、(C) の easily「簡単に」は副詞。

訳　Aqua King の防水船用家具は、ほとんど誰でも驚くほど簡単に設置できる。

223位 　前置詞 vs. 接続詞 vs. 修飾語　語法

(A) 35.20%　(B) **56.56%**　(C) 5.73%　(D) 2.51% **40**秒

カンマの後ろに Ms. Lee surprised everyone ... という主節がある。よって空所には、その主節と直後の presented からカンマまでの副詞節をつなぐ、接続詞の (B) When「〜の時」が入る。ここでは When (she was) presented ... のように、主語と be 動詞がセットで省略されていると考えると分かりやすい (While にも同様の使い方がある)。(C) の So「だから〜、(So that の that が省略された形で) 〜できるように」も接続詞だが、主語と be 動詞が省略される語法はない。(A) の Following「〜の後で (≒ After)」は前置詞で、後ろには名詞が来る。(D) の Again「再び」は副詞。

訳　社内規定を変更する案が提示された際、Ms. Lee は即座に承認して皆を驚かせた。

222位 　慣用表現

(A) 18.85%　(B) **56.46%**　(C) 14.10%　(D) 10.59% **28**秒

空所の前後に動詞 is setting「置く」と名詞 funds「資金、基金」があることから、空所には副詞の (B) aside「傍らに、脇へ」がふさわしい。set aside funds「資金を脇によけておく→蓄えておく」という慣用表現を押さえておこう。(A) の ahead は「前に」、(C) の along は「沿って」、(D) の around は「周りに」という意味の副詞で、いずれも文脈に合わない。

訳　Southern Calister University は、異文化交流プログラムに参加する学生のために資金を蓄えている。

221位　品詞　(A) 5.21%　(B) 35.62%　(C) 2.90%　(D) **56.27%**　**25**秒

空所の前後に a much more --- job とあることから、空所には直後の名詞 job を修飾する形容詞の (D) demanding「多くを求める→要求の厳しい (≒ challenging / difficult)」が入る。(B) の demanded「求められている／求められた」も分詞として機能するが、the demanded amount「要求された額、請求額」のように用いる。(A) の demand は名詞「需要 (⇔ supply)、求める物」の単数形、または動詞「〜を求める」の原形。(C) の demands は名詞の複数形、または動詞の現在形。

訳　Ms. Coleman ははるかに要求の厳しい仕事を引き受けたのだが、彼女の給料はわずかしか上がっていない。

正解　224. (A) ／ 223. (B) ／ 222. (B) ／ 221. (D)

220. Before becoming ------- in local politics, Mr. Lingard was a highly respected lawyer for over 25 years.

(A) actively
(B) activate
(C) active
(D) acts

219. All of the trucks' cargo remained ------- despite the poor quality of the roads they had to travel along.

(A) content
(B) eager
(C) intact
(D) careful

218. Steve Dickinson has spent most of his career ------- the entertainment business.

(A) in
(B) on
(C) by
(D) from

480

220位 品詞

(A) 12.31%　(B) 18.64%　**(C) 56.26%**　(D) 12.79%　**28**秒

文頭に Before becoming --- in local politics とあり、空所の前で使われている動名詞 becoming がどのような状態であるのかを表そうとしていることから、空所には形容詞の (C) active「活動的な、活動中の」が入る。(A) の actively「活動的に」は副詞、(B) の activate「〜を有効にする」は動詞の原形、(D) の acts は動詞「行動する」の現在形または名詞「行為」の複数形。

訳　地方政治で積極的な活動を始める前、Mr. Lingard は 25 年を超えるキャリアのある、名高い弁護士であった。

219位 語彙

(A) 14.99%　(B) 8.65%　**(C) 56.20%**　(D) 20.16%　**34**秒

「道路の質が悪かったにもかかわらず、トラックの積み荷は全て --- のままだった」という文脈から、空所には (C) の intact「無傷の (≒ undamaged)」が入る。

訳　通行しなければならなかった道路の質が悪かったにもかかわらず、トラックの積み荷は全て無傷のままだった。

- (A) **content**: 喜んで (≒ happy)、満足して (≒ satisfied)
  - 例　The truck drivers are content with their current wages.「トラック運転手たちは現在の賃金に満足している」
- (B) **eager**: 切望している (≒ anxious)、熱心な (≒ enthusiastic)
  - 例　The truck drivers were eager to deliver items without damage.「トラック運転手たちは損傷を与えずに物品を配達したいと切望していた」
- (D) **careful**: 注意深い　例　careful handling「慎重な取り扱い」

218位 前置詞

(A) 56.07%　(B) 35.23%　(C) 4.57%　(D) 4.12%　**18**秒

空所の前に「キャリアの大半を費やしてきた」、後ろに「エンターテインメント業界」とあることから、空所には特定の業界内であることを表す (A) in が入る。接触のイメージを持つ (B) on は、spend time on research「リサーチに時間をかける」や spend hours on the Internet「何時間もインターネットに時間を費やす」のように、後ろに時間を充てる対象となる行為や機器などが続く。(C) by は期限・行為者・差、(D) from は起点や由来を示す。

訳　Steve Dickinson は、自身のキャリアの大半をエンターテインメント業界で費やしてきた。

正解　220. (C) ／ 219. (C) ／ 218. (A)

217. All attendees are welcome to ------- their names in a lottery for a chance to win a trip to Los Angeles.

(A) hold
(B) choose
(C) enter
(D) give

216. Thanks to a larger advertising budget, this year's Balmore Culture Festival attracted ------- more attendees than last year's.

(A) considerably
(B) somewhere
(C) enough
(D) quite

215. Thanks to her leadership abilities and commitment to excellence, Ms. Wu is highly respected ------- her colleagues.

(A) from
(B) with
(C) by
(D) to

482

| 1000〜801 | 800〜601 | 600〜401 | **400〜201** | 200〜1 |

217位 　語彙　　語法
(A) 9.35%　(B) 7.92%　**(C) 55.96%**　(D) 26.77%　　30秒

「参加者の皆さまは旅行が当たる抽選にどうぞお名前を ---ください」という文脈から、空所には(C) の enter「〜を記入する、〜を書き込む」が入る。

訳　参加者の皆さまは、Los Angeles への旅行が当たる抽選に、どうぞお名前を記入して（エントリーして）ください。

(A) **hold**: 〜を持つ、〜を開く　例 hold a meeting「会議を開く」
(B) **choose**: 〜を選ぶ
　　例 choose a winner from the list of attendees「参加者リストから当選者を選ぶ」
(D) **give**: 〜を（…に）与える、〜に（…を）与える
　　例 give a chance to all attendees ／ give all attendees a chance「全ての参加者にチャンスを与える」

216位 　修飾　**(A) 55.78%**　(B) 3.79%　(C) 10.09%　(D) 30.34%　　32秒

空所直後に比較級 more attendees があることから、それをさらに強調する副詞として、(A) の considerably「はるかに」を選ぶ。significantly ／ even ／ far ／ many ／ a lot 等も同様の機能を果たすことができ、空所に入ることが可能。

訳　広告予算が増えたおかげで、今年の Balmore Culture Festival は去年よりもはるかに多くの参加者を集めた。

(B) **somewhere**: どこかに　例 go somewhere else「どこか別の場所に行く」
(C) **enough**: 十分に
　　例 enough attendees to fill the conference room「会議室を埋めるのに十分な数の参加者」
(D) **quite**: かなり　例 quite a lot of attendees「かなり多くの参加者」

215位 　前置詞　(A) 26.82%　(B) 6.33%　**(C) 55.77%**　(D) 11.08%　　24秒

空所の前に Ms. Wu is highly respected「Mr. Wu は高く評価されている」、後ろに her colleagues「彼女の同僚たち」と書かれていることから、空所には行為者を示す(C) の by「〜によって」が入る。(A) の from は由来を示す前置詞（例：Ms. Wu has gained a lot of respect from her colleagues.「Ms. Wu は同僚たちから多大な尊敬を受けている」）。(B) with は持っていること示す前置詞（例：She speaks to her colleagues with respect.「彼女は同僚たちに敬意を持って話しかける」）。(D) to は到達を表す前置詞。

訳　統率力と卓越性へのコミットメントで、Ms. Wu は同僚たちから高く評価されている。

正解　217. (C) ／ 216. (A) ／ 215. (C)　　　483

214. The seminar will feature four real estate experts with ------- predictions about the retail industry.

(A) differing
(B) earlier
(C) accessible
(D) expensive

213. A memo will be sent out to indicate ------- all office supplies are now located.

(A) since
(B) through
(C) once
(D) where

212. Ms. Carter is an effective leader who always strives to ------- a positive work environment and produce favorable results.

(A) foster
(B) translate
(C) incline
(D) situate

214位 語彙 (A) 55.71% (B) 19.50% (C) 15.88% (D) 8.91% 41秒

「小売業界について --- 予測をしている、4人の不動産専門家がセミナーに登壇する」という文脈から、空所には (A) の differing「相違している (≒ different)」が入る。

訳 そのセミナーには、小売業界について異なる予測をしている、4人の不動産専門家が登壇する。

(B) **earlier**: より早いタイミングの 例 earlier appointments「より早い日時のアポ」
(C) **accessible**: アクセス可能な
例 accessible database「アクセス可能なデータベース」
(D) **expensive**: 高価な 例 with expensive materials「高価な資材を使って」

213位 語法

(A) 17.30% (B) 11.00% (C) 16.09% **(D) 55.61%** 36秒

空所の前に to indicate とあり、後ろに all office supplies are now located と続いていることから、空所には他動詞 indicate の目的語に当たる名詞節を作る、疑問詞の (D) where「どこに〜なのか」が入る。(A) の since は前置詞「〜以来」、または接続詞「〜以来、〜なので」、(B) の through「〜を通して」は前置詞、(D) の once は副詞「一度、かつて」、または接続詞「いったん〜すると、〜したらすぐに」で、いずれも indicate の目的語として機能しない。

訳 全ての事務用品が現在どこに置かれているかを示すべく、社内通達文が送付されることになった。

212位 語彙 (A) 55.59% (B) 5.55% (C) 11.78% (D) 27.08% 33秒

「Ms. Carter は、良い職場環境を ---し、好ましい結果を生み出すよう、常に努力している有能なリーダーだ」という文脈から、空所には (A) の foster「〜を育む (≒ develop)、〜を促す (≒ encourage／promote)」が入る。

訳 Ms. Carter は、良い職場環境を育み、好ましい結果を生むよう、常に努力している有能なリーダーだ。

(B) **translate**: 〜を翻訳する
例 translate English into Japanese「英語を日本語に翻訳する」
(C) **incline**: 〜を (…する) 気持ちにさせる
例 The promotion inclined him to stay with the company.「昇進が彼を会社にとどまらせる気持ちにさせた」
(D) **situate**: 〜を置く、〜の場所を探す
例 Our head office is situated in New York.「私どもの本社は New York にございます」

正解 214. (A)／213. (D)／212. (A)

211. Analysis of measurements taken ------- the initial testing revealed that the building still had some serious defects.

(A) on behalf of
(B) subsequent to
(C) in order for
(D) in front of

210. After many years ------- managing the branch office, Ms. Finn has accepted an executive position at the company's headquarters.

(A) success
(B) succeed
(C) successful
(D) successfully

209. Relatively affordable apartments can be found ------- the city limits.

(A) nearly
(B) ahead
(C) outside
(D) somewhere

211位 慣用表現 語法

(A) 17.45% **(B) 55.52%** (C) 20.76% (D) 6.26%　　**48**秒

空所の前後に measurements taken と the initial testing という2つの行為が並べられていることから、空所にはそれらの順序を示すべく、(B) の subsequent to「～の後に続いて（≒ following／after）」を入れる。(A) の on behalf of は「（グループ）を代表して、（一個人）に代わって」、(C) の in order for (... to do) は「…が（～する）ために」、(D) の in front of は「～の前の位置に」という意味なので、文脈に合わない。

訳 初回検査後に行われた測定結果の分析により、建物にはまだいくつかの重大な欠陥があることが明らかになった。

210位 品詞

(A) 7.95% (B) 8.70% (C) 27.96% **(D) 55.40%**　　**27**秒

空所の前には前置詞 After に続いて名詞 many years があり、空所直後の分詞 managing が名詞 years の中身を説明しているという文構造に注目し、空所には分詞 managing を修飾する機能を果たす副詞の (D) successfully「首尾よく」を入れる。(A) の success「成功」は名詞、(B) の succeed「成功する、～を引き継ぐ」は動詞の原形、(C) の successful「うまくいっている」は形容詞。

訳 長年、支店を順調に統括した後、Ms. Finn は本社の幹部職を引き受けた。

> 誤答の中では (C) が多かった。

> After many years of --- managing of the branch office、もしくは After many years of --- management of the branch office であれば、空所直後の managing や management は名詞だから、形容詞の successful が入るんだけどね。

209位 前置詞 vs. 修飾語

(A) 21.68% (B) 5.44% **(C) 55.34%** (D) 17.54%　　**32**秒

空所の前で受動態の文が完成していて、空所の直後に the city limits という冠詞と名詞が続いていることから、空所には前置詞の機能も持つ (C) outside「～の外に」が入る。(A) の nearly「ほぼ（≒ almost）」、(B) の ahead「前に、先に」、(D) の somewhere「どこかに」はいずれも副詞。(D) は、somewhere near the city limits のように前置詞 near の前で使うことはできる。

訳 比較的手頃な金額のアパートは、市の境界線の外で見つかる。

正解 211. (B)／210. (D)／209. (C)

208. ------- in the handbook for the water cooler is the information on how to replace the filter cartridge.

(A) Including
(B) Inclusively
(C) Include
(D) Included

207. Due to the quality of her work, Ms. Doyle was given a position with more responsibility ------- after joining Aviga Telecom.

(A) widely
(B) shortly
(C) tightly
(D) rarely

206. Steve Dickinson's latest book *The Trooper* is ------- reading in the field of social psychology.

(A) continuous
(B) mandatory
(C) distinct
(D) concerned

208位 品詞 態

(A) 37.27%　(B) 2.92%　(C) 4.47%　**(D) 55.33%**　35秒

問題文は The information is --- in a handbook が倒置された形。空所の後ろに目的語が明示されていないことから、空所には受動の関係であることを示す、過去分詞の (D) の Included「含まれている」が入る。(A) の Including「〜を含んでいる」は動名詞だけでなく現在分詞や前置詞としても機能するが、その場合は後ろに目的語となる名詞が必要。(B) の Inclusively「包括的に」は副詞、(C) の Include「〜を含む」は動詞の原形。

訳　冷水器の取扱説明書に記載されているのはフィルターの交換方法に関する情報です。

207位 語彙 修飾

(A) 33.47%　**(B) 55.23%**　(C) 7.39%　(D) 3.91%　27秒

カンマ以降は「Ms. Doyle はより、責任のあるポストを与えられた」という節に「Aviga Telecom に入社後に」という前置詞句が続いている。よって、空所には (B) の shortly「間もなく (≒ soon)」を入れ、shortly after 〜「〜のすぐ後に、〜の後間もなく」という表現を作るのが適切。

訳　仕事の質が高いため、Ms. Doyle は Aviga Telecom に入社して間もなく、より責任のあるポストを与えられた。

(A) **widely**: 広く　例 be widely known「広く知られている」
(C) **tightly**: しっかりと　例 close the lid tightly「ふたをきちんと閉める」
(D) **rarely**: めったに〜ない
　　例 rarely eat fast food「めったにファストフードを食べない」

206位 語彙

(A) 19.39%　**(B) 55.22%**　(C) 14.52%　(D) 10.87%　31秒

「Steve Dickinson の最新刊は社会心理学の分野における --- 読み物だ」という文脈から、空所には (B) の mandatory「必須の (≒ required)」が入る。

訳　Steve Dickinson の最新刊『The Trooper』は、社会心理学の分野における必読書だ。

(A) **continuous**: 連続的な、途切れない (≒ constant)
　　例 continuous growth「継続的な成長」
(C) **distinct**: はっきりと異なる (≒ clearly different)
　　例 four distinct seasons「はっきりとした４つの季節」
(D) **concerned**: 懸念している、心配している (≒ worried)
　　例 concerned parents「心配している両親」

正解　208. (D) ／ 207. (B) ／ 206. (B)

205. The ability to learn quickly is a personal ------- that is much desired by employers.

(A) attribute
(B) adoption
(C) coincidence
(D) convention

204. ------- a major contract with Litmus Systems, Mr. Yashima was commended for his ability to attract new clients.

(A) To secure
(B) Had secured
(C) Was securing
(D) Having secured

203. Blue Ocean Pictures will ------- another studio, making it Australia's largest production company.

(A) object
(B) merge
(C) presume
(D) acquire

205位 語彙 (A) 55.19% (B) 27.45% (C) 9.14% (D) 8.23% ⏱ 33秒

「のみ込みの早さは、雇用主によって強く求められる個人の --- である」という文脈から、空所には (A) attribute「特性、特質（≒ trait ／ feature）」がふさわしい。

訳 のみ込みの早さは、雇用主が強く求める個人の特質（人柄）である。

- (B) **adoption**: 採用　例 the adoption of renewable energy sources「再生可能エネルギー源の採用」
- (C) **coincidence**: 偶然の一致、同時に発生した事柄　例 sheer coincidence「全くの偶然」
- (D) **convention**: 会議、慣習　例 social convention「社会的慣習」

204位 品詞 構文 時制

(A) 30.04% (B) 11.68% (C) 3.30% **(D) 54.98%**　⏱ 41秒

カンマの後ろは Mr. Yashima was commended と SV がそろった節になっている。空所には、この主節に補足情報を加える、分詞の (D) Having secured が入る。この分詞構文は、主節の背景を説明する機能を果たしていることにも注目しておこう。(A) To secure は不定詞で、「今後〜するために」という未来志向を持つので、カンマの後ろの was commended と時制が合わない。

訳 Litmus Systems との大口契約を取り付けたので、Mr. Yashima は新規顧客を引き付ける手腕を評価された。

> このように分詞を用いて作った構文を「分詞構文」と呼ぶんだけど、苦手とする人も多いね。
>
> 「分詞＝飾り」という基本さえ押さえておけば、徐々に慣れていくことができるよね。

203位 語彙 語法

(A) 4.65% (B) 35.50% (C) 4.89% **(D) 54.97%**　⏱ 25.43秒

「Blue Ocean Pictures が別のスタジオを ---」という文脈から、空所には (D) の acquire「〜を買収する（≒ purchase ／ buy）」が入る。(B) を用いる場合は、後ろに with が必要。

訳 Blue Ocean Pictures は別のスタジオを買収する意向を示しており、それによって同社はオーストラリア最大の制作会社となる。

- (A) **object**: 反対する　例 object to a proposal「提案に反対する」
- (B) **merge**: 合併する、〜を統合する　例 merge with another studio「別のスタジオと合併する」、merge several studios into one「複数のスタジオを1つに統合する」
- (C) **presume**: 〜を推測する
  - 例 We presume another studio will be acquired.「われわれは別のスタジオが買収されると推測している」

正解　205. (A) ／ 204. (D) ／ 203. (D)

202. The company ------- its high employee retention rate to the quality of its recruitment process.

(A) relies
(B) cooperates
(C) believes
(D) credits

201. Ms. Mercer is aiming to ------- $10 million from investors in order to fund her new business venture.

(A) owe
(B) impose
(C) raise
(D) operate

202位 語彙 語法

(A) 14.70%　(B) 9.35%　(C) 21.01%　**(D) 54.94%**　**37**秒

「その会社は従業員の高い定着率を採用プロセスの質の高さによるものだと ---」という文脈に合い、to the qualityと続く語法がある動詞は、(D) credits「信じている、考えている」。credit X to Y「XをYのおかげだと考える」という語法ごとマスターしておこう。(C) believesも「〜を信じている、考えている」という意味だが、X to Yを伴う語法はない。(A) relies「依存している」、(B) cooperates「協力している」は自動詞なので、後ろの名詞を目的語として直接とることはできない。

訳　その会社は従業員の高い定着率を、採用プロセスの質の高さによるものだと考えている。

- (A) **relies**: 依存している（≒ depends）
  - 例 The company relies on the quality of its recruitment process.「その会社は採用プロセスの質の高さに依存している」
- (B) **cooperates**: 協力している
  - 例 Each employee cooperates in the recruitment process.「各スタッフが採用プロセスで協力している」
- (C) **believes**: 〜を信じている、〜と考えている
  - 例 The company believes the quality of its recruitment process is the reason for its high employee retention rate.「その会社は、採用プロセスの質の高さが、従業員の高い定着率の理由であると考えている」

201位 語彙

(A) 26.32%　(B) 12.65%　**(C) 54.81%**　(D) 6.21%　**27**秒

to --- $10 million from investors「投資家たちから1000万ドルを --- すること」という文脈から、空所には (C) の raise「〜を集める（≒ collect）」が入る。

訳　Ms. Mercerは、自身の新しいベンチャービジネスの資金を調達するために、投資家たちから1000万ドルを集めることを目指している。

- (A) **owe**: 〜に借りがある、〜を負う
  - 例 We owe them some money.「われわれは彼らにいくらかお金を借りている（負債がある）」、owe $10 million to investors「1000万ドルを投資家に借りる」
- (B) **impose**: 〜を課す　例 impose a tax「課税する」
- (D) **operate**: 営業する、稼働する、〜を操作する、〜を経営する
  - 例 The factory operates 24 hours a day.「工場は24時間稼働している」

正解　202. (D) ／ 201. (C)

ヒロ前田の Quick Insight ④

　本書付属の解説動画には、全1000問の講義が収録されている。特長は、不正解の選択肢が不正解である理由を徹底的に説明している点だ。中には、何度も繰り返した助言や説明もある。言い換えると、多くの受験者に共通する弱点があるということだ。特に重要なものを紹介する。これらを克服すれば、あなたのスコアは必ず「あがる」。

● 言葉の使い方を学ぼう

　「語法」というタグが付いた問題を多くミスしているなら、言葉の使い方に意識を向けていこう。特に動詞の使い方が重要だ。398位と397位の2問だけでも「後ろにthat節をとる／とらない」「この動詞の目的語は人」「自動詞なので目的語をとらない」といった語法を学べる。言葉の「意味」と「使い方」を同時に学ぶには、文を単位として繰り返し英語を音読することが効果的。そうすれば意味も使い方も自然に脳に染み込んでいく。

● コロケーション

　日本語で「とても歌った」とは言わず、通常、「とても上手に歌った」などと言う。英語でもShe sang considerably. とは言わない。代わりにShe sang very well. などが自然だ。このような言葉と言葉の組み合わせ（コロケーション）を試す問題もTOEICにはよく出題され、本書にもたくさん掲載されている。前述の「語法」と同じで、文単位で英語を繰り返し口に出すことが効果大だ。

● 空所直前にワナあり

247. Leading companies specializing in object recognition technology ------- at ID Tech Expo.

　　(A) is being exhibited
　　(B) are exhibiting（正解）
　　(C) has been exhibited
　　(D) to exhibit

　(A) is being exhibitedと(C) has been exhibitedの選択率を足すと約38％もあった。空所直前のtechnology（単数形）に「釣られた」のだろう。このような問題を解くコツは、前置詞に伴われていない名詞を探すことだ。technology、recognition、objectはinに続いているが、companies（複数形）の前には前置詞がなく、これが主語。よって、(A)のisと(C)のhasは不適切となり消去できる。331位、348位、428位も同じタイプなのでこの要領で練習してみてほしい。問題タイプ別の正答率ランキング（P.370）で最下位となった「主述の一致」を攻略するのに役立つ。

Level 5
頂点の200問

200位〜1位

正答率

54.70%〜16.53%

ついに、頂点へ。
培(つちか)った知識とスキルを最大限に発揮し
最難関の問題に挑みましょう。
この先に待っているのは
目標スコア達成という栄光です

Level 5の動画講義はこちらから ➡ （ログイン方法はP.9参照）

200. YJ Auto Rentals does not refund deposits, ------- does it guarantee the precise make and model customers receive.

(A) which
(B) whether
(C) and
(D) nor

199. The recently implemented cost ------- are expected to result in savings of around €3 million per year.

(A) efficient
(B) efficiency
(C) efficiently
(D) efficiencies

198. The ENSYS account will be handled by Ms. Oh and Mr. Bell, both of ------- have extensive experience in the electronics field.

(A) whose
(B) that
(C) those
(D) whom

197. Avoid using commercial cleansers as this machine is made from specially treated material, and they may ------- the metal.

(A) degrade
(B) perplex
(C) decline
(D) undergo

496

200位 構文 (A) 24.95% (B) 11.12% (C) 9.22% **(D) 54.70%** 46秒

空所の後ろで does it guarantee と倒置が起きていることから、空所には (D) nor が入る。nor ／ seldom ／ hardly ／ scarcely ／ little ／ never ／ no ／ not ／ neither ／ only のように「〜ない」という否定的な意味の表現を前に置くと、主語と (助) 動詞の位置が入れ替わる「倒置」が起きる。他の選択肢では倒置は起きない。

訳 YJ Auto Rentals は保証金を返金せず、客が受け取る車の正確なメーカーやモデルの保証もしない。

199位 品詞 主述の一致

(A) 4.74% (B) 23.01% (C) 17.60% **(D) 54.64%** 28秒

空所直後に動詞 are expected があることから、空所までが主語となる。主語と動詞の数が一致するように、空所には複数形の名詞の (D) efficiencies「効率化策、(効率化による) コスト・時間の削減」を選ぶ。(B) efficiency も名詞で主語になるが、単数形なので不適切。(A) efficient「効率の良い」は形容詞、(C) efficiently「効率良く」は副詞。

訳 最近実施されたコスト削減により、年間で約300万ユーロの節約がもたらされることが見込まれる。

198位 関係詞 語法

(A) 7.70% (B) 6.41% (C) 31.29% **(D) 54.60%** 29秒

カンマの前までで文に必要な要素がそろっていることから、空所にはカンマの前後をつなぐ関係詞が入る。空所の直前には前置詞 of があるので、空所には of の目的語となる、関係代名詞の目的格の (D) whom がふさわしい。(B) that も目的格の関係代名詞になるが、前置詞 of と共には用いない。(A) whose は所有格なので、名詞を説明する際に使う。(C) those は代名詞や形容詞で、カンマの前後をつなぐことはできない。

訳 ENSYS のアカウントは、Ms. Oh と Mr. Bell という、エレクトロニクスの分野で幅広い経験を有する両名によって管理される。

197位 語彙 **(A) 54.55%** (B) 21.05% (C) 17.84% (D) 6.56% 44秒

空所には直後の名詞 the metal「金属」を目的語にとる動詞が入る。文脈から、空所にふさわしいのは (A) degrade「〜を劣化させる」。

訳 本機は特別に処理された原料からできており、市販の洗剤は金属が劣化してしまう可能性がありますので、使用はお控えください。

UP! (B) **perplex:** 〜を当惑させる (≒ confuse ／ puzzle ／ bewilder)
例 perplex people「人々を当惑させる」
(C) **decline:** 〜を断る、下がる 例 decline in quality「質が低下する」
(D) **undergo:** 〜を経験する (≒ experience) 例 undergo changes「変化する」

正解 200. (D) ／ 199. (D) ／ 198. (D) ／ 197. (A)

196. Customers should expect a refund ------- ten days after their return has been received.

(A) when
(B) about
(C) sooner
(D) without

195. The delayed commencement of construction was ------- due to difficulties in acquiring the necessary materials.

(A) large
(B) largeness
(C) larger
(D) largely

194. There is an exciting recipe for a dinner for one in ------- issue of *Happy Bachelor* magazine.

(A) several
(B) alternate
(C) whole
(D) each

193. The team will discuss various proposals this morning but make a decision about which one to accept -------.

(A) later
(B) lately
(C) lateness
(D) latest

196位 前置詞 vs.接続詞 vs.修飾語

(A) 15.60%　**(B) 54.49%**　(C) 19.94%　(D) 9.97%　⏱**39**秒

前半の主節とtheir returnから始まる節を接続詞afterがつないでいる。空所には直後のten days、特に数詞tenを修飾する副詞が入ると考え、(B) about「約、およそ（≒ approximately ／ roughly ／ around）」を選ぶ。(C) のsooner「より早く」も副詞だが、sooner than ten days「10日もかからずに」のように用いる。(A) のwhen「～する時」は接続詞で、節同士をつなぐ。(D) のwithout「～なしで」は前置詞。

訳 お客さまには、返品の受領後、10日ほどで返金が行われる見込みです。

195位 品詞 (A) 27.00%　(B) 7.60%　(C) 10.98%　**(D) 54.42%**　⏱**27**秒

問題文には文に必要な要素がすでにそろっているので、空所には前置詞due toが導く句を修飾する副詞が入ると考え、(D) largely「大部分は、主に（≒ primarily ／ chiefly ／ mainly）」を選ぶ。(A) large「大きい」は形容詞、(B) largeness「大きさ」は名詞、(C) larger「より大きい」は形容詞の比較級。

訳 建設の開始が遅れたのは、主として必要な建材の入手が困難なためだった。

194位 修飾

(A) 16.94%　(B) 12.48%　(C) 16.20%　**(D) 54.38%**　⏱**37**秒

空所の前にone inがあり、後ろにissueという名詞の単数形が続いていることから、空所には (D) each「それぞれの（≒ every）」を入れて、one in each issue「各号に1つずつ」という表現を完成させるのが妥当。

訳 『Happy Bachelor』誌には毎号1つ、1人分のディナーを作るためのわくわくするようなレシピが掲載されている。

📈UP! (A) **several:** いくつかの　例 in several issues「複数の号で」
(B) **alternate:** 代わりの、別の（≒ different ／ another）
例 alternate ingredients「代わりの食材」
(C) **whole:** 全ての（≒ entire）　例 in the whole issue「その号の全体で」

193位 品詞 **(A) 54.35%**　(B) 34.11%　(C) 4.51%　(D) 7.03%　⏱**34**秒

空所の前までで文に必要な要素がそろっていることから、空所には副詞の (A) later「後で」が入る。(B) のlatelyも副詞だが「最近（≒ recently）」の意味で、has madeのような現在完了と共に用いる。(C) のlateness「遅いこと」は名詞。(D) のlatest「最新の」は、しばしばat the latest「遅くとも」のような慣用表現で用いられる。

訳 チームは今朝、さまざまな提案について話し合うことになっているが、どれを受け入れるかは後で決める。

正解 196. (B) ／ 195. (D) ／ 194. (D) ／ 193. (A)

192. The evaluation noted that the ------- between short-term and long-term goals is important for strategic planning.

(A) effect
(B) distinction
(C) technique
(D) action

191. Ms. O'Donnell was commended for having reviewed the building proposals so -------.

(A) comparably
(B) meticulously
(C) obviously
(D) especially

190. Tour participants are instructed to gather in the restaurant ------- in the hotel lobby.

(A) instead
(B) whereas
(C) even though
(D) rather than

192位 語彙 (A) 17.17% **(B) 54.18%** (C) 4.62% (D) 24.03% ⏱36秒

「戦略立案において、短期目標と長期目標の間の --- が重要である」という文脈から、空所には (B) distinction「差異、区別」が入る。distinction between A and B で「AとBの区別」。(A) effect「結果、効果」、(C) technique「技術」、(D) action「行動」は、いずれも文脈と合わない。

訳 評価では、戦略立案において、短期目標と長期目標の区別が重要であると指摘されていた。

191位 語彙 (A) 12.64% **(B) 54.16%** (C) 21.51% (D) 11.70% ⏱38秒

文の冒頭に「Ms. O'Donnell は称賛された」とあることから、空所には動詞 reviewed「〜を見直した、〜を精査した」を修飾するのにふさわしい (B) meticulously「細心の注意を払って、慎重に(≒ very carefully)」が入る。

訳 Ms. O'Donnell は、その建築提案書をとても慎重に精査したことで称賛された。

- (A) **comparably:** 比較できるほどに、同等に
  - 例 comparably priced「ほぼ同じ値段の」
- (C) **obviously:** 明らかに(≒ clearly)
  - 例 She obviously spent a lot of time reviewing the proposals.「彼女はその提案書をチェックするに当たり明らかに多くの時間をかけた」
- (D) **especially:** 特に(≒ particularly)
  - 例 especially popular among children「特に子どもに人気の」

190位 語法 (A) 30.23% (B) 11.39% (C) 4.51% **(D) 53.87%** ⏱29秒

空所前後には in the restaurant --- in the hotel lobby と、前置詞 in と場所を表す名詞が並んでいることから、空所には文法的に同じ要素をつなぐ等位接続詞が入ると考え、(D) rather than「〜よりもむしろ、〜でなく」を選ぶ。(A) instead「代わりに」は副詞なので語句をつなぐことはできないが、gather in the restaurant instead of the hotel lobby「ホテルのロビーの代わりにレストランに集まる」のような形で使うことは可能。(B) whereas「〜である一方で」と (C) even though「〜であるにもかかわらず」は接続詞で、節同士をつなぐ。

訳 ツアーの参加者たちはホテルのロビーではなく、レストランで集合するように指示された。

正解 192. (B)／191. (B)／190. (D)

189. Please proofread this e-mail message and make sure the wording ------- with company norms.

(A) describes
(B) complies
(C) defines
(D) consults

188. Please be aware that the shuttle bus schedule is subject to ------- without notice.

(A) changed
(B) changeable
(C) be changed
(D) change

187. Tomorrow, Bolix, one of the world's leading electronics -------, will hold a press conference concerning its next-generation smartphone.

(A) manufacturer
(B) manufactures
(C) manufacturing
(D) manufacturers

189位 語彙 語法

(A) 22.65%　**(B) 53.85%**　(C) 14.03%　(D) 9.47%　⏱**35秒**

「メールを校正して、文言が会社の規範に --- ことを確認してください」という文脈、および空所の直後に前置詞 with が続いていることから、空所には (B) complies を入れて、complies with ～「～に準拠している」という表現を完成させるのが適切。

訳 このメールメッセージを校正し、文言が会社の規範に準拠していることをご確認ください。

(A) **describes**: ～を述べる、～を説明する
　例 describes company norms「会社の規範について述べる」
(C) **defines**: ～を定義する
　例 define technical terms「専門用語を定義づける」
(D) **consults**: ～を参照する、(～に) 相談する
　例 consult the manual「マニュアルを参照する」、consult with a lawyer「弁護士と相談する」

188位 品詞

(A) 4.92%　(B) 6.06%　(C) 35.21%　**(D) 53.82%**　⏱**22秒**

that 節に schedule is subject to --- without notice とあることから、空所には前置詞 to がつなぐ名詞が求められていると判断し、(D) change「変更」を選ぶ。S be subject to ～「S は～を受ける可能性がある」という表現ごとマスターしておこう。また、この to は不定詞ではないので、(C) be changed のように動詞を続けることはできないことにも注意。(A) changed は動詞の過去形・過去分詞、(B) changeable は形容詞。

訳 送迎バスのスケジュールは予告なく変更される場合があることにご留意ください。

187位 品詞 語法

(A) 26.27%　(B) 15.06%　(C) 4.86%　**(D) 53.81%**　⏱**25秒**

空所の前後に one of the world's leading electronics およびカンマがあることから、空所には名詞の複数形である (D) manufacturers「製造会社 (≒ makers)」が入る。one of ＋複数形の名詞で「複数ある～のうちの1つ」という表現の仕方をマスターしておこう。(A) manufacturer も名詞だが、単数形なので不適切。(B) manufactures「～を製造する」は動詞の現在形、(C) manufacturing は動名詞または現在分詞。ちなみに、manufacture と manufacturing は「もの作り、製造 (業)」という意味の不可算名詞として使われることもある。

訳 明日、世界でトップクラスの電子機器メーカーの1社である Bolix は、次世代スマートフォンに関する記者会見を開く。

正解　189. (B) ／ 188. (D) ／ 187. (D)

186. Phineas Equipment offers a wide range of well-built and ------- priced manufacturing machinery.

(A) competitive
(B) compete
(C) competition
(D) competitively

185. Insight Circle is ranked as the third-largest industrial ------- firm in West Virginia.

(A) staffing
(B) staffed
(C) staffs
(D) to staff

184. Ms. Chang's ------- work and excellent results earned her a promotion after just six months at the company.

(A) erroneous
(B) hesitant
(C) absolute
(D) exemplary

183. Mercadiz is one of Spain's largest fish -------, with a diverse range of seafood products for sale.

(A) market
(B) marketer
(C) marketing
(D) markets

186位 品詞 (A) 36.47% (B) 3.21% (C) 6.55% **(D) 53.77%** ⏱26秒

空所前後で well-built と priced という分詞（形容詞）が名詞 manufacturing machinery を修飾している。空所には分詞 priced を修飾する副詞の (D) competitively「他に負けないぐらいに」が入る。(A) competitive「競争力のある、（価格が）他に負けない」は形容詞、(B) compete「競争する」は動詞、(C) competition「競争、競合他社」は名詞。

訳 Phineas Equipment は頑丈で低価格の、さまざまな製造機械を提供している。

185位 品詞 **(A) 53.74%** (B) 32.29% (C) 9.21% (D) 4.77% ⏱33秒

the third-largest industrial --- firm とあることから、空所には名詞である (A) staffing を入れて、staffing firm「人材派遣会社」という名詞のかたまりを作るのが正解。(B) staffed「配置された、運営されている」は分詞で、The center is staffed entirely by volunteers.「センターは全てボランティアによって運営されている（スタッフは全員ボランティアだ）」のように用いる。(C) staffs は動詞「〜を配置する、〜を勤務させる」の現在形、(D) to staff は不定詞。

訳 Insight Circle は West Virginia 州で3番目に大きな工業系の人材派遣会社だ。

184位 語彙 (A) 17.22% (B) 3.85% (C) 25.20% **(D) 53.73%** ⏱30秒

「Ms. Chang は --- 仕事ぶりや素晴らしい功績により、昇進を果たした」という文脈から、空所には (D) exemplary「模範的な」がふさわしいと判断する。exemplary は example「例、手本」と同様の語源を持つ。

訳 模範的な仕事ぶりや素晴らしい成果により、Ms. Chang は入社わずか6カ月で昇進を果たした。

- (A) **erroneous:** 間違った（≒ incorrect／wrong）
  - 例 erroneous information「誤報」
- (B) **hesitant:** 躊躇して　例 She was hesitant to accept the offer.「彼女はオファーを受け入れることをためらっていた」
- (C) **absolute:** 絶対的な　例 absolute confidence「絶対的な自信」

183位 品詞 語法
(A) 27.34% (B) 14.48% (C) 4.49% **(D) 53.68%** ⏱22秒

空所前後が one of Spain's largest fish ---, であることから、空所には名詞の複数形である (D) markets「市場」が入る。残りの (A) market、(B) marketer「販売業者、マーケティング担当者」、(C) marketing「マーケティング」も名詞の機能を果たすが、いずれも単数形なので、one of 〜「〜のうちの1つ／1人」によってつながれることはない。

訳 Mercadiz はスペイン最大級の魚市場で、さまざまな魚介類が売られている。

正解　186. (D)／185. (A)／184. (D)／183. (D)

182. The elevator cannot be used while the ------- to the lobby are ongoing, so please use the stairs instead.

(A) repairs
(B) repairing
(C) repaired
(D) repairable

181. ------- with most modern browsers, the Dogs Paradise Web site offers an optimized user experience for all users.

(A) Compatible
(B) Equivalent
(C) Overall
(D) Additional

180. Company revenue grew ------- median income in the region increased.

(A) as
(B) than
(C) quickly
(D) from

182位 品詞 主述の一致
(A) 53.67% (B) 37.45% (C) 5.60% (D) 3.27%　　27秒

接続詞 while が the --- to the lobby are ongoing という節をつなごうとしていることから、空所には主語として機能する名詞で、かつ動詞 are と主述が一致する (A) repairs「修理」が入る。repair という名詞は、under repair「修理中」や beyond repair「修理できないレベルである」のような慣用表現の中では不可算名詞として用いられるが、この文のように複数の回数・箇所におよぶ具体的な修繕作業を表す場合はしばしば可算名詞として扱う。(B) repairing を動名詞「〜を修理すること」として使う場合は、while repairing the lobby is ongoing のように後ろに目的語を伴う必要があり、1つの行動＝単数として扱うので、動詞は are ではなく is になる。(D) repairable「修理可能な」は形容詞。

訳 ロビーの修繕が行われている間は、エレベーターを使用できないので、代わりに階段をご利用ください。

181位 語彙 語法
(A) 53.65% (B) 21.31% (C) 14.26% (D) 10.78%　　38秒

空所の部分は (As it is) --- with を略した形で、it は主節の主語 the Dogs Paradise Web site を指している。空所には the Dogs Paradise Web site を説明する形容詞が入るが、空所直後に with most modern browsers があることから、(A) Compatible「互換性がある、共用できる」が入る。compatible with 〜で「〜に対応する」の意味。

訳 ほとんどの新しいブラウザーに対応する Dogs Paradise のウェブサイトは、全てのユーザーに最適化されたユーザー体験を提供している。

- (B) **Equivalent**: 同等の（≒ Equal）
  - 例 equivalent to 100 yen「100円に相当する」
- (C) **Overall**: 全体の　例 overall costs「全てのコスト、全費用」
- (D) **Additional**: 追加の　例 additional costs「追加コスト」

180位 前置詞 vs. 接続詞 vs. 修飾語
(A) 53.60% (B) 6.90% (C) 20.28% (D) 19.22%　　37秒

空所の前後には節がある。選択肢の中で、節同士をつなぐことができるのは、接続詞の (A) as「〜につれて」。(B) than「〜よりも」も接続詞として働くが、faster than they expected「彼らが予想していたよりも速く」のように比較の対象と共に使う。(C) quickly「速く」は副詞で、節をつなぐ機能はない。(D) from は前置詞で、Company revenue grew from $1 million to $2 million last year.「企業の収入は昨年、100万ドルから200万ドルに伸びた」のように後ろには節ではなく名詞が来る。

訳 その地域における収入の中央値が上がるにつれて、企業の総収入は伸びた。

正解　182. (A) ／ 181. (A) ／ 180. (A)

179. The research project took longer than expected ------- an error in the data collection system.

(A) also
(B) since
(C) however
(D) thanks to

178. The company has begun planning a number of special commemorative activities ------- its 25th anniversary next year.

(A) in comparison with
(B) in anticipation of
(C) in search for
(D) in touch with

177. The item you receive may not necessarily be the ------- same color as shown in the picture.

(A) right
(B) just
(C) clear
(D) exact

179位 前置詞 vs. 接続詞 vs. 修飾語

(A) 6.44%　(B) 34.54%　(C) 5.45%　**(D) 53.57%**　⏱ **35**秒

空所の前で文の要素がそろっていることから、空所にはerrorという名詞をつなぐ前置詞の(D) thanks to「〜のおかげで (≒ due to／owing to／on account of／because of)」が入る。(B) sinceは接続詞「〜なので、〜して以来」または前置詞「〜以来」で、The research project has been taking longer than expected since there was an error in the system.「システムに問題があったので、調査プロジェクトは予想以上に長引いている」のように用いられる。(A) also「〜もまた」と(C) however「しかしながら」は副詞なので、名詞errorをつなぐことはできない。

訳 データ収集システムに生じたエラーのおかげで、調査プロジェクトは予想以上に長引いた。

178位 慣用表現

(A) 14.30%　**(B) 53.51%**　(C) 5.31%　(D) 26.89%　⏱ **37**秒

空所の前に「その会社は数々の特別記念行事を計画し始めている」、後ろに「来年の25周年」とある。文脈から、空所には(B) in anticipation of「〜を見越して、〜に備えて (≒ in expectation of)」が入る。(A) in comparison with は「〜と比べると」、(C) in search for は「〜を探し求めて」、(D) in touch with は「〜と連絡を取って」。

訳 その会社は来年の創立25周年に備えて、数々の特別記念行事を計画し始めている。

177位 修飾

(A) 8.18%　(B) 32.89%　(C) 5.51%　**(D) 53.42%**　⏱ **30**秒

空所の前後に the --- same color とあることから、空所には(D) exact「全く」を入れて the exact same color「全く同じ色 (≒ exactly the same color)」という表現を完成させる。

訳 お受け取りになる商品は、必ずしも画像で表示されているものと全く同じ色とは限りません。

(A) **right:** 正しい、適切な、右の　例 the right color「ふさわしい色」

(B) **just:** ちょうど、まさに
例 just like the color shown in the picture「画像で表示されているのと同じような色」、The color may not look just the same as in the picture.「色は画像と全く同じようには見えない場合があります」

(C) **clear:** はっきりした　例 a clear picture「鮮明な画像」

正解　179. (D)／178. (B)／177. (D)

176. Communication with the contractors has been going smoothly since Ms. Hernandez became ------- in the project's management.

(A) to involve
(B) involves
(C) involved
(D) involving

175. Ettinger Pharmaceuticals is committed to ------- innovative medicines for the betterment of global healthcare.

(A) manufactures
(B) manufacturer
(C) manufacture
(D) manufacturing

174. Customers will receive a replacement credit card ------- with a computer chip.

(A) embedded
(B) included
(C) financed
(D) affected

176位 品詞 (A) 21.66% (B) 3.55% **(C) 53.36%** (D) 21.43% 28秒

空所の前に主語 Ms. Hernandez と自動詞 became があり、後ろには前置詞 in と補足情報があることから、空所には Ms. Hernadez を描写しつつイコールの関係になる、形容詞の (C) involved「関わり合いになって」が入る。(A) to involve は不定詞、(B) involves「～を伴う」は動詞の現在形、(D) involving は動名詞または現在分詞で、自動詞 become の直後に用いることはできない。

訳 Ms. Hernandez がプロジェクトの運営に携わるようになってから、請負業者とのコミュニケーションは円滑に進んでいる。

175位 品詞 語法
(A) 4.34% (B) 6.63% (C) 35.68% **(D) 53.35%** 27秒

空所の前後に is committed to --- innovative medicines とあることから、空所には前置詞 to がつなぐ名詞の機能と、medicines を目的語にとる動詞の機能を果たすことができる動名詞が求められていると判断し、(D) manufacturing「～を製造すること」を選ぶ。S be committed / dedicated / devoted to *doing*「Sは～することに尽力している」という語法ごとマスターしておこう。(A) manufactures「～を製造する」は動詞の現在形、(B) manufacturer「製造会社」は名詞、(C) manufacture は動詞の原形。

訳 Ettinger Pharmaceuticals はグローバルな医療の向上に向けて、革新的な医薬品を製造することに尽力している。

174位 語彙 語法
(A) 53.29% (B) 36.91% (C) 4.75% (D) 5.05% 25秒

空所の前でSVOがそろっており、後ろの with a computer chip は補足情報。空所には直前の名詞 card を修飾する分詞が入るが、with と共に用いるのは (A) embedded「埋め込まれた」。embedded with ～で「～が埋め込まれた」の意味。

訳 顧客たちはコンピューターチップが埋め込まれた、交換用のクレジットカードを受け取ることになる。

(B) **included:** 含まれた
  例 a résumé included with this letter「このレターに同封された履歴書」
(C) **financed:** 融資（資金提供）を受けた
  例 financed by the government「政府に資金提供を受けた」
(D) **affected:** 影響を受けた（≒ influenced）
  例 affected by disruption「混乱の影響を受けた」

正解 176. (C) ／ 175. (D) ／ 174. (A)   511

173. Gifford Aerospace invests heavily in research and development to ensure that it ------- competitive within its field.

(A) offers
(B) stays
(C) reacts
(D) achieves

172. Please make corrections to the draft of the article ------- so that writers can read through quickly.

(A) legible
(B) equivalent
(C) considerable
(D) inexpensive

171. The restaurant will be closed ------- further notice in order to carry out dining room renovations.

(A) in
(B) by
(C) until
(D) about

173位 語彙 語法

(A) 14.78%　**(B) 53.28%**　(C) 11.12%　(D) 20.82%　**38**秒

接続詞 that の後ろに主語 it と形容詞 competitive があることから、空所には自動詞の (B) stays「〜のままである（≒ remains）」が入る。stay 〜（補語）で「〜のままでいる、〜の状態を保つ」を表す。(C) reacts「反応する」も自動詞だが、補語は伴わない。(A) と (D) は基本的に他動詞。

訳　Gifford Aerospace は、業界内での競争力を保つために、研究開発に多額の投資を行っている。

 (A) **offers:** 〜を提示する
　　例 offers competitive salaries「他社に負けない給与を提示する」
(C) **reacts:** 反応する、対応する　例 reacts calmly「落ち着いて対応する」
(D) **achieves:** 〜を達成する、〜を成し遂げる
　　例 achieves the goal「目標を達成する」

172位 語彙　**(A) 53.25%**　(B) 15.76%　(C) 27.49%　(D) 3.50%　**41**秒

「著者が素早く読み終えられるように、記事の原稿への修正は --- にしてください」という文脈から、空所には (A) legible「判読可能な（≒ readable）、読みやすい」が入る。

訳　書き手が素早く読み終えられるように、記事の原稿への修正は読みやすい字にしてください。

 (B) **equivalent:** 相当する（≒ equal）、同等の
　　例 This exercise is equivalent to walking about five miles.「この運動は約5マイル歩くのに相当する」、equivalent degree「同等の学位」
(C) **considerable:** かなりの（≒ substantial／significant／remarkable）
　　例 a considerable number of revisions「かなりの数の修正」
(D) **inexpensive:** 高価ではない（≒ cheap）
　　例 This pen is inexpensive.「このペンは高価ではない」

171位 前置詞 慣用表現

(A) 13.20%　(B) 29.54%　**(C) 53.11%**　(D) 4.15%　**30**秒

空所直後の名詞句 further notice「さらなる通知」の前に来る前置詞としてふさわしいのは、休業が続く期間の終点を示す (C) until「〜まで（≒ till）」。ぜひ until further notice「追って通知があるまで」という慣用表現をマスターしよう。(A) の in は中にあるイメージ、(D) の about は周辺を表す前置詞。(B) の by は行為者や期限を表し、The renovations must be finished by Friday.「改修工事は金曜までに終わらせなければならない」のように使う。

訳　ダイニングルームの改修工事を行うため、そのレストランは追って通知があるまで休業する。

正解　173. (B) ／ 172. (A) ／ 171. (C)

170. The streets of Holsten are packed during the summer season, ------- many tourists come to enjoy the local delicacies.

(A) those
(B) which
(C) indeed
(D) when

169. The merger of Salvatore Home and B&W Designs has made the company ------- in the housing industry.

(A) dominant
(B) dominated
(C) dominance
(D) dominates

168. The Best Director Award will be given to the director of the film ------- best combines technical excellence with originality of vision.

(A) which
(B) whose
(C) where
(D) whom

170位 関係詞
(A) 7.67%　(B) 28.45%　(C) 10.77%　**(D) 53.11%**　⏱37秒

カンマの前に during the summer season で終わる節があり、その後ろに many tourists come to enjoy the local delicacies という SVO がそろった節が続いていることから、空所には関係副詞として機能する (D) when「その時に (≒ and in the summer season)」が入ると判断する。(B) which を関係代名詞として用いる場合は、The streets of Holsten are packed during the summer season, in which many tourists come to enjoy the local delicacies. のように使う。(A) those は「それらの」という意味をもつ形容詞、または「人々 (≒ people)」という意味の代名詞。(C) indeed「実際、本当に」は副詞。

訳　Holsten の通りが大にぎわいになる夏の間、多くの観光客が地元の特産品 (ご当地グルメ) を味わいに訪れる。

169位 品詞
(A) 53.09%　(B) 22.79%　(C) 19.35%　(D) 4.77%　⏱27秒

「合併によってその企業を --- にさせている」とあることから、空所には形容詞の (A) dominant「支配的な、優位な」を入れて、make ＋ 名詞 ＋ 形容詞「(名詞) を (形容詞) にする」という語法を成立させる。文法的には分詞の (B) dominated を用いることも可能だが、「企業が住宅業界で支配 (独占) される」という意味になってしまうので不適切。(C) dominance「支配的な立場」は名詞、(D) dominates「〜を支配する、〜を占める」は動詞の現在形。

訳　Salvatore Home と B&W Designs の合併により、その企業は住宅業界で圧倒的な地位を占める企業となっている。

168位 関係詞
(A) 53.00%　(B) 33.78%　(C) 3.90%　(D) 9.32%　⏱46秒

空所直後の best「最もうまく」は副詞 well の最上級で、直後の動詞 combines を修飾している。空所には film という物を説明し、動詞 combines の主語になる、主格の関係代名詞の (A) which が入る。(B) whose は関係代名詞の所有格で、The Best Director Award will be given to the director whose film best combines technical quality with originality of vision. のように後ろの名詞を説明する。(C) where は関係副詞なので、動詞 combines の主語にならない。(D) whom は目的格なので、目的語になる。

訳　最優秀監督賞に、技術面の優秀さと独創的な視点を最もうまく融合させた映画作品の監督に授与される。

正解　170. (D) ／ 169. (A) ／ 168. (A)

167. The Heritage Square Museum's latest ------- is an ancient sculpture from Central Mexico.

(A) implication
(B) acquisition
(C) indication
(D) connection

166. Construction of the Drew River Bridge should be completed by the end of next year, ------- there are no unexpected delays.

(A) therefore
(B) provided
(C) meanwhile
(D) throughout

165. ------- of food products is regulated by the National Food and Beverage Administration.

(A) Labeling
(B) Labeled
(C) Label
(D) Labels

| 1000〜801 | 800〜601 | 600〜401 | 400〜201 | **200〜1** |

167位 語彙 (A) 19.94% **(B) 52.99%** (C) 20.63% (D) 6.44% ⏱**32**秒

「Heritage Square Museum の最新の --- はメキシコ中部の古代彫刻である」という文脈から、空所には (B) の acquisition「獲得（≒ purchase）、獲得物」が入る。ちなみに、acquisition は動詞 acquire「〜を獲得する」の名詞形。

🟥訳 Heritage Square Museum の最新の収蔵品は、メキシコ中部の古代彫刻である。

UP! (A) **implication:** 暗示、含み（動詞 imply「〜を暗に述べる」の名詞形）
例 have a positive implication「肯定的な意味合いを持つ」

(C) **indication:** 兆候、指示（動詞 indicate「〜を示す、〜を示唆する」の名詞形）
例 indication of disease「病気の兆候」

(D) **connection:** つながり 例 in connection with the issue「この件と関連して」

166位 前置詞 vs.接続詞 vs.修飾語

(A) 26.88% **(B) 52.96%** (C) 13.64% (D) 6.52% ⏱**32**秒

空所の前後に主語と動詞を含む節があるため、それらをつなぐ接続詞の (B) provided「もし〜であれば（≒ given ／ only if ／ as long as）」が空所に入る。(A) therefore「従って」と (C) meanwhile「その間に」は副詞なので不適切。(D) throughout「〜の間中」は前置詞なので、後ろに節を続けることはできない。

🟥訳 Drew River Br dge の建設工事は、予想外の遅延がなければ、来年末までに完了するはずである。

165位 品詞 主述の一致

(A) 52.95% (B) 7.24% (C) 26.44% (D) 13.37% ⏱**25**秒

--- of food products is regulated とあることから、空所には主語として機能する名詞で、かつ動詞 is と主述が一致する (A) の Labeling「ラベル付け、ラベル表示」が入る。同じく名詞の単数形として機能する (C) Label「ラベル」も主述は一致するが、可算名詞なので冠詞や限定詞などが必要。(D) Labels は複数形なので主述が一致しない。(B) Labeled は動詞 Label「〜にラベルを付ける」の過去形・過去分詞。

🟥訳 食品のラベル表示については、National Food and Beverage Administration によって規定が定められている。

正解 167. (B) ／166. (B) ／165. (A)

164. Following a product recall, Sethico released a statement saying that it was ------- to improving its quality control processes.

(A) difficult
(B) eager
(C) supposed
(D) committed

163. Sales of Gaia's accessories have risen ------- since pop singer Mandi started wearing them on stage.

(A) for
(B) at
(C) upon
(D) ever

162. To reduce costs, the company now outsources ------- of its manufacturing work to other countries.

(A) much
(B) almost
(C) each
(D) many

164位 語彙 語法

(A) 16.30%　(B) 11.68%　(C) 19.41%　**(D) 52.61%**　　36秒

空所を含む that 節を見ると、it に当たる Sethico 社が「自社の品質管理工程を改善する」という文脈と、空所の後ろに to ＋動名詞 improving があることから、空所には (D) committed「献身的な（≒ dedicated ／ devoted）」が入る。ぜひ S be committed to *doing*「Sは〜することに専心している」という語法をマスターしよう。

訳 製品リコールを受け、Sethico は自社の品質管理工程を改善することに専心努力するという声明を出した。

(A) **difficult**: 難しい
　例 It was difficult for Sethico to improve its quality control processes.「Sethico にとって品質管理工程を改善することは困難であった」
(B) **eager**:（be eager to *do* で）しきりに〜したがる
　例 She is eager to succeed.「彼女は成功したいと熱望している」
(C) **supposed**:（be supposed to *do* で）〜することになっている
　例 He is supposed to finish this report by tomorrow.「彼は明日までにこの報告書を仕上げることになっている」

163位 前置詞 vs. 修飾語 語法

(A) 14.17%　(B) 3.74%　(C) 29.64%　**(D) 52.45%**　　29秒

空所の前に主語と動詞がそろっていて、後ろに接続詞 since と節があることから、空所には修飾語が入ると判断し、副詞の (D) ever「これまで、ずっと」を選ぶ。ever since で「その後ずっと」という意味になる。(A) for、(B) at、(C) upon はいずれも前置詞で、後ろには名詞が続く。

訳 ポップシンガーの Mandi がステージで着用し始めて以来ずっと、Gaia のアクセサリーの売り上げは伸びている。

162位 語法

(A) 52.41%　(B) 19.66%　(C) 12.20%　(D) 15.73%　　32秒

空所には動詞 outsources の目的語になる名詞で、work「作業」という不可算名詞の代わりを務める代名詞が入ることから、(A) much「多く」を選ぶ。much of 〜で「〜の多く、〜の大部分」という意味。(C) each や (D) many も代名詞として働くが、可算名詞と共に用いる。(B) almost は副詞。

訳 経費削減のため、その会社は今、製造作業の多くを外国に委託している。

(B) **almost**: ほぼ　例 almost all of the work「その作業のうちのほぼ全て」
(C) **each**: それぞれ　例 each of the works「それらの作品のそれぞれ」
(D) **many**: 多くの　例 many of the works「それらの作品の多く」

正解　164. (D) ／ 163. (D) ／ 162. (A)

161. RBF Bank's MarketWatch app ------- busy investors who need the latest financial information to access it instantly on their phone.

(A) offers
(B) allows
(C) provides
(D) shows

160. Noval Corporation sells a ------- tool storage system that can be ordered whole or in part.

(A) productive
(B) versatile
(C) determined
(D) numerous

159. RNT Systems provides total customer support, covering everything ------- delivery and installation to maintenance and repairs.

(A) of
(B) from
(C) with
(D) by

520

161位 語彙 語法

(A) 21.69%　**(B) 52.36%**　(C) 21.98%　(D) 3.97%　34秒

空所直後の名詞句 busy investors「忙しい投資家」を目的語にとり、後半の不定詞 to access と共に用いられる動詞は、(B) の allows。ぜひ allow O to do「O が～することを可能にする (≒ enable O to do)」という語法を覚えよう。

訳　RBF Bank の MarketWatch アプリを使うと、最新の金融情報を必要とする忙しい投資家が、電話ですぐに情報を入手できる。

(A) **offers:** ～に…を提供する、～を (…に) 提供する　例 offer busy investors the latest information／offer the latest information to busy investors「最新情報を忙しい投資家に提供する」

(C) **provides:** ～に (…を) 提供する、～を (…に) 提供する
例 provide busy investors with the latest information／provide the latest information to busy investors「最新情報を忙しい投資家に提供する」

(D) **shows:** ～を (…に) 示す　例 show the latest information to busy investors「最新情報を忙しい投資家に提示する」

160位 語彙

(A) 22.82%　**(B) 52.25%**　(C) 5.43%　(D) 19.51%　34秒

「Noval Corporation は、セットでも一部でも注文できる --- 工具収納システムを販売している」という文脈から、空所には (B) versatile「さまざまな用途に使える、多目的な」がふさわしい。

訳　Noval Corporation は、セットでも一部でも注文できる、多目的工具収納システムを販売している。

(A) **productive:** 生産的な　例 a productive discussion「実りのある話し合い」

(C) **determined:** 断固とした、決心している
例 make a determined effort「決意を固めて努力する」

(D) **numerous:** 非常に多い
例 receive numerous phone calls「非常に多くの電話を受ける」

159位 前置詞

(A) 14.60%　**(B) 52.22%**　(C) 25.04%　(D) 8.14%　30秒

空所の前後に covering everything --- delivery and installation to maintenance and repairs とあることから、空所には to と共に用いられ始点を表す (B) from「～から」が入る。from X to Y で「X から Y まで」。(A) of は限定、(C) with はパートナー、(D) by は行為者や差異のイメージを表す前置詞。

訳　RNT Systems は、配送・設置からメンテナンス・修理までを網羅する、総合的なカスタマーサポートを提供している。

正解　161. (B)／160. (B)／159. (B)

158. Although she grew up on a farm, Ms. Rao finds urban life ------- and intends to pursue a career in New York.

(A) appealed
(B) appealingly
(C) appeals
(D) appealing

157. ------- restaurants across the city are showcasing their signature dishes for Restaurant Week.

(A) Participating
(B) Interrupted
(C) Adaptable
(D) Periodic

156. As a result of the ------- economy, consumer spending has been increasing for the past several months.

(A) strengthens
(B) strength
(C) strengthen
(D) strengthening

155. Once the work is complete, the ------- portion of the Kayunga Highway will have six lanes.

(A) widened
(B) width
(C) widen
(D) widely

200～1

158位 品詞 語法
(A) 10.48% (B) 24.09% (C) 13.25% **(D) 52.18%** ⏱**31**秒

空所の前の動詞 finds には「find ＋名詞＋形容詞」で「（名詞）を（形容詞）だと感じる」という語法があることから、空所には形容詞の (D) appealing「人を魅了するような、魅力的な（≒attractive）」が入る。(A) appealed は動詞 appeal「訴えかける」の過去形・過去分詞、または名詞「訴え、懇願」の複数形、(B) appealingly「魅力的に」は副詞、(C) appeals は動詞の現在形。

訳 Ms. Rao は農家で育ったが、都会生活に魅力を感じ、New York でキャリアを積むつもりだ。

157位 語彙 **(A) 52.13%** (B) 6.01% (C) 21.48% (D) 20.38% ⏱**37**秒

「--- レストランが、Restaurant Week 向けに自慢の料理を披露している」という文脈から、空所には (A) Participating「参加している、加入している」が入ると判断する。

訳 市内各地の参加レストランが、Restaurant Week のために自慢の料理を披露している。

📈**UP!** (B) **Interrupted:** 遮られた **例** interrupted activities「中断された活動」
(C) **Adaptable:** 適応できる **例** adaptable systems「順応性のあるシステム」
(D) **Periodic:** 定期的な **例** periodic events「定期的なイベント」

156位 品詞 (A) 2.75% (B) 19.23% (C) 26.03% **(D) 51.99%** ⏱**25**秒

空所前後に the --- economy とあることから、空所には名詞 economy を修飾する形容詞的な表現が入ると判断し、分詞の (D) strengthening「強くなっている、強化されている」を選ぶ。(A) strengthens「〜を強化する」は動詞の現在形、(B) strength「力」は名詞、(D) strengthen「強化する」は動詞の原形。

訳 堅調な経済のおかげで、消費者支出はここ数カ月増加している。

155位 品詞 **(A) 51.78%** (B) 17.42% (C) 21.69% (D) 9.11% ⏱**32**秒

空所前後に the --- portion とあることから、空所には名詞 portion を修飾する分詞の (A) widened「拡幅された」が入る。(C) widen は「〜の幅を広げる、幅が広がる」という意味の動詞の原形。(B) width「広さ」は名詞、(D) widely「広く」は副詞。

訳 工事が完了すると、Kayunga Highway の拡幅された箇所は6車線になる。

正解　158. (D)／157. (A)／156. (D)／155. (A)

154. A proposal to construct a new airport near Lake Hansen sparked a ------- debate.

(A) lively
(B) current
(C) primary
(D) convenient

153. The company will cover the cost of any professional ------- activities that are directly related to an employee's work.

(A) development
(B) achievement
(C) arrangement
(D) treatment

152. Due to budget constraints, district managers will meet via a virtual conference ------- the annual gathering at the head office.

(A) in lieu of
(B) in favor of
(C) in view of
(D) in honor of

151. The ancient fortress, ------- defensive walls protected the citizens for centuries, remains the area's most popular tourist attraction.

(A) its
(B) which
(C) that
(D) whose

524

154位 語彙 (A) 51.69% (B) 21.31% (C) 21.74% (D) 5.26% ⏱31秒

「Lake Hansen の近くに新空港を建設するという案は --- 議論を巻き起こした」という文脈から、空所には (A) lively「活発な(≒ energetic／dynamic)」が入る。

訳 Lake Hansen の近くに新空港を建設するという案は、活発な議論を巻き起こした。

- (B) **current:** 現在の (≒ present) 例 current quarter「現四半期」
- (C) **primary:** 主な (≒ main)、最初の 例 primary choice「第一の選択肢」
- (D) **convenient:** 便利な 例 convenient for transportation「交通の便の良い」

153位 語彙 (A) 51.68% (B) 18.18% (C) 13.39% (D) 16.75% ⏱38秒

「従業員の業務に直接関係のある、どんな職業の --- 活動の費用でも、会社は負担する」という文脈から、空所には (A) development「(能力の)開発」が入る。(B) achievement は「達成、偉業」、(C) arrangement は「手配」、(D) treatment は「治療、処理」という意味なので、いずれも文脈に合わない。

訳 従業員の業務に直接関係のある、どんな職能開発活動の費用でも、会社は負担する。

152位 慣用表現

(A) 51.64% (B) 18.63% (C) 16.86% (D) 12.87% ⏱40秒

「予算の都合で、地域統括部長たちは本社における年次会合 ---、バーチャル会議を通じて会合を行う」という文脈から、空所には (A) の in lieu of「〜の代わりに (≒ instead of)」が入る。

訳 予算の制約があるため、地域統括部長たちは本社における年次会合の代わりに、バーチャル会議を通じて会合を行う。

- (B) **in favor of:** 〜を支持して 例 in favor of the proposal「その提案に賛成して」
- (C) **in view of:** 〜を考慮して
  例 in view of the circumstances「その状況を勘案して」
- (D) **in honor of:** 〜をたたえて
  例 in honor of the founder「創設者に敬意を表して／創設者にちなんで」

151位 関係詞

(A) 16.64% (B) 26.32% (C) 5.43% (D) 51.60% ⏱35秒

空所には直前の名詞 fortress に補足説明を加え、前後をつなぐ機能を持つ関係代名詞が入るのが妥当。空所直後の defensive walls protected the citizens には文に必要な要素がそろっていることから、空所には所有格の (D) whose を選ぶ。(B) which と (C) that は主格や目的格の関係代名詞なので不適切。(A) its は代名詞なので節をつなぐことはできない。

訳 何世紀も市民を守ってきた防壁のある古代の要塞(ようさい)は、ずっとその地域で最も人気のある観光名所だ。

正解 154.(A)／153.(A)／152.(A)／151.(D)

150. Despite following the instructions carefully, Mr. Okwonga found the Kinona standing desk ------- difficult to assemble.

(A) such
(B) beforehand
(C) hardly
(D) somewhat

149. It will be ------- impossible to complete the research project this year without expanding the budget.

(A) virtually
(B) securely
(C) restfully
(D) eligibly

148. The recently discovered ruins in Stanthorpe Valley are the ------- of a new photography exhibit.

(A) notice
(B) opportunity
(C) access
(D) subject

150位 修飾 (A) 13.09% (B) 5.77% (C) 29.56% **(D) 51.58%** 42秒

空所の前後は find O C の形。空所には形容詞 difficult を修飾し、程度を表す副詞の (D) somewhat「いくらか、やや、若干（≒ to some extent ／ slightly）」が入る。(C) hardly「ほとんど〜ない」は否定、(B) beforehand「前もって（≒ in advance）」は時期を表す副詞で、いずれも文脈に合わない。(A) such「そのような、とても」は形容詞。

訳 説明書に注意深く従ったが、Mr. Okwonga は Kinona のスタンディングデスクを組み立てるのは若干難しいと感じた。

- (A) **such:** そのような、とても
  - 例 such a difficult task that he couldn't do it「とても難しい職務で彼にはできなかった」
- (B) **beforehand:** 前もって　例 ask beforehand「事前に相談する」
- (C) **hardly:** ほとんど〜ない
  - 例 The instructions were hardly helpful.「その説明書はほとんど役に立たなかった」

149位 語彙 **(A) 51.45%** (B) 19.88% (C) 8.53% (D) 20.14% 28秒

「予算を拡大しなければ、研究プロジェクトを完了させることは --- 不可能だろう」という文脈から、空所には (A) virtually「実質的に、ほぼ（≒ practically ／ almost）」が入る。

訳 予算を拡大しなければ、今年の研究プロジェクトを完了させることは実質的に不可能だろう。

- (B) **securely:** しっかりと
  - 例 All the doors are securely locked.「全てのドアがしっかりと施錠されている」
- (C) **restfully:** 落ち着いて、リラックスして　例 sleep restfully「ゆったりと眠る」
- (D) **eligibly:** 適格に
  - 例 They have applied eligibly for the grant.「助成金に対して彼らは適格に申請をしている」

148位 語彙 (A) 15.40% (B) 27.15% (C) 6.42% **(D) 51.03%** 37秒

「Stanthorpe Valley で最近発見された遺跡が、新しい写真展の --- だ」という文脈から、空所には (D) の subject「テーマ（≒ theme ／ topic）」が入る。

訳 Stanthorpe Valley で最近発見された遺跡が、新しい写真展のテーマだ。

- (A) **notice:** 告知（≒ announcement）　例 post a notice「告知を投稿する」
- (B) **opportunity:** 機会（≒ chance）
  - 例 provide an opportunity「機会を提供する」
- (C) **access:** アクセス、接近　例 gain access to ruins「遺跡へのアクセスを得る」

正解　150. (D) ／ 149. (A) ／ 148. (D)

147. Rock singer Bruce Martin's upcoming tour will kick off in Nashville at the ------- of July.

(A) starting
(B) start
(C) starts
(D) started

146. In the National Conference League, the Crawly Wolves rugby team routinely ------- near the top of its division.

(A) finishes
(B) has been finishing
(C) to finish
(D) has been finished

145. ------- alert Director Tang of any problems found while testing the new device.

(A) Promptly
(B) Prompting
(C) Promptness
(D) Prompts

144. The moment orders are picked up from the fulfillment center, ------- go out to the customers.

(A) notify
(B) notifying
(C) notifications
(D) notifiable

528

200〜1

147位 品詞 (A) 43.81% **(B) 51.00%** (C) 3.40% (D) 1.80% ⏱**24**秒

空所前に前置詞atと冠詞the、後ろに前置詞ofがあるので、空所には名詞が入る。動詞「〜を始める、開始する」の他、名詞「初め、開始」にもなる(B) startを選ぶと、at the start of 〜「〜の初めに(≒ at the beginning of 〜)」というフレーズができ、文脈にも合う。(A) startingは動名詞または現在分詞、(C) startsは動詞の現在形または名詞の複数形、(D) startedは動詞の過去形・過去分詞。

訳 ロック歌手 Bruce Martin の今度のツアーは、7月の始めに Nashville で幕を開ける。

146位 時制 語法
(A) 50.98% (B) 19.33% (C) 4.49% (D) 25.20% ⏱**45**秒

空所の前に副詞の routinely「だいたい毎回、いつも」があることから、繰り返し起こる状況を表す現在形の (A) finishesを選ぶ。(B) has been finishingを routinelyと一緒に使う場合、has routinely been finishing、has been finishing routinely のような語順で用いる。(D) has been finished は「チームが活動を終えている（もはや存続していない）」という意味になるため不適切。(C) to finish は不定詞で、これを空所に入れると文に動詞がなくなってしまう。

訳 National Conference Leagueにおいて、ラグビーチームの Crawly Wolves は所属するディビジョンの上位でいつもシーズンを終える。

145位 品詞 (A) 50.97% (B) 29.93% (C) 5.51% (D) 13.59% ⏱**43**秒

前半の alert Director Tang of any problems found が命令文であることから、空所には動詞 alert「〜に警告する」を修飾する副詞が入ると判断し、(A) Promptly「速やかに、じかに(≒ Immediately ／ Swiftly)」を選ぶ。(B) Prompting は動名詞または現在分詞、(C) Promptness「迅速さ」は名詞、(D) Prompts は動詞「〜を促す」の現在形。

訳 新しい機器のテスト中に見つかった問題は、どんなのも速やかに Tang 部長へ知らせること。

144位 品詞 (A) 5.85% (B) 38.86% **(C) 50.94%** (D) 4.35% ⏱**41**秒

文頭の The moment「〜の瞬間に(≒ The second ／ As soon as)」は接続詞で、カンマ以降の主節に対する副詞節となっている。カンマの後ろには動詞 go の主語がないので、空所には主語として働く名詞が入ると判断し、(C) notifications「通知（書）」を選ぶ。(A) notify「〜に知らせる」は動詞の原形、(B) notifying は動名詞または現在分詞、(D) notifiable「通知すべき」は形容詞。

訳 注文品が発送センターから回収された瞬間に、お客さまに通知が届きます。

正解 147. (B) ／ 146. (A) ／ 145. (A) ／ 144. (C)

143. To derive ------- performance from this product, only authorized components should be installed.

(A) optimal
(B) mindful
(C) excessive
(D) confident

142. Employees who ------- demonstrate initiative and leadership skills are more likely to be promoted to managerial positions.

(A) excessively
(B) numerously
(C) consistently
(D) solely

141. Terrence Withrop is responsible for developing an operating system to be used ------- the company.

(A) under
(B) toward
(C) between
(D) across

140. Murchison International has tightened its data security requirements ------- recent incidents at other companies.

(A) in case of
(B) on behalf of
(C) in light of
(D) instead of

530

143位 語彙 (A) 50.89% (B) 5.47% (C) 26.43% (D) 17.21% ⏱35秒

「本製品の --- 性能を引き出すために」という文脈から、空所には (A) optimal「最高の (≒ best)」が入る。(B) mindful は「気を配る」、(C) excessive は「過度の」、(D) confident は「自信のある」という意味の形容詞。

訳 本製品の最高の性能を引き出すために、正規のコンポーネントのみインストールしてください。

142位 語彙 (A) 34.92% (B) 7.32% (C) 50.88% (D) 6.89% ⏱32秒

「自発性とリーダーシップを --- 発揮する従業員は、管理職へ昇進する可能性が高い」という文脈から、空所直後の動詞 demonstrate「〜を発揮する」を修飾する副詞として、(C) consistently「一貫して、常に (≒ constantly)」を選ぶ。

訳 自発性とリーダーシップスキルを常に発揮する従業員は、管理職に昇進する可能性がより高い。

- (A) **excessively:** 過度に (≒ too much)
    - 例 excessively high taxes「高過ぎる税金」
- (B) **numerously:** おびただしく、多数に
    - 例 numerously populated cities「人口が多い都市」
- (D) **solely:** もっぱら、〜だけ (≒ only)
    - 例 depend solely on the weather「天候だけに左右される」

141位 前置詞 (A) 32.62% (B) 12.34% (C) 4.19% (D) 50.85% ⏱32秒

空所の前に「Terrence Withrop は OS の開発を担当している」、後ろに the company「会社」とあることから、空所には組織全体を示す (D) across が入る。(A) under は下、(B) toward は方向、(C) between は 2 者の間、というイメージの前置詞。

訳 Terrence Withrop は、全社的に使用される OS の開発を担当している。

140位 慣用表現 (A) 27.38% (B) 14.15% (C) 50.83% (D) 7.64% ⏱37秒

空所の前に「Murchison International は自社のデータセキュリティー要件を厳しくした」、後ろに「他社での最近の事案」とあることから、判断の根拠を示す (C) in light of「〜に照らして、〜を考慮して (≒ in view of / because of)」を選ぶ。(A) in case of は「もし〜の場合、〜の場合に備えて (≒ in the event of)」、(B) on behalf of は「〜を代表して、〜の代理で」、(D) instead of は「〜の代わりに、〜ではなく (≒ rather than)」という意味。

訳 最近、他社で起きた事案を考慮して、Murchison International は自社のデータセキュリティー要件を厳しくした。

正解 143. (A) ／ 142. (C) ／ 141. (D) ／ 140. (C)

139. You can improve the efficiency of the vehicle by ------- cleaning the air filter.

(A) period
(B) periodical
(C) periodic
(D) periodically

138. The Rock and Roll Fantasy Camp offers participants an opportunity to perform in public ------- professional rock musicians.

(A) concerning
(B) alongside
(C) except for
(D) out of

137. We kindly ask that visitors ------- from talking or taking photos while in the gallery.

(A) refrain
(B) to refrain
(C) are refraining
(D) will refrain

139位 　品詞　 (A) 2.62%　(B) 37.22%　(C) 9.54%　**(D) 50.63%**　⏱ **23**秒

空所の前後が by --- cleaning the air filter であることから、空所には動名詞 cleaning を修飾する機能を果たす副詞の (D) periodically「定期的に」が入る。(A) period「期間」は名詞。(B) periodical も名詞で「定期刊行物」という意味だが、まれに「定期的な」という意味の形容詞としても使われる)。(C) periodic「定期的な」は形容詞。

訳 エアフィルターを定期的に掃除することで、車両の効率を高めることができる。

> 👱 cleaning が動名詞だから、名詞を修飾する形容詞の (B) や (C) ではだめか、という質問が多かった。
>
> 👨 動名詞はもともと動詞に –ing が付いて生まれたもので、名詞よりも動詞の性格の方が強いから、DNA がより近い動詞と同じく、副詞で装飾されるんだ。

138位 　前置詞　 (A) 12.62%　**(B) 50.48%**　(C) 33.60%　(D) 3.30%　⏱ **38**秒

「人前でプロのロックミュージシャン --- 演奏する機会を参加者に提供する」という文脈から、空所には (B) alongside「〜の脇で (≒ next to)、〜と一緒に (≒ along with / together with)」が入る。(C) except for は、... offers participants, <u>except for</u> professional musicians, an opportunity to perform ...「プロのミュージシャンを除く (一般の) 参加者に演奏する機会を提供する」のような語順で使うことは可能。

訳 The Rock and Roll Fantasy Camp は、プロのロックミュージシャンと一緒に人前で演奏する機会を参加者に提供する。

(A) **concerning:** 〜に関する (≒ regarding / about)
　　例 inquiries concerning the event「イベントに関する問い合わせ」
(C) **except for:** 〜を除いて
　　例 everyone except for the organizers「主催者を除いて全員」
(D) **out of:** 〜から外へ　例 get out of the venue「会場の外へ出る」

137位 　時制　 語法　
(A) 50.40%　(B) 36.68%　(C) 6.81%　(D) 6.11%　⏱ **29**秒

空所前後に We kindly ask that visitors --- from とあることから、空所には動詞が入る。ask、demand など、提案や要求を表す動詞の後の that 節では、動詞の原形が使われることから、(A) refrain「(行動などを) 控える」を選ぶ。(B) to refrain は不定詞で、We kindly ask visitors to refrain from ... なら OK。(C) の are refraining は現在進行形、(D) の will refrain は未来を表す。

訳 当ギャラリーでは、ご来館の皆さまに、館内での会話および写真撮影をご遠慮いただくようお願いしております。

正解 139. (D) ／ 138. (B) ／ 137. (A)

136. Despite the poor weather, most flights from Belltown Airport left on time, and ------- were delayed by more than an hour.

(A) nobody
(B) none
(C) neither
(D) nothing

135. Noted playwright Amanda Hugo is scheduled to give a lecture about the ------- of writing on July 4.

(A) craft
(B) show
(C) unit
(D) factory

134. Since joining the company early last year, Ms. Ward has ------- to be a valuable addition to the marketing team.

(A) depended
(B) admitted
(C) proven
(D) suggested

534

136位 　指示語　主述の一致　語法

(A) 19.12%　**(B) 50.30%**　(C) 12.97%　(D) 17.60%　⏱ **35秒**

空所には flights を指す代名詞が入るので、候補になるのは (B) none か (D) nothing。空所直後の動詞が were であることから、数が一致する (B) none を選ぶ。none は単数と複数の両方で扱われ、none of the flights were delayed や none of the information was accurate「情報はどれも正しくなかった」のように用いる。(A) nobody は人を表し、常に単数扱いなので、nobody was delayed のように主述を一致させる。(D) の nothing も常に単数扱いで、nothing was significantly affected by the delays「その遅延により何も大きな影響は受けなかった」のように使う。(C) neither は文中で2者が明示されている必要がある。

訳　悪天候にもかかわらず、Belltown Airport からのフライトの大半が定刻に出発し、1時間を超えて遅れた便はなかった。

135位 　語彙

(A) 50.23%　(B) 22.13%　(C) 22.94%　(D) 4.70%　⏱ **35秒**

「著名な劇作家である Amanda Hugo が執筆の --- についての講演を行う」という文脈から、空所には (A) craft「作ること、技術」が入る。(B) show は「ショー、公演、番組」、(C) unit は「ユニット、単位、装備一式」、(D) factory は「工場」という意味なので、文脈に合わない。

訳　著名な劇作家である Amanda Hugo が、執筆スキルについての講演を7月4日に行う予定だ。

134位 　語彙　語法

(A) 5.15%　(B) 23.82%　**(C) 50.20%**　(D) 20.83%　⏱ **37秒**

空所の直後に to 不定詞があることから、空所に (C) proven を入れて、S prove to be ～「S は～であると分かる」という形にするのが適切。(A) depended「依存している」は後ろに前置詞 on / upon ＋名詞、(B) admitted「認めている」は後ろに前置詞 to と名詞、(D) suggested「提案している」は後ろに動名詞や that 節をそれぞれ伴う。

訳　昨年の初めに入社して以来、Ms. Ward がマーケティングチームの貴重な新人であると分かってきた。

(A) **depended**: 依存している
　例　Ms. Ward has been depended upon to handle critical tasks.「Ms. Ward は重要な任務を遂行するに当たって頼りにされてきた」

(B) **admitted**: 認めている
　例　Ms. Ward was formally admitted to the marketing team.「Ms. Ward はマーケティングチームへの加入を正式に認められた」

(D) **suggested**: 提案している、示唆している
　例　Ms. Ward has suggested launching a new campaign.「Ms. Ward は新たなキャンペーンを始めることを提案した」

正解　136. (B) ／ 135. (A) ／ 134. (C)

133. The technicians tried nearly ------- to determine the cause of the malfunction without success.

(A) free
(B) all
(C) certain
(D) everything

132. Gladstone University will investigate which facilities, ------- the library and the science department building, require improvement.

(A) further
(B) thorough
(C) only
(D) besides

131. The area of San Juan Manufacturing's two facilities ------- more than twelve million square meters.

(A) totals
(B) grosses
(C) sums
(D) completes

536

133位 語法 (A) 9.96% (B) 21.77% (C) 18.09% **(D) 50.18%** ⏱36秒

空所には単独でtriedの目的語になる名詞的な表現が入ることから、代名詞の(D) everything「全てのこと」を選ぶ。(B) all「全体、全部」は代名詞として機能するが、この文にはallが代役を務めるような名詞がない。allを形容詞として用いる場合は、all (the) solutionsのように、名詞が後ろに続く。(A) freeは「自由な、無料の」という意味の形容詞。(C) certain「確信して、確実な」も形容詞で、They were nearly certain to determine the cause.「彼らは原因をほぼ確実に特定した」のように使う。

訳 技術者は不具合の原因を突き止めるためにほとんどのことを試したが、特定はできなかった。

132位 前置詞 vs. 修飾語 (A) 10.35% (B) 27.50% (C) 12.03% **(D) 50.13%** ⏱43秒

カンマに挟まれた --- the library and science department buildingは、文の間に挿入された補足情報。空所の後ろには名詞があることから、前置詞の(D) besides「〜の他に (≒ in addition to)」を選ぶと、「図書館と理学部棟の他に」という表現が完成する。(B) thorough「徹底的な」は形容詞で、thorough investigation「徹底的な調査」のように使う。(A) further「さらに、さらなる」と(C) only「〜だけ、唯一の」は、いずれも副詞または形容詞。

訳 Gladstone Universityは、図書館と理学部棟の他に、どの施設で改良工事が必要かを調査する。

131位 語彙 **(A) 50.13%** (B) 15.69% (C) 27.90% (D) 6.28% ⏱36秒

空所の前に「San Juan Manufacturingが保有する2つの施設の面積」という主語があり、後ろに「1200万平方メートルを超える」と、面積が書かれている。文脈から空所には(A)のtotals「合計で〜になる」が入る。

訳 San Juan Manufacturingが保有する2つの施設の面積は、合計で1200万平方メートルを超える。

(B) **grosses**: 総額〜を稼ぐ
  例 San Juan Manufacturing grossed two million dollars.「San Juan Manufacturingは合計で200万ドルを売り上げた」
(C) **sums**: 〜を合計する
  例 sum the area of the two facilities「2つの施設の面積を合計する」
(D) **completes**: 〜を完了させる 例 complete the production「製造を終える」

正解 133. (D) / 132. (D) / 131. (A)

130. In her acceptance speech, Ms. Trang acknowledged the efforts of her team, explaining that the accomplishment was not solely -------.

(A) herself
(B) hers
(C) her
(D) she

129. First Trading Inc. must apply for an importer number, ------- which its shipments may not clear customs.

(A) during
(B) without
(C) against
(D) below

128. ------- a motel, the red-brick building on Willow Avenue is being converted into a community center.

(A) Originally
(B) Originated
(C) Original
(D) Origins

200〜1

130位 　格　 (A) 43.45%　**(B) 49.94%**　(C) 5.20%　(D) 1.41%　⏱**32**秒

空所の前に the accomplishment was not solely --- とあり、was はイコールの意味であることから、空所に入るのは her accomplishment「彼女の偉業」を表す表現。これに相当する所有代名詞は (B) hers「彼女のもの」。再帰代名詞である (A) herself は、Ms. Trang accomplished the goal herself.「Ms. Trang は自身でその目標を達成した」のように使う。

訳 受賞スピーチにおいて、Ms. Trang はチームの努力に感謝し、この功績は自分1人だけのものではないと説明した。

129位 　前置詞　 (A) 11.47%　**(B) 49.93%**　(C) 29.51%　(D) 9.10%　⏱**46**秒

空所直後の関係代名詞 which はカンマの前にある名詞 an importer number を指している。「First Trading Inc. は輸入者番号を申請しなければならない」「それ（＝輸入者番号）--- 荷物は税関を通過できない可能性がある」という文脈から、空所には (B) without「〜なしでは」を入れる。(A) during「〜の間」は期間、(C) against「〜に対して」は対抗・衝突、(D) below「〜の下の方」は位置やレベルを示す。

訳 First Trading Inc. は、輸入者番号を申請しなければならず、それがないと同社の荷物は税関を通過できない可能性がある。

128位 　品詞　 **(A) 49.87%**　(B) 37.19%　(C) 7.19%　(D) 5.75%　⏱**28**秒

カンマの後ろに続く主節の主語である building に対して、--- (being) a motel という補足情報を冒頭で加えようとしていることから、空所には省略されている分詞 being を修飾できる副詞が求められていると判断し、(A) Originally「元は」を選択する。(B) Originated は動詞 originate「起源がある、〜を創出する」の過去形・過去分詞で、Originated as a motel, the red-brick building on Willow Avenue is now being converted into a community center.「Willow Avenue にある赤レンガの建物は、当初モーテルとして使われていたが、現在はコミュニティーセンターに改装されている」のように使う。(C) Original は形容詞「元の」または名詞「原型、現物、原本」の単数形、(D) Origins「起源」は名詞の複数形。

訳 元はモーテルだった Willow Avenue の赤レンガの建物は、コミュニティーセンターに改装されている。

Level 5

正解 130. (B)／129. (B)／128. (A)

539

127. Ms. Rodriguez was ------- the earliest users of the new project management software at the company.

(A) usually
(B) among
(C) really
(D) enough

126. When a manager ------- a change in employees' behavior, some communication is warranted.

(A) observes
(B) notifies
(C) absorbs
(D) isolates

125. Sprinkler water that contains too much chlorine may ------- plant growth.

(A) forbid
(B) hinder
(C) bind
(D) spill

127位 語法 (A) 15.40% **(B) 49.83%** (C) 28.80% (D) 5.97% ⏱30秒

空所の前に動詞の過去形 was、後ろに最上級 the earliest と名詞の複数形の users がある。空所に (B) among を入れると、S is among the ＋最上級＋名詞の複数形「S は最も〜な（名詞）の１人／１つだ」の形となり、「最も早く使用した人の１人」という意味になる。(A) usually は日常で繰り返し起きる事象を現在形で表す。(C) really を用いる場合、後ろは単数形の user になる。

訳 Ms. Rodriguez は、社内で新しいプロジェクト管理ソフトを最も早く使用した人の１人だ。

- (A) **usually: 通常**（≒ normally）
  - 例 She is usually one of the earliest users.「彼女は普段最も早くから使用する人の１人である」
- (C) **really: 本当に**
  - 例 Although she denied it, she was really the earliest user.「彼女は否定したが、本当は彼女が最も早くから使用した人だ」
- (D) **enough: 十分な、十分**
  - 例 She has enough experience.「彼女は十分な経験がある」、She is experienced enough to conduct the training.「彼女は研修を行えるほどの経験がある」

126位 語彙 **(A) 49.82%** (B) 40.90% (C) 4.55% (D) 4.73% ⏱37秒

「管理職が従業員の行動の変化を --- した時、コミュニケーションが必要となる」とあることから、空所には (A) observes「〜を目の当たりにする、〜に気付く（≒ notices）」が入る。(B) notifies は「〜に知らせる（≒ informs）」という意味で、notifies employees のように伝達する相手を目的語にとる。(C) absorbs「〜を吸収する（≒ takes in）、〜を受け入れる（≒ accepts）」、(D) isolates「〜を孤立させる、〜を隔離する（≒ separates）」は文脈に合わない。

訳 管理職が従業員の行動の変化に気付いた時、コミュニケーションが必要となる。

125位 語彙 (A) 17.38% **(B) 49.67%** (C) 11.42% (D) 21.52% 29秒

「塩素をあまりにも多く含むスプリンクラー水は、植物の生育を --- 可能性がある」という文脈から、空所には (B) の hinder「〜を妨げる（≒ get in the way of）」が入る。

訳 塩素の含有量が多過ぎるスプリンクラー水は、植物の生育を妨げる可能性がある。

- (A) **forbid: 〜を禁じる、〜を許さない**（≒ ban ⇔ permit）
  - 例 forbid smoking in the area「そのエリアでの喫煙を禁止する」
- (C) **bind: 〜を縛る、〜を結び付ける**
  - 例 bind the two countries together「２つの国を団結させる」
- (D) **spill: 〜をこぼす** 例 spill coffee on a document「書類にコーヒーをこぼす」

正解　127. (B) ／ 126. (A) ／ 125. (B)

124. Wexler Corporation reported that its ------- had increased by $1.2 million during the previous quarter.

(A) earning
(B) earnings
(C) earn
(D) earns

123. Finding a more reliable supplier would certainly be ------- a trip to Tokyo and Osaka.

(A) worth
(B) worthy
(C) worthless
(D) worthwhile

122. Gallery owners ------- earn a percentage of the revenue from the sale of artworks to collectors.

(A) impulsively
(B) customarily
(C) hospitably
(D) extremely

| 1000～801 | 800～601 | 600～401 | 400～201 | **200～1** |

124位 **品詞** (A) 36.37% **(B) 49.45%** (C) 6.54% (D) 7.65% ⏱**26**秒

空所前に its、後ろに had increased by $1.2 million とあることから、空所には動詞 had increased の主語になる名詞が入るので、(B) earnings「利益 (≒ profits)」を選ぶ。earnings はもともと -s が付いている名詞で、earning という名詞はないことに注意。(A) earning は動名詞または現在分詞で、Earning more money requires strategic investments.「より多くの収入を得るためには戦略的な投資が必要だ」のように使う。(C) earn「～を稼ぐ、～を得る」は動詞の原形、(D) earns は動詞の現在形。

訳 Wexler Corporation は前四半期において、利益が120万ドル増加したと報告した。

123位 **品詞** **(A) 49.42%** (B) 27.64% (C) 6.73% (D) 16.21% ⏱**35**秒

空所の前後が Finding a more reliable supplier would certainly be --- a trip なので、空所には名詞 trip を目的語としてつなぐ機能を果たす前置詞が入ると判断し、(A) worth「～の価値がある」を選択する。他の選択肢はいずれも形容詞（下記用例を参照）。

訳 より信頼のおける供給業者を見つけることは、確かに東京と大阪へ足を運ぶ価値があるだろう。

UP! (B) **worthy**: ～に値する、立派な **例** Finding a more reliable supplier would certainly be worthy of a trip to Tokyo and Osaka.「より信頼のおける供給業者を見つけることは、確かに東京と大阪へ足を運ぶに値するだろう」

(C) **worthless**: 価値のない **例** The provider list we received was worthless as the data was outdated.「受け取った供給業者のリストは、データが古くなっていたため無価値だった」

(D) **worthwhile**: ～（時間など）をかける価値がある **例** It is worthwhile to visit Tokyo and Osaka to find a more reliable supplier.「より信頼できる供給業者を見つけるために東京と大阪を訪れることは価値がある」

122位 **語彙** (A) 17.92% **(B) 49.38%** (C) 6.80% (D) 25.90% ⏱**33**秒

「画廊のオーナーたちは、芸術作品をコレクターたちに販売することで得た総売上の歩合を --- 受け取っている」という文脈から、空所には (B) customarily「慣習的に、通例 (≒ usually)」が入る。

訳 画廊のオーナーたちは、芸術作品をコレクターたちに販売することで得た総売上の歩合を慣習的に受け取っている。

UP! (A) **impulsively**: 衝動的に
例 buy artworks impulsively「芸術作品を衝動買いする」

(C) **hospitably**: もてなしの気持ちで、温かく
例 hospitably welcome collectors「コレクターを温かく迎え入れる」

(D) **extremely**: 極めて
例 The artist was extremely grateful for the collectors' support.「その芸術家はコレクターたちの支援に大変感謝していた」

正解 124. (B) ／ 123. (A) ／ 122. (B)

Level 5

121. This month, every purchase comes with a surprise gift, ------- free shipping for all online orders.

(A) nonetheless
(B) conversely
(C) not to mention
(D) as a result

120. You should make sure to ------- all the available insurance options before settling on a plan.

(A) tour
(B) remind
(C) explore
(D) persuade

121位 慣用表現

(A) 22.52%　(B) 15.73%　**(C) 49.31%**　(D) 12.44%　⏱ **43**秒

「購入ごとにサプライズのプレゼントが付いてくる、全てのオンライン注文に対して送料無料---」という文脈から、空所には (C) の not to mention「〜は言うまでもなく（≒ to say nothing of ／ as well as）」が入る。

訳　今月は、全てのオンライン注文に対し送料が無料になるのはもちろんのこと、購入するごとにサプライズのプレゼントが付いてくる。

(A) **nonetheless:** それでもなお（≒ nevertheless）
　例　The surprise gift was small, but collectors were delighted nonetheless.「サプライズのプレゼントはちょっとしたものだったが、それでもコレクターたちは喜んだ」
(B) **conversely:** 対照的に（≒ on the other hand）
　例　In-store purchases qualify for free shipping; conversely, online orders may incur a shipping fee.「店内での購入は無料配送の対象です。逆にオンライン注文は配送料がかかる場合があります」
(D) **as a result:** 結果として（≒ consequently ／ in consequence）
　例　The promotion has attracted new customers; as a result, sales have increased this month.「そのプロモーションは新規顧客を集めている。その結果、今月の売り上げは伸びた」

120位 語彙

(A) 5.07%　(B) 33.12%　**(C) 49.24%**　(D) 12.57%　⏱ **31**秒

「プランを決定する前に、利用可能な保険のあらゆる選択肢を必ず---べきだ」という文脈から、空所には (C) の explore「〜を探る、〜を模索する（≒ investigate ／ examine）」が入る。

訳　プランを決定する前に、利用可能な保険のあらゆる選択肢を必ず模索するべきだ。

(A) **tour:** 〜を見てまわる　例　tour a factory「工場を見学する」
(B) **remind:** 〜に思い出させる
　例　You should also remind your friends to compare various insurance options.「さまざまな保険プランを比較するよう、ご友人にも念を押してあげてください」
(D) **persuade:** 〜を説得する
　例　We persuaded them to attend the insurance seminar for more information.「その保険セミナーに参加してさらなる情報を収集するよう彼らを説得した」

正解　121. (C) ／ 120. (C)

119. Nileways Online Shopping offers various member benefits that attract new customers and keep the current ones ------- for more.

(A) to return
(B) returning
(C) have returned
(D) return

118. Tonya Lin's recent article on workplace mentoring ------- that employees enjoy it more than large group training sessions.

(A) included
(B) described
(C) suggested
(D) featured

117. Today, it is easier than ever to buy plus-sized clothing, ------- it can be ordered online.

(A) meanwhile
(B) considering
(C) nevertheless
(D) instead

119位 品詞 語法

(A) 28.52% **(B) 49.16%** (C) 7.34% (D) 14.98%　43秒

空所の前後に attract new customers and keep the current ones --- for more とあることから、空所には目的語である代名詞 ones (≒ customers) を修飾する形容詞的な要素が求められていると判断し、分詞の (B) returning「戻ってくる」を選択する。keep O *doing*「Oが〜する状態を維持する」という語法ごとマスターしておこう。(A) の to return は不定詞、(C) の have returned は動詞の現在完了形、(D) の return は動詞の原形。

訳　Nileways Online Shopping は、新規顧客を魅了し、現在の顧客をさらにリピートさせるさまざまな会員特典を提供している。

118位 語彙 語法

(A) 4.92% (B) 33.02% **(C) 49.12%** (D) 12.94%　43秒

空所の前に article「記事」という主語、空所直後の that 節にその内容が記されていることから、空所には (C) suggested「示唆した (≒ implied)」が入る。他の選択肢はいずれも that 節を目的語に直接とる語法はない。

訳　職場でのメンタリングに関する Tonya Lin の最近の記事では、従業員たちは大人数のグループ研修よりもメンタリングの方を楽しむと示唆していた。

(A) **included**: 〜を含んだ (≒ contained)
　例　include the information「その情報を含む」
(B) **described**: 〜を説明した
　例　The article described mentoring as more effective than group training.「記事はメンタリングの方がグループ研修より効率的だと説明した」
(D) **featured**: 〜を主演させた、〜を特集した、〜の特色を持った
　例　The movie features Tom Cruise.「その映画の主演は Tom Cruise である」

117位 接続詞 vs. 修飾語

(A) 25.80% **(B) 49.07%** (C) 16.31% (D) 8.83%　41秒

カンマの前で it is easier than ever to buy plus-sized clothing という文が完成しているところに、it can be ordered online という節をつなぐことができるのは、接続詞の (B) considering「〜を考慮すると」。considering (that) it can be ordered online のように直後の that が省略されていると考えると分かりやすい。(A) meanwhile は「その間、その一方で (≒ in the meantime)」、(C) nevertheless は「それでもなお (≒ nonetheless ／ still)」、(D) instead は「代わりに」という意味の副詞で、節をつなぐことはできない。

訳　今日、オンラインで注文ができることを考えると、特大サイズの衣料品は今までよりも手軽に買える。

正解　119. (B) ／ 118. (C) ／ 117. (B)

116. A seasoned executive with over 20 years of experience, Ms. Unger will take over the director position ------- May 2.

(A) effectiveness
(B) effectively
(C) effective
(D) effect

115. Daria Inc. offers tours of the Gold Coast hinterland every day, ------- the weather.

(A) no matter
(B) even though
(C) nevertheless
(D) consistently

114. The proposed Redland Canyon Road widening project would be a ------- endeavor.

(A) costly
(B) cost
(C) costing
(D) costs

116位 品詞 語法

(A) 3.41%　(B) 43.12%　**(C) 48.86%**　(D) 4.61%　⏱**31**秒

カンマの後ろには文に必要な要素がそろっている。そこに空所後ろのMay 2という名詞をつなぐ、前置詞的な働きができる語は、(C) のeffective「〜から(≒ from ／ as of ／ starting ／ beginning)」。もともとeffective は形容詞だが、このように日時の前に置いて、前置詞のような機能を果たすことがある。(A) effectiveness「有効性」は名詞、(B) effectively「効果的に」は副詞、(D) effect は名詞で「効果」、動詞で「〜を引き起こす」。

訳　20年以上の経験を持つベテラン役員のMs. Ungerが、5月2日付けで取締役を引き継ぐ。

115位 語法 慣用表現

(A) 48.81%　(B) 7.19%　(C) 38.30%　(D) 5.70%　⏱**32**秒

カンマの前までで文に必要な要素がそろっていて、--- the weather は補足情報。空所に (A) no matterを入れると、no matter the weather「どんな天候でも」という慣用表現ができる。これは no matter (what) the weather (is) を簡略化した形ととらえておこう。(B) even though 「〜にもかかわらず (≒ although ／ though)」は接続詞で、節をつなぐ。(C) nevertheless 「それでもなお (≒ nonetheless ／ still)」と (D) consistently「一貫して、コンスタントに (≒ constantly)」は副詞で、表現をつなぐ機能はない。

訳　Daria Inc. は、どんな天候でも、毎日Gold Coast内陸ツアーを行っている。

114位 品詞

(A) 48.79%　(B) 15.41%　(C) 31.91%　(D) 3.89%　⏱**26**秒

空所の前に冠詞aが、後ろに名詞 endeavor があることから、空所には名詞を修飾する形容詞の (A) costly「かなりの金額がかかる、高額な (≒ expensive)」が入る。語尾に -ly というスペルが使われているものの、costly は副詞ではなく形容詞である点に注意。(B) の cost は「費用、経費」という意味の名詞の単数形、または「費用がかかる」という意味の動詞の原形。(C) costing「原価計算」は名詞の単数形または動名詞・現在分詞、(D) costs は名詞の複数形または動詞の現在形。

訳　提案されているRedland Canyon Roadの拡幅工事は、高額な事業となるであろう。

正解　116. (C)／115. (A)／114. (A)

113. The company's office is almost entirely paper-free, which helps minimize administrative costs ------- also reducing waste.

(A) while
(B) then
(C) since
(D) still

112. It may take up to three business days for ------- refunds to appear in your account.

(A) expecting
(B) expectantly
(C) expected
(D) expectation

111. The sleek glass table by Castilla Design Works will ------- a contemporary look to any décor.

(A) have
(B) notice
(C) reserve
(D) add

113位 　前置詞 vs.接続詞 vs.修飾語　　語法
(A) 48.66%　(B) 27.10%　(C) 10.24%　(D) 13.99%　　🕐 **41**秒

空所の前で文の要素がそろっているところに、also reducing waste と続けることで分詞構文が形成されていることから、空所には分詞 reducing の文脈上の意味を明確にする、接続詞の (A) while を入れる。この while には「〜と同時に」という意味があり、ペーパーレス化によって管理費の抑制とゴミの削減が同時並行で行われていることを明示している。(C) since は前置詞の「〜以来」の他に接続詞の「〜して以来、〜なので」にもなるが、文脈に合わない。(B) then「あの時、それから」、および (D) still「まだ、それでも」は副詞。

訳　その企業の事務所はほぼ完全にペーパーレスで、それが管理費を最小限に抑えることにつながり、また同時にごみの削減にもなっている。

> (B) then は The company's office is almost entirely paper-free, which helps minimize administrative costs <u>and then reduces</u> waste as well. のように使うことは可能ですよ。

112位 　品詞　　(A) 35.66%　(B) 8.79%　**(C) 48.59%**　(D) 6.97%　　🕐 **30**秒

空所の前に前置詞 for、後ろに名詞 refunds があることから、空所には名詞を修飾する機能を果たす形容詞の (C) expected「見込まれている」が入る。(A) expecting も名詞を修飾する分詞・形容詞として機能するが、expecting parents「子どもが生まれることを見込んでいる親たち」のように使う。(B) expectantly「期待して」は副詞、(D) expectation「予想、期待」は名詞。

訳　予定されている返金がお客さまの口座に反映されるまで、最大3営業日かかる場合があります。

111位 　語彙　　語法
(A) 35.23%　(B) 7.78%　(C) 8.51%　**(D) 48.48%**　　🕐 **34**秒

空所前後に「ガラステーブルがモダンな見た目を ---」とあること、および文末に to any décor「どんなインテリアにも」が続いていることから、空所には (D) add「〜を加える」が入る。add X to Y「X を Y に加える」という語法ごとマスターしておこう。(A) have「〜を持っている」、(B) notice「〜に気付く」、(C) reserve「〜を取っておく」は、いずれも to any décor の部分と合わない。

訳　Castilla Design Works の洗練されたガラステーブルは、どんなインテリアにもモダンな雰囲気を加えてくれる。

> have と迷った人がかなり多かった。

> 空所の後ろまで見ないとね。The sleek glass table by Castilla Design Works <u>has</u> a contemporary look.「Castilla Design Works による洗練されたガラステーブルは、現代的な雰囲気を持っている」のように使うことは可能だよ。

正解　113. (A) ／ 112. (C) ／ 111. (D)

110. Mr. Kwan, who only recently joined the company, was ------- in securing the construction contract.

(A) residential
(B) explanatory
(C) instrumental
(D) complex

109. Galaxy Systems, a gaming company based in Busan, has been ------- by REO Conglomerate for $7.8 million.

(A) earned
(B) reached
(C) acquired
(D) gathered

108. Although the new model looks much more modern, the important features are only ------- different.

(A) marginally
(B) favorably
(C) valuably
(D) tenderly

110位 語彙 (A) 11.39% (B) 32.47% **(C) 48.40%** (D) 7.74% ⏱ **36**秒

「Mr. Kwan は、最近入社したばかりだが、その建設契約を獲得するに当たって ---」という文脈、および空所の直後に in securing と続いていることから、空所には (C) instrumental「手段となる、役に立つ」を入れ、be instrumental in *doing*「～するに当たって役に立つ」という表現を完成させるのが適切。

訳 Mr. Kwan は最近入社したばかりだが、その建設契約を獲得するに当たり活躍してくれた。

(A) **residential:** 居住の　例 residential area「住宅地」
(B) **explanatory:** 説明の　例 explanatory notes「説明書き、注釈」
(D) **complex:** 複雑な（≒ complicated）　例 complex matters「複雑な問題」

109位 語彙 (A) 28.43% (B) 13.76% **(C) 48.21%** (D) 9.59% ⏱ **32**秒

「Galaxy Systems は、REO Conglomerate に 780 万ドルで --- された」という文脈から、空所には (C) の acquired「買収された（≒ purchased）」が入る。(A) の earned は「（収入などが）得られた」、(B) の reached は「（目標などが）達成された、連絡された」、(D) の gathered は「（人や物が）集められた」という意味で、文脈に合わない。

訳 Busan に本社を構えるゲーム会社の Galaxy Systems は、REO Conglomerate に 780 万ドルで買収された。

108位 語彙 **(A) 48.10%** (B) 17.09% (C) 17.45% (D) 17.36% ⏱ **39**秒

「新型の見た目はかなりモダンになっているが、重要な部分はほんの --- だけ異なる」という文脈から、空所には (A) の marginally「わずかに（≒ slightly）」が入る。

訳 新型の見た目はかなりモダンになっているが、重要な部分はほんのわずかしか変わっていない。

(B) **favorably:** 好意的に
　例 The results of the study were favorably received.「その調査結果は好意的に受け止められた」
(C) **valuably:** 価値のある形で
　例 Ms. Wang's expertise contributed valuably to the project's success.「Ms. Wang の専門知識がプロジェクトの成功に価値ある貢献をした」
(D) **tenderly:** 優しく
　例 The doctor spoke tenderly to reassure her patient.「医者は患者を安心させるために優しく語った」

正解 110. (C) ／ 109. (C) ／ 108. (A)

107. A city inspector will visit the restaurant on Thursday to verify that it is in ------- with the fire safety code.

(A) condition
(B) equipment
(C) regulation
(D) compliance

106. According to the store's internal study, the number of shoppers increases ------- it rains unexpectedly.

(A) whenever
(B) however
(C) in case of
(D) despite

105. Survey participants rated Rothman Bank more ------- than any other financial institution.

(A) high
(B) higher
(C) highest
(D) highly

107位 語彙 慣用表現

(A) 18.45%　(B) 10.63%　(C) 23.24%　**(D) 47.68%**　**32**秒

空所前後に前置詞inとwithがあり、文脈は「火災予防規則を --- いるかを確認する」。(D) complianceを空所に入れると、in compliance with ～「～を順守して、～に従って（≒ in accordance with ～）」という慣用表現が完成する。(A) condition は「状態」という意味で、in good condition「良好な状態で」のように使う。(B) equipment は「機器、器具」、(C) regulation は「規定〈≒ law／rule）」という意味で、文脈に合わない。

訳　防火安全条例を順守していることを確認するため、市の検査官が木曜日にレストランを訪れる。

106位 前置詞 vs. 接続詞 vs. 修飾語

(A) 47.58%　(B) 11.93%　(C) 15.29%　(D) 25.20%　**39**秒

空所の前で the number of shoppers increases という文が完結しているにもかかわらず、後ろに it rains unexpectedly という節を補足情報として続けようとしている。従って、空所には接続詞である (A) whenever「～の時はいつも（≒ every time／each time／any time）」が入ると判断する。(C) in case of「～の場合は（≒ in the event of）」と (D) despite「～にもかかわらず（≒ in spite of）」は前置詞なので、in case of unexpected rain「予期せぬ雨が降る場合、予期せぬ雨に備えて」や、despite unexpected rain「予期せぬ雨にもかかわらず」のように名詞をつなぐ。(B) however「しかしながら」は副詞で、however hard it rains「どんなに激しく雨が降ろうとも」のように使うことが可能。

訳　その店の内部調査によれば、予期せぬ雨が降る時はいつも買物客の数が増える。

105位 品詞 比較

(A) 8.78%　(B) 40.62%　(C) 3.10%　**(D) 47.49%**　**25**秒

空所前後に participants rated Rothman Bank more --- than とあることから、空所には直前の more と共に比較級を形成し、動詞 rated を修飾する、副詞の (D) highly「高く」が入る。(A) の high は「高い」という意味の形容詞の他に「（物理的に）高い所へ」という副詞にもなるが、比較級は higher であり、more high とは言えないので不適切。(B) の higher と (C) の highest も空所直前に more があることから消去する。

訳　調査の回答者たちは Rothman Bank を他の金融機関よりも高く評価した。

正解　107. (D)／106. (A)／105. (D)

104. A meeting with the sales team was set at Mr. Fowler's -------, but he ended up canceling it at the last minute.

(A) insistence
(B) relation
(C) involvement
(D) example

103. Handimart sells a wide variety of household -------, including kitchen and bathroom products, at very low prices.

(A) articles
(B) benefits
(C) partners
(D) tasks

102. To receive approval from the city, the project will require ------- planning and consultations with local residents.

(A) thorough
(B) available
(C) possible
(D) adjacent

101. Our skilled team members have decades of experience ------- custom machinery for the construction industry.

(A) designing
(B) to design
(C) designs
(D) designer

200〜1

104位 慣用表現 (A) 47.21% (B) 15.87% (C) 32.66% (D) 4.24% ⏱39秒

「会議は Mr. Fowler の --- で設定されたが、彼はそれを直前にキャンセルした」という文脈から、空所には (A) insistence「強い要望、主張」が入る。at one's insistence で「〜の強い要請で、〜の主張により」という慣用表現。(B) relation「関係」、(C) involvement「関わり合い」、(D) example「例」には at one's と一緒に用いる慣用表現はない。

訳 Mr. Fowler の強い要望で営業チームとの会議が設定されたが、彼は結局、直前になってその会議を中止した。

103位 語彙 (A) 46.96% (B) 26.89% (C) 16.35% (D) 9.80% ⏱33秒

空所前に「Handimart は多種多様な家庭の --- を販売している」とあり、空所の後ろに「台所用品や浴室用品」と具体例が挙げられていることから、空所には (A) articles「用品（≒ items）」が入る。(B) benefits は「利益、利点（≒ advantages）」、(C) partners は「仲間、配偶者」、(D) tasks は「タスク、用事（≒ chores）」という意味で、いずれも店で販売する物ではない。

訳 Handimart は台所用品や浴室用品などの多種多様な家庭用品を非常に安く販売している。

102位 語彙 (A) 46.80% (B) 19.00% (C) 18.21% (D) 16.00% ⏱37秒

「このプロジェクトが市の認可を受けるには --- 計画立案と地域住民との協議が必要だ」という文脈から、(A) thorough「徹底的な、綿密な（≒ careful）」を選ぶ。(B) available は「入手可能な、利用可能な、都合がつく」、(C) possible は「可能な」、(D) adjacent は「隣接している」。

訳 このプロジェクトが市の認可を受けるには、綿密な計画立案と地域住民との協議が必要だ。

101位 品詞 (A) 46.64% (B) 45.71% (C) 4.08% (D) 3.57% ⏱32秒

空所の前で文の要素がそろっていることから、空所には補足情報を加える現在分詞の (A) designing が入る。have experience (in) *doing*「〜した経験がある」という表現として覚えておこう。不定詞の (B) to design は文法的には入り得るが「機械の設計という目的のために数十年の経験がある」という不自然な意味になる。

訳 当チームの熟達したメンバーは、建設業界向けカスタム機械の設計における数十年の経験を保有しています。

👩 (B) の to design を正しく使う方法を知りたい人が多いと思う。

👦 Our skilled team relies on its years of experience to design custom machinery for construction.「当社の熟達したチームは長年の経験に頼って、建設用カスタム機械を設計している」のように、経験の中身ではなく目的や成就したい結果を表す時には、不定詞が使えるよ。

正解　104. (A) ／ 103. (A) ／ 102. (A) ／ 101. (A)

100. The CEO ------- pursuit of a merger with Riley Chemicals, in favor of forming a more limited partnership with the company.

(A) looked in
(B) gave up
(C) based on
(D) exchanged for

99. The reviews of the dishwasher criticized both its appearance and its functions, ------- met the expectations of modern households.

(A) in any case
(B) as neither
(C) at the same time
(D) now that

98. The assembly instructions were written five years ago and have not been updated -------.

(A) since
(B) never
(C) then
(D) away

100位 慣用表現

(A) 32.80%　**(B) 46.46%**　(C) 9.95%　(D) 10.79%　44秒

空所前後に「CEO は Riley Chemicals との合併の追求を ---」、カンマの後ろに「同社とのより限定的な協力関係の構築を選択して」とあることから、(B) の gave up「～をあきらめた」を選ぶ。(A) looked in は「～の中を見た」、(C) based on は「～に基づいて」、(D) exchanged for は「～と交換されて」。

訳 Riley Chemicals とのより限定的な協力関係を望んで、CEO は同社との合併を目指すことを断念した。

99位 接続詞 vs. 修飾語　語法

(A) 11.10%　**(B) 46.36%**　(C) 20.08%　(D) 22.46%　48秒

カンマ前の主節に --- met the expectations が続いているので、空所には節をつなぐ接続詞 as と、動詞 met の主語になる代名詞 neither が組み合わさった、(B) as neither「どちらも～ないので」が入る。接続詞の (D) now that「今や～なので」は節と節をつなぐが、空所の後ろには主語となる名詞がないので不適切。(A) in any case「いずれの場合も」と (C) at the same time「同時に」は副詞なので、語句をつなげない。

訳 その食洗機に関する複数のレビューでは、製品の見た目と機能両方がどちらも現代の家庭の期待に応えていないとして酷評された。

98位 語法　修飾

(A) 46.16%　(B) 21.47%　(C) 27.25%　(D) 5.12%　26秒

文の前半で「マニュアルが5年前に書かれた」とあり、後半ではそれが「改訂されていない」とあることから、空所には副詞の (A) since「それ以来ずっと」が入る。(B) never「決して～ない、一度も～ない」は have never been updated のように have と been の間で用いられる。(C) then「その時」は現在完了形ではなく、過去形などと一緒に使う。

訳 組み立てマニュアルは5年前に書かれ、それ以来改訂されていない。

(B) **never:** 決して～ない、一度も～ない　例 The instructions have never been updated.「マニュアルは一度も改訂されていない」

(C) **then:** その時（≒ at that time）　例 The instructions were updated then.「その時にマニュアルは改訂された」、The instructions were written five years ago and have not been updated since then.「マニュアルは5年前に書かれ、その時以来改訂されていない」

(D) **away:** 離れて　例 keep the manual away「マニュアルを離れた場所に置いておく」

正解　100. (B) ／ 99. (B) ／ 98. (A)

97. Effective team management can increase the ------- of a project's success.

(A) circulation
(B) knowledge
(C) likelihood
(D) transition

96. The foundation organized this year's charity gala, ------- more than double the funds it obtained last year.

(A) was raised
(B) raising
(C) raised
(D) raise

95. Mr. Durant's investment in the project is ------- enough to give him some control of its future direction.

(A) substantiate
(B) substantial
(C) substance
(D) substantially

94. Regent Tunnel will be closed to traffic every night ------- some maintenance work can be completed on time.

(A) because
(B) whether
(C) but
(D) so

560

1000～801 **800～601** **600～401** **400～201** **200～1**

97位 語彙 (A) 23.28% (B) 20.16% **(C) 45.92%** (D) 10.64% ⏱30秒

「効果的なチームマネジメントは、プロジェクト成功の --- を高めることになり得る」という文脈から、空所には (C) likelihood「可能性（≒ probability ／ chance）」が入る。(A) circulation は「循環、流通」、(B) knowledge は「知識」、(D) transition は「移行、変遷」という意味なので文脈に合わない。

訳 効果的なチームマネジメントは、プロジェクト成功の可能性を高めることになり得る。

96位 品詞 態

(A) 14.66% **(B) 45.77%** (C) 36.29% (D) 3.29% ⏱38秒

カンマの前にある主節には文の要素がそろっていることから、空所には主節に補足情報を加えることができる分詞で、かつ、後続の the funds を目的語にとる、動詞 raise「～（資金）を集める」の現在分詞 (B) raising が入る。(C) raised は空所の前に主格の関係代名詞 which があれば、..., which raised more than ... のように動詞の過去形として用いることが可能。(A) was raised は受動態、(D) raise は動詞の原形なので不適切。

訳 その財団は今年度のチャリティーイベントを企画し、昨年の 2 倍を超える資金を集めた。

95位 品詞 (A) 4.87% **(B) 45.74%** (C) 4.26% (D) 45.13% ⏱23秒

空所の前に主語の investment と動詞 is、後ろに副詞 enough があることから、空所には名詞 investment を描写する形容詞の (B) substantial「かなりの」が入る。(D) substantially「かなり」は副詞で、His investment is substantially large.「彼の投資はかなり大きい」のように形容詞を強調する機能を果たす。(A) substantiate「～を立証する」は動詞の原形、(C) substance「物質、実体」は名詞。

訳 Mr. Durant のプロジェクトへの投資は、それによって彼がその将来的な方向性をある程度決めるのに十分な額である。

94位 接続詞 (A) 39.40% (B) 6.89% (C) 8.34% **(D) 45.38%** ⏱37秒

手前の「Regent Tunnel は毎晩通行止めになる」という節に、後ろの「保守作業を予定どおり終えられる」という節をつなぐ接続詞としてふさわしいのは、目的を表す (D) so「～するように」。これは so that S can V「S が V できるように」の that が省略された形だと考えると分かりやすい。(A) because「～なので」は because some maintenance must be completed on time「保守作業を予定どおりに終えなければならないので」のように理由をつなぐ。(B) whether「～かどうか、～であろうとなかろうと」と (C) but「しかし」も文脈に合わない。

訳 Regent Tunnel は、保守作業が予定どおり完了するように、毎晩通行止めになる。

正解 97. (C) ／ 96. (B) ／ 95. (B) ／ 94. (D)

93. The recent closure of Hammond's Books is ------- the difficulties facing booksellers.

(A) curious about
(B) suggestive of
(C) dependent on
(D) famous for

92. Mr. Bai was given a set of golf clubs in recognition of his thirty years of ------- service to the firm.

(A) devote
(B) devoted
(C) devoting
(D) devotion

91. Despite recent changes ------- passenger fares, public transportation in Philipsburg remains very affordable compared to other major cities.

(A) over
(B) to
(C) above
(D) between

93位 慣用表現

(A) 12.46% **(B) 45.37%** (C) 26.02% (D) 16.14%　　**36**秒

「Hammond's Booksの最近の閉店は、書店が直面している困難を---いる」という文脈から、空所には (B) suggestive of「〜を示唆して（≒ indicative of）」が入る。(A) curious about は「〜を知りたがって（≒ interested in）」、(C) dependent on は「〜に依存して（≒ reliant on）」、(D) の famous for は「〜で有名な（≒ well-known for）」という意味で、文脈と合わない。

訳　Hammond's Books が最近閉店したことは、書店が直面している困難を示唆している。

92位 品詞

(A) 2.05% **(B) 45.15%** (C) 47.19% (D) 5.61%　　**30**秒

空所が前置詞 of と名詞 service の間にあることから、空所には名詞を修飾する分詞・形容詞の (B) devoted「献身的な」が入る。(C) devoting も分詞になるが、devoting service とすると「サービスが身をささげる」という修飾関係になるので不適切。(A) devote「〜をささげる」は動詞の原形、(D) devotion「献身」は名詞。

訳　Mr. Bai は、会社に対する30年間の献身的な働きぶりをたたえられて、ゴルフクラブのセットを贈られた。

91位 前置詞

(A) 40.87% **(B) 45.11%** (C) 10.63% (D) 3.38%　　**34**秒

空所の前に changes「改定」、後ろに passenger fares「運賃」とある。空所には改定が運賃に及ぶことを示すために、到達・対象のイメージを持つ (B) to が入る。(A) over は何かを越えるイメージ、(C) above は上方、(D) between は2者の間を示す。

訳　先日、運賃が改定されたものの、Philipsburg の公共交通機関は、他の主要都市に比べて非常に手頃な料金のままである。

(A) over を選んだ人が4割以上いる。

over は、Despite changes over the last ten years「この10年の間の改定にもかかわらず」のように期間を表すことは可能だけどね。

正解　93. (B) ／ 92. (B) ／ 91. (B)

90. The menu of Chef Tino Mazzaro's new restaurant ------- a variety of dishes made entirely with locally sourced ingredients.

  (A) enjoys
  (B) features
  (C) composes
  (D) serves

89. Many stores are switching to card-only payment systems since today's customers are less ------- than ever on cash.

  (A) reliance
  (B) relied
  (C) reliant
  (D) relying

88. Following this year's busy summer season, the store ------- needing more sales staff for the period from June until September.

  (A) plans
  (B) concludes
  (C) depends
  (D) anticipates

90位 語彙 語法

(A) 4.14％　**(B) 44.87％**　(C) 10.02％　(D) 40.97％ 25秒

主語は The menu で、of Chef Tino Mazzaro's new restaurant は menu の補足説明。「メニューはさまざまな料理を---」という文脈から、空所には (B) features「～を特徴とする、～を含む (≒ includes)」を選ぶ。(C) composes「～を構成する (≒ forms)」は、The menu is composed of a variety of dishes「メニューはさまざまな料理で構成されている」のような受動態であれば適切。(A) enjoys「～を楽しむ」と (D) serves「～を給仕する」は、menu が行う動作ではないので不適切。The restaurant serves a variety of dishes.「そのレストランはさまざまな料理を提供している」のように使うことは可能。

訳　Tino Mazzaro シェフの新しいレストランのメニューは、地元産の食材のみを使用したさまざまな料理が特徴だ。

89位 品詞

(A) 13.71％　(B) 14.43％　**(C) 44.84％**　(D) 27.02％ 35秒

空所前後に today's customers are less --- than とあることから、空所には主語である customers を描写することができ、less と共に比較級になる形容詞が入るので、(C) reliant「依存している (≒ dependent)」を選ぶ。(B) relied と (D) relying は分詞として are などの be 動詞の後ろで用いることはできるが、比較級にはならない (are relying less than ever のように使うことは可能)。(A) reliance「依存」は名詞で、customers are reliance とすると customers = reliance となってしまうので不適切。

訳　現代の顧客は、現金への依存度がかつてないほど低くなっているため、多くの店舗はカード払いのみの決済システムに切り替えつつある。

88位 語彙 語法

(A) 21.81％　(B) 28.07％　(C) 5.41％　**(D) 44.71％** 39秒

複数の選択肢が文脈に合うので、語法の観点に切り替える。空所の直後に needing more sales staff とあることから、動名詞を目的語にとる (D) anticipates「～を見込む、～を予想する」を選ぶ。ぜひ anticipate *doing*「～することを予想する」という語法をマスターしておこう。

訳　今年の夏の繁忙期を受けて、店は6月から9月までの間、より多くの販売員が必要になると見越している。

(A) **plans:**（～する）つもりである　例 plans to hire more sales staff／plans on hiring more sales staff「もっと多くの販売員を雇うつもりだ」

(B) **concludes:** ～を終える (≒ ends)、～と結論づける　例 concludes the meeting「会議を終わりにする」、concludes that it needs more sales staff「より多くの販売員が必要だと結論づける」

(C) **depends:**（～によって）決まる　例 It depends on the situation.「それは状況による」

正解　90. (B)／89. (C)／88. (D)

87. Organica carries a variety of cosmetics ------- from safe, healthy, and environmentally friendly ingredients.

(A) production
(B) produced
(C) produce
(D) producing

86. ------- our most experienced surgeons are expected to attend monthly professional development workshops.

(A) Such
(B) Even
(C) Nearly
(D) Despite

85. Mall management is concerned about the long ------- that form in front of Kimpton Coffee in the mornings.

(A) lines
(B) lining
(C) line
(D) lined

87位 品詞 (A) 41.32% **(B) 44.71%** (C) 6.51% (D) 7.46%　⏱ 32秒

空所前までに文に必要な要素（SVO）がそろっており、構文上の切れ目をいったん迎えた上で、後ろに前置詞 from が補足情報を加えているので、空所には名詞 cosmetics を後ろから修飾する、分詞の (B) produced「作られた」が入る。(D) producing「作っている」も名詞を修飾できるが、ここでは空所の後ろに目的語がないことから、分詞を能動的に用いるのは不適切。(A) production「生産」は名詞、(C) の produce は動詞「～を生産する」または名詞「農作物」。

訳 Organica は、安全かつ健康的で、環境に優しい原料から作られた、さまざまな化粧品を取り扱っている。

> 👩 (D) producing と迷うかなと思ったけど、(A) production のほうが魅力的な選択肢だったみたいだ。
>
> 👨 a variety of の後ろだから名詞が入ると考えたのかな。cosmetic production「化粧品製造」という表現は成立するけど、この文脈には合わないね。

86位 修飾 語法
(A) 26.74% **(B) 44.44%** (C) 23.26% (D) 5.56%　⏱ 38秒

空所の後ろに文に必要な要素がそろっていることから、空所には直後の our most experienced surgeons を強調する、副詞の (B) Even「さえ」が入る。(C) Nearly「ほぼ（≒ Almost）」も副詞だが、数詞や形容詞を修飾する。(A) Such「そのような」は形容詞で、名詞を直接修飾する。(D) Despite「～にもかかわらず（≒ In spite of）」は前置詞。

訳 当院の最も経験豊富な外科医たちも、毎月行われる職能開発セミナーに出席する予定だ。

- (A) **Such:** そのような　例 such surgeons「そのような外科医たち」
- (C) **Nearly:** ほぼ（≒ Almost）　例 nearly fifty surgeons「50人近くの外科医たち」、I'm nearly finished.「ほぼ終わりだ」
- (D) **Despite:** ～にもかかわらず（≒ In spite of）
  例 Despite the busy schedule, he attended the meeting.「忙しいスケジュールにもかかわらず、彼は会議に出席した」

85位 品詞 主述の一致
(A) 44.44% (B) 4.59% (C) 48.44% (D) 2.53%　⏱ 28秒

空所の前後に about the long --- that form とあることから、空所には形容詞 long が修飾する名詞が入る。後ろの動詞 form が原形なので、数が一致するのは (A) の lines。(C) の line「列」、(B) の lining「裏地、ライニング」も名詞の働きをするが、これらが用いられる場合は動詞が forms となるはずなので不適切。(D) lined は動詞の過去形・過去分詞。

訳 ショッピングモールの運営者は、毎朝、Kimpton Coffee の前にできる長い列を気にしている。

正解　87. (B)／86. (B)／85. (A)

84. Following the failure of its own clothing brand, Klinger Fashion sells apparel made by other companies -------.

(A) soon
(B) only
(C) quite
(D) highly

83. Mr. Fielding ------- that the latest laptop lacked some of the features that were standard in the past.

(A) revised
(B) admitted
(C) invited
(D) described

82. After the intermission, the concert will ------- with a new orchestral piece by composer Jan Voller.

(A) play
(B) conduct
(C) resume
(D) hold

84位 修飾 (A) 44.35% **(B) 44.43%** (C) 4.93% (D) 6.30%   40秒

空所に (B) only「〜だけ」を入れて、... sells apparel made by other companies only.「他社によって作られたアパレル製品のみ販売している」という表現を完成させるのが妥当。(A) soon は「間もなく、近いうちに (≒ shortly)」という意味で、Klinger Fashion sells という時制と合わない。(C) quite と (D) highly は強調語で、quite/highly popular「なかなか／非常に人気がある」のように形容詞を前から修飾する。

訳 自社の衣料ブランドの失敗を受け、Klinger Fashion は他社によって手掛けられたアパレル製品のみを販売している。

83位 語彙 語法 (A) 13.06% **(B) 44.38%** (C) 3.62% (D) 38.94%   33秒

「Mr. Fielding は機能の一部が欠けていることを ---」という文脈、および空所の直後に that 節が続いていることから、空所には (B) を入れて admitted that 〜「〜だと認めた」とするのが妥当。(D) described「〜だと説明した」は目的語に that 節を伴わず、「describe 名詞 as 〜」のように用いられる（例：Mr. Fielding described the latest laptop as lacking some of the features.「Mr. Fielding は、最新のノートパソコンは一部の機能が欠けていると評した」）。(A) revised「〜を見直した、〜に修正を加えた」と (C) invited「〜を招待した、〜に勧めた」は文脈的にも語法的にも合わない。

訳 Mr. Fielding は、最新のノートパソコンにはかつて標準装備されていた機能の一部が欠けていることを認めた。

82位 語彙 語法 (A) 15.76% (B) 23.97% **(C) 44.35%** (D) 15.91%   30秒

空所の前に助動詞の will があり、後ろに目的語となる名詞がないことと、文頭の After the intermission「休憩の後」という表現から、空所には自動詞の (C) resume「再開する (≒ restart)」が入るのが妥当と判断する。

訳 休憩の後、コンサートは作曲家 Jan Voller による新しいオーケストラ曲で再開する。

 (A) **play:** 〜を演奏する、演奏する
　　例 play a new orchestral piece「新しいオーケストラ楽曲を演奏する」、play with many other musicians「他の多くのミュージシャンたちと演奏する」
(B) **conduct:** 〜を指揮する、〜を導く、〜を行う
　　例 conduct the orchestra「その楽団の指揮をする」
(D) **hold:** 〜を持つ、〜を催す　例 hold a concert「コンサートを開催する」

正解 84. (B) ／ 83. (B) ／ 82. (C)

81. Electric Emporium carries a ------- range of high-quality products made by the world's leading electronics manufacturers.

(A) varied
(B) variety
(C) variously
(D) vary

80. The personnel manager did not feel Mr. Lee was sufficiently qualified for the position, ------- his experience in the field.

(A) notwithstanding
(B) even though
(C) provided that
(D) nevertheless

79. The regional director offered employees ------- that the company would hire additional personnel to help handle the increased workload.

(A) assuredly
(B) assurances
(C) assuring
(D) assured

78. Each fall, the company honors ------- with a special banquet held at the Carter Hotel.

(A) retire
(B) retiring
(C) retirees
(D) retires

1000〜801 **800〜601** **600〜401** **400〜201** **200〜1**

81位 品詞 **(A) 44.33%** (B) 37.38% (C) 7.87% (D) 10.43% ⏱28秒

空所前後にa --- range of high-quality productsとあることから、空所には直後の名詞range を修飾する分詞・形容詞の (A) varied「変化に富んだ、多様な」が入る。(B) variety「多様さ」 は名詞で、a variety of high quality products「さまざまな高品質の製品」のように使う。(C) variously「さまざまに」は副詞、(D) vary「変わる、〜を変える」は動詞。

訳 Electric Emporium は、世界のトップ電子機器メーカーによって製造された、多種多様な高 品質の製品を取り扱っている。

80位 前置詞 vs. 接続詞 vs. 修飾語

(A) 44.33% (B) 17.19% (C) 13.45% (D) 25.03% ⏱38秒

空所の後ろに his experience in the fieldという名詞句があることから、空所に入るのは前置詞 の (A) notwithstanding「〜にもかかわらず (≒ despite ／ in spite of)」。notwithstanding は「それにもかかわらず (≒ however)」という意味の副詞としても用いる。(B) even though「〜 にもかかわらず (≒ though ／ although)」と (C) provided that「もし〜なら」は接続詞で、節 同士をつなぐ。(D) nevertheless「しかしながら、それでも (≒ nonetheless ／ still)」は副詞。

訳 Mr. Lee にはその分野の経験があるにもかかわらず、人事部長は彼がその職位に適任だと感 じなかった。

79位 品詞 (A) 33.92% **(B) 44.29%** (C) 12.59% (D) 9.20% ⏱34秒

空所の前に The regional director offered employees、後ろに that 節がある。動詞offer は「offer 人 物」で「(人)に(物)を与える」のように目的語を2つとれるので、名詞の (B) assurances「保証」を入れ、offered employees assurances「従業員に保証を与えた」とす るのが妥当。(A) assuredly「確かに」は副詞、(C) assuring は動名詞または現在分詞、(D) assured は動詞 assure「〜に保証する」の過去形・過去分詞。

訳 地域統括部長に業務量の増加に対応するべく、会社が追加の人員を採用することを従業員に 保証した。

78位 品詞 (A) 24.75% (B) 17.17% **(C) 44.23%** (D) 13.85% ⏱35秒

空所の前後に the company honors --- with a special banquetとあり、直前の動詞 honors 「〜をたたえる」の目的語となる名詞が必要なことから、(C) retirees「退職者たち」を選ぶ。動 名詞も目的語になるが、「〜をたたえる」という意味の honor が目的語にとるのは「人」なので (B) retiring「退職すること」は不適切。(A) retire「(定年)退職する」は動詞の原形、(D) retires は動詞の現在形。

訳 毎年秋に、会社は Carter Hotel で特別なパーティーを開催し、退職する人々をたたえる。

正解 81. (A) ／ 80. (A) ／ 79. (B) ／ 78. (C)

571

Level 5

77. The science museum's exhibits ------- as a reminder of the innovative pioneers who helped shape the modern world.

(A) serve
(B) demonstrate
(C) explore
(D) provide

76. Although the media reported -------, Axion said that it is unlikely to launch its new smartphone before January.

(A) still
(B) therefore
(C) otherwise
(D) toward

75. During the weekend of the convention, almost ------- hotel room in town is booked.

(A) out
(B) all
(C) none
(D) every

77位 語法 (A) 44.21% (B) 28.03% (C) 9.07% (D) 18.69% 37秒

文脈では絞れないので語法の観点から検討する。空所の後に目的語となる名詞ではなく前置詞 as があることから、空所には自動詞として働く(A) serve「役立つ（≒ function）」が入る。S serve as a reminder of 〜で「(S は〜を思い出させることに一役買う」という意味。serve は We'll serve a light meal.「軽食を提供します」のように他動詞としても用いる。(B) demonstrate「〜を実演する、(自動詞で) デモを行う」、(C) explore「〜を調査する」、(D) provide「〜を提供する」の直後には as は入らない。

訳 科学博物館の展示は、現代社会を作るのに貢献した革新的な先駆者たちを思い出させることに一役買っている。

76位 語法 前置詞 vs. 修飾語
(A) 26.36% (B) 8.71% **(C) 44.20%** (D) 20.74% 35秒

空所の前に接続詞 Although と主語・動詞に当たる the media reported があり、空所直後がカンマで区切られていることから、空所には、文末などで用いられる副詞の (C) otherwise「別の方法で、違うように（≒ differently）」が入る。(A) still「まだ、それでもなお」と (B) therefore「それゆえに」も副詞だが、位置や語法的に空所に入り得ない（STEP UP 参照）。(D) toward は前置詞で、名詞の前に置かれる。

訳 メディアは違う報道をしたが、Axion は1月までに新しいスマートフォンを発売する可能性は低いと述べた。

(A) **still:** まだ、それでもなお
　　例 the media still reports 〜「メディアはまだ〜だと報じている」
(B) **therefore:** それゆえに
　　例 therefore, the media reported 〜「ゆえにメディアは〜だと報じた」
(D) **toward:** 〜に向かって
　　例 The media aimed their report toward the people.「メディアは人々に向けて報道した」

75位 修飾 語法
(A) 0.90% (B) 51.26% (C) 3.77% **(D) 44.08%** 23秒

空所前に副詞 almost があり、後ろに可算名詞の単数形 room が続いていることから、空所にはそれぞれの部屋に言及することができる形容詞の (D) every を入れて、almost every hotel room「ほぼ全てのホテルの客室」という表現を完成させる。(B) all も形容詞として機能するが、almost all hotel rooms「ほぼ全てのホテルの客室」のように、後ろの可算名詞は複数形になる。(C) none は almost none of the hotel rooms「そのホテルの客室のほぼどれも〜ない」のように代名詞として使うことが可能。

訳 会議が開催される週末は、街中にあるほぼ全てのホテルの客室が予約で一杯になる。

正解 77. (A) ／ 76. (C) ／ 75. (D)

74. In order to pursue innovation and sustainable growth, Evatek has built ------- partnerships with various universities and research organizations.

(A) to endure
(B) enduring
(C) endured
(D) endurance

73. Ms. Svensson earned praise for her ------- approach to negotiations with the labor union.

(A) close
(B) numerous
(C) diplomatic
(D) spacious

72. Ms. Marlowe would like documentation ------- the painting she bought at Crypt Gallery yesterday.

(A) authenticating
(B) authentically
(C) authenticate
(D) authentic

71. The developers of Imagefresh photo editing software plan to keep providing updates ------- a market for it exists.

(A) still
(B) during
(C) upon
(D) as long as

200〜1

74位 品詞　(A) 25.00%　**(B) 44.05%**　(C) 22.53%　(D) 8.42%　⏱**36**秒

空所前後に has built --- partnershipsとあることから、空所には名詞 partnershipsを修飾する表現が入るので、形容詞の (B) enduring「永続的な、恒久的な（≒ continuing ／ long-lasting)」を選ぶ。(C) enduredも分詞として機能するが、「耐えられた」という意味で、文脈に合わない。(A) to endure は不定詞、(D) endurance「忍耐」は名詞。

訳 革新と継続的な成長を追求するため、Evatek はさまざまな大学や研究機関と長期にわたるパートナーシップを築いている。

73位 語彙　(A) 22.94%　(B) 21.76%　**(C) 43.95%**　(D) 11.34%　⏱**30**秒

「労働組合との交渉に対する ---アプローチが称賛された」という文脈から、空所には (C) diplomatic「外交的に優れた、そつのない（≒ tactful ／ thoughtful ／ considerate)」が入る。(A) close「近い」を選んだ場合、「近距離の接近」という意味になり、文脈に合わない。(B) numerous「数々の（≒ many)」は、後ろに複数形の名詞が続く(STEP UP 参照)。

訳 Ms. Svensson は労働組合との交渉に対する、そつのないアプローチで称賛された。

🚀UP! (A) **close**: 近い、細心の　例 pay close attention「細心の注意を払う」
(B) **numerous**: 数々の（≒ many)　例 numerous approaches「幾多の試み」
(D) **spacious**: 広々とした　例 a spacious room「広々とした部屋」

72位 品詞　**(A) 43.83%**　(B) 28.52%　(C) 16.95%　(D) 10.70%　⏱**46**秒

空所の前までで文に必要な要素がそろっていて、空所以降は補足情報という構造。空所には直前の名詞 documentationを後ろから修飾し、the paintingを目的語にとる、分詞の (A) authenticating「〜が本物であることを証明する」が入る。she から文末までは the paintingを説明する関係詞節。(B) authentically「真に」は副詞、(C) authenticate は動詞の原形、(D) authentic「本物の（≒ genuine ／ real)」は形容詞。

訳 Ms. Marlowe は、昨日 Crypt Gallery で購入した絵画が本物であることを証明する文書を欲しがっている。

71位 前置詞 vs.接続詞 vs.修飾語

(A) 5.96%　(B) 23.46%　(C) 26.87%　**(D) 43.71%**　⏱**45**秒

空所の前は主語 The developers「開発者」と動詞 plan「〜を計画する」から成る節で、空所の後ろも主語 a market for it「そのための市場」と動詞 exists「存在する」から成る節。従って空所には節同士をつなぐ接続詞の (D) as long as「〜する限り」が入る。(A) still「まだ」は副詞、(B) during「〜の間」と(C) upon「〜の上に」は前置詞なので、節同士をつなぐことはできない。

訳 Imagefresh 写真編集ソフトの開発者たちは、そのソフトウエア向けの市場が存在する限り、更新版の提供を続ける計画だ。

正解　74. (B) ／73. (C) ／72. (A) ／71. (D)

70. Having posted record annual profits, the employees must be ------- with their achievement.

    (A) content
    (B) proud
    (C) hopeful
    (D) memorial

69. The number of registered users over the past year has been ------- with projections.

    (A) consistent
    (B) consisted
    (C) consist
    (D) consistently

68. To reach Draper Hospital from the city center, head north along Central Street ------- making a right on Elm Road.

    (A) then
    (B) and
    (C) before
    (D) that

70位 語彙 語法
(A) **43.67%**　(B) 37.23%　(C) 10.95%　(D) 8.15%　　🕑**32**秒

「記録的な年間利益を計上したことで、従業員はその成果に --- に違いない」という文脈、および空所前後のbe --- withから、空所に(A) contentを入れて、be content with 〜「〜に満足している（≒ be satisfied with 〜）」という表現を完成させるのが適切。

訳 記録的な年間利益を計上したことで、従業員はその成果に満足しているに違いない。

(B) **proud: 誇りに思う** 例 The employees must be proud of their achievement.「従業員はその成果を誇りに感じているに違いない」

(C) **hopeful: 希望に満ちた** 例 The employees must be hopeful for continued success.「従業員は継続的な成功に希望を抱いているはずだ」

(D) **memorial: 追悼の** 例 a memorial ceremony「追悼式」

69位 品詞
(A) **43.52%**　(B) 45.87%　(C) 5.22%　(D) 5.40%　　🕑**30**秒

空所前後にhas been --- with projectionsとあることから、空所には主語numberの性質を示す形容詞の(A) consistent「一致している」が入る。be consistent with 〜で「〜と一致している」という意味の表現。(B) consistedは自動詞consistの過去形・過去分詞で、S consisted of 〜「Sは〜で構成されていた」のように能動態で用いる。(C) consist「（〜で）構成される」は動詞の原形、(D) consistently「一貫して」は副詞。

訳 ここ1年間の登録ユーザー数は、予測どおりに推移している。

68位 前置詞 vs. 接続詞 vs. 修飾語
(A) 27.23%　(B) 20.88%　**(C) 43.43%**　(D) 8.47%　　🕑**40**秒

空所前のhead north along Central Streetは命令文で、空所の後ろには動名詞makingから始まる句がある。動名詞の前に置くことができるのは前置詞なので、(C) before「〜の前に」を選ぶ。(B) andを等位接続詞として用いる場合、空所の後ろはmakeになる（STEP UP参照）。(A) then「それから」は副詞、(D) thatは接続詞・（関係）代名詞・形容詞・副詞で、いずれも動名詞と他の表現をつなぐことはできない。

訳 市の中心部からDraper Hospitalへ行くには、Central Streetを北に進み、Elm Roadで右折してください。

(A) **then: それから** 例 Head north along Central Street and then make a right.「Central Streetを北に進み、それから右折してください」

(B) **and: 〜と、そして** 例 Head north along Central Street and make a right.「Central Streetを北に進み、そして右折してください」

(D) **that: 〜ということ** 例 The GPS suggests that we head north along Central Street.「GPSはCentral Steetを北に進むことを提案している」

正解　70. (A) ／ 69. (A) ／ 68. (C)

67. Time Stitch Taylors can correct almost any ------- in a garment, as long as the matching fabric is available.

    (A) shortage
    (B) flaw
    (C) liability
    (D) defeat

66. Graduates of the program will have the knowledge ------- for a career in the restaurant business.

    (A) necessarily
    (B) necessary
    (C) necessitates
    (D) necessity

65. Membership entitles you to free online assistance ------- you have any problems using the accounting software.

    (A) for
    (B) whereas
    (C) should
    (D) despite

64. The CEO expects all managers to attend the training but considers ------- optional for other staff.

    (A) its
    (B) it
    (C) its own
    (D) itself

					200〜1

67位 語彙 (A) 25.87% **(B) 43.23%** (C) 12.99% (D) 17.90% ⏱**42**秒

「適合する生地さえあれば、衣類におけるほぼ全ての --- を直すことができる」という文脈に合うのは、(B) flaw「不具合 (≒ defect ／ fault ／ imperfection)、傷」。(A) shortage は「不足、欠乏 (≒ lack)」、(C) liability は「法的責任 (≒ legal responsibility)」、(D) defeat は「敗北 (⇔ victory)」という意味で、文脈に合わない。

訳 Time Stitch Taylors は、適合する生地さえあれば、衣類のほぼ全ての傷を修復できる。

66位 品詞 (A) 34.90% **(B) 43.07%** (C) 7.52% (D) 14.51% ⏱**33**秒

空所前に文の要素がそろっていて、後ろに for a career という補足情報がある。名詞を後ろから修飾できる、形容詞の (B) necessary「必要な」を空所に入れると、空所以降が knowledge を説明する形になる。(A) necessarily「必ずしも (〜でない)、必然的に」は副詞で、これを使うなら ... will necessarily have the knowledge のように動詞 have の前に入れるのが妥当。(C) necessitates「〜を必要とする」は動詞の現在形、(D) necessity「必要」は名詞。

訳 このプログラムを履修すると、レストラン業界で働くのに必要な知識が身に付きます。

65位 構文 語法 (A) 12.83% (B) 33.94% **(C) 42.90%** (D) 10.33% ⏱**36**秒

空所前に文の要素がそろっていて、後ろに --- you have any problems と続いていることから、(C) should を入れて倒置構文を完成させるのが適切。元々は if you should have any problems という並びだった節を、if を削って should を主語の前に移動する (倒置する) ことで、仮定法 should の持つ「万が一」という感覚が強調され、よりフォーマルな語調になる。接続詞の (B) whereas「その一方で〜」は文脈に合わない。(A) for「〜のために」と (D) despite「〜にもかかわらず」は前置詞なので、節ではなく名詞をつなぐ。

訳 会員になると、会計ソフトの使用で万が一何かの問題が生じた場合、無料のオンラインサポートを受けられるようになる。

64位 格 (A) 42.71% **(B) 42.89%** (C) 8.77% (D) 5.63% ⏱**37**秒

空所の前後は but (the CEO) considers --- optional となっている。空所には他動詞 considers の目的語が入ると判断して、目的格である (B) it を選ぶ。「consider ＋ O ＋形容詞」で「O を (形容詞) とみなす」という意味。再帰代名詞の (D) itself「それ自身」も目的語になるが、再帰代名詞は主語と目的語が同一の場合に使われるので、ここでは不適切。(A) its と (C) its own は所有格で、後ろの名詞を飾る形容詞的な機能を果たす。

訳 CEO は部長職全員が研修に出席することを望んでいるが、他の従業員については任意だと考えている。

正解 67. (B) ／ 66. (B) ／ 65. (C) ／ 64. (B)　　　579

63. Attorneys Sloan and Lopez are working with an ------- witness to review medical records for Mr. Oberly's case.

    (A) immense
    (B) expert
    (C) acute
    (D) operational

62. The board of directors has mixed feelings about the acquisition of Fuller Marine, given the risk ------- presents.

    (A) it
    (B) which
    (C) she
    (D) whom

61. If you would ------- not receive e-mail updates from Urban Style, please click the Unsubscribe button below.

    (A) very
    (B) even
    (C) already
    (D) rather

63位 慣用表現 (A) 14.87% **(B) 42.83%** (C) 21.03% (D) 21.27% ⏱39秒

「弁護士たちが --- 立会人と共同で、訴訟に関する医療記録を精査している」という文脈から、空所には (B) の expert を入れて、expert witness「専門的な立会人→専門鑑定人」という表現を完成させるのが適切。

訳 Sloan 弁護士と Lopez 弁護士は、専門鑑定人と共同で、Mr. Oberly の訴訟に関する医療記録を精査している。

(A) **immense:** 巨大な (≒ huge / extremely large)
例 an immense amount「巨額、莫大な量」
(C) **acute:** 深刻な (≒ very serious)、強烈な (≒ very strong)、鋭い (≒ very good)
例 an acute problem「深刻な問題」、acute pain「激痛」
(D) **operational:** 操作・使用・運行可能な
例 The new machines are operational.「新しい機器は使用可能な状態にある」

62位 指示語 語法
(A) 42.73% (B) 39.17% (C) 9.57% (D) 8.53% ⏱38秒

空所前に前置詞 given と名詞 risk、後ろに動詞 presents があるので、空所には主語の機能を果たし、acquisition「買収」を指す、代名詞の (A) it「それ」が入る。文法的には、関係代名詞の目的格である that を補って given the risk (that) it presents と考えると分かりやすいが、that を省略した方が英語としてより自然。(B) which は、given the risk which it presents のように主語の it の前に目的格として入れるか、which represents certain risks のように主格の関係代名詞として機能させることは可能。(C) she は指す対象が文中にない。(D) whom は目的格なので、主語として機能しない。

訳 取締役会は、Fuller Marine の買収がもたらすリスクを考えると、複雑な心境である。

61位 修飾 (A) 1.82% (B) 34.50% (C) 21.40% **(D) 42.29%** ⏱29秒

空所が would not の間にあるので、(D) rather を入れて would rather not「～しない方がいい、～したくない」という表現を作ると、「メールを受け取らない方がよければ」という意味になり、文脈にも合う。(B) even は not と receive の間でなら用いることが可能 (STEP UP 参照)。

訳 Urban Style から最新情報のメールの受信を希望されない場合は、下にある定期購読中止のボタンをクリックしてください。

(A) **very:** とても 例 very frequently「とても頻繁に」
(B) **even:** さえ 例 You would not even receive e-mail updates.「最新情報のメールを受け取ることもなくなるだろう」
(C) **already:** すでに 例 you have already received e-mail updates「最新情報のメールをすでに受け取った」

正解 63. (B) ／ 62. (A) ／ 61. (D)

60. Vernon Pharmaceuticals ------- opinions on its marketing strategies from a panel of industry experts.

(A) maintained
(B) implemented
(C) committed
(D) solicited

59. Wang Jian won this year's Melville Prize for his novel *Reflections*, becoming one of ------- three authors to receive it twice.

(A) just
(B) recent
(C) between
(D) counted

58. The sales team took a ------- approach to promoting the new line of tablet computers.

(A) focus
(B) focusing
(C) focuses
(D) focused

60位 語彙 (A) 8.93% (B) 26.38% (C) 22.49% **(D) 42.20%** ⏱36秒

空所の後ろの opinions「意見」を目的語にとって意味が通る動詞は、(D) solicited「～を求めた（≒ requested ／ asked for)」。

訳 Vernon Pharmaceuticals は、業界の専門家グループに、同社のマーケティング戦略についての意見を求めた。

(A) **maintained**: ～を維持した
例 maintained the relationship「関係を維持した」
(B) **implemented**: ～を実行した
例 implemented the new process「新たなプロセスを実行した」
(C) **committed**: ～を傾倒させた、～にささげた（≒ dedicated ／ devoted）
例 committed themselves to developing a new drug「新薬の開発に専心した」

59位 修飾 語法
(A) 42.16% (B) 27.44% (C) 7.33% (D) 23.08% ⏱38秒

空所前後に one of --- three authors とあることから、空所には数詞 three を前から修飾することのできる、副詞の (A) just「わずか（≒ only)」が入る。形容詞の (B) recent「近頃の、新しい」は、名詞の前に置かれる（STEP UP 参照）。(C) between は 2 者の間であることを示す前置詞、(D) counted は動詞の過去形・過去分詞。

訳 Wang Jian は、小説『Reflections』で今年の Melville Prize を受賞し、同賞を 2 度獲得したわずか 3 人の作家の中の 1 人となった。

(B) **recent**: 近頃の 例 three recent authors「3 人の新しい作家」
(C) **between**: ～の間で 例 between two authors「2 人の著者の間で」
(D) **counted**: 数えられる
例 He is counted among the three authors.「彼は 3 名の著者のうちの 1 人に数えうれる」、the counted votes「集計された投票数」

58位 品詞 (A) 11.32% (B) 42.87% (C) 4.15% **(D) 41.66%** ⏱24秒

空所前に冠詞 a、後ろに名詞 approach があるので、空所には名詞を修飾する機能を果たす形容詞の (D) focused「集中的な、焦点が絞られた」が入る。(B) focusing「集中する」が approach を直接修飾するのは不自然で、分詞として使う場合、The team took a strategic approach, focusing on promoting the tablet.「チームは戦略的なアプローチをとり、タブレットの促進に注力した」のように使う。(A) focus は動詞「重点的に取り組む、～に焦点を合わせる」の原形または名詞「焦点」の単数形、(C) focuses は動詞の現在形または名詞の複数形。

訳 営業チームは、タブレット型コンピューターの新シリーズの販売促進に対して焦点を絞ったアプローチをとった。

正解 60. (D) ／ 59. (A) ／ 58. (D)

57. The new trade treaty is the result of a ------- negotiation process involving representatives from many countries.

    (A) close
    (B) high
    (C) numerous
    (D) lengthy

56. To ease traffic congestion, the government will widen a busy ------- of Oakley Boulevard from two to four lanes.

    (A) stretch
    (B) journey
    (C) period
    (D) influence

55. Tourists come to Hermosa Island from all ------- to enjoy its stunning beaches and delicious seafood.

    (A) apart
    (B) surrounding
    (C) over
    (D) away

57位 修飾 (A) 17.68% (B) 11.51% (C) 29.65% **(D) 41.16%**　32秒

空所の後ろの名詞 negotiation process「交渉過程」を修飾する形容詞としてふさわしいのは、時間的な長さを表す (D) lengthy「長期にわたる、長々とした」。(A) close「近い」は距離や関係性の近さを表す。(C) numerous「多くの（≒ many）」は名詞の複数形と一緒に用いて数の多さを示す。(B) high「高い」は高さを表す形容詞。

訳　新しい通商条約は、多くの国々の代表者たちが参加した、長期にわたる交渉過程の成果である。

- (A) **close:** 近い　例 at close range「近距離で」、close relationship「近しい関係」
- (B) **high:** 高い　例 in high demand「需要が高い」、high mountains「高山」
- (C) **numerous:** 多くの（≒ many）　例 numerous countries「多くの国々」

56位 慣用表現 **(A) 40.83%** (B) 19.31% (C) 32.56% (D) 7.30%　41秒

空所の前に a busy とあり、後ろに of Oakley Boulevard という通りの名前が続いていることから、空所には (A) stretch「ひと続き」を入れる。stretch of a road「一筋の道」というフレーズのバリエーション。(B) journey は「旅（≒ trip）」、(C) period は「期間（≒ time ／ term）」、(D) influence は「影響」という意味。

訳　交通渋滞を緩和するため、政府は Oakley Boulevard の交通量の多い区間を2車線から4車線へ拡張する。

55位 語法 慣用表現 (A) 9.89% (B) 40.79% **(C) 40.79%** (D) 8.53%　34秒

空所の前までで文に必要な要素がそろっていて、後ろに to 不定詞が続いている。空所を含む部分では Tourists「観光客たち」がどこから来るのかを述べていることから、(C) over を選択して、from all over「至る所から、世界中から（≒ from all over the world）」という慣用表現を完成させる。

訳　驚くほど美しいビーチとおいしいシーフードを満喫するために、世界中から旅行者が Hermosa Island へやって来る。

- (A) **apart:** 離れて　例 apart from it「それはさておき」
- (B) **surrounding:** 取り囲んでいる　例 surrounding area「周辺地域」
- (D) **away:** 離れて
  - 例 It's far away from the island.「それはその島から遠く離れた場所にある」

正解　57. (D) ／ 56. (A) ／ 55. (C)

54. Airlines asked travelers to be patient ------- the difficulties caused by the snowstorm, which resulted in many flight delays.

(A) even
(B) amid
(C) while
(D) rather

53. Springfield Carpet Co. provides its customers with the highest-quality service, ------- it is a minor carpet repair or a whole home installation.

(A) either
(B) whether
(C) however
(D) no matter

52. The Geodyne marketing department is urged to promote the company's products and services -------.

(A) responsibly
(B) usually
(C) considerably
(D) extremely

54位 前置詞 vs. 接続詞 vs. 修飾語

(A) 17.67% **(B) 40.74%** (C) 37.24% (D) 4.36% 39秒

空所の前までで文に必要な要素がそろっていて、後ろに補足情報として、the difficulties (caused by the snowstorm)「(吹雪によって起きた)困難」という名詞のかたまりがあるので、空所には前置詞の (B) amid「～中で (≒ in the middle of)」が入る。(C) while「～の間」は接続詞で、節同士をつなぐ際に用いられる。(A) even「さえ」と (D) rather「むしろ」は副詞で、表現をつなぐのではなく修飾する。

訳 吹雪により多くのフライトが遅延することとなった困難な状況の中、航空会社は乗客に辛抱（理解）するよう求めた。

53位 構文 語法

(A) 31.72% **(B) 40.71%** (C) 9.29% (D) 18.28% 37秒

カンマと空所の後ろに it is a minor carpet repair と (it is) a whole home installation という節が or で並列されていることから、空所には接続詞の (B) whether を入れて、whether ～ or ...「～であろうと…であろうと」という構文を完成させるのが適切。

訳 ちょっとしたカーペットの修繕であろうと、家全体への施工であろうと、Springfield Carpet Co. は顧客に最高品質のサービスを提供している。

(A) **either:**（either ～ or ... で）～か…のどちらか
例 The company provides its customers with the top service, either for small repairs or full renovations.「小規模な修理であれ大規模な改装であれ、その会社は顧客に最高のサービスを提供している」

(C) **however:** しかしながら、いかに～であろうと
例 The company provides its customers with the top service, however big or small the job.「仕事の大小にかかわらず、その会社は顧客に最高のサービスを提供している」

(D) **no matter:** たとえ～でも
例 The company provides its customers with the top service, no matter how big or small the job.「仕事の大小にかかわらず、その会社は顧客に最高のサービスを提供している」

52位 語彙

(A) 40.45% (B) 8.46% (C) 34.61% (D) 16.48% 41秒

「マーケティング部は、同社の製品とサービスの販売促進を --- 行うよう求められた」という文脈から、(A) responsibly「責任を持って」を選ぶ。(B) usually「普段」は文末ではなく、usually promote のような位置で用いられる。(C) considerably は「かなり、大幅に」、(D) extremely は「極めて」という意味。

訳 Geodyne のマーケティング部は、同社の製品とサービスの販売促進を責任を持って行うよう求められた。

正解 54. (B) ／ 53. (B) ／ 52. (A)

51. Profits dropped in the first quarter, but following subsequent strong performance, ------- have risen steadily.

- (A) themselves
- (B) which
- (C) they
- (D) whose

50. When she heard the warning alarm -------, Ms. Edwards promptly switched off the machine she was using.

- (A) go off
- (B) put away
- (C) take on
- (D) bring up

49. To obtain an insurance quote, please fill out all fields on the form and then click "Submit" to ------- your request.

- (A) contact
- (B) demonstrate
- (C) initiate
- (D) comment

51位 語法 (A) 2.72% (B) 54.12% **(C) 40.11%** (D) 3.05% 36秒

Profits dropped in the first quarter という節と、following 以降の節を、等位接続詞 but がつないでいる。following subsequent strong performance「その後の好調な業績を受けて」は挿入句なので文法的には省略可能だが、後ろの節の動詞 have risen に対する主語がないため、空所には代名詞の主格の (C) they「それら (≒ profits)」が入る。(B) which は関係代名詞の主格で従属節を導くが、ここでは独立節の主語が必要なので不適切。(A) themselves は再帰代名詞、(D) whose は関係代名詞の所有格で、主語にならない。

訳 利益は第1四半期に落ち込んだが、その後の業績好調を受けて、着実に増加している。

50位 慣用表現 **(A) 39.93%** (B) 7.61% (C) 22.22% (D) 30.24% 30秒

「警報アラームが --- したのを耳にして、Ms. Edwards は使用していた機械の電源をすぐに切った」という文脈から、空所には (A) go off「鳴る (≒ sound)」が入る。

訳 警報アラームが鳴り出したのを耳にして、Ms. Edwards は使用していた機械の電源をすぐに切った。

(B) **put away:** 〜を片付ける、〜を取っておく
　例 put away the dishes「皿を片付ける」、put away some money「お金を蓄えておく」

(C) **take on:** 〜を引き受ける、〜を迎え入れる
　例 take on extra work「さらなる仕事を引き受ける」、take on ten new staff「10人の新たなスタッフを雇う」

(D) **bring up:** 〜を持ち出す、〜を育て上げる
　例 bring up a subject「話題を持ち出す」、bring up a child「子どもを育てる」

49位 語彙 語法
(A) 18.09% (B) 18.69% **(C) 39.80%** (D) 23.42% 41秒

空所の前で「フォームの全ての欄にご記入の上、『送信』ボタンをクリックしてください」と手順が示されていて、空所の後ろに your request「ご依頼」とあることから、空所には (C) initiate「〜を開始する (≒ start / begin)」が入る。

訳 保険の見積もりを取るには、フォームの全ての欄にご記入の上、「送信」ボタンをクリックして、ご依頼を開始してください。

(A) **contact:** 〜に連絡する (≒ get in touch with)
　例 Please contact us.「私どもにご連絡ください」

(B) **demonstrate:** 〜を実演する (≒ show)、〜を証明する (≒ prove)
　例 demonstrate the link「関連性を示す」

(D) **comment:** コメントする
　例 comment on the matter「その件についてコメントする」

正解 51. (C) ／ 50. (A) ／ 49. (C)

48. The festival organizers will do their best to accommodate each volunteer's task -------.

(A) to prefer
(B) preference
(C) preferring
(D) preferably

47. The open floor plan of the new office space lends ------- to collaborative work among team members.

(A) their
(B) them
(C) its
(D) itself

46. The estimate we received from Delmar Corporation includes the cost of materials as well as -------.

(A) assemble
(B) assembly
(C) assembler
(D) assembled

200〜1

48位 [品詞] (A) 7.14% **(B) 39.72%** (C) 5.60% (D) 47.54% ⏱**29**秒

空所には、動詞 acccmmodate の目的語となり、かつ each volunteer's task で修飾される名詞が必要なことから、(B) preference「好み、希望」を選ぶ。(A) to prefer は不定詞、(C) preferring は動名詞または現在分詞、(D) preferably「なるべくなら」は副詞。

訳 そのフェスティバルの主催者は、各ボランティアの業務の希望に応えるよう最善を尽くす。

47位 [格] [慣用表現]
(A) 3.42% (B) 45.91% (C) 11.23% **(D) 39.44%** ⏱**43**秒

The open floor plan^S (of the new office space) lends^V --- to collaborative work とあることから、空所には、動詞 lends の目的語となり、主語 plan と同一のものを示す、再帰代名詞の (D) itself が入る。lend oneself to 〜は「自身の持つ特性を〜に貸す→〜に役立つ、〜の目的に適している（≒ be suited for 〜）」という意味の慣用表現としても覚えておこう。目的格の (B) them が指すものは文中になく、意味も通らない。(A) の their と (C) の its は所有格で、名詞を修飾する。

訳 新しいオフィススペースのオープンな間取りは、チームメンバー間の共同作業に適している。

> 🤓 (B) them は lends の目的語として自然に見えるけど、to 以降と合わないね。
>
> 🧑‍🦰 The open floor plan lends itself to collaborative work among team members, making it easier for <u>them</u> to share ideas.「オープンな間取りはチームメンバー間の共同作業に適しており、彼らがアイデアをより共有しやすくする」のように用いることはできるよ。

46位 [品詞] [パラレリズム]
(A) 26.67% **(B) 39.16%** (C) 24.53% (D) 9.63% ⏱**33**秒

空所の前に等位接続詞 as well as があることから、空所には materials と同じく前置詞 of の目的語となる名詞が求められていると判断し、(B) assembly「組み立て」を選択する。the cost of materials as well as (the cost of) assembly「組み立て費用だけでなく資材費も」のように考えると分かりやすい。ちなみに、assembly は「集会、議会」を意味する時は可算名詞だが、「組み立て」という概念を表す時は不可算名詞扱いになる。(C) assembler「組立工」は可算名詞としてのみ用いられ、文脈にも合わない。(A) assemble「集まる、〜を集める、〜を組み立てる」は動詞の原形、(D) assembled は動詞の過去形・過去分詞。

訳 われわれが Delmar Corporation から受領した見積もりには、組み立て費用だけでなく資材費も含まれている。

正解 48. (B)／47. (D)／46. (B)

591

45. Ms. Capriola had a meeting with one of her clients last Thursday, but she did not mention ------- one.

(A) neither
(B) which
(C) whoever
(D) each

44. For her magazine article, Ms. Garcia surveyed families of various sizes to discover the restaurants they return to -------.

(A) repetition
(B) repeat
(C) repeatedly
(D) repeats

43. Using laboratory tests, the pottery fragments have been ------- identified as dating from the 12th century.

(A) positively
(B) extremely
(C) highly
(D) increasingly

1000〜801　　800〜601　　600〜401　　400〜201　　200〜1

45位 [指示語] [語法]
(A) 22.24%　**(B) 39.00%**　(C) 12.18%　(D) 26.58%　⏱**37**秒

空所には one を修飾する形容詞が入る。複数の選択肢が該当するので文脈からヒントを探すと、「顧客の1人と打ち合わせをしたが、--- には触れなかった」とあることから、代名詞 one は顧客のうちの打ち合わせをした1人（1社）を指すと考えられる。(B) を用いれば、which one「どの顧客（≒ which client）」となり、文脈に合う。(D) は each one「それぞれの顧客（≒ each client）」となり、複数の顧客と会ったことになってしまう。(A) の neither「どちらも〜ない」もカンマまでの内容と合わない。(C) の whoever は代名詞または疑問代名詞で、one を修飾しない。

🈞 Ms. Capriola は先週の木曜日に顧客の1人と打ち合わせをしたが、どの顧客だったかには触れなかった。

44位 [品詞]　(A) 15.35%　(B) 43.16%　**(C) 38.50%**　(D) 2.99%　⏱**39**秒

空所の部分は、they return to the restaurants という表現だったものが、the restaurants (that / which) they return to のように語順が入れ替わって、discover の目的語になっている。文に必要な要素はすでにそろっているので、空所には自動詞 return を修飾する副詞が入ると判断し、(C) repeatedly「繰り返し」を選ぶ。(A) repetition「反復」は名詞、(B) repeat は動詞「〜を繰り返す」の原形または名詞「繰り返し」の単数形、(D) repeats は動詞の現在形および名詞の複数形。

🈞 Ms. Garcia は雑誌に書く記事のために、さまざまな規模の家族を調査して、彼らが繰り返し訪れるレストランを探した。

43位 [語彙] [修飾]
(A) 38.45%　(B) 20.35%　(C) 28.67%　(D) 12.53%　⏱**43**秒

空所には直後の identified「確認された」を修飾する副詞が入る。文脈に合うのは (A) positively「確実に（≒ definitely / certainly）」。(B) extremely「極めて」は、動詞ではなく形容詞や副詞を強調する際に用いられる。

🈞 実験室での検査により、その陶器の破片は確実に12世紀のものだと確認された。

📈UP! (B) **extremely: 極めて** 例 extremely old「極めて古い」
(C) **highly: 高く** 例 highly rated「高く評価された」
(D) **increasingly: ますます** 例 increasingly popular「ますます人気の」

Level 5

正解　45. (B) ／ 44. (C) ／ 43. (A)　　　593

42. The airline ------- the right to change flight schedules due to unforeseen circumstances such as inclement weather.

   (A) argues
   (B) convinces
   (C) reserves
   (D) informs

41. Dine at Tres Borrachas on Friday nights ------- live music and a full assortment of Spanish food.

   (A) to enjoy
   (B) enjoyed
   (C) enjoyment
   (D) to be enjoyed

40. If current trends continue, the city ------- that its population will surpass four million within the next decade.

   (A) projects
   (B) counts
   (C) depends
   (D) overlooks

| 1000～801 | 800～601 | 600～401 | 400～201 | **200～1** |

42位 語彙 語法

(A) 13.52% (B) 11.48% **(C) 38.34%** (D) 36.66% ⏱**33**秒

空所直後にある the right「権利」を目的語にとる動詞としてふさわしいのは、(C) reserves「～を留保する、～を保持する」。reserve the right to *do*「～する権利を有する」という表現を覚えておこう。(A) は argues with ～「～と論じ合う」や argues that SV「SV だと主張する」のように使う。(B) convinces「～を納得させる（≒ persuades）」と (D) informs「～に知らせる（≒ notifies）」は人を目的語にとる。

訳 航空会社には、悪天候などの不測の事態により、フライトスケジュールを変更する権利がある。

41位 品詞 **(A) 38.33%** (B) 47.02% (C) 3.75% (D) 10.90% ⏱**37**秒

文頭の動詞 Dine から空所前の nights までで命令文が完成しているので、空所には、後ろの名詞 live music や assortment を目的語にとりつつ、補足情報を加える働きをする、不定詞の (A) to enjoy「～を楽しむ」が入る。(D) to be enjoyed も不定詞だが、受動態なので後ろに目的語をとれない。動詞の過去形・過去分詞である (B) enjoyed を空所に入れると、接続詞がないまま2つ目の動詞を用いることになるため不適切。(C) enjoyment「楽しみ、楽しむこと」は名詞。

訳 金曜日の夜は Tres Borrachas でお食事をしながら、生演奏と定番メニューがそろったスペイン料理をご堪能ください。

40位 語彙 語法

(A) 38.09% (B) 21.42% (C) 3.67% (D) 36.82% ⏱**31**秒

「市は向こう10年以内に人口が400万人を突破すると ---」という文脈から、空所には (A) projects「～を予想する、～を見積もる（≒ estimates ／ predicts ／ forecasts ／ expects）」を選ぶ。残りの選択肢は目的語として直後に that 節をとることはない。

訳 現在の動向が続くのであれば、向こう10年以内に人口が400万人を突破すると市は予想している。

UP! (B) **counts**: ～を数に入れる
例 You can count me in.「私を頭数に入れておいてください」

(C) **depends**:（～によって）決まる、（～次第で）ある
例 It depends on the weather.「それは天候次第だ」

(D) **overlooks**: ～を見下ろす、～を見渡せる、～を見落とす
例 The hotel overlooks the ocean.「そのホテルからは海を見渡せる」

正解 42. (C) ／41. (A) ／40. (A)

39. HBK Technologies has decided to ------- the traditional marketing approach for a more innovative strategy.

(A) mandate
(B) convince
(C) incorporate
(D) substitute

38. Krupa Manufacturing is extremely selective in choosing materials, which is apparent in the ------- of its products.

(A) dependability
(B) generosity
(C) responsibility
(D) instability

37. The client responded surprisingly ------- when Mr. Wu explained the reason for the delay in completing the project.

(A) sympathetically
(B) sympathetic
(C) sympathizing
(D) sympathy

39位 語彙 語法

(A) 15.11%　(B) 12.09%　(C) 34.98%　**(D) 37.82%**　⏱ **35**秒

空所の後ろに the traditional marketing approach「従来のマーケティング手法」と a more innovative strategy「より革新的な戦略」という対照的な要素が前置詞 for で列挙されていることから、空所には (D) を入れて substitute X for Y「Y の代わりに X を使う」という表現を完成させるのが適切。なお、substitute X with Y「X を Y で代用する」という用法もある。

🈁 HBK Technologies は、より革新的な戦略を模索する代わりに、従来のマーケティング手法を使うことにした。

(A) **mandate:** 〜を命じる、〜を義務付ける
　　例 mandate the adoption of a more innovative strategy「より革新的な戦略の採用を命じる」
(B) **convince:** 〜を説得する（≒ persuade）、〜を納得させる
　　例 convince its marketing team to shift from the traditional approach to a more innovative strategy「マーケティングチームを納得させて、従来のアプローチからより革新的な戦略に転換する方向に導く」
(C) **incorporate:** 〜を組み込む、〜を取り入れる
　　例 incorporate a more innovative strategy into the traditional marketing approach「従来のマーケティング手法に、より革新的な戦略を取り入れる」

38位 語彙

(A) 37.58%　(B) 18.92%　(C) 29.79%　(D) 13.71%　⏱ **44**秒

文脈、特に空所前後の the --- of its products「その製品の ---」から、空所には製品の持つ特性を示す (A) dependability「信頼性（≒ reliability）」を選ぶ。(B) generosity は「寛容さ（≒ kindness）」、(C) responsibility は「責任」、(D) instability は「不安定」という意味なので、文脈に合わない。

🈁 Krupa Manufacturing は材料の選定において非常に慎重であり、それが製品の信頼性に表れている。

37位 品詞

(A) 37.54%　(B) 33.52%　(C) 8.50%　(D) 20.44%　⏱ **35**秒

空所の前に主語と動詞があり、空所の後ろには接続詞 when と補足情報がある。空所には動詞 responded を修飾する副詞の (A) sympathetically「同情して」が入るのが妥当。空所直前の surprisingly「驚くほど」は sympathetically を修飾している（副詞は副詞を修飾する）という点にも注目。(B) sympathetic「同情している」は形容詞で、the client was surprisingly sympathetic のように使う。(C) sympathizing「同情すること、同情している」は動名詞または現在分詞、(D) sympathy「同情」は名詞。

🈁 Mr. Wu がプロジェクトの完了が遅れている理由を説明すると、クライアントは驚くほど同情的な反応を示した。

正解　39. (D) ／ 38. (A) ／ 37. (A)

36. Although Ian McCall has written many books, his name is mostly ------- with a television show he hosted 15 years ago.

(A) decided
(B) innovated
(C) populated
(D) associated

35. Mr. Fujieda had little time to prepare for the client meeting, but he made an impressive presentation -------.

(A) explicitly
(B) likewise
(C) accordingly
(D) nevertheless

34. During the introductory seminar, participants will learn how to make ------- sound investments.

(A) finance
(B) financial
(C) financed
(D) financially

1000〜801　800〜601　600〜401　400〜201　200〜1

36位 語彙 語法

(A) 3.27%　(B) 5.03%　(C) 54.56%　**(D) 37.14%**　⏱**27**秒

空所前に his name is、後ろに with a television show がある。空所に (D) associated「関連付けられる (≒ related)、連想させる」を入れると、be associated with 〜「〜を連想させる」という表現が完成する。(C) populated「人口が多い」を popular「人気がある」と混同しないように注意。

訳 Ian McCall は多くの本を執筆したが、彼の名前は主に 15 年前に彼が司会を務めたテレビ番組と結び付けられている。

UP!
(A) **decided: 判断した（された）** 例 decided on career「キャリアを選択した」
(B) **innovated: 刷新した（された）**
　　例 innovated product design「刷新された製品デザイン」
(C) **populated: 人口が多い、居住された**
　　例 densely populated city「人口が多い都市」

35位 語彙 (A) 38.13%　(B) 9.20%　(C) 15.62%　**(D) 37.05%**　⏱**31**秒

「顧客との会議に向けて準備する時間はほとんどなかったが、--- 彼は素晴らしいプレゼンテーションを行った」という文脈から、空所には (D) nevertheless「それでも (≒ nonetheless)」が入る。(A) explicitly「はっきりと」、(B) likewise「同様に」、(C) accordingly「従って」はいずれも文脈に合わない。

訳 Mr. Fujieda は、顧客との会議に向けて準備する時間をほとんど取れなかったが、それでも素晴らしいプレゼンテーションを行った。

34位 品詞 (A) 14.10%　(B) 45.23%　(C) 3.91%　**(D) 36.76%**　⏱**30**秒

文末の make --- sound investments では、名詞 investments を形容詞 sound が前から修飾している。空所には直後の形容詞 sound を修飾できる、副詞の (D) financially「金銭的に、財政上」が入る。形容詞の (B) financial「金銭的な、財政上の」を用いる場合は、sound financial investment「健全な財政投資」という語順になる。(A) finance は名詞で「金融、財務」または動詞で「〜を財政的に管理する」。(C) financed は動詞の過去形・過去分詞。

訳 入門セミナーで、参加者たちは金銭的に健全な投資の仕方を学ぶ。

正解 36. (D)／35. (D)／34. (D)

33. The Cox Bank's evaluation of housing loans ------- reviewing borrowers' credit rating and personal assets.

(A) involves
(B) contains
(C) arrives
(D) occupies

32. Reservations at Chef Maurice Leduc's flagship restaurant in Lyon are ------- required, especially on weekends.

(A) skillfully
(B) usually
(C) highly
(D) easily

31. The Building Safety Department ------- around 250 inspections of elevators and escalators each month.

(A) carries
(B) enters
(C) surveys
(D) performs

30. The supplier ------- that the monthly payment would be issued several days later than usual.

(A) should have been informed
(B) was informing
(C) has to inform
(D) should have informed

600

200〜1

33位 語彙 語法
(A) **36.74%** (B) 53.18% (C) 4.50% (D) 5.58% ⏱**36秒**

空所には文の主語 evaluation「評価、審査」と意味が合い、直後の動名詞 reviewing を目的語にとる動詞が入る。involve *doing*「〜することを伴う、〜することが含まれる」という語法を持つ (A) の involves が正解。(B) contains「〜を含む」は動名詞を目的語にとらない。(C) arrives「到着する」は自動詞で、そもそも目的語をとらない。(D) occupies は「〜を占有する」という意味で、文脈に合わない。

訳 Cox Bank の住宅ローンの審査には、借り手の信用格付けや個人資産のチェックが含まれる。

32位 語彙 (A) 4.17% (B) **36.19%** (C) 55.19% (D) 4.45% ⏱**29秒**

カンマの後ろに especially on weekends「特に週末」と特定のタイミングが明記されていることから、空所には対照的な意味を持つ (B) usually「普段は」がふさわしいと判断する。(C) の highly は「高く、非常に」という意味で、highly recommended「強く推奨される」のように使われる。空所後の required「必須の」は義務付けられることを示す強い表現なので、highly でさらに強調することは不適切。(A) skillfully は「上手く」、(D) easily は「容易に」という意味。

訳 Lyon にある Maurice Leduc シェフの旗艦レストランでは通常、とりわけ週末には、予約が必須である。

31位 語彙 (A) 29.18% (B) 5.43% (C) 29.62% (D) **35.77%** ⏱**29秒**

空所には inspections「点検」を目的語にとる動詞が入る。文脈に合うのは (D) performs「〜を行う（≒ conducts）」。(A) carries は「〜を運ぶ」という意味だが、carries out inspections「点検を行う」のように out とセットであれば文脈に合う。(C) surveys「〜を調査する」は、surveys elevators「エレベーターを調査する」のように調査対象となるものを目的語に伴う。(B) enters「〜に入る、〜を入力する」は文脈と合わない。

訳 建築保安局は、エレベーターとエスカレーターの点検を、毎月250件前後行っている。

30位 態 (A) **35.21%** (B) 8.22% (C) 18.90% (D) 37.67% ⏱**48秒**

選択肢には inform のさまざまな形が並んでいる。inform は基本的に inform 人 that 〜「（人）に〜を知らせる（≒ notify 人 that 〜）」の形で用いられるが、空所の後ろには目的語がなく that 節が続いている。従って、選択肢の中で唯一の受動態である (A) の should have been informed「知らされるべきだった」を選ぶ。残りの選択肢はいずれも能動態なので、後ろに目的語として the supplier が必要となる。

訳 その供給業者は、その月の支払いが通常より数日遅れることを知らされるべきであった。

Level 5

正解 33. (A) ／ 32. (B) ／ 31. (D) ／ 30. (A)

29. Ravi Mart distributes folders in boxes of 15 or more, but ------- folders can be purchased at the customer service counter.

(A) included
(B) single
(C) rapid
(D) whole

28. Steptek's tailored business software applications enable clients to optimize their operations and deliver projects ------- faster.

(A) even
(B) quite
(C) more
(D) few

27. ------- the municipality grants permission, Alfredo Italian Restaurant will start constructing a rooftop dining area.

(A) Following
(B) Hopefully
(C) Regarding
(D) Once

200〜1

29位 語彙 (A) 10.75% **(B) 34.98%** (C) 5.99% (D) 48.28% ⏱**46**秒

「15枚以上のフォルダーを箱単位で販売しているが、--- フォルダーはサービスカウンターで購入できる」という文脈から、空所には (B) single「ただ1つの、単品（バラ）の」が入る。複数の「単品の」フォルダーが購入できるということなので、single の後ろが folders と複数形なのは問題がない。

訳 Ravi Mart では 15枚以上のフォルダーを箱単位で販売しているが、単品（バラ）のフォルダーはカスタマーサービスカウンターで購入することが可能だ。

UP! (A) **included**: 含まれている
　　例 Tax is included in the listed price.「表示価格には税が含まれている」
(C) **rapid**: 急速な（≒ fast）　例 rapid growth in sales「売り上げの急速な伸び」
(D) **whole**: 全体の（≒ entire）
　　例 the whole store「その店の全体」、the whole set of folders「フォルダーを丸ごと全部（一式）」

28位 修飾 **(A) 34.80%** (B) 29.17% (C) 33.80% (D) 2.23% ⏱**30**秒

空所の前後に deliver projects --- faster とあることから、空所には比較級を強調する (A) even「いっそう（≒ far ／ much ／ a lot）」が入る。(B) quite「結構、かなり」は quite fast「なかなかの速さで」のように原級を修飾する。(C) more は、more convenient「より便利な」や more rapidly「より速く」のように、形容詞・副詞の原級の前に置いて比較級を作る。(D) few は「少ない、ほとんど〜ない」という意味。

訳 Steptek のカスタマイズされたビジネスソフトウエア・アプリケーションにより、顧客は業務を最適化し、プロジェクトをいっそう速く遂行できるようになる。

27位 前置詞 vs. 接続詞 vs. 修飾語 (A) 45.41% (B) 5.05% (C) 14.85% **(D) 34.69%** ⏱**31**秒

カンマの前後に節があるので、空所にはこれをつなぐ表現が必要。接続詞の (D) の Once「〜次第（≒ As soon as）」を空所に入れると、「自治体が許可を出し次第」となり、文意も通る。(A) Following「〜 に続いて、〜 の後に（≒ After）」と (C) Regarding「〜 に関する（≒ Concerning ／ About）」は前置詞で、名詞の前に置かれる。(B) Hopefully「願わくは」は副詞で、表現をつなぐ機能はない。

訳 自治体が許可を出し次第、Alfredo Italian Restaurant は屋上の食事スペースの建設を開始する。

Level 5

正解 29. (B) ／ 28. (A) ／ 27. (D)

26. At the award ceremony, Ms. Lee thanked her team, noting that she could not have done it ------- alone.

(A) that
(B) by
(C) even
(D) all

25. ------- else offers business travelers the combination of comfort, convenience, and affordability found at Linden Hotels.

(A) Who
(B) Whenever
(C) Nowhere
(D) What

24. Thanks to the city's continued economic growth, the average ------- in Lantzing is earning 6 percent more this year.

(A) employs
(B) employment
(C) employee
(D) employed

604

26位 慣用表現 語法
(A) 2.56%　(B) 53.85%　(C) 8.92%　**(D) 34.67%**　29秒

空所を含む部分は「Ms. Lee は --- 独りでそれを成し遂げることはできなかったと述べ」で、空所の直後に alone がある。空所に副詞の (D) all を入れると、all alone「ただ独りで」という表現になり、文脈にも合う。(3) by は、by herself「彼女独りの力で、独力で」という形なら空所に入る。(C) even は「さえも」という意味で、She could even have done it alone.「独力でも成し遂げることはできただろう」のように用いられる。

訳 授賞式で、Ms. Lee はただ独りでそれを成し遂げることはできなかったと述べ、彼女のチームに感謝した。

25位 語法
(A) 20.08%　(B) 18.22%　**(C) 34.64%**　(D) 27.05%　44秒

直後の else と共に平叙文の文頭で名詞として働き、動詞 offers の主語になるのは (C) Nowhere「どこにも～ない」のみ。nowhere は副詞だが、しばしば名詞的にも用いられる。Nowhere else は No other places に相当し、「Linden Hotels のような場所は他にない」と強調している。(A) Who は空所前に先行詞（人を表す名詞）がないことから関係代名詞として用いることはできない。(B) の Whenever「～する時はいつでも」は else と共に用いない。(A) Who と (D) What を疑問詞として文頭に用いる場合は文末に？が必要。

訳 出張するビジネスパーソンに、Linden Hotels のような、快適さや利便性、そして手頃な料金を、セットで提供してくれる宿泊先は他にない。

24位 品詞
(A) 3.31%　(B) 57.07%　**(C) 34.40%**　(D) 5.23%　30秒

空所には形容詞 average によって修飾され、動詞 is earning の主語になる名詞がふさわしいので、(C) employee「従業員」を選ぶ。(B) employment「雇用」も名詞だが、空所に入れると「雇用が収入を得ている」の意味になるので、不適切。(A) employs は動詞「～を雇用する」の現在形、(D) の employed は動詞の過去形・過去分詞。

訳 市の経済成長が続いているおかげで、Lantzing の平均的な従業員は今年度、6パーセント多く収入を得ている。

> 6割近くのモニターが (B) employment を選んでいるね。
>
> 後ろの is earning を見落としたのかな。the average employment rate has increased by 6 percent「平均雇用率は6パーセント伸びている」のように使うことは可能なんだけどね。

正解　26. (D)／25. (C)／24. (C)　　605

23. According to a company spokesperson, the new CEO has ------- made substantial changes to the manufacturing process.

  (A) indeed
  (B) yet
  (C) more
  (D) quite

22. Many manufacturers offer extended service agreements that ------- against unexpected repair bills after the original warranty expires.

  (A) guard
  (B) compromise
  (C) decline
  (D) propose

21. Upon close inspection, what ------- looked like damage to the product's case turned out to be dirt from shipping.

  (A) might be
  (B) at first
  (C) that is
  (D) as such

23位 修飾 (A) 33.97% (B) 32.23% (C) 11.23% (D) 22.56%　⏱ 35秒

主語の the new CEO の後ろに has --- made substantial changes「大きく変えた」という現在完了の動詞があるので、空所に (A) indeed「本当に (≒ really)、確かに (≒ certainly)」を入れて、「本当に大きく変えた」のように動詞を強調するのが妥当。

訳　会社の広報担当者によると、新しい CEO は製造工程を本当に大きく変えた。

 (B) **yet:** まだ
    例　has yet to make ／ has not yet made substantial changes「まだ大きく変更していない」
(C) **more:** より、もっと
    例　has made more substantial changes「より大きく変更した」
(D) **quite:** かなり、結構
    例　has made quite substantial changes「かなり大きく変更した」

22位 語彙 語法

(A) 33.90% (B) 25.38% (C) 16.51% (D) 24.20%　⏱ 49秒

空所以降は「元の保証期限が過ぎた後の想定外の修理費用に対し ---」という文脈。空所直後に against という前置詞があることから、空所には (A) guard「守る、予防する (≒ protect)」を選ぶ。guard against ～ で「～に気を付ける、～に備える」の意味。

訳　多くのメーカーは、元の保証期限を過ぎた後で、想定外の修理代が必要になる場合に備えて、延長サービス契約を提供している。

 (B) **compromise:** 妥協する、～を損なわせる
    例　compromise on the budget「予算の面で妥協する」
(C) **decline:** ～を丁重に断る、減少する
    例　decline against the US dollar「米ドルに対して (価値が) 下がる」
(D) **propose:** ～を提案する　例　propose a solution「解決策を提示する」

21位 語法 (A) 54.44% (B) 31.83% (C) 7.56% (D) 6.17%　⏱ 41秒

空所を含む節では、what --- ... case までが主語、turned out が動詞と、文に必要な要素がそろっていることから、空所にはその間に入る副詞として (B) at first「最初は」を選ぶ。(A) might be は「ひょっとしたら～になるかもしれない」という意味の助動詞と動詞の組み合わせで、直後に動詞 looked が続くことはない。(C) that is は「すなわち (≒ that is to say ／ in other words)」という意味の副詞で、通例は前後にカンマを打ち、前の表現を言い換える際に使う。(D) as such は「そのように、しかるべく (≒ accordingly)」という意味の副詞。

訳　詳しく調べてみると、最初は製品ケースの損傷のように見えたものが、発送時についた汚れだと分かった。

正解　23. (A) ／ 22. (A) ／ 21. (B)

20. There is still a ------- demand for used cars even though new car prices are becoming more affordable.

(A) sizable
(B) numerous
(C) quick
(D) close

19. ------- with the troubleshooting guidelines will help users take the appropriate steps if there is a problem with the device.

(A) Facts
(B) Solutions
(C) Familiarity
(D) Thought

18. The management had ------- assumed that the office expansion would be sufficient for a decade.

(A) decidedly
(B) uncontrollably
(C) incorrectly
(D) hungrily

608

20位 語彙 (A) 31.27% (B) 46.00% (C) 5.49% (D) 4.78% ⏱26秒

「依然として中古車に対する --- 需要がある」という文脈から、空所には (A) の sizable「結構大きな (≒ fairly large)」が入る。(B) numerous「数多くの」は demand「需要」の高さを表すには不適切。

訳　新車価格が手頃になってきているとはいえ、中古車に対する需要は依然としてかなりある。

(B) **numerous:** 数多くの (≒ many)
　　例 numerous inquiries about used cars「中古車に関する多数の問い合わせ」
(C) **quick:** 速い
　　例 quick response to market changes「市場の変化への迅速な対応」
(D) **close:** 近い、密接な
　　例 close monitoring of pricing trends「価格動向の綿密なモニタリング」

19位 語彙 語法　(A) 4.71% (B) 58.25% (C) 31.04% (D) 6.01%　⏱33秒

「問題解決のガイドラインの --- により、ユーザーが適切な対策を講じるのに役立つ」という文脈と、空所直後に with があることから、(C) Familiarity「熟知していること (≒ Acquaintance)」を選ぶ。familiarity with 〜 で「〜を熟知していること」。(A) Facts「事実」、(D) Thought「考え (≒ Idea)」は文脈に合わない。(B) Solutions は「解決策」という意味で、Solutions to/for the problem「その問題に対する解決策」のように使う。

訳　問題解決のガイドラインを熟知していると、機器に問題が生じた場合、ユーザーが適切な対策を講じるのに役立つ。

18位 語彙 (A) 53.21% (B) 9.87% (C) 31.02% (D) 5.90%　⏱39秒

「経営陣は --- 想定していた」という文脈から、空所には (C) の incorrectly「不正確に、誤って (≒ erroneously／wrongly／mistakenly)」が入る。(A) decidedly「明らかに、断固として」は assumed「想定した」を修飾する語としては不適切。

訳　経営陣は、オフィスの拡張工事を行ったことで、10年間は大丈夫だろうと誤って想定していた。

(A) **decidedly:** 明らかに、きっぱりと (≒ definitely)
　　例 Plan B was decidedly the best option for the team.「B案（代替案）はチームにとって明らかに最良の選択肢であった」
(B) **uncontrollably:** 抑えきれずに
　　例 cry uncontrollably「制御不能なほど泣く、ギャン泣きする」
(D) **hungrily:** ガツガツと、貪欲に
　　例 read books hungrily「むさぼるように本を読む」

正解　20. (A) ／ 19. (C) ／ 18. (C)

17. Just six months ------- his employment with Tarex Chemicals, Mr. Singh has been promoted to a managerial position.

(A) throughout
(B) in spite of
(C) because of
(D) into

16. You should ------- caution when lifting the machine, as it is extremely heavy.

(A) exercise
(B) proceed
(C) pick
(D) act

15. Dr. Robert's practice is working ------- having a four-day workweek for most employees.

(A) across
(B) over
(C) along
(D) toward

14. ------- the ink cartridge does not work with the new photocopier, Mr. Wienholt will have to order a different type.

(A) In addition to
(B) So that
(C) Otherwise
(D) Considering

1000〜801 **800〜601** **600〜401** **400〜201** **200〜1**

17位 前置詞 (A) 46.93% (B) 17.75% (C) 4.55% **(D) 30.77%** ⏱**33秒**

空所前後に Just six month --- his employment とあることから、(D) の into を選ぶ。into は外から中に入り (in) 到達する (to) というイメージを持ち、この文では「6カ月に入るところで」という時間の経過を表している。(A) throughout は通り抜けるイメージを表し、throughout the year「年間を通して、一年中」や throughout the company「会社中、社内全体で」のように用いられる。(B) in spite cf は「〜にもかかわらず (≒ despite)」、(C) because of は「〜なので (≒ due to／thanks to／owing to／on account of)」という意味。

訳 Tarex Chemicals に入社してわずか半年で、Mr. Singh は管理職に昇進している。

16位 慣用表現 語法 **(A) 30.57%** (B) 23.65% (C) 19.64% (D) 26.14% ⏱**26秒**

空所前後の You should --- caution「注意（力）を --- するようにしてください」という文脈から、(A) exercise「〜を働かせる」を選ぶ。exercise caution「注意力を働かせる (≒ use caution)→注意する (≒ be careful)」は、人に注意を喚起する際によく用いられる慣用表現。(B) proceed「進む (≒ go)」、(D) act「行動する (≒ behave)」は自動詞で、目的語を直接とらないため、proceed with caution「注意しながら進む」や act with caution「気を付けて行動する」のように前置詞 with が必要になる。(C) pick「〜を選ぶ、〜を採取する」は caution を目的語にとらない。

訳 その機械は非常に重いので、持ち上げる際はご注意ください。

15位 前置詞 (A) 10.12% (B) 36.03% (C) 23.49% **(D) 30.36%** ⏱**39秒**

空所前に is working「取り組んでいる」、後ろに having a four-day workweek「4日の勤務週を実施する (＝週休3日で勤務する)」とあることから、方向性を示す前置詞として (D) toward を選ぶ。work toward 〜で「〜を目指して努力する」。(A) across は横断のイメージ、(B) over は覆うイメージ、(C) along はライン状の物に沿うイメージを表す。

訳 Dr. Robert の診療所では、ほとんどの従業員が週休3日制の勤務を目指して努力している。

14位 前置詞 vs. 接続詞 vs. 修飾語 (A) 4.30% (B) 57.14% (C) 8.35% **(D) 30.21%** ⏱**31秒**

文頭の空所には、カンマ前後の節をつなぐ接続詞が入る。選択肢の中で接続詞は (B) と (D)。「インクカートリッジが使えない」「別のタイプを注文せざるを得ない」という文脈に合うのは (D) Considering「〜であることを考慮すれば」。直後に that が省略されていることに注意。(B) So that「〜できるように」は目的を表すので文脈に合わない。(A) In addition to「〜に加えて (≒ Besides)」は前置詞、(C) Otherwise「さもなければ (≒ Or else／If not)」は副詞。

訳 新しいコピー機でそのインクカートリッジが使えないことを考えると、Mr. Wienholt は別のタイプのものを注文せざるを得ないだろう。

正解 17. (D)／16. (A)／15. (D)／14. (D)

Level 5

13. The company will ------- employees for external training and education that provides them with job-related skills.

   (A) find
   (B) undertake
   (C) issue
   (D) reimburse

12. ------- any unforeseeable construction delays, the store's grand opening will be held in May.

   (A) Barring
   (B) Or else
   (C) Unless
   (D) Further

11. The National Disaster Response Center organized a large ------- of volunteers to assist in distributing food and supplies.

   (A) mobilization
   (B) management
   (C) activation
   (D) refreshment

| 1000〜801 | 800〜601 | 600〜401 | 400〜201 | **200〜1** |

13位 語彙 語法

(A) 14.15%　(B) 45.09%　(C) 10.64%　**(D) 30.13%**　35秒

空所直後に人を表す名詞 employees があり、さらにその後ろで for external training and education「外部の研修や教育に」と対象が示されていることから、空所には (D) reimburse「〜に返金する（≒ pay money back to）」が入る。reimburse X for Y で「X に Y（の費用）を返金する」の意味。(A) find にも人を目的語にとる語法はあるが、その直後に名詞や形容詞が必要。

訳　会社は従業員に対し、業務関連のスキルを養える外部の研修や教育の費用を払い戻す（その費用を負担する）。

 (A) **find:** 〜に…を見つける、〜を…だと感じる
　　例 Let me find you a spot.「場所を探してあげよう」、I found it helpful.「それが助けになると感じた」

(B) **undertake:** 〜を引き受ける、〜に取り掛かる（≒ take on）
　　例 undertake a task「仕事を請け負う」、undertake a project「プロジェクトに着手する」

(C) **issue:** 〜を発する（≒ announce ／ give out）
　　例 issue a statement to the press「報道陣に向けて声明を出す」

12位 前置詞 vs. 接続詞 vs. 修飾語

(A) 29.50%　(B) 5.97%　(C) 55.05%　(D) 9.48%　30秒

カンマ以降の主節に対して、--- any unforeseeable construction delays, という補足情報を加えようとしていることから、空所には delays という名詞をつなぐ機能を果たす前置詞が入るべきだと判断し、(A) Barring「〜がなければ（≒ Without）」を選ぶ。(C) Unless「〜でない限り（≒ If 〜 not）」は接続詞なので Unless there are any unforeseeable construction delays, のように名詞ではなく節をつなぐ機能を果たす。(B) Or else「さもなければ」は副詞、(D) Further は「さらに」という副詞、または「さらなる」という形容詞なので、やはり名詞をつなぐことはできない。

訳　予期せぬ工事の遅延がない限り、店舗のグランドオープンは5月になるだろう。

11位 語彙

(A) 29.44%　(B) 28.47%　(C) 32.54%　(D) 9.56%　39秒

「食糧や物資の配給を手伝う大規模なボランティアの --- を組織化した」という文脈から、空所にはその規模に言及することのできる (A) mobilization「動員」がふさわしいと判断する。(B) management は「経営、管理（者）、経営陣」、(C) activation は「活性化、起動」、(D) refreshment は「軽食や飲み物、気分爽快」という意味で、文脈に合わない。

訳　National Disaster Response Center（国立災害対策センター）は、食糧や物資の配給を手伝う、大規模なボランティアの動員を組織化した。

正解　13. (D) ／ 12. (A) ／ 11. (A)

10. The research results ------- that playing music in the workplace can boost productivity have been presented at several conferences.

    (A) suggesting
    (B) suggest
    (C) suggestion
    (D) suggestive

9. To view items further down the list, use the scroll bar that ------- on the right-hand side of the window.

    (A) locates
    (B) states
    (C) appears
    (D) positions

8. We will ensure that the report ------- ready by the October 1 deadline.

    (A) being
    (B) to be
    (C) is
    (D) must be

| 1000〜801 | 800〜601 | 600〜401 | 400〜201 | **200〜1** |

10位 品詞 (A) 29.26% (B) 53.06% (C) 15.29% (D) 2.40% 28秒

The research results「研究結果」が主語で、have been presented「紹介されている」が動詞。空所に分詞の (A) suggesting「〜を示唆するような (≒ implying)」を入れると、その目的語となる that ... productivity までが主語 results を後ろから説明する形になる。(B) suggest「〜を示唆する (≒ imply)」は動詞の原形、(C) suggestion「示唆 (≒ implication)」は名詞、(D) suggestive「示唆的な (≒ indicative)」は形容詞。

訳 職場で音楽を流すと生産性が向上する可能性があることを示唆する研究結果は、複数の会議で紹介されている。

9位 語彙 語法 (A) 46.13% (B) 4.71% **(C) 28.31%** (D) 20.85% 32秒

空所前後に the scroll bar that --- on the right-hand side「右側に --- スクロールバー」とあることから、自動詞で文脈にも合う (C) appears「現れる (≒ shows up)」を選ぶ。(A) locates「〜を設置する」、(B) states「〜を述べる」、(D) positions「〜を設置する」は基本的に他動詞で、目的語となる名詞が後ろに必要。(A) と (D) は、use the scroll bar that is located/positioned on the right-hand side of the window「ウインドーの右側に設置されているスクロールバーを使用してください」のように受動態で用いることは可能。

訳 リストの下の項目を見るには、ウインドーの右側に表示されるスクロールバーを使用してください。

8位 時制 (A) 5.04% (B) 14.69% **(C) 27.45%** (D) 52.82% 29秒

空所前に We will ensure that 〜「必ず〜となるようにします」という表現が用いられており、空所後に ready by the October 1 deadline「10月1日の締め切りまでに完成して」とあることから、空所には動詞の (C) is が入る。(D) must be は「〜でなければならない」や「〜に違いない」という意味の助動詞で、ensure that 〜という表現と合わない。(A) being は動名詞または現在分詞、(B) to be は不定詞で、どちらも動詞にはならない。

訳 報告書は10月1日の期限までに、間違いなく完成させます。

> 😀 We will で未来の締め切りを約束しているのに、なぜ動詞は is なのかという質問も多かった。
>
> 😀 主節の動詞は will だけど、従属節が that や if/when で始まる副詞節の場合、その節の動詞は現在形でいいんだよ。I will not go out if it rains.「雨が降ったら出掛けない」みたいにね。

正解 10. (A) / 9. (C) / 8. (C)

7. The cash machine is ------- $10 bills.
- (A) more than
- (B) dispensed
- (C) out of
- (D) regulated

6. Feedback from focus groups helps television writers create programs that appeal to the ------- possible audience.
- (A) broadly
- (B) broad
- (C) broader
- (D) broadest

200〜1

7位 語法 (A) 22.80% (B) 42.78% **(C) 26.61%** (D) 7.81%　⏱**24**秒

空所前に主語＋be動詞のThe cash machine isがあり、後ろに$10 billsと続いている。空所には前置詞である(C) out of「〜が切れて」を入れて、out of $10 bills「10ドル札が切れて」とするのが妥当。(B) dispensedは動詞dispense「〜を出す」の過去形・過去分詞で、空所に入れると「ATMが出された」という不自然な意味になる上、続くbillsを目的語にとることもできない。

訳 その現金自動預払機（ATM）は10ドル札が切れている。

(A) **more than:** 〜を超えて
　　例 The amount is more than $10.「その金額は10ドルを超える」
(B) **dispensed:** 出されて（≒ given out）
　　例 The cash machine has dispensed all of its $10 bills and cannot dispense any more right now.「その現金自動預払機は10ドル札を全部出してしまい、今はこれ以上出せない」
(D) **regulated:** 制限されて（≒ limited）
　　例 The amount is regulated to $10.「その額は10ドルに制限されている」

6位 品詞 比較 (A) 47.88% (B) 10.69% (C) 14.92% **(D) 26.51%**　⏱**32**秒

空所前後にthe --- possible audienceとあることから、名詞audienceを修飾する形容詞で、「可能な限り一番」を表せる最上級の(D) broadestを選ぶ。the＋最上級＋possible＋名詞「可能な限り最も〜な（名詞）」は、at the earliest possible date「できるだけ早く」のような形で、ビジネスシーンでも頻繁に用いられる。(A) broadly「広く」は副詞、(B) broad「広い」は形容詞の原級、(C) broaderは形容詞の比較級。

訳 フォーカスグループ（調査のために集められたグループ）の意見は、放送作家が可能な限り幅広い視聴者に訴求する番組を制作するのに役立つ。

正解　7. (C) ／ 6. (D)

617

5. For an additional fee, Lopitar Parts will ------- deliveries by means of express shipping.

  (A) run
  (B) prompt
  (C) rush
  (D) adapt

4. All Funkhouser gardening implements are ------- by a five-year manufacturer's warranty.

  (A) backed
  (B) promised
  (C) substituted
  (D) impressed

3. FitZone Fitness Centers has three locations in San Diego, ------- featuring studios for group instruction.

  (A) with
  (B) each
  (C) which
  (D) everything

5位 語彙 (A) 20.81% (B) 30.05% **(C) 25.73%** (D) 23.40% ⏱35秒

空所前後にLopitar Parts will --- deliveries「Lopitar Partsは配送を---」とあることから、空所には直後の名詞deliveriesを目的語にとる動詞として、(C) rush「〜を大急ぎで行う」を選ぶ。(B) prompt「〜を促す、〜を駆り立てる」はdeliveries「配送」を目的語にとらないが、形容詞「迅速な」としてprompt deliveries「迅速な配送」のようには使える。(A) run「走る、〜を経営する、(D) adapt「〜を適応させる」は文脈に合わない。

訳 追加料金を支払えば、Lopitar Partsは速達便で急いで配送を行う。

- (A) **run: 走る、〜を経営する** 例 run a company「会社を経営する」
- (B) **prompt: 〜を促す、迅速な** 例 prompt staff to expedite shipments「スタッフに出荷を早めるよう促す」、make prompt deliveries「迅速な配送を行う」
- (D) **adapt: 〜を適応させる** 例 adapt itself to a customer's needs「顧客のニーズに自らを適応させる」

4位 語彙 **(A) 23.79%** (B) 57.70% (C) 12.12% (D) 6.39% ⏱33秒

「Funkhouserの園芸用具は5年間のメーカー保証によって---」という文脈から、空所には(A) backed「バックアップされている、サポートされている(≒ supported / covered)」が入る。promise「約束する」はメーカーや人の行動であり、5年保証による行動ではないため、(B) promisedのように受動態にして空所に入れても文意が成立しない。

訳 Funkhouserの園芸用具は全て、5年間のメーカー保証でサポートされる。

- (B) **promised: 約束される** 例 All Funkhouser gardening implements are promised by the manufacturer to include a five-year warranty.「Funkhouserの園芸用具は全て、メーカーによって5年間の保証が付くことが約束されている」
- (C) **substituted: 代わりに使われる** 例 The old soil was substituted with nutrient-rich compost.「古い土は栄養豊富な堆肥に換えられた」
- (D) **impressed: 感銘を受けている** 例 We were impressed by the variety of gardening implements sold in the store.「われわれは店内で販売されている園芸用具の種類の多さに感銘を受けた」

3位 語法 (A) 46.76% **(B) 22.21%** (C) 28.76% (D) 2.27% ⏱34秒

カンマの前までで文に必要な要素がそろっており、カンマ以降は分詞featuringによって加えられている補足情報。よって、空所に(B) each「それぞれ」を入れて、three locations「3つの店舗」の「それぞれ」にグループ指導用のスタジオがあることを明示するのが妥当。(A) withは前置詞なので、分詞ではなくwith studios for group instructionsのように名詞をつなぐ。(C) whichを関係代名詞として用いる場合は、which feature studios for group instructionとなる。(D) everythingも代名詞だが、全てのモノを漠然と表すので、特定の3店舗を指すことはできない。

訳 FitZone Fitness CentersはSan Diegoに3つの店舗があり、そのそれぞれにグループ指導用のスタジオがある。

正解 5. (C) ／ 4. (A) ／ 3. (B)

2. ------- his acceptance of our invitation, Max Wineberg will speak on the third day of the Insurance Brokers' Convention in Seattle.

   (A) Being
   (B) Relating
   (C) Owing
   (D) Pending

1. Attendance at afternoon presentations is always lower, so Mr. Oberly will give ------- in the morning.

   (A) him
   (B) his
   (C) himself
   (D) he

2位 語彙 語法

(A) 26.04%　(B) 22.60%　(C) 30.11%　**(D) 21.25%**　**44秒**

「彼のわれわれの招待の受諾---、Max Winebergが講演することになる」という文脈から、空所には (D) Pending「未定である、～次第だが（≒ Depending on）」が入る。Pendantのようにぶら下がっているイメージから、Pendingも「ぶらぶらしている→懸案事項として残っている／未定である」という意味の前置詞として覚えておこう。(A) Beingを入れて分詞構文と捉えようとすると、主節の主語であるMax Wineberg = acceptance「受諾」という不自然な図式になるため不適切。(B) Relating「～に関連する」は Relating to「～に関して」、(C) Owing「借りがある、未払いの」は Owing to「～なので」という形であれば、前置詞として名詞をつなげる。

訳　Max Winebergがわれわれの招待に応じるかは未定だが、Seattleで開催されるInsurance Brokers' Conventionの3日目に彼が講演するだろう。

1位 格

(A) 22.27%　**(B) 16.53%**　(C) 60.69%　(D) 0.51%　**32秒**

空所前後に目的語がないので、空所には動詞 give の目的語が入る。所有代名詞である (B) his「彼のもの（= his presentation）」を空所に入れると、「彼のプレゼンテーションを午前に行う」となり、文意が通る。(A) の目的格 him、(C) の再帰代名詞 himself も目的語になり得るが、それぞれ「彼を与える」「彼自身を与える」となり、意味を成さない。(D) の he は主格。

訳　午後のプレゼンテーションの出席者がいつも少ないので、Mr. Oberlyは彼の（プレゼンテーション）を午前に行う。

- なじみのあるhisが1位にくるとは意外。後ろに名詞が必要だと考えて(B)を消したモニターが多かったんだろうね。中学英語の重要性を思い知らされる良問だよ。
- 1000問が終わったけど、しっかり復習してこの本のコンテンツをモノにしてほしいね。
- 試験本番にそのまま出てもおかしくない問題と例文が詰まっているからね。
- 何はともあれ、皆さん、1位までたどり着きましたね。おめでとうございます！

正解　2. (D)／1. (B)

あとがき

　読者の皆さま、数ある書籍の中から本書をお選びいただき誠にありがとうございました。

　至らない部分もあったかと思いますが、皆さまの英語力向上に本書が少しでもお役に立てているようでしたら、著者冥利に尽きます。私自身が培ってきたものをなるべく分かりやすくお伝えできるよう、心を込めて作り上げましたので、動画も含めて本書を繰り返しお使いいただけましたら幸いです。

　本書の制作に当たり、多くの方にご協力いただきました。この場を借りて以下の方々に厚く御礼を申し上げます。

　まずは、モニターテスト「TOEIC®L&Rテスト Part 5 スコアアップマラソン」に参加してくださった5173名の皆さま。真剣に取り組んでいただいたおかげで、大変貴重なデータをこうして皆で共有することができました。

　花田が発案した英文と選択肢を最高品質に磨き上げてくれた4カ国のネイティブたち —— Ross Tulloch（オーストラリア）、Yuka Eto（アメリカ）、David Dalgleish（カナダ）、Peter Branscombe（イギリス）。日英バイリンガルのYukaさんには、解説中の類語や用例までチェックしていただき本当に助かりました。

　丁寧な動画編集や制作上の助言をくださった小野英昭さんと小野彰子さん。また、ご多忙の中、入念に動画チェックをしてくださった犬童雄亮さん、梅川久美子さん、大石晶代さん、川森茉都さん、提絵夢里さん、下窄称美さん、瀬尾由紀子さん、外崎公浩さん、Nikolay Gyulemetovさん、西尾ゆかりさん、西牧健太さん、前澤孝哉さん（五十音順）。

　最後まで花田のワガママに辛抱強くお付き合いいただいたアルク編集者の鮒咲果さん、小暮貴子さん、熊代弥恵さん、DTPの伊東岳美さん、校正の渡邉真理子さん。

　Last but certainly not least、一緒に汗水を流しながら並走してくれた盟友のヒロさん。

　皆さまのお力添えのおかげで、自分にとっても思い入れのある一冊を世の中に届けることができました。あらためて、心より感謝いたします。

2025年4月吉日

花田徹也

プロフィール

著者

花田徹也（ハナダ テツヤ）

大学時にアメリカへ留学し、南カリフォルニア大学（USC）を卒業。帰国後、三菱商事で勤務したのち英語講師の道を選び、現在は東京・新宿でTOEIC® 特化型スクール「花田塾」を運営している。企業研修や複数の大学でも教鞭を執る。20年以上にわたりTOEIC® L&R公開テストを毎回受験し続けており、現在もなお最新傾向の分析およびその対策・指導には一切手抜きをしない熱血漢。7回連続でTOEIC®L&Rテスト990点（満点）を取得。著書に『1駅1題！TOEIC®L&R TEST 文法特急』（朝日新聞出版）、『TOEIC® テスト 超リアル模試600問』（コスモピア）等があり、累計120万部を超えるロングセラーとなっている。

Xアカウント @hanadajuku

プロデューサー

ヒロ前田（ヒロ マエダ）

神戸大学経営学部卒。英語学習者向けコミュニティー「Feel English Circle」を運営している。2003年5月にTOEIC対策講師として全国の企業・大学で指導を開始。2005年にはTOEIC® テストの受験指導者を養成する講座（TTT）をスタートする。TTT修了生による書籍は20社以上から出版されており、その数は150超。47都道府県でTOEIC® L&R公開テストを受験する「全国制覇」を2017年に達成。取得スコアは15点から990点まで幅広い。著書に『TOEIC®L&Rテスト 究極の模試600問＋』（アルク）など多数。

Xアカウント @hiromaeda

TOEIC® L&Rテスト 文法・語彙・語法 あがる1000問

発行日：2025年 4 月18日（初版）

著者：花田徹也

編者：ヒロ前田

編集：株式会社アルク 出版編集部

校正：Peter Branscombe、David Dalgleish、Yuka Eto、Ross Tulloch、渡邉真理子

動画編集：小野英昭、小野彰子、グランドストリーム株式会社

デザイン・DTP：伊東岳美

印刷・製本：シナノ印刷株式会社

発行者：天野智之

発行所：株式会社アルク

　　　　〒141-0001　東京都品川区北品川6-7-29　ガーデンシティ品川御殿山

　　　　Website：https://www.alc.co.jp/

- 落丁本、乱丁本は弊社にてお取り替えいたしております。
  Webお問い合わせフォームにてご連絡ください。
  https://www.alc.co.jp/inquiry/
- 本書の全部または一部の無断転載を禁じます。
  著作権法上で認められた場合を除いて、本書からのコピーを禁じます。
- 定価はカバーに表示してあります。
- 訂正のお知らせなど、ご購入いただいた書籍の最新サポート情報は、
  以下の「製品サポート」ページでご提供いたします。
  製品サポート：https://www.alc.co.jp/usersupport/

©2025 Tetsuya Hanada / Hiro Maeda / ALC PRESS INC.
Printed in Japan.
PC：7024021
ISBN：978-4-7574-4062-3

地球人ネットワークを創る

アルクのシンボル
「地球人マーク」です。